重庆大学中央高校基本科研业务费项目
（2019CDJSK08XK25）成果

重大法学文库

中国涉外仲裁裁决司法审查：案例与评析

A Study on Setting Aside of Arbitration Award with Foreign Elements in China: Typical Cases and Analysis

黄 晖　张春良　著

中国社会科学出版社

图书在版编目(CIP)数据

中国涉外仲裁裁决司法审查：案例与评析／黄晖，张春良著.—北京：中国社会科学出版社，2020.2

(重大法学文库)

ISBN 978-7-5203-5433-2

Ⅰ.①中… Ⅱ.①黄…②张… Ⅲ.①涉外案件—仲裁裁决—研究—中国 Ⅳ.①D997.3

中国版本图书馆 CIP 数据核字(2019)第 245531 号

出 版 人 赵剑英
责任编辑 梁剑琴
责任校对 闫 萃
责任印制 郝美娜

出 版 中国社会科学出版社
社 址 北京鼓楼西大街甲 158 号
邮 编 100720
网 址 http：//www.csspw.cn
发 行 部 010-84083685
门 市 部 010-84029450
经 销 新华书店及其他书店

印 刷 北京君升印刷有限公司
装 订 廊坊市广阳区广增装订厂
版 次 2020 年 2 月第 1 版
印 次 2020 年 2 月第 1 次印刷

开 本 710×1000 1/16
印 张 27.25
插 页 2
字 数 459 千字
定 价 148.00 元

《重大法学文库》编委会

出版寄语

《重大法学文库》是在重庆大学法学院恢复成立十周年之际隆重面世的，首批于2012年6月推出了10部著作，约请重庆大学出版社编辑发行。2015年6月在追思纪念重庆大学法学院创建七十年时推出了第二批12部著作，约请法律出版社编辑发行。本次为第三批，推出了20本著作，约请中国社会科学出版社编辑发行。作为改革开放以来重庆大学法学教学及学科建设的亲历者，我应邀结合本丛书一、二批的作序感言，在此寄语表达对第三批丛书出版的祝贺和期许之意。

随着本套丛书的逐本翻开，蕴于文字中的法学研究思想花蕾徐徐展现在我们面前。它是近年来重庆大学法学学者治学的心血与奉献的累累成果之一。或许学界的评价会智者见智，但对我们而言，仍是辛勤劳作、潜心探求的学术结晶，依然值得珍视。

掩卷回眸，再次审视重大法学学科发展与水平提升的历程，油然而生的依然是“映日荷花别样红”的浓浓感怀。

1945年抗日战争刚胜利之际，当时的国立重庆大学即成立了法学院。新中国成立之后的1952年院系调整期间，重庆大学法学院教师服从调配，成为创建西南政法学院的骨干师资力量。其后的40余年时间内，重庆大学法学专业和师资几乎为空白。

在1976年结束“文化大革命”并经过拨乱反正，国家进入了以经济建设为中心的改革开放新时期，我校于1983年在经济管理学科中首先开设了“经济法”课程，这成为我校法学学科的新发端。

1995年，经学校筹备申请并获得教育部批准，重庆大学正式开设了经济法学本科专业并开始招生；1998年教育部新颁布的专业目录将多个部门法学专业统一为“法学”本科专业名称至今。

1999年我校即申报“环境与资源保护法学”硕士点，并于2001年获准设立并招生，这是我校历史上第一个可以培养硕士的法学学科。

值得特别强调的是，在校领导班子正确决策和法学界同人大力支持下，经过校内法学专业教师们近三年的筹备，重庆大学于2002年6月16日恢复成立了法学院，并提出了立足校情求实开拓的近中期办院目标和发展规划。这为重庆大学法学学科奠定了坚实根基和发展土壤，具有我校法学学科建设的里程碑意义。

2005年，我校适应国家经济社会发展与生态文明建设的需求，积极申报“环境与资源保护法学”博士学位授权点，成功获得国务院学位委员会批准。为此成就了如下第一：西部十二个省区市中当批次唯一申报成功的法学博士点；西部十二个省区市中第一个环境资源法博士学科；重庆大学博士学科中首次有了法学门类。

正是有以上的学术积淀和基础，随着重庆大学“985工程”建设的推进，2010年我校获准设立法学一级学科博士点，除已设立的环境与资源保护法学二级学科外，随即逐步开始在法学理论、宪法与行政法学、刑法学、民商法学、经济法学、国际法学、刑事诉讼法学、知识产权法学、法律史学等二级学科领域持续培养博士研究生。

抚今追昔，近二十年来，重庆大学法学学者心无旁骛地潜心教书育人，脚踏实地地钻研探索、团结互助、艰辛创业的桩桩场景和教学科研的累累硕果，仍然历历在目。它正孕育形成重大法学人的治学精神与求学风气，鼓舞和感召着一代又一代莘莘学子坚定地向前跋涉，去创造更多的闪光业绩。

眺望未来，重庆大学法学学者正在中国全面推进依法治国的时代使命召唤下，投身其中，锐意改革，持续创新，用智慧和汗水谱写努力创建一流法学学科、一流法学院的辉煌乐章，为培养高素质法律法学人才，建设社会主义法治国家继续踏实奋斗和奉献。

随着岁月流逝，本套丛书的幽幽书香会逐渐淡去，但是它承载的重庆大学法学学者的思想结晶会持续发光、完善和拓展开去，化作中国法学前进路上又一轮坚固的铺路石。

陈德敏

2017年4月

目　　录

第一章

中国涉外仲裁裁决的司法审查依据

我国人民法院对涉外仲裁裁决的司法审查是根据《仲裁法》第70条[①]、第71条[②]之规定进行的，两者分别规范涉外仲裁裁决的撤销与不予执行，在司法审查依据上是一致的。根据上述两条款的指引，具体列示司法审查依据内容的条款则是现行《民事诉讼法》第274条，[③] 该条以两款方式共列示了两类、共五种情形的审查依据。[④] 鉴于涉外仲裁裁决的撤裁依据、不予执行的依据同时也就是人民法院针对涉外仲裁裁决进行司法审查的依据，故本书在等同意义上使用三者。本书以最高人民法院迄今为止在《涉外商事海事审判指导》上所刊登的有关涉外仲裁裁决司法审查的

---

① 该条规定："当事人提出证据证明涉外仲裁裁决有民事诉讼法第260条第1款规定的情形之一的，经人民法院组成合议庭审查核实，裁定撤销。"

② 该条规定："被申请人提出证据证明涉外仲裁裁决有民事诉讼法第260条第1款规定的情形之一的，经人民法院组成合议庭审查核实，裁定不予执行。"

③ 《仲裁法》原文指引的是其颁布时有效的《民事诉讼法》第260条第1款。根据《民事诉讼法》修订情形，我国人民法院在对涉外仲裁裁决进行撤销或不予执行的司法审查时，其依据的法条依次是第260条（1991年《民事诉讼法》）、第258条（2007年修订《民事诉讼法》）和第274条（现行的，也是2012年修订《民事诉讼法》）。

④ 该条规定："对中华人民共和国涉外仲裁机构作出的裁决，被申请人提出证据证明仲裁裁决有下列情形之一的，经人民法院组成合议庭审查核实，裁定不予执行：（一）当事人在合同中没有订有仲裁条款或者事后没有达成书面仲裁协议的；（二）被申请人没有得到指定仲裁员或者进行仲裁程序的通知，或者由于其他不属于被申请人负责的原因未能陈述意见的；（三）仲裁庭的组成或者仲裁的程序与仲裁规则不符的；（四）裁决的事项不属于仲裁协议的范围或者仲裁机构无权仲裁的。人民法院认定执行该裁决违背社会公共利益的，裁定不予执行。"

全部复函案例为基础，[①] 分章逐一实证检讨和评析法定的五种撤裁依据。为更深入地理解涉外仲裁裁决的司法审查依据，本章按照两层次的渐进式比较方式，考察此类法定审查依据：第一层次的比较，是在仲裁与诉讼之间进行外部比较，剖析仲裁裁决撤销或不予执行与法院判决的撤销依据的异同；第二层次的比较，则是在涉外仲裁与国内仲裁之间进行内部比较，精准解析二者审查依据的差异及其立法意旨。

仲裁采取一裁终局制，仲裁庭作出仲裁裁决之后，裁决就会生效而不允许对其提起上诉。但一裁终局制并不是绝对的，或者说并不是无条件的，其条件即在于仲裁裁决的法律效力还受制于法律的设限，其中，仲裁裁决的撤销或不予执行机制就是主要的限制。撤裁机制并不是对一裁终局制的否定，但其在功效上的确对该原则产生了依法否定的效果。为防止一裁终局制沦为空文，立法在设定、司法机关在适用撤裁依据、实施撤裁程序时必须非常审慎。事实上也的确如此，我国立法就采取了“负面清单”方式对撤裁依据进行具体化，避免司法实践中通过扩张或不当解释，“放纵”对仲裁裁决的撤销。具体而言，一方面，在宏观模式上，涉外仲裁裁决的撤销相比于诉讼判决的撤销，依据更为苛刻；另一方面，即便在仲裁裁决内部，也区分涉外仲裁裁决与国内仲裁裁决，采取双轨撤裁依据，实行双重标准。[②] 另外，涉外仲裁的撤裁依据仅限于有限的程序类型，不涉实体。

第一节　仲裁与诉讼司法审查依据之比较

诉讼判决的撤销也属于广义的司法审查。其审查依据主要包括四种情形：(1) 原判决、裁定认定事实错误或者适用法律错误；(2) 原判决认定基本事实不清，需要发回重审或者查实事实后改判的，人民法院需先裁

① 最高人民法院民四庭自 2001 年起连续编撰出版《中国涉外商事海事审判指导与研究》(1—6 卷)、《涉外商事海事审判指导》(7—33 辑)，本书是对该系列出版物刊载的全部有关涉外仲裁裁决撤销（不予执行）案件及最高人民法院复函的研究。

② 规范国内仲裁裁决撤销与涉外仲裁裁决撤销的依据分别是《民事诉讼法》第 237 条和第 274 条。最高人民法院《关于审理仲裁司法审查案件若干问题的规定》第 17 条再次强调了二者的区分。

定撤裁原判决；（3）原判决遗漏当事人或者违法缺席判决等严重违反法定程序，应当发回重审的，人民法院需先裁定撤销原判决；[①]（4）当事人在二审中达成调解协议的，调解书经审判人员、书记员署名，加盖人民法院印章，并送达后，原判决视为撤销。[②] 从其撤销依据看，略去程度轻重，主要包括三类，即认定事实错误或不清、适用法律错误，以及程序错误。诉讼中的撤销主要是通过上诉方式进行的，我国诉讼中的上诉机制采取的是全面审理原则，所以原判决中的事实认定、法律适用，以及程序适用等问题均是上诉审理的范畴。

与之不同，仲裁裁决的撤销依据严格受限，以撤销范围更广泛的国内仲裁裁决为例，其撤销依据的受限体现为两个方面：其一，就可撤销的实体问题而言，主要包括证据问题[③]、仲裁员的枉法裁决问题[④]，以及违背社会公益的问题，不涉及其他实体问题。其二，就可撤销的程序问题而言，也仅限于三种情形，即没有仲裁协议、超裁或仲裁机构无权仲裁，以及包括仲裁庭组成在内的程序违法。

比较而言，人民法院的判决撤销与仲裁裁决撤销在依据方面采取了两种不同的立法模式：（1）全面审查与有限监督之别。对法院判决的撤销，立法采取的是全面审查模式，从实体到程序，再到法律适用，只要存在相应程度的错误或不清的，均属撤销依据。对仲裁裁决而言，立法采取的是有限监督模式，在可撤销的类型范围内，并非所有问题均可作为撤销的依据，概括而言，也就是在程序和实体依据方面，只有三类程序问题和三类实体问题方可作为撤销的依据，除此之外立法未明示的问题不在撤销之列。（2）概括规定与具体列示之别。针对人民法院判决的撤销问题，《民事诉讼法》只是在实体、程序与法律适用的层面作了笼统的规定，具体实践中究竟包括何种

① 参见《民事诉讼法》第 170 条第 2、3、4 条款。

② 参见《民事诉讼法》第 172 条。

③ 可作为撤销依据的证据问题在《仲裁法》中又细分为两类：第一类是证据伪造，第二类是当事人隐瞒裁决证据，且足以影响公正仲裁。

④ 仲裁员枉法仲裁不仅是国内仲裁裁决可被撤销的法定依据之一，而且还可能构成我国刑法上的枉法仲裁罪。对此，学界多有反思，参见宋连斌《枉法仲裁罪批判》，《北京仲裁》2007 年第 2 期；黄晖《论枉法仲裁罪之“枉法”性》，《四川大学学报》（哲学社会科学版）2010 年第 4 期。我国最高人民法院《关于审理仲裁司法审查案件若干问题的规定》第 18 条明确了可被撤销的“枉法仲裁”的标准是：已经由生效刑事法律文书或者纪律处分决定所确定的行为。

类型，该法未予明示。这样的立法方式意味着所有可归入立法规定的概括类型的问题，均可作为撤销法院判决的依据。简言之，撤销依据不受限，只要通过解释的方式可纳入上述三种范围，且符合法定的其他条件。反之，《仲裁法》及《民事诉讼法》对仲裁裁决的撤销，不仅在依据的类型，而且在各类型的具体问题上，作了进一步的明确列示，从而将撤裁依据限制在非常狭窄的范围内。总体而言，以国内仲裁裁决的撤裁为例，法定的审查依据可概括为：两大类型，七大问题。如图 1-1 所示：

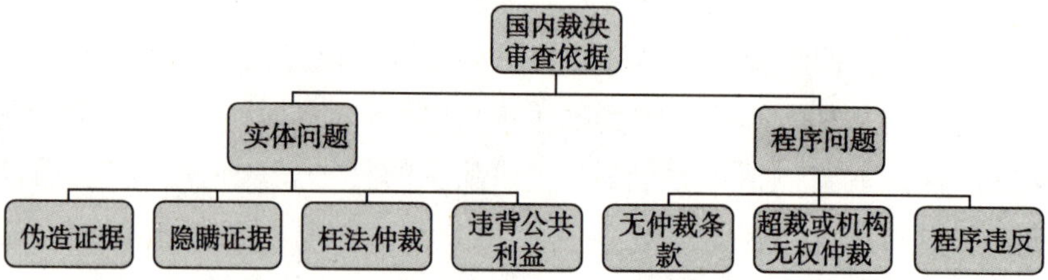

图 1-1　国内仲裁裁决司法审查依据

对比可见，人民法院判决撤销依据具有开放性，而仲裁裁决撤销依据则具有法定性和封闭性，当事人不得另行约定撤裁依据，[①] 也不得合意排除法定撤裁依据，[②] 且人民法院也不得在法定撤裁依据之外另设或另行援

① 司法审查仲裁实践中，曾有一例涉及当事人自行约定撤裁依据的情形。进行司法审查的深圳市中级人民法院对此予以肯定：仲裁制度的本质和基础是当事人意思自治，双方选择了仲裁规则，就等于双方同意撤裁也应按规则进行，也就是说，是双方约定的撤裁标准，不违反法律的禁止性即可。但在提请审查过程中，广东省高级人民法院对此予以否定认为：涉外仲裁裁决的司法审查标准只能是法定的，与仲裁规则及有关当事人约定无关。最后，案件在报请最高人民法院审查后复函认为：我国法律并没有赋予当事人约定撤销仲裁裁决审查标准的权利，因此，人民法院对是否应当撤销有关仲裁裁决进行审查应当严格依照法律规定进行，不能以当事人选择的仲裁规则中有关于撤销仲裁裁决范围的规定，进而认为当事人选择了撤销有关仲裁裁决的审查标准，并以该标准对仲裁裁决进行审查。参见“香港七好（集团）有限公司申请部分撤销［2002］深仲裁字第 641 号裁决”案，及广东省高级人民法院［2003］粤高法民四他字第 14 号请示、最高人民法院［2004］民四他字第 26 号复函。

② 这可以提炼为“撤裁依据法定原则”，有些类似刑法中“罪刑法定”原则一般，采取的是不同于私法自治的做法。在私法自治的语境下，采取的是“法不禁止，即为允许”的做法；在仲裁撤裁语境下，其撤裁依据采取的则是“法所撤销，方可撤销”的方面设定。仲裁裁决撤裁依据法定原则，载于《仲裁法》司法解释第 17 条之规定。该条规定：当事人以不属于仲裁法第 58 条或者民事诉讼法第 260 条规定的事由申请撤销仲裁裁决的，人民法院不予支持。

引撤裁依据。[①] 换言之，仲裁裁决撤销依据采取具体列示的立法方式，且未设兜底条款，这就极大地限制了法院撤裁的路径和自由裁量权，体现了立法对仲裁的支持。

第二节 仲裁裁决司法审查依据的双轨制

关于对包括仲裁裁决撤销在内的司法监督仲裁机制应否区分仲裁裁决的国内与涉外属性，是分设两套机制，还是合并采取一套机制，这在学界之内曾经引起热烈的争论。[②] 学术上的争鸣有利于更好地观瞻现行立法的利弊，但我国现行立法体制对仲裁裁决的撤销仍然维持的是内外分设模式，仲裁裁决撤销依据就是分设模式的体现之一。

上已述及，我国法院对国内仲裁裁决的撤销在依据上主要分为实体和程序两方面共七个问题，范围已属非常狭窄。而我国立法对于涉外仲裁裁决在撤销依据的设定上进一步收紧，排除了对仲裁裁决实体问题的审查，除依照国际惯例和国际条约中的一般条款保留了必要的公共利益审查之外，人民法院不再对涉外仲裁裁决的任何其他实体问题进行审查。换言之，除公共利益之外，当事人只能以程序方面的问题作为提请法院撤裁的依据。

在撤裁依据上采取双轨制，对涉外仲裁裁决的撤销基本上限于程序问题，撇开理论上和比较法考察上的争论，从实践层面看，这种立法方式可能存在如下三个主要问题：

---

① 在仲裁司法审查实践中，曾经出现过人民法院直接援引“一裁终局”等仲裁基本原则作为撤裁依据的情形。参见“北京康卫医药咨询服务中心有限公司申请撤销贸仲仲裁裁决”案，京高法［2012］352号，最高人民法院［2012］民四他字第57号复函。该案中，复核法院即北京高级人民法院认为：北京高院认为：本案补充协议属未生效协议，但鉴于此前生效的法院判决和268号仲裁裁决均认定补充协议有效，根据《仲裁法》第9条一裁终局和贸仲仲裁规则第43条第八项关于裁决终局性和拘束力的规定，拟同意撤裁。此种审查是违背法律规定的。

② 陈安：《中国涉外仲裁监督机制评析》，《中国社会科学》1995年第4期；肖永平：《内国、涉外仲裁监督机制之我见——对〈中国涉外仲裁监督机制评析〉一文的商榷》，《中国社会科学》1998年第2期；陈安：《中国涉外仲裁监督机制申论》，《中国社会科学》1998年第2期。

1. 当事人可能操纵仲裁及其裁决的内外属性，从而规避人民法院的撤裁范围。应当指出，只要针对同一个问题存在立法或规则的差异，就意味着特定的利益差之存在，从而诱发当事人进行法律规避。我国立法区分国内和涉外仲裁裁决，采取不同的撤销依据，就可能为当事人转换仲裁裁决的属性营造客观的规避诱因和动力。以国内仲裁裁决转化为涉外仲裁裁决为例，当事人很可能通过机构标准、地域标准和法律关系标准三种途径实施转化。①

（1）通过机构标准操纵撤裁依据。上已述及，机构标准是我国立法建立的判断仲裁裁决涉外与否的标准，它是典型的身份立法，是历史局限性的体现。该标准的背景是，我国仲裁机构被人为地设为两类：一类是涉外仲裁机构，也就是中国国际经济贸易仲裁委员会和中国海事仲裁委员会两家仲裁机构，具有专属的涉外民商事和海事海商案件受理并仲裁的权利，其他仲裁机构均为国内仲裁机构，只能受理纯粹的国内民商事案件。迄今，尽管立法仍然沿袭传统提法，即涉外仲裁机构的仲裁裁决是涉外裁决，但在司法实务中已经打破了各仲裁机构受案范围的内外区分，因此，根据机构身份确定裁决属性的做法已是名存实亡。然而，市场主体的智慧是无穷的，仲裁实务总是带给我们在制度之外的惊喜（意外），既然国内的仲裁机构不再区分内外属性，那么是否可以通过选择国外仲裁机构进行仲裁，从而改变仲裁及其裁决属性呢？江苏航天万源风电设备制造有限公司与艾尔姆风能叶片制品（天津）有限公司仲裁纠纷案就是如此。②

该案中，当事人一方为中外合资企业，一方为外商独资企业，均为中国企业，且其经常居所地或全部营业地均在中国。双方就彼此之间的国内贸易约定了一个仲裁条款："本协议适用《联合国国际货物买卖合同公约》，并依据其解释；如本协议导致或产生与其有关的任何争议、纠纷或

---

① 究竟如何判断涉外仲裁裁决，我国曾经经历过较为混乱的时期：从立法层面看，采取的是仲裁机构标准；从司法实务看，则并存着仲裁机构标准和法律关系标准。最高人民法院《关于审理仲裁司法审查案件若干问题的规定》第 12 条最终对此予以明确，采取的是法律关系标准，即案件所涉法律关系具有涉外因素的，相关仲裁协议及仲裁裁决即为涉外仲裁协议和涉外仲裁裁决。

② 万鄂湘主编：《涉外商事海事审判指导》（总第 25 辑），人民法院出版社 2013 年版，第 126—131 页。

请求或发生违约，包括该协议的解释、履行和终止，双方首先应尝试通过善意的磋商和协商解决该争议；如首次提出善意协商请求后的30天内未开始协商，争议事项可提交国际商会根据其仲裁规则仲裁，在产品或类似产品的生产和销售方面，选定的仲裁员必须具有广博的知识或丰富的经验，或二者兼具，且须精通英语；仲裁应在指定仲裁员后的30天内进行，仲裁语言为英语，仲裁地点为位于中国北京双方约定的场所，仲裁时间亦由双方约定。如双方不能就仲裁时间和地点达成一致，仲裁员可以指定；仲裁员的最终裁决或裁定是终局的，且对双方均有约束力，仲裁费用根据仲裁员的判定进行支付；该仲裁裁定可在对任何一方或其相应财产具有管辖权的法院强制执行。”国际商会是在巴黎注册的全球知名的仲裁机构，当事人约定由其仲裁，很可能看重的是该仲裁机构的专业与公正，但在我国法律上却造就了一系列难题，即国内争议能否约定由外国仲裁机构进行仲裁？如果能够，裁决国籍如何认定？如果裁决仍然是中国国籍，是否是涉外仲裁裁决？如果不能，理由何在；且是否违背仲裁的意思自治本质？此类问题有待深入研究。需要明确的是，通过国内、外仲裁机构的选择，是当事人转变裁决内外属性乃至国籍国别的可能路径，从而可能改变裁决的撤销方式及依据。

（2）通过地域标准操纵撤裁依据。在仲裁所涉地域中，最重要的地域因素即是仲裁地。仲裁地在仲裁中的作用毋庸赘述，就其与此处主题相关的角度言，它主要作用有二：影响仲裁裁决国籍，以及影响仲裁裁决的内外属性。进言之，根据上述挑选仲裁机构的同一道理，国内争议当事人也可能在仲裁协议中对仲裁地进行自由约定，从而导致与上述仲裁机构挑选所产生的相同问题：国内争议当事人是否可以选择特定的外国或外法域作为仲裁地？所作仲裁裁决国籍为何？是否为涉外仲裁裁决？

同理，如果允许选择外国或外法域作为仲裁地，该因素很可能为仲裁裁决嵌入外国或涉外因素，从而或者改变其司法监督方式——如作为外国仲裁裁决，则只有承认与否的问题，没有撤销与否的问题，或者改变司法监督的依据——按照国内仲裁裁决，还是按照涉外仲裁裁决进行撤销。这就是当事人在仲裁协议中的简单约定在法律效力上所可能产生的“蝴蝶效应”。

（3）通过法律关系标准操纵撤裁依据。法律关系标准，是指根据仲裁所解决争议涉及的法律关系确定其裁决的属性。[①] 争议的内外属性的判断，在我国法律上主要是根据该争议所立足的法律关系的性质。我国立法从未对法律关系的涉外性提出界定标准，尽管在2011年《涉外民事关系法律适用法》颁布前的草案文本中有过对该标准的建议和讨论，但最终我国立法机关并未采纳。弥补这个缺憾的是最高人民法院先后通过对《民法通则》《涉外民事关系法律适用法》和《民事诉讼法》等立法的司法解释，[②] 在解释中确立了涉外民事关系的司法标准，这就是法律关系的要素分析。[③]

法律关系的要素分析是根据法律关系的三大要素，即主体、客体（标的）和法律事实是否具有涉外因素为标准，只要任一要素具有涉外因素，该法律关系即为涉外民事关系。针对涉外民事关系进行的仲裁，及作出的仲裁裁决即为涉外仲裁及涉外裁决。[④] 如此，在现代交通和科技的支持下，当事人可非常便利地变造案件的涉外因素，例如改变或挑选贸易合同的签订地，为法律事实嵌入涉外因素，从而将国内法律关系变造为涉外法律关系。相应地，也就改变了仲裁及其裁决的属性，最终导致撤销模式及其依据的变动。

当然，需要指出的是，上述三标准中对仲裁裁决撤裁机制造成最现实和最根本影响的还是法律关系标准，因为包括涉外仲裁在内的所有涉外民商事争议解决机制的双轨运作都立足于争议的内外属性，民商事法律关系涉外性的厘定是一个牵一发而动全身的根本问题。事实上，仲裁机构和仲

---

① 参见“宁波新汇国际贸易有限公司与美康国际贸易发展有限公司申请撤销仲裁裁决”案，［2015］四中民（商）特字第00152号民事裁定书，即是如此。

② 参见最高人民法院的《关于贯彻执行〈中华人民共和国民法通则〉若干问题的意见（试行）》（以下简称《民法通则司法解释》）第178条；《关于适用〈中华人民共和国涉外民事关于法律适用法〉若干问题的解释（一）》［以下简称《法律适用法司法解释（一）》］第1条；2015年《关于适用〈中华人民共和国民事诉讼法〉的解释》第522条。

③ 张春良：《涉外民事关系判定准则之优化——要素分析的形式偏谬及其实质修正》，《法商研究》2011年第1期。

④ 在“番禺珠江钢管有限公司与深圳市泛邦国际货运代理有限公司申请确认仲裁协议效力”案中，最高人民法院在批复中指出：“本案租船合同为国际海上货物运输合同，起运港为中国，目的港为智利，具有涉外因素。”因此，该案属于涉外仲裁条款的效力认定问题。参见最高人民法院［2009］民四他字第7号，载万鄂湘主编《涉外商事海事审判指导》（总第18辑），人民法院出版社2009年版，第85—89页。

裁地标准，都不完全具有争议标准在理论和实务中的基础作用。就仲裁机构标准而言，我国司法实务已经明确，纯粹的国内民商事争议当事人只能向中国仲裁机构提交仲裁，不能约定外国仲裁机构进行仲裁。尽管该司法立场引发广泛争议，但在当前的实务中已被确立为不二之标准。[①] 就仲裁地标准而言，国内当事人之间就国内争议约定仲裁的，往往同时对仲裁机构和仲裁地作出约定，鲜少见到仅仅约定在外国进行仲裁的情形，毕竟从商人理性的角度看，不在中国仲裁、约定在外国仲裁的做法是反常和反理性的。因此，即便是当事人约定了外国仲裁机构，也通常会约定在中国进行仲裁。兹以上引江苏航天万源风电设备制造有限公司（以下简称为“江苏万源”）与艾尔姆风能叶片制品（天津）有限公司（以下简称为“艾尔姆”）仲裁纠纷为例，探讨我国司法机关在实践中是如何对机构标准和法律关系标准予以定性的。

上引江苏万源和艾尔姆仲裁案中，双方约定由国际商会进行仲裁后，在履行协议过程中产生争议。江苏万源向南通中院起诉，请求确认仲裁条款无效，主要理由是，根据《合同法》第 128 条，涉外合同当事人可以根据仲裁协议向中国仲裁机构或其他仲裁机构申请仲裁。本案所涉协议双方当事人系国内当事人，合同签订地、标的物制造地、运输销售及使用地均在国内，不具涉外因素，故双方约定将纠纷提请外国仲裁机构仲裁违反相关法律和司法解释规定，请求确认仲裁条款无效。

艾尔姆答辩认为：双方的协议履行过程中包含诸多涉外因素，包括协议的附件约定了外国法人的担保责任，且担保函直接载明担保责任适用外国法；合同以美元作为货款结算单位；合同保修条款约定由丹麦籍公司即丹麦艾尔姆公司承担保修责任等。对涉外合同纠纷，双方可选择外国仲裁机构，本案仲裁条款也是双方真实意思表示，选择的仲裁事项和仲裁机构明确，应为有效。

---

① 当然需要特别指出的是，在自贸区背景下存在例外规定，这就是最高人民法院在 2016 年 12 月 30 日颁布的《关于为自由贸易试验区建设提供司法保障的意见》（法发［2016］34 号）第 9 点意见。依该意见，在如下两种情形下，不能以案件无涉外因素作为抗辩理由：（1）如果双方均为在自贸区内注册的外商独资企业，彼此之间约定将商事争议提交域外仲裁的，不应仅以其争议不具有涉外因素为由认定相关仲裁协议无效。（2）一方或双方为自贸区内注册的外商投资企业，约定将争议提交域外仲裁，另一方当事人在仲裁程序中未对仲裁协议效力提出异议，裁决作出后，不得以有关争议不具有涉外因素而主张仲裁协议无效。

综合双方诉答意见看，法律关系是否具有涉外性是核心争点。也就是说，法律关系标准决定涉外仲裁协议是否有效，机构标准受制于法律关系标准，即只有涉外争议，当事人才可提交外国仲裁机构；否则，约定无效。对此核心争点，相关法院意见分别如下：

受案的南通中院认为：本案系国内商事纠纷，双方约定涉案争议由外国仲裁机构仲裁的条款违反法律规定，应确认涉案协议第 19 条约定由外国仲裁机构仲裁的条款无效。理由是：最高人民法院《关于贯彻执行〈中华人民共和国民法通则〉若干问题的意见（试行）》（以下简称《民法通则司法解释》）第 178 条规定了涉外性的判断方法。本案协议双方是中国法人，协议所涉标的物在中国境内；协议签订地和履行地也发生在中国境内，因而本案民事关系的主体、标的物及民事关系产生、履行的法律事实均在中国境内，不属于涉外民事关系。虽然协议附件约定了外国法人的担保责任及保修责任，但该约定不能改变本案协议所涉民事法律关系是国内纠纷的属性，且协议双方主体是申请人和被申请人，因此其效力仅约束双方。从协议第 19 条的内容看，也未涉及与外国法人之间的争议处理方式，故不存在法律意义上的涉外因素。《合同法》第 128 条第 2 款规定，涉外合同当事人可以根据仲裁协议向中国仲裁机构或其他仲裁机构申请仲裁。据此，只有涉外民商事案件当事人可以约定提请外国仲裁机构仲裁，非涉外民商事案件当事人协议约定外国仲裁机构仲裁的，违反了我国法律规定，应认定无效。江苏高院《关于审理民商事仲裁司法审查案件若干问题的意见》第 17 条对此明确，① 对没有涉外因素的民商事纠纷，当事人约定提请外国仲裁机构仲裁或者在外国进行仲裁的，仲裁协议无效。

案件上报江苏高院。江苏高院经复核后向最高人民法院请示认为：依《民法通则司法解释》第 178 条，本案所涉合同不属于涉外民事关系。首先，双方当事人均系设立于我国境内的中国法人；其次，该合同所涉标的物在中国生产、运输和使用；最后，该合同的签订与履行都发生在我国境内。因此，该合同不是涉外合同。尽管双方协议涉及各自母公司即外国法

---

① 江苏省高级人民法院《关于审理民商事仲裁司法审查案件若干问题的意见》（江苏省高级人民法院审判委员会 2007 年第 3 次会议讨论通过，根据 2010 年 8 月 13 日江苏省高级人民法院审判委员会 2010 年第 21 次会议《关于修改〈关于审理民商事仲裁司法审查案件若干问题的意见〉的决定》修正）第 17 条规定：对没有涉外因素的民商事纠纷，当事人约定提请外国仲裁机构仲裁或者在外国进行仲裁的，仲裁协议无效。

人的担保及维修责任，但担保和保修相对于双方合同关系来说为相对独立的合同关系，故其并不影响双方协议的国内民事关系性质。依《民事诉讼法》（1991 年）第 258 条及《合同法》第 128 条，只有涉外民商事案件当事人可约定提请中国涉外仲裁机构或外国仲裁机构仲裁，国内当事人将其不具有涉外因素的合同或财产权益纠纷约定提请外国仲裁机构仲裁的，仲裁协议无效。①

据此，江苏高院依最高法《关于人民法院处理与涉外仲裁及外国仲裁事项有关问题的通知》第 1 条规定，提请最高人民法院作出批复。最高人民法院经审查后批复：双方约定将争议事项提交国际商会在北京仲裁。订立协议的双方当事人均为中国法人，标的物在中国，协议也在中国订立和履行，无涉外民事关系的构成要素，该协议不属于涉外合同。由于仲裁管辖权系法律授予的权力，而我国法律没有规定当事人可以将不具有涉外因素的争议交由境外仲裁机构或在我国境外临时仲裁，故本案当事人约定的仲裁条款无法律依据。同意认定仲裁协议无效的意见。②

此案例体现了法律关系标准与机构标准之间的关系。在司法实务中，机构标准并不是决定性的，相反它还受制于争议标准。简言之，唯有争议本身涉外，约定外国仲裁机构的仲裁协议方有效力，该仲裁裁决及其撤销依据均依涉外仲裁处理；反之，如果争议本身不涉外，约定外国仲裁机构无效，仲裁本身也就无法实施，更谈不上仲裁裁决的属性及其撤销问题。事实上，该案之前就已经发生过类似的案例，③ 即国内争议当事人约定外国仲裁机构，但因此种约定并不能为争议本身带来涉外性，因此约定外国仲裁机构的仲裁协议均被人民法院采取同一立场进行了否定。然而，此后的一例涉自贸区案件即“西门子国际贸易（上海）有限公司与上海黄金置地有限公司申请承认与执行外国仲裁裁决案”（以下简称西门子案件），④ 案涉上海第一中级人民法院附条件地调整了上述立场，将自贸区视为具有涉外因素的地域，其推理如下：本案中，申请人西门子公司与被

① 参见［2011］苏商外仲审字第 0004 号请示，载万鄂湘主编《涉外商事海事审判指导》（总第 25 辑），人民法院出版社 2013 年版，第 127—131 页。

② 参见最高人民法院［2012］民四他字第 2 号复函，载万鄂湘主编《涉外商事海事审判指导》（总第 25 辑），人民法院出版社 2013 年版，第 126 页。

③ 典型如北京朝来新生体育休闲有限公司与北京所望之信投资咨询有限公司案。

④ 参见上海市第一中级人民法院［2013］沪一中民认（外仲）字第 2 号民事裁定书。

申请人黄金置地公司均为在中国注册的公司法人，合同约定的交货地、作为合同标的物的设备目前所在地均在我国境内，该合同表面上看并不具有典型的涉外因素。然而，综观本案合同所涉的主体、履行特征等方面的实际情况，该合同当前存在与普通国内合同有明显差异的独特性，可以认定为涉外民事法律关系，主要理由有：

第一，本案合同的主体均具有一定涉外因素。西门子公司与黄金置地公司虽然都是中国法人，但注册地均在上海自贸试验区区域内，且其性质均为外商独资企业，由于此类公司的资本来源、最终利益归属、公司的经营决策一般均与其境外投资者关联密切，故此类主体与普通内资公司相比具有较为明显的涉外因素。在自贸试验区推进投资贸易便利的改革背景下，上述涉外因素更应给予必要重视。

第二，本案合同的履行特征具有涉外因素。合同项下的标的物设备虽最终在境内工地完成交货义务，但从合同的签订和履行过程看，该设备系先从我国境外运至自贸试验区（原上海外高桥保税区）内进行保税监管，再根据合同履行需要适时办理清关完税手续、从区内流转到区外，至此货物进口手续方才完成，故合同标的物的流转过程也具有一定的国际货物买卖特征。因此，本案合同的履行因涉及自贸试验区的特殊海关监管措施的运用，与一般的国内买卖合同纠纷具有较为明显的区别。

综合以上情况，本院认为，本案合同关系符合《涉外法律适用法司法解释》第1条第5项规定的“可以认定为涉外民事关系的其他情形”，故系争合同关系具有涉外因素，双方当事人约定将合同争议提交新加坡国际仲裁中心进行仲裁解决的条款有效。

对上海一中院的裁定，尽管由于该裁定因支持了仲裁条款的效力而未予上报最高人民法院批复，因此从该案看不出最高人民法院的最终态度，但其后即2016年12月30日最高人民法院印发的《关于为自由贸易实验区建设提供司法保障的意见》表明了其肯定和支持的态度，并将相关条件规则化。根据该意见第9条之规定，符合下列条件的法律关系在事实上被赋予了涉外性的功能，从而当事人可约定外国仲裁机构进行：第一，在自贸区内注册的外商独资企业之间的商事争议；第二，一方或双方为自贸区内注册的外商投资企业，约定并在域外仲裁后作出裁决的。此类裁决将视为涉外仲裁裁决，并根据涉外裁决撤裁依据进行撤裁审查。

综上，二元并立的撤裁依据产生了利差，在原理上当事人可通过机构标准、仲裁地标准和争议标准进行操纵，但在实务中将主要通过争议标准进行操纵，改变仲裁及其裁决的内外属性，从而操纵撤裁依据的转换。这就是涉外仲裁裁决撤销依据另设可能引发的问题之一。

2. 如果实体确有明显错误，涉外仲裁是否会成为当事人及相关仲裁员藏污纳垢的天堂？依涉外仲裁裁决的撤销依据，除公共利益外之所有实体问题，均绝对地贯彻一裁终局原则，人民法院无权对实体问题可能存在的任何错误行救济之举。换言之，在法律推定上，涉外仲裁裁决并不存在实体错误与否的问题，这对于人民法院的审查而言是一个无意义的问题，因为人民法院从一开始就不会去审查这个问题。

然而，法律推定是一回事，事实问题则是另一回事。我们不仅可以假设，而且也在逻辑上无法否定，涉外仲裁裁决因仲裁员主观和客观上的过错导致的实体错误。对该错误，根据现行立法框架，即便人民法院认为有错，也将是爱莫能助。问题因此就会出现，涉外仲裁是否因此会成为当事人及相关仲裁员藏污纳垢的天堂？规则层面已经掩盖了这个问题，涉外仲裁也成为仲裁员最安全的避风港，他们在实体问题的处理上就是真实世界中的“上帝”。兹举一例，足资证明涉外仲裁撤裁依据仅限程序的规则可能是仲裁机制的若干缺陷中最大的恶之一。为尊重仲裁私密性，此处隐去具体身份信息。

一家 I 国的 IP 公司分别从中国的 C 市 KR 公司和 H 省的 HF 公司进口青蒿素，作为制药原材料，合同中约定 CIF 价格条款。IP 公司和 HF 公司分别向 HT 及 LB 保险公司投保，保险条款均采取英国伦敦保险协会 A 条款即 ICC（A）条款：“1. COVER INSTITUTE CARGO CLAUSE（A），WITH EXTENDED COVER FOR TRANSHIPMENT RISKS，IF APPLICABLE，THEFT ，PILFERAGE，BREAKAGE AND NON－DELIVERY，INSTITUTE WAR CLAUSE（CARGO）AND INSTITUTE STRAKES CLAUSE（CARGO），INSTITUTE TRANSIT CLAUSES FOR SUPPLIER'SWAREHOUSE TO APPLICANT'S WAREHOUSE COVER WITH CLAIMS PAYABLE IN INDIA IRRESPECTIVE OF PERCENTAGE.”俗称“仓到仓”条款。后两公司出口的青蒿素作为同一批货物通过国际航空运至 I 国 M 港口，再转陆地运输至 R 市。在通往 R 市的过程中，因不明原因引发火灾，致所运输的青蒿素全损。HF 公司随后与 LB 公司向国内 C 仲裁机构在 C 市的分支机构提起仲裁，仲裁庭裁决认为，保险公司应承担从出发地至 R 市范围的保险

责任。

在作出仲裁裁决之后，IP 公司与 HT 公司达成仲裁协议，约定由 C 仲裁机构进行仲裁。仲裁庭经过开庭审理后，最终却根据航空运输单中的“CIF M 港口”为依据，认定保险公司的责任期间截止于 I 国的 M 港口而非 R 市的仓库，从而对发生在 M 至 R 之间的火灾不承担保险责任。

该案值得商榷的地方在于：（1）本案仲裁庭审理的是保险纠纷，保险单是最基本的权利义务凭证，但仲裁庭却将当事人一方与案外人即航空运输公司签署的航空运单载明的价格术语作为根据，认定的保险责任截止地点，这存在本末倒置之处。

（2）在保险单中，目的地栏虽然已经注明了“CIF M 港口”的价格术语，但在特别承担条件的地方，双方又约定了“ICCA”保险条款，明确保险责任为“仓至仓”。即便二者冲突，根据两条原则，也应以 ICCA 条款为准。一是特别约定优于一般约定；二是格式合同存在不同解释时，应采取不利于格式合同提供方即作为保险单提供方的保险公司的解释。事实上，在 HF 和 LB 保险纠纷案件中，仲裁庭正是如此推理裁决的。

（3）尽管仲裁领域不存在“遵循先例”的原则，但建立二者之间的一致性是必要的：其一，两案例均由同一个仲裁机构受理，只是仲裁庭组成不同；其二，两案案情事实基本一致；其三，两案例的反差也确实太大，一份仲裁裁决认定保险公司承担保险责任，另一份仲裁裁决认定保险公司不承担保险责任，基本相同的事实和相同的法律条款最终却产生了完全不同的仲裁裁决，这实际上是在挑战市场主体对公平正义的理解，以及对逻辑一致性常理的认知。

即便如此，正是基于该仲裁裁决为涉外仲裁裁决，而上述问题均属实体问题，人民法院根本不予审查，因此即便存在完全相反的事实认定和法律适用，恪守程序审查的涉外仲裁撤裁机制也就成为终结一切的休止符：不作处理，就此终结。这就是涉外仲裁撤裁依据不涉实体造成的现实问题。据此观之，建立一种仲裁上诉机制或许是实现当事人权利救济的正当吁求，[①] 又或者对仲裁裁决进行某种程度的实体审查，否则仲裁公信力将遭受危机。

---

① 石现明：《国际商事仲裁当事人权利救济制度研究》，人民出版社 2011 年版，第 407 页。

3. 依据我国刑法规定，枉法仲裁已经入罪，如果特定涉外仲裁中仲裁员被依法定罪，其所涉涉外仲裁裁决该否撤销？如果不能撤销，是否有违基本正义；如果可以撤销，则依据何在？人民法院是否可以依据公共利益条款予以撤销？

关于枉法仲裁的入罪问题，我国《刑法》在第九章的“渎职罪”下设“第399条之一”中规定：“依法承担仲裁职责的人员，在仲裁活动中故意违背事实和法律作枉法裁决，情节严重的，处三年以下有期徒刑或者拘役；情节特别严重的，处三年以上七年以下有期徒刑。”该条被称为“枉法仲裁罪”，也因为首次以刑法方式规定仲裁员的责任，从而在理论界引起了较大的争论。① 仲裁员枉法仲裁是国内仲裁裁决被撤销的依据之一，但根据法理，显然在刑法覆盖的范围之内并不排除涉外仲裁中的枉法仲裁问题。简言之，仲裁裁决的撤裁依据虽然区分国内和涉外仲裁采取双轨制，但并不能排除刑法对二者的统一调整，也就是说在刑事领域不存在涉外仲裁与国内仲裁的双轨制。刑法作为国家公法，适用于在中华人民共和国领域内的所有犯罪行为，从而至少在我国领域内进行的涉外仲裁应受该法调整。②

据此，在逻辑和实践中可能存在的情形是，某一涉外仲裁的仲裁员因枉法仲裁作出裁决，被我国公诉机关立案侦查，并经公诉、法院审判定罪之后，该仲裁裁决是否应该被撤销。对此问题似可从三个角度进行思考：其一，从民刑分立的角度看，仲裁员的枉法仲裁罪并不必然导致涉外仲裁裁决被撤销。最高人民法院颁布过一个指导案例，即“吴国军诉陈晓富、王克祥及德清县中建房地产开发有限公司民间借贷、担保合

---

① 较为典型的论文包括但不限于徐前权：《枉法仲裁罪之批判》，《广西民族学院》（哲学社会科学版）2006年第3期；宋连斌：《枉法仲裁罪批判》，《北京仲裁》2007年第2期；黄晖：《论枉法仲裁罪之“枉法”性》，《四川大学学报》（哲学社会科学版）2010年第4期。

② 需要指出的是，我国刑法管辖的根据包括属人管辖、属地管辖，保护性管辖和普遍性管辖。对于我国仲裁员在我国领域内进行的涉外仲裁，当然属于刑法适用范围。但对于外国仲裁机构组建仲裁庭，指定的外国仲裁员在中国进行仲裁，是否也属于其适用范围，以及我国公民在外国进行的仲裁中被指定为仲裁员，是否属于其适用范围，值得探讨和观察。从法理上言，刑法能否适用的问题，是根据其适用根据较为明确的问题。但由此导致的国际影响或效果，诸如是否可能导致中国成为仲裁员的高风险地域，从而有损中国在全球仲裁地竞争中的竞争力，则是必须思考的。

同纠纷”案，[①] 该案司法判决的核心观点是，民间借贷涉嫌或构成非法吸收公众存款罪，合同一方当事人可能被追究刑事责任的，并不当然影响民间借贷合同及相应的担保合同的效力。这是从实体法角度分解同一个法律关系中民刑审理的独立法律效果。从仲裁撤裁角度看，也存在类似的案例，有案例表达了民刑分离的基本立场，“深圳市龙柏太合创业投资合伙企业（有限合伙）与上海信盟投资有限公司申请撤销仲裁裁决”一案就是如此。[②] 该案中，申请人主张，被申请人在仲裁过程中隐瞒了其实际控制人犯罪的重要事实和证据，本案所涉及的《借款协议》仅为刑事犯罪计划的一部分，不应单独作为一项经济纠纷进行仲裁。故依据《仲裁法》第 58 条的规定，申请法院撤销该仲裁裁决。被申请人称，我方并未隐瞒足以影响公正裁决的证据。北京市第二中级人民法院认为，龙柏太合在申请中提出信盟公司存在隐瞒足以影响公正裁决证据的行为，但其对此并未举出相应事实，故对其主张不予采信。龙柏太合在仲裁期间进行了实体答辩，并未提出过案外人犯罪行为会对裁决产生影响的意见，且其现在也无法提出证据证明裁决存在符合法律规定的申请撤销情形，故龙柏太合提出的申请撤销仲裁裁决的请求不能成立，应予驳回。依照《仲裁法》第 60 条的规定，裁定驳回深圳市龙柏太合创业投资合伙企业（有限合伙）的申请。

也有案例采取了以刑撤裁的立场，在“义乌市稠城金达印刷厂与胡韦峰仲裁裁决撤销申请案”案件中，浙江省金华市中级人民法院就认为，根据义乌市公安局义公诉字［2013］00060 号起诉意见书，本案所涉借款涉嫌诈骗犯罪，故依法应移送检察机关处理。据此，依照《民事诉讼法》第 154 条第 1 款第 9 项、《最高人民法院关于在审理经济纠纷案件中涉及经济犯罪嫌疑若干问题的规定》第 11 条以及《诉讼费用交纳办法》第 25 条之规定，裁定撤销金华仲裁委员会［2012］金仲义字第 18 号裁决书。[③]

这一系列的案件，虽然并没有就仲裁员枉法仲裁是否构成涉外仲裁裁

---

① “吴国军诉陈晓富、王克祥及德清县中建房地产开发有限公司民间借贷、担保合同纠纷”案，《最高人民法院公报》2011 年第 11 期。

② 参见北京市第二中级人民法院［2016］京 02 民特 175 号民事裁定书。

③ 参见［2013］浙金仲撤字第 1 号民事裁定书。

决撤裁依据的问题直接回应，但它们在主流上倾向于对同一个案件的刑法和民法效果进行隔离处理。这种态度如果借鉴到枉法仲裁罪与涉外仲裁裁决的撤裁的关系上，似可提供某些参考和启示。具体结论如何，有待司法实践给出相应的回答。

其二，从撤销依据法定的法治角度看，立法并未将枉法仲裁列为涉外仲裁裁决的撤销依据，撤裁必须有法可依，就此而言，枉法仲裁罪也并不是撤销涉外仲裁裁决的法定依据。枉法仲裁是国内仲裁裁决的法定撤裁依据，但并不是涉外仲裁裁决的撤裁依据。从此种立法差异反思立法者的初衷，似不应以枉法仲裁作为撤裁依据，不论其是否构成犯罪。有观点就对上引浙江省金华市中级人民法院的立场进行了批判，认为："金华中院以案涉借款涉嫌诈骗犯罪为由撤销仲裁裁决并非以《仲裁法》第 58 条为依据，似乎值得商榷。案涉合同涉嫌乃至构成犯罪也并不绝对导致仲裁裁决的撤销，是否构成撤销仲裁裁决的理由仍应以《仲裁法》第 58 条为审查标准：一是是否构成上述法定撤裁事由；二是当事人是否完成举证责任予以证明。"[①] 此种观点较为稳妥，即撤裁，不论是针对国内还是针对涉外仲裁裁决，应当严格根据法定依据看。在涉外仲裁中，除非该枉法仲裁罪可转化或体现为撤裁依据，否则，人民法院不应撤销。这就需要进一步探讨下述第三方面的问题，即枉法仲裁罪是否构成对公共利益的违背。

其三，如果撤裁必须要有法定依据，那么同时构成涉外仲裁裁决和国内仲裁裁决的撤裁依据的公共利益，是否可以作为依据撤销因枉法仲裁而做出的涉外裁决。从犯罪的本质角度看，一个被法定为犯罪的行为，至少侵犯了公共利益，而且往往同时侵犯了私人利益。就此而言，似具有将因枉法仲裁罪而做出的仲裁裁决根据违背公共利益为由予以撤销的合理根据。然而，也需要强调的是，从国内仲裁裁决撤销依据的类型看，枉法仲裁作为撤销依据之一，是与违背公共利益的情形并列的。也就是说，从文义解释的角度看，枉法仲裁不被认为是违背公共利益的行为，而被归结为

---

① 采安律师事务所：《案涉合同涉嫌经济犯罪，未必导致仲裁裁决被撤销》，https：//mp. weixin. qq. com/s? _ _ biz = MzA4Mjk1Njc0OQ = = &mid = 2654966728&idx = 1&sn = d020c9bbd0775295ed247a7d61e6c6aa&chksm = 8436eb6ab341627cd22a31e3818af674632cfb9815eb1cbe83f21c605fec6b452a219dcf0ed6&mpshare = 1&scene = 23&srcid = 1012mM9r9xtJjPgdhiqBX9ZF#rd。

案件的实体问题。

并且，从撤销程序的角度看，当事人收到仲裁裁决后6个月是撤销的有效期间，超过该期限将不能撤销裁决。就实务而言，枉法仲裁罪的立案、侦查、提起公诉，再到审判，定罪量刑的时间肯定远远超过6个月的时限。即便枉法仲裁罪属于违背公共利益的类型，也在程序的角度被排除。

权衡而言，我国现阶段的立法和司法政策倾向于隔断枉法仲裁罪与涉外仲裁裁决撤裁依据之间的关系，即便出现了枉法仲裁罪的情形，也不构成涉外仲裁裁决被撤销的根据。除非该情形同时构成法定的四类程序性撤销依据，且未超过程序时限。

第三节　涉外仲裁裁决的司法审查依据

一　司法审查依据之梳理

我国人民法院撤销涉外仲裁裁决的依据是法定的，不得约定。[①]其渊源主要表现在两个层面上：一是正式立法，且分别规定在《仲裁法》和《民事诉讼法》之中；二是司法解释，主要规定在最高人民法院《关于适用〈中华人民共和国仲裁法〉若干问题的解释》（法释［2006］7号，以下简称为《仲裁法司法解释》）和最高人民法院《关于人民法院办理仲裁裁决执行案件若干问题的规定》（以下简称为《仲裁裁决执行司法解释》）之中。由于立法的修订和发展，这些条款之间的指引关系没有及时得到修正，故出现了规则之间因时差而出现的指引差异。为明示这些条款之间的指引和演进关系，可简化说明如表1-1所示。

① 参见最高人民法院《关于适用〈中华人民共和国仲裁法〉若干问题的解释》第17条："当事人以不属于仲裁法第58条或者民事诉讼法第260条的事由申请撤销仲裁裁决的，人民法院不予支持。"司法审查实践中，曾有案件当事人约定撤裁依据，但最高人民法院对此予以否定。

表 1-1　　我国关于涉外仲裁裁决司法审查依据的法条

<table>
<tr><th>《仲裁法》</th><th colspan="3">《民事诉讼法》①</th><th>《仲裁法司法解释》</th><th>《仲裁裁决执行解释》</th></tr>
<tr><td rowspan="4">第 70 条②
第 71 条③</td><td rowspan="4">第 274 条</td><td rowspan="4">第 1 款</td><td>当事人在合同中没有订有仲裁条款或者事后没有达成书面仲裁协议的</td><td>第 18 条④</td><td></td></tr>
<tr><td>被申请人没有得到指定仲裁员或者进行仲裁程序的通知，或者由于其他不属于被申请人负责的原因未能陈述意见的</td><td></td><td rowspan="3">第 14 条⑥</td></tr>
<tr><td>仲裁庭的组成或者仲裁的程序与仲裁规则不符的</td><td>第 20 条⑤</td></tr>
<tr><td>人民法院认定执行该裁决违背社会公共利益的，裁定不予执行</td><td></td></tr>
</table>

① 《仲裁法》第 70 条、71 条指引的是其颁布时有效的《民事诉讼法》第 260 条第 1 款。根据《民事诉讼法》修订情形，我国人民法院在对涉外仲裁裁决进行撤销或不予执行的司法审查时，其依据的法条依次是第 260 条（1991 年《民事诉讼法》）、第 258 条（2007 年修订《民事诉讼法》）和第 274 条（现行的，也是 2012 年修订《民事诉讼法》）。

② 该条规定："当事人提出证据证明涉外仲裁裁决有民事诉讼法第 260 条第 1 款规定的情形之一的，经人民法院组成合议庭审查核实，裁定撤销。"

③ 该条规定："被申请人提出证据证明涉外仲裁裁决有民事诉讼法第 260 条第 1 款规定的情形之一的，经人民法院组成合议庭审查核实，裁定不予执行。"

④ 该条规定："仲裁法第 58 条第一款第一项规定的'没有仲裁协议'是指当事人没有达成仲裁协议。仲裁协议被认定无效或者被撤销的，视为没有仲裁协议。"

⑤ 该条规定："仲裁法第 58 条规定的'违反法定程序'，是指违反仲裁法规定的仲裁程序和当事人选择的仲裁规则可能影响案件正确裁决的情形。"

⑥ 该条规定："违反仲裁法规定的仲裁程序、当事人选择的仲裁规则或者当事人对仲裁程序的特别约定，可能影响案件公正裁决，经人民法院审查属实的，应当认定为民事诉讼法第 237 条第 2 款第 3 项规定的'仲裁庭的组成或者仲裁的程序违反法定程序的'情形。当事人主张未按照仲裁法或仲裁规则规定的方式送达法律文书导致其未能参与仲裁，或者仲裁员根据仲裁法或仲裁规则的规定应当回避而未回避，可能影响公正裁决，经审查属实的，人民法院应当支持；仲裁庭按照仲裁法或仲裁规则以及当事人约定的方式送达仲裁法律文书，当事人主张不符合民事诉讼法有关送达规定的，人民法院不予支持。适用的仲裁程序或仲裁规则经特别提示，当事人知道或者应当知道法定仲裁程序或选择的仲裁规则未被遵守，但仍然参加或者继续参加仲裁程序且未提出异议，在仲裁裁决作出之后以违反法定程序为由申请不予执行仲裁裁决的，人民法院不予支持。"

续表

<table>
<tr><th>《仲裁法》</th><th colspan="3">《民事诉讼法》①</th><th>《仲裁法司法解释》</th><th>《仲裁裁决执行解释》</th></tr>
<tr><td rowspan="2">第 70 条②
第 71 条③</td><td rowspan="2">第 274 条</td><td>第 1 款</td><td>裁决的事项不属于仲裁协议的范围或者仲裁机构无权仲裁的</td><td>第 19 条④</td><td>第 13 条⑤</td></tr>
<tr><td>第 2 款</td><td>人民法院认定执行该裁决违背社会公共利益的，裁定不予执行</td><td></td><td></td></tr>
</table>

需要指出的是，《仲裁法司法解释》和《仲裁裁决执行司法解释》均是直接针对国内仲裁裁决的司法审查依据作出的司法解释，但其所针对的款项同时存在于涉外仲裁裁决的司法审查依据之中，具有较高的参考价值。故，此处一并援引参考。

根据表 1-1 所列示条款，可将人民法院司法审查涉外仲裁裁决的依据具体列示如下：

第一类可概括为基于仲裁协议的司法审查。此类审查要点是，当事人之间是否事先或事后存在仲裁条款或仲裁协议。按照《仲裁法》司法解释第 18 条的进一步规定，它还包括虽然有仲裁协议、但仲裁协议无效或被撤销。

第二类可概括为基于程序参与的司法审查。此类审查要点是被申请人

---

① 《仲裁法》第 70 条、第 71 条指引的是其颁布时有效的《民事诉讼法》第 260 条第 1 款。根据《民事诉讼法》修订情形，我国人民法院在对涉外仲裁裁决进行撤销或不予执行的司法审查时，其依据的法条依次是第 260 条（1991 年《民事诉讼法》）、第 258 条（2007 年修订《民事诉讼法》）和第 274 条（现行的，也是 2012 年修订《民事诉讼法》）。

② 该条规定："当事人提出证据证明涉外仲裁裁决有民事诉讼法第 260 条第 1 款规定的情形之一的，经人民法院组成合议庭审查核实，裁定撤销。"

③ 该条规定："被申请人提出证据证明涉外仲裁裁决有民事诉讼法第 260 条第 1 款规定的情形之一的，经人民法院组成合议庭审查核实，裁定不予执行。"

④ 该条规定："当事人以仲裁裁决事项超出仲裁协议范围为由申请撤销仲裁裁决，经审查属实的，人民法院应当撤销仲裁裁决中的超裁部分。但超裁部分与其他裁决事项不可分的，人民法院应当撤销仲裁裁决。"

⑤ 该条规定："下列情形经人民法院审查属实的，应当认定为民事诉讼法第 237 条第二款第二项规定的'裁决的事项不属于仲裁协议的范围或者仲裁机构无权仲裁的'情形：（一）裁决的事项超出仲裁协议约定的范围；（二）裁决的事项属于依照法律规定或者当事人选择的仲裁规则规定的不可仲裁事项；（三）裁决内容超出当事人仲裁请求的范围；（四）作出裁决的仲裁机构非仲裁协议所约定。"

是否得到通知或有机会陈述自己的意见。此处的通知主要是参与仲裁程序和指定仲裁员组建仲裁庭两方面的通知。按照《仲裁裁决执行司法解释》第14条的规定，它还包括未按照仲裁法、仲裁规则、当事人约定方式送达。

第三类可概括为基于程序违反的司法审查。此类审查要点主要有二：一是仲裁庭的组成，二是仲裁程序的进行。需要注意区分的是，国内仲裁裁决程序违反的基准是仲裁法或仲裁规则；涉外仲裁裁决程序违反的基准则只有仲裁规则一项，也就是排除了我国仲裁法，因为在涉外仲裁中可能并不适用我国《仲裁法》。此外，按照《仲裁法司法解释》第20条之规定，此类违反还需要附加结果考虑，即违反程序且“可能影响案件正确裁决”。不仅如此，《仲裁裁决执行司法解释》第14条也进一步规定，它还包括：仲裁员根据所适用的仲裁法和仲裁规则应当回避而未回避的情形，以及在经特别提示后当事人知道或者应当知道法定仲裁程序或选择的仲裁规则未被遵守，但仍然参加或者继续参加仲裁程序且未提出异议的。

第四类可概括为基于裁决范围的司法审查。此类审查要点有二：一是裁决事项超过仲裁协议约定范围，可简称为超裁；二是仲裁机构无权仲裁。《仲裁法司法解释》第19条对超裁的司法审查作了限制，即在超裁部分可以分割的情形下，可仅撤销该可分割的超裁部分；否则，人民法院应当一并撤销所涉仲裁裁决。《仲裁裁决执行司法解释》第13条对本款项的审查要点作了可供参考的四种分类，分别是：裁决事项超出仲裁协议约定范围；裁决事项超出当事人仲裁请求范围；裁决事项依法或依仲裁规则不可仲裁；仲裁机构非仲裁协议所约定的机构。

第五类可概括为基于公共利益的司法审查。本项司法审查依据属于人民法院依职权进行审查的依据，而上述四类司法审查依据则需要当事人提出申请并提供证据进行证明。

为直观呈现迄今人民法院司法审查涉外仲裁裁决的具体依据、类型及其性质，可将上述内容列示为表1-2：

表1-2　　涉外仲裁裁决司法审查依据

《民事诉讼法》第274条	《仲裁法司法解释》	《仲裁裁决执行司法解释》
当事人在合同中没有订有仲裁条款或者事后没有达成书面仲裁协议的	仲裁协议无效，或被撤销	

续表

《民事诉讼法》第274条	《仲裁法司法解释》	《仲裁裁决执行司法解释》
被申请人没有得到指定仲裁员或者进行仲裁程序的通知，或者由于其他不属于被申请人负责的原因未能陈述意见的		未按照仲裁法或仲裁规则规定的方式送达法律文书导致其未能参与仲裁；仲裁庭未按照仲裁法或仲裁规则以及当事人约定的方式送达仲裁法律文书
仲裁庭的组成或者仲裁的程序与仲裁规则不符的	违反仲裁法的仲裁程序和当事人选择的仲裁规则，可能影响案件正确裁决	违反仲裁法规定的仲裁程序、当事人选择的仲裁规则或者当事人对仲裁程序的特别约定，可能影响案件公正裁决；仲裁员根据仲裁法或仲裁规则的规定应当回避而未回避，可能影响公正裁决；但适用的仲裁程序或仲裁规则经特别提示，当事人知道或者应当知道法定仲裁程序或选择的仲裁规则未被遵守，仍然参加或者继续参加仲裁程序且未提出异议，不属本款项情形
裁决的事项不属于仲裁协议的范围或者仲裁机构无权仲裁的	超裁部分可分的，仅撤销超裁部分；否则，应整体撤销	裁决的事项超出仲裁协议约定的范围；裁决的事项属于依照法律规定或者当事人选择的仲裁规则规定的不可仲裁事项；裁决内容超出当事人仲裁请求的范围；作出裁决的仲裁机构非仲裁协议所约定
人民法院认定执行该裁决违背社会公共利益的，裁定不予执行		

二 基于仲裁协议的司法审查

《民事诉讼法》第274条第1款第1项规定：“当事人在合同中没有订有仲裁条款或者事后没有达成书面仲裁协议的。”本项司法审查依据的核心是“没有仲裁合意”，并作广义的理解。这里的广义理解，有三方面的意思：（1）仲裁条款应作广义理解，既包括相关协议或合同中的仲裁条款，又包括单独的仲裁协议书。根据商务活动本身的特征，当事人在谈判、磋商商务协议时，纠纷解决条款是其商务协议的构成部分，但并非必备内容。而且，即便在商务协议中约定纠纷解决条款，当事人也可能并不一定选择仲裁方式。因此，就仲裁条款而言，当事人至少有三种选择：第一，不选择仲裁；第二，在商务协议中选择仲裁，并可约定或简或繁的仲裁条款；第三，在商务协议中因主客观原因不选择仲裁条款，或者选择了诉讼条款，但在争议发生之后，双方另行单独约定书面的仲裁协议书。因此，从形式上看，仲裁协议至少包括两类：一是载于商务协议中、构成商务协议解纷条款的仲裁条款；二是在商务协议之外、单独约定的仲裁协议书。通常，当事人如果能在签订商务协议的同时就仲裁方式达成合意的，双方为效率之便，就会在商务协议之中形成仲裁条款，[①] 而极少选择在签订商务协议的同时，另行再签署单独的仲裁协议书，除非双方相当专业，需要一个详尽的仲裁条款。[②] 职是之故，即便当事人之间要签署仲裁协议书，也常见于商务协议签署之后，而非签署当时或之前，尽管后者在理论上是存在的。不过，立法应该包括所有在逻辑上可能的情事，仲裁条款只可能在合同中存在，但书面仲裁协议就既可能在合同签署前、签署时、签署后单独存在，《民事诉讼法》第 274 条第 1 款第 1 项只规定了合同中的仲裁条款形式，及事后书面仲裁协议书形式，显然有所遗漏。不过，这不会在实践中造成问题，《仲裁法》第 16 条第 1 款就明确，仲裁协议包括合同中订立的仲裁条款和以其他书面方法在纠纷发生前或者纠纷发生后达成的请求仲裁的协议。据此，司法实务会将合同中存在的仲裁条款，合同签署前、中、后形成的单独仲裁协议书都视为有效的仲裁根据。

（2）应对书面形式作适当的广义理解。尽管仲裁协议不同于一般的合同，但合同法中关于合同形式的解释事实上也适用于仲裁协议。[③]《仲

---

① 最简单的仲裁条款，按照杨良宜先生的理解，只需要在合约中注明“仲裁”二字就足可了。杨良宜：《国际商务仲裁》，中国政法大学出版社 1997 年版，第 105 页。

② 如有仲裁条款约定：本协议适用《联合国国际货物买卖合同公约》，并依据其解释；如本协议导致或产生与其有关的任何争议、纠纷或请求或发生违约，包括该协议的解释、履行和终止，双方首先应尝试通过善意的磋商和协商解决该争议；如首次提出善意协商请求后的 30 天内未开始协商，争议事项可提交国际商会根据其仲裁规则仲裁，在产品或类似产品的生产和销售方面，选定的仲裁员必须具有广博的知识或丰富的经验，或二者兼具，且须精通英语；仲裁应在指定仲裁员后的 30 天内进行，仲裁语言为英语，仲裁地点为位于中国北京双方约定的场所，仲裁时间亦由双方约定。如双方不能就仲裁时间和地点达成一致，仲裁员可以指定；仲裁员的最终裁决或裁定是终局的，且对双方均有约束力，仲裁费用根据仲裁员的判定进行支付；该仲裁裁定可在对任何一方或其相应财产具有管辖权的法院强制执行。参见“江苏万源与艾尔姆天津公司仲裁条款效力确认”案，载万鄂湘主编《涉外商事海事审判指导》（总第 25 辑），人民法院出版社 2013 年版，第 126—131 页。

③ 仲裁实务中，有的法院在审查仲裁条款的效力时，曾经将仲裁条款认定为程序条款。挪威 NRS 公司与乙万山公司确认仲裁条款效力案，即是如此。武汉市中级人民法院就认为：本案系涉外合同纠纷，涉案合同书载明的纠纷解决方式的效力问题属程序问题。万鄂湘主编：《涉外商事海事审判指导》（总第 25 辑），人民法院出版社 2013 年版，第 138 页。

裁法司法解释》第1条即对“其他书面形式”作了明确，包括以合同书、信件和数据电文等形式达成的请求仲裁的协议。其中，数据电文形式还包括电报、电传、传真、电子数据交换和电子邮件。这就极大地扩展了仲裁条款或仲裁协议的“书面形式”类型。

（3）应对“没有”一词作广义理解。既包括绝对意义上的“没有”，这是从存在意义上而言的，即自始至终从未有过仲裁协议或条款；也包括相对意义上的“没有”，这是从价值或效力意义而言的，即曾经签署过，或以某种方式提及或存在过仲裁条款或协议，但因某种原因而无效，或视为不存在。因此，“没有”一词在涉外仲裁裁决撤裁中，既包括事实上不存在的情形，也包括事实上存在但无效的情形。①

仲裁协议事实上不存在的问题，是一个证据证明的事实判断过程，类型较为单一清楚。仲裁协议无效，则涵盖很多情形。在涉外仲裁的语境中，仲裁协议的无效情形，首先决定于其法律适用，其次决定于所适用法律的规定。以我国人民法院受理涉外仲裁裁决的撤裁案件来看，人民法院在撤裁、判断涉外仲裁协议或条款的效力时，是分四步走的：

第一步，确定仲裁协议或条款的性质；

第二步，确定仲裁协议或条款应适用的选法规范；

第三步，确定仲裁协议或条款应适用的具体法律；

第四步，根据所适用的具体法律，判断仲裁协议或条款是否有效。

其中，第一步可称为定性，是为仲裁协议或条款的法律适用作的前提性工作；第二、三步是涉外仲裁协议或条款的冲突法适用和准据法适用；第四步才是根据所适用的法律，结合具体个案事实进行判断。关于仲裁协议或条款的性质问题，本来在理论上非常重要，因为它究竟是实体性的，还是程序性的，又或者是综合性或独立性的，关系到如何适用法律的问题。如果是程序性的，则根据国际私法中的法律适用基本原理，应适用程

① 此类案例很多，典型如双方约定如下仲裁条款：“履行合同与补充协议中发生争议双方友好协商解决，协商不成时，任何一方有权向所在地的仲裁委员会提出仲裁。”此类仲裁协议最终被认定无效，最高人民法院在批复中即是根据（原）《民事诉讼法》第258条第1款第1项的规定，予以撤销的。参见“最高人民法院关于申请人美国麦克伦集团国际贸易公司、美国麦克伦集团国际贸易公司北京代表处申请撤销［2008］厦仲裁字第0379号仲裁裁决一案的请示报告的复函”（［2008］民四他字第43号），以及“福建省高级人民法院［2009］闽民他字第42号”。万鄂湘主编：《涉外商事海事审判指导》（总第20辑），人民法院出版社2010年版，第71—75页。

序进行地法，在法院审查仲裁协议的情形下即是法院地法，在我国法院审查的情形下，即为中国大陆地区的法律；如果是实体性的，则可能需要适用双方之间的实体合同准据法，或依另外的独立的冲突规范进行选法适用。

实践中，曾经出现过一些少数案例，受案法院对仲裁协议或条款直接定性为程序条款，从而适用了我国法律。[①] 但最高人民法院在 2009 年 12 月 22 日颁发的《关于山东名流实业集团有限公司与韩弼淳（PIL SOON HAN）技术合作开发合同纠纷一案中仲裁条款效力问题的请示的复函》[②]中明确纠正了山东省高级人民法院在 2009 年 11 月 16 日的“请示”中关于仲裁条款的定性问题，山东省高院认为：“涉案合作协议书及修改协议中载明的纠纷解决方式的效力问题属程序问题，应当适用法院地法，即对相关仲裁协议及诉讼管辖协议的效力认定，应当适用中华人民共和国法律。”[③] 最高人民法院在批复中专门就此进行了说明：“你院请示报告中关于认定本案所涉仲裁协议应以中国法律为准据法的理由不妥。本案是由于当事人未约定确认该仲裁协议效力所适用的准据法，亦未明确选定仲裁地，应当适用法院地法，从而认定应以中国法律为审查本案的准据法，并非由于‘涉案《合作协议书》及修改协议中载明的纠纷解决方式的效力问题属于程序问题，应当适用法院地法’。对此，你院应予纠正。”当然，最高人民法院也未明确仲裁条款的性质问题，只是指出它不是程序问题。迄今，关于仲裁协议或条款的定性问题已经不再困扰法律适用，因为司法解释和立法均已对涉外仲裁协议或条款作了直接和明确的法律适用，从而

---

① 包括但不限于：“挪威 NRS 公司与万山公司仲裁条款效力确认”案，载万鄂湘主编《涉外商事海事审判指导》（总第 25 辑），人民法院出版社 2013 年版，第 136—139 页。“中国平安财产保险股份有限公司四川分公司诉北京祥和利国际船务公司、吉发保险代位求偿纠纷案、罗马尼亚公司 SC SCORZA SRL 公司与山东天行铁路工程发展有限公司买卖合同”案，载万鄂湘主编《涉外商事海事审判指导》（总第 19 辑），人民法院出版社 2010 年版，第 93—96、126—128、129—130 页；“兖州浩珂伟博矿业有限工程公司与伟博（A. WEBER S. A.）、索菲浩勒公司（SOFIROL S. A.）解除合同纠纷”案，载万鄂湘主编《涉外商事海事审判指导》（总第 18 辑），人民法院出版社 2009 年版，第 90—93 页。

② 参见最高法“［2009］民四他字第 47 号”复函，载万鄂湘主编《涉外商事海事审判指导》（总第 20 辑），人民法院出版社 2010 年版，第 64—67 页。

③ 参见山东省高级人民法院“［2009］鲁立函字第 42-1 号”请示。

它究竟是实体，还是程序，又或者是其他性质，已经对法律适用不再具有任何意义。

解决或者省略了仲裁协议的定性问题之后，接下来就是如何适用法律的问题。任何涉外法律关系，包括涉外仲裁协议的法律适用，都涉及两个层面的法律适用：一是选法规范的适用，解决的问题是确定应当适用的法律（国际私法中一般称作为准据法）；二是查明并适用应当适用的法律。这对应的就是上述第二、三步骤的法律适用。对于选法规范的法律适用问题，我国迄今先后共有三个规则：最高人民法院2006年《仲裁法司法解释》《涉外民事关系法律适用法》，以及《法律适用法司法解释（一）》，列示如下：

表1-3　　涉外仲裁协议法律适用规则

序号	规则出处	选法安排	规则性质	生效时间
1	《仲裁法司法解释》第16条①	当事人约定>仲裁地法>法院地法	司法解释特别规则	2006.09.08
2	《涉外民事关系法律适用法》第18条②	当事人约定>仲裁机构所在地或仲裁地法③	正式立法一般规则	2011.04.01
3	《法律适用法司法解释（一）》第14条④	当事人约定>仲裁机构所在地或仲裁地法>法院地法	司法解释一般规则	2013.01.07

三类规则并行有效，但因内容有所冲突，所以存在一个真实的法律冲突与适用的问题。要解决这个冲突问题，可从三个角度进行综合权衡。（1）从规则内容的科学性角度看，《仲裁法司法解释》第16条虽然是旧

① 《仲裁法司法解释》第16条："对涉外仲裁协议的效力审查，适用当事人约定的法律；当事人没有约定适用的法律但约定了仲裁地的，适用仲裁地法律；没有约定适用的法律也没有约定仲裁地或者仲裁地约定不明的，适用法院地法律。"

② 《涉外民事关系法律适用法》第18条："当事人可以协议选择仲裁协议适用的法律。当事人没有选择的，适用仲裁机构所在地法律或仲裁地法律。"

③ 需要指出的是，如果严格地依《法律适用法》建立的规则体系，作为该法的第2条第2款的兜底规则即最密切联系地法应作为第18条的兜底规则，从而在实质上也应是三级选法阶梯：当事人选法>仲裁机构所在地或仲裁地法>最密切联系地法。

④ 《法律适用法司法解释（一）》第14条："当事人没有选择涉外仲裁协议适用的法律，也没有约定仲裁机构或者仲裁地，或者约定不明的，人民法院可以适用中华人民共和国法律认定该仲裁协议的效力。"

法，但相对于《涉外民事关系法律适用法》第18条而言，规定了法院地法适用的兜底规则，从而更具合理性；相对于《涉外民事关系法律适用法》及其司法解释而言，又排除了仲裁机构所在地与仲裁地之间的并列所导致的法律适用不一致的弊端，从而也提升了法律适用的稳定性。

（2）从法渊源的位阶看，《涉外民事关系法律适用法》是国家正式立法，而其余两规则均为司法解释，因此，在三者冲突的情形下，应优先适用《涉外民事关系法律适用法》，而非司法解释。进一步而言，《涉外民事关系法律适用法》司法解释作为对《涉外民事关系法律适用法》的具体适用而非相冲突的规则，因此具有优先于旧的《仲裁法》司法解释的效力。

（3）从一般法与特别法的角度看，《仲裁法》及其司法解释相对于涉外民事关系法律适用法及其司法解释而言是特别法，按照特别法优于一般法的法理，《仲裁法》及其司法解释应优于《涉外民事关系法律适用法》及其司法解释。

综上而言，在撤销涉外仲裁裁决过程中，需要判断涉外仲裁协议的效力时，宜以《仲裁法司法解释》为准。[①]《涉外民事关系法律适用法》固然是国家正式立法和新法，从立法原意看当有替代旧规则的意思，只是在涉外仲裁过程中，如果出现仲裁机构所在地与仲裁地不一致的情形时，此时如何决断法律适用就是一个问题，分歧的存在将为法律适用的统一性和结论的一致性带来消极影响。并且，从仲裁法理看，仲裁机构所在地并不是影响仲裁的主要因素，并不能与仲裁地相提并论。尽管如此，在司法实践中，人民法院存在着并用二者的倾向，且在发生冲突时更可能援引《涉外民事关系法律适用法》及其司法解释。

通过第二步骤解决了法律选择的问题，接下来需要解决的就是如何查明并适用所选择的法律的问题。在应当适用特定外国法的情形下，如何查明外国法，在规则依据上有三：一是最高法《民法通则司法解释》第193条；二是《涉外民事关系法律适用法》第10条；三是《涉外民事关系法律适用法》司法解释第10条。三类规则建立起的查明机制可概括如下：

---

① 黄晖、周江：《论涉外仲裁协议的效力判定——评最高人民法院［2013］民四他字第13号复函案例》，《仲裁研究》2017年第1期。

（1）从查明主体看，人民法院、仲裁机构和当事人分担不同情形下的查明责任。在当事人约定了涉外仲裁协议的法律适用的情况下，应由当事人负责查明。在当事人没有约定时，则是由人民法院、仲裁机构负责查明。需要指出的是，在人民法院撤裁的情形下，案件业已经过仲裁庭仲裁，仲裁协议有效与否可能已经由相关人民法院或仲裁庭进行了法律适用并认定，因此，对于撤裁的人民法院而言有两种选择：一是不需查明，仅仅依赖原相关法院或仲裁庭的查明；二是自行查明。从司法实务看，最高人民法院在批复时通常会直接明确涉外仲裁协议的法律适用条款，而且，实践中根据所指向的法律“当事人选择法>仲裁地法>法院地法”，几乎都是指向了法院地法即我国法，因此不存在查明的问题，如最高人民法院《关于对重庆菲乐进出口有限公司申请不予执行仲裁裁决一案请示的复函》就指出：

“根据最高人民法院《关于适用〈中华人民共和国仲裁法〉若干问题的解释》第16条的规定，对本案仲裁协议的效力问题，应适用当事人约定的法律即我国法律进行审查。由于本案当事人约定的仲裁条款意思表示明确，有确定的仲裁事项和选定的仲裁委员会，符合《仲裁法》第16条的规定，故其仲裁协议合法有效。”[①]

由于不予执行与撤销的依据是一致的，所以从此案可以看出撤裁案件中，仲裁协议的法律选择及查明问题。从本案的结构看，案件仲裁协议的法律选择及查明、适用问题，均已经先由仲裁庭完成，然后在重庆市第一中级人民法院的不予执行异议中，重庆市第一中级人民法院、重庆市高级人民法院均已或均应完成对仲裁协议法律适用及查明等程序，但最高人民法院并未复述仲裁庭、下级法院的法律选择及查明、适用，而是直接确定选法规范（《仲裁法司法解释》第16条）、确定应适用的法律即中国法律，然后适用之。从法理上看，最高人民法院进行批复的目的不是简单地根据下级法院或仲裁庭查明的法律进行审查，而是为了从严把握涉外仲裁裁决的撤裁问题，避免错误撤裁的现象。因此，从目的出发可以认为，最高人民法院在选择、查明应适用的法律时，应独立判断，而非亦步亦趋地恪守其他机构业已查明的结论。

---

① 参见最高法“［2015］民四他字第11号”复函、“渝一中法文［2014］24号”复函，载贺荣主编《涉外商事海事审判指导》（总第30辑），人民法院出版社2016年版，第90—95页。

（2）从查明的路径看，包括但不限于如下途径：由当事人提供；由与我国订立司法协助协定的缔约对方的中央机关提供；由我国驻该国使领馆提供；由该国驻我国使馆提供；由中外法律专家提供。[①] 需要强调的是，上述五种途径既不是穷尽性的，人民法院还可以采取其他方式进行查明；也不是必须穷尽的，如果合理，即便是利用其中一种或数种方式无法查明，也可以不再通过其他途径予以查明。例如，最高法关于《涉外民事关系法律适用法》司法解释（一）第 17 条规定，法院在通过当事人提供、国际条约规定途径，以及中外法律专家提供等合理途径不能获得外国法律的，可认定不能查明外国法。

（3）从查明的标准看，外国法查明不是追求客观真实，而是追求双方的一致接受；否则，人民法院有权进行认定。《涉外民事关系法律适用法》第 18 条即规定，人民法院在听取双方当事人对应适用的法律的内容及其理解和适用意见后，当事人如无异议的，人民法院应予以确认；否则，由人民法院审查认定。

（4）从查明救济看，有两个问题需要说明：第一个问题是，何时需要查明救济，也就是说在何种情况下可认定为外国法无法查明，从而无须继续查明，转入法律适用的救济。关于外国法无法查明的标准，有二：[②] 一是在当事人选择法律，从而应当由其查明的情况下，按照合理期限标准，即在人民法院指定的合理期限内无正当理由未提供该外国法律的，可认定为不能查明外国法律；二是在其他情形下，依合理途径标准，即在人民法院、仲裁机构或行政机关应当查明的情况下，通过当事人提供、国际条约途径和中外法律专家提供等合理途径仍然不能获得外国法律的，可认定为不能查明外国法。需要指出的是，合理途径标准掌握在人民法院手中，并无定论。

第二个问题是，如何救济，即如果外国法确实无法查明的，应如何适用法律。特别需要强调的是，如果外国法无法查明的，不能直接适用我国法律，而应根据“当事人选择的法律>仲裁地或仲裁机构的法律>法院地法”，顺位适用，直至适用法院地法。虽然根据我国相关法条之规定，在

① 参见《民法通则司法解释》第 193 条。

② 《涉外民事关系法律适用法》第 17 条第 1、2 款。

外国法不能查明，或者查无规定的，应适用中华人民共和国法律，[①] 但其应是指最后顺位的选法规范指向外国法的情形，否则就会减损或否定阶梯选法或有条件选法规范的存在价值。简言之，人民法院在撤裁中需要确定仲裁协议的法律适用时，如果当事人选择了外国法，在当事人于合理期限内不提供外国法的，视为不能查明，此时不能直接适用中国法律，而应根据“仲裁地或仲裁机构所在地的法律”确定并查明相关外国法（如果指向的是外国法的话）。如果仲裁机构所在地或仲裁地法律无法查明，或查无规定，也不能直接适用中国法律，[②] 而应根据“法院地法”适用我国法律。尽管二者在结果上是一致的，但法律适用的依据和路径是不一致的。如此，逐步顺位，对各选法规范指向的法律逐一确定、查明，而后救济，才是合理的。

第四步是适用法律并认定仲裁条款有无的问题。需要指出的是，仲裁条款有无与有效与否并不是可以截然分开的两个问题，一般而言，仲裁条款的有无，是一个事实和证据证明的问题；仲裁条款有效与否，则是一个法律适用的问题。然而，有时候，仲裁条款的有无问题也决定于法律解释，从而决定于法律适用，这就让有无问题与有效与否的问题合二为一了。具体而言，尽管从形式上看，仲裁协议的存在与否，是一个与有效与否不同的相对独立的问题，但二者在某些情形下很难分开，因为对于有“表面证据”表明存在仲裁协议的情况下，根据所适用的法律及其解释，很可能分为两种情形：一是仲裁协议不存在；二是仲裁协议存在。换言之，除非仲裁协议完全不存在，或者没有任何事实因素支持其表面存在，那么仲裁协议存在与否的问题就只是一个事实和证据的问题，不涉及法律适用。但在有表面证据表明仲裁协议存在的情况下，其是否真正存在，还可能决定于法律适用及其解释。根据不同的法律，同一事实可能具有不同的关于存在与否的结论。简言之，仲裁协议存在与否，或者说“有没有”的问题，分为两类：一是绝对的有无，是事实上的存在与否；一是相对的有无，是法律上的存在与否。说得复杂，兹举两例说明之。

---

① 《涉外民事关系法律适用法》第 10 条第 2 款、《民法通则司法解释》第 193 条。

② 当然，在“仲裁机构所在地法或仲裁地法”之间，人民法院是否应当进行穷尽，这是一个值得探讨的问题。

一例是“西安盛佳光电有限公司与奥兰若（深圳）科技有限公司承揽合同纠纷”案。[①] 该案基本案情是，奥兰若（深圳）科技有限公司（以下简称为奥兰若公司）通过网上下订单的方式与西安盛佳光电有限公司（以下简称为盛佳公司）形成加工承揽合同关系。双方的合作形式是，奥兰若通过电子邮件向盛佳公司发送订单和采购条款，盛佳公司如接受，即按邮件中的订单和采购条款执行。奥兰若的电子邮件一般包括三部分的内容：邮件正文，作为附件的采购订单，以及作为附件的采购条款。其中，邮件正文和采购订单均载明，采购订单受采购条款约束。采购订单第 14 条约定了仲裁条款：所附订单所产生的一切争议均由在美利坚合众国加利福尼亚州圣克拉拉县根据国际商会仲裁规则而做出的有约束力仲裁裁决解决。在履行合约过程中，双方发生争议，西安盛佳公司遂向西安市中级人民法院提起诉讼，奥兰若公司则以存在仲裁条款为由对法院的管辖权提出异议。一审法院裁定认为：“双方以邮件订单方式确定的定作物的数量、型号、规格等，涉案订单是基于加工承揽合同而签发，订单中有受采购条款约束的内容。但被告提供的订单采购条款，没有原告方的签字，亦无被告将订单采购条款送达原告的证据，故订单采购条款应属被告单方的意思表示，其内容对原告没有约束力。被告申请称本案双方已约定仲裁解决本案纠纷，依法应裁定驳回原告起诉，缺乏事实和法律依据”。据此，一审法院裁定驳回被告的管辖权异议。二审法院裁定维持。

从该案案情看，可将其核心问题提炼为：在电子邮件往来中，如何认定一方对仲裁条款的有效承诺。该问题似可从两个角度进行分析：一是该问题作为事实问题，即有无承诺的问题，也就是仲裁条款存在与否的问题；二是该问题作为法律问题，即有无有效承诺的问题，也就是仲裁条款有效与否的问题。显然，如果是事实问题，则法官只需要通过证据进行证明，从而不涉及法律适用；如果是法律问题，则法官还需要先行进行法律选择和适用。[②] 显然，上引案例中，法院将问题定性为事实问题，因此不

---

① 参见西安市中级人民法院 2014 年 5 月 20 日作出的“［2014］西民四初字第 00535-5 号民事裁定书”，以及陕西省高级人民法院 2014 年 8 月 20 日作出的“［2014］陕立民终字第 00062 号民事裁定书”。

② 需要指出的是，该案二审判决仅仅以双方主体为中国境内企业为由，将该仲裁条款认定为国内仲裁条款，但对于双方约定在香港交货的事实未予认可，这是值得商榷的。

涉及法律选择与适用。然而，考察各国立法例，关于承诺的方式存在多种规定，以履行行动作为承诺的一种表现形式也是有相关立法支持的。换言之，本案所涉的承诺问题不只是事实问题，而且还是法律问题。审案法官不能直接以我国立法中关于承诺的规定判断原告的履行行为是否构成有效承诺，必须先进行法律选择，再根据所选择的法律判断承诺有效与否。简言之，本案在形式上看是有无承诺的事实问题，然而有无承诺的事实问题本身可分解为事实问题（有或无承诺事实）和法律问题（有效或无效承诺）。无效法律行为在法律效果上被视为无法律行为，然而，这种等同性对于涉外仲裁条款而言意义重大，二者的法律处理是相反的：事实的问题，归于证据；法效的问题，归于法律，且就涉外法律行为而言，还归于法律选择。本案经查明的事实表明：被告通过电子邮件发出过要约，原告以事实上的行动履行了要约的内容。关键的问题因此是：此种事实行动是否构成有效承诺。这个问题由此不再是单纯的事实问题，它决定于不同法律的态度，从而变成一个法律问题，最终决定于法律选择与适用。为清晰起见，可将案涉问题的性质转换整理为如下思路：

有无仲裁条款（事实问题）→有无承诺（事实问题）→（1）有无承诺事实+（2）有无有效的承诺：

（1）有无承诺事实→绝对的有无→事实问题→无法律选择，证据解决；

（2）有无有效的承诺→相对的有无→法律问题→法律选择，准据法适用。

此例说明了仲裁条款存在与否与有效与否之间的交织，事实问题中也包括法律问题，从而不仅牵涉证据之运用，而且还涉及法律之选择与适用。

类似地，例二是“神华煤炭运销公司与马瑞尼克船务公司关于仲裁条款存在与否的确认之诉”① 一案，该案涉及的是一个我国海商司法实践中非常常见的问题，即租约（包括其中的仲裁条款）并入提单的问题。根据海商实践，船舶承租人与出租人签署格式化的租赁合同，简称为租约，租约中一般载有仲裁条款用以解决船舶租赁双方之间的法律问题。承租人

① 参见最高人民法院“［2013］民四他字第4号”复函，载江必新主编《涉外商事海事审判指导》（总第26辑），人民法院出版社2014年版，第178—182页。

在租船后，[①] 指示船舶营运人接受托运人托运的货物，船东签发提单给托运人，提单也可能通过背书，或者信用证流程转让到其他人手中。提单中也常载有“租约并入提单”的约定。提单持有人与租约当事人之间由此就可能存在仲裁条款存在与否或有效并入与否的争议。租约一方当事人通常会以租约中仲裁条款并入提单，从而向约定仲裁机构提请仲裁，或者在对方向法院起诉的情况下提出管辖权异议；而提单持有人则以租约仲裁条款未并入提单，或并入无效，从而向相关法院提起诉讼。此种情形下，核心问题是，租约中仲裁条款是否有效并入提单，从而约束提单持有人。

该案的基本案情如下：2005 年 6 月，神华与案外人 FIL 公司签订买卖合同，约定由神华出售煤炭给 FIL 公司，价格条件采用“FOB 中国新港”。11 月，神华将煤炭运抵天津新港装上 FIL 公司承租的瑞姆轮，从天津新港运往土耳其，天津北方联合国际船代公司作为船代于 2005 年 11 月 13 日签发了编号为 01 号的提单，载明托运人是神华公司，收货人凭指示，通知方为土耳其公司。提单注明采用“康金提单”1994 年版，提单正面记载“与租约合并使用，运费按照 2005 年 11 月 7 日的租约支付，租约中的波罗的海航运公会船舶国际安全管理条款、千禧年条款、新杰森条款、互有责任碰撞条款、保赔协会加油条款、时间统一条款和首要条款等并入本提单”。马瑞尼克为瑞姆轮的所有人，将其船租给 TKB 公司。2005 年 11 月，TKB 将该轮租给 YST 公司。同日，YST 公司与 FIL 公司签订了航次租船合同，将瑞姆轮程租给 FIL 公司。该合同 33 条约定，本租船合同产生的争议应在伦敦仲裁并适用英国法。2005 年 12 月瑞姆轮在航行途中发生火灾。马瑞尼克以该事故系神华公司的货物所致并给其造成巨大损失为由，向神华公司提出索赔并提交伦敦仲裁。2010 年 1 月，神华收到马瑞尼克公司的仲裁索赔书；2 月，神华致函伦敦仲裁庭，认为双方不存在仲裁协议，仲裁庭没有管辖权，要求驳回马瑞尼克公司的索赔；3 月，仲裁庭认为其有管辖权，驳回神华异议；11 月，神华向天津海事法院提起诉讼，要求确认其与马瑞尼克之间不存在英国伦敦仲裁协议。

为简化起见，可将该案案情简化如图 1-2 所示。

---

① 在航次租船合同中，承租人是可变的，如在 FOB 价格条件下，如无其他约定，承租人为买卖合同的买方；在 CIF 价格条件下，如无其他约定，承租人则为卖方。

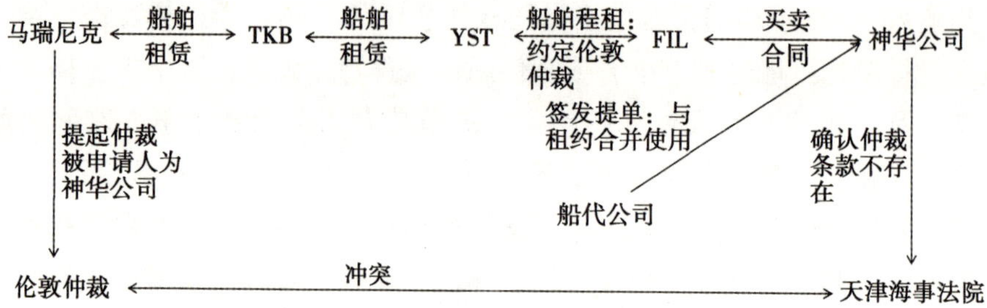

图 1-2 基本案情

针对神华公司的诉求，天津海事法院的核心观点如下：（1）关于法律适用。本案是确定仲裁协议是否有效并入提单，并非确定仲裁条款的效力，故不适用《仲裁法司法解释》第 16 条。[①] 鉴于双方未能就法律适用达成一致，而涉案运输起运港为中国天津，提单也是在天津签发的，因此中国法律与本案具有最密切联系，本案应适用中国法。（2）关于仲裁协议存在与否。根据最高法［2006］民四他字第 49 号复函的精神，可认定涉案租约中的仲裁条款没有并入提单，即双方并不存在仲裁协议。可见，天津海事法院的裁判思路是，将仲裁条款存在与否的问题与有效与否的问题进行分割，租约仲裁条款并入提单的问题属于存在与否的问题，因此不适用仲裁协议有效与否的法律选择条款，而是适用最密切联系条款。

天津高级人民法院的审查意见要点也可概括为：（1）关于法律适用。本案属于请求确认双方之间不存在仲裁协议之诉，不属于在存在仲裁协议的前提下，确认仲裁协议效力的案件。本案中双方是否就仲裁协议达成约定尚不能确定，因此，无法适用《仲裁法司法解释》第 16 条关于涉外仲裁协议效力的法律适用规则。鉴于双方未能就法律适用达成一致，而涉案运输的起运港及提单签发地均为中国天津，因此中国法律与本案具有最密切联系，本案应适用中国法律。（2）关于仲裁协议不存在与仲裁协议无效的关系，以及有关仲裁协议无效的规则是否适用于仲裁协议不存在的问题。法院认为，根据《仲裁法司法解释》第 18 条规定，[②] 仲裁协议被认

① 该条规定：对涉外仲裁协议的效力审查，适用当事人约定的法律；当事人没有约定适用的法律但约定了仲裁地的，适用仲裁地法律；没有约定适用的法律也没有约定仲裁地或者仲裁地约定不明的，适用法院地法律。

② 该条款规定：仲裁法第 58 条第 1 款第 1 项规定的“没有仲裁协议”是指当事人没有达成仲裁协议。仲裁协议被认定无效或者被撤销的，视为没有仲裁协议。

定无效或被撤销的，视为没有仲裁协议。从该规定看，仲裁协议被认定无效与没有仲裁协议，两者在法律效果上具有同质性。因此，根据《仲裁法司法解释》第 13 条第 2 款，[①] 本案应驳回神华起诉。天津高级人民法院对仲裁协议存在与否与有效与否的两个问题采取了两种立场：就定性而言，二者不是一个问题，而《仲裁法司法解释》第 16 条仅适用于有效与否的问题，不适用于存在与否的问题；就法效而言，二者是统一处理，不存在或无效均不能产生碍诉抗辩力，故应由人民法院管辖。[②]

案件上报后，最高人民法院经审查认定：（1）关于法律适用的问题。本案系神华请求确认不存在仲裁协议之诉。案涉提单为租约合并使用的简式提单，但提单正面并未明示记载将租约包括仲裁条款并入提单，故租约中的仲裁条款并没有有效并入提单。本案并非对租约中仲裁条款效力的审查，应适用中国法确认双方之间是否存在仲裁协议正确。[③]

（2）关于《最高人民法院关于法院处理与涉外仲裁及外国仲裁事项有关问题的通知》的适用问题。各级法院应严格遵守通知规定的报告制度，不能以不属于仲裁范围或者仲裁条款无效等理由规避报告制度。本案涉及租约仲裁条款是否有效并入提单，亦属于通知中规定的情形。综上，天津海事法院应予受理，并依法作出认定。最高人民法院的批复代表着我国司法系统的最高立场，它的补白意义在于，明确了仲裁条款存在与否的法律适用两个问题：一是存在与否不同于有效与否，二是存在与否的问题应适用中国法。关于为什么适用中国法（法院地法），却未给出法律依据。进一步值得思考的问题是，既然存在与否属于效力问题，那么就理应属于事实问题，如此，当无法律适用的问题，而归于证据解决，然而，最高人民法院一方面认定租约仲裁条款并入提单问题不是效力问题；另一方面仍然认为需要适用法律（中国法律）进行解决。这是否意味着，在事实与价值（效力）之间，还有一个需要适用法律的事实问题？

综合三级法院的观点看，可得如下共识：第一，租约中仲裁条款并入提单问题，属于仲裁条款存在与否的问题；第二，仲裁条款存在与否的问

---

① 该条款规定：仲裁机构对仲裁协议的效力作出决定后，当事人向人民法院申请确认仲裁协议效力或者申请撤销仲裁机构的决定的，人民法院不予受理。

② 参见［2012］津高民四他字第 4 号请示。

③ 参见［2013］民四他字第 4 号复函。

题不同于仲裁条款有效与否的问题；第三，租约仲裁条款并入提单的问题，需要首先进行法律选择，不是一个证据证明的问题；第四，在进行法律选择时，不能依据关于仲裁协议效力的法律选择规则进行，而应适用法院地法即中国法。

比较两案例看，神华案中法院的思路和处理方式更为健全。尽管神华诉请法院确认仲裁条款存在与否，该请求看似一个关于仲裁条款有无的事实问题，但该事实问题决定于租约并入提单的有效性，此种并入的有效性将事实问题转化为一个法律问题：有效并入，则仲裁条款存在；否则，仲裁条款不存在。鉴于该问题成为一个法律问题，法院首先需要解决法律选择，就此而言，法院的处理是妥当的。但就如何选择法律，法院的做法是值得推敲的：天津海事法院和高级人民法院根据最密切联系确定中国法，并无法律依据。比较而言，最高人民法院在此问题上的做法稍显合理，但仍然缺乏明确的依据。如果最高人民法院将仲裁条款存在与否的问题与效力审查问题区分开来，那么关于存在与否的问题就缺乏直接的选法依据。此时，通常有两种做法：第一种做法是通过相近冲突规范的范围拉伸，将没有规定的问题或关系纳入相近的冲突规范之中。就本案而言，相近的冲突规范范围也就是《仲裁法司法解释》第16条之规定："对涉外仲裁协议的效力审查。"但此种做法被最高人民法院予以否定。因此，还剩下第二种做法，即根据兜底的选法规则进行法律适用。如果该案发生在2011年《涉外民事关系法律适用法》实施之后，问题就变得简单，因为根据该法第2条第2款的规定，在本法和其他法律没有规定的情况下，将根据最密切联系规则确定法律适用。但遗憾的是，在该案的司法处理过程中，该法并未颁布实施，因此只有根据当时之兜底选法规则进行法律适用。然而，考察适时之规则体系，只有《民法通则》第142条第2、3款之规定，即首先适用国际条约，次之适用我国法律，最后可参考国际惯例。鉴于国际条约及我国立法中均无关于仲裁条款存在与否问题的选法按规则，因此法院可参考国际惯例。然而如何认定国际惯例，在该问题上存在何种国际惯例这些开放性的问题及其讨论，在上述法院司法处理过程中均未体现。需要明确的是，法院地法在我国并无兜底适用的地位，根据适时之法律，只有在外国法无法查明或查无规定，或外国法被公共秩序保留之后，才能适用法院地法。而案涉问题并不属于法院地法兜底适用的情形。这就表明，最高人民法院直接以法院地法兜底适用的立场是查无依据的。

总的来说，仲裁条款存在与否的问题是与有效与否的问题不同的，前者涉及的是事实问题，原则上属于证据解决的范畴；后者涉及的是法律问题，原则上属于法律选择解决的范畴。只是由于法律或司法解释常在法律效果上将无效问题（法律问题）归于不存在问题（事实问题），从而可能出现二者的交织或混淆。一般而言，当事实问题决定于效力问题时，此时就出现了二者的转化，应通过法律选择过程进行解决；否则，则应通过证据问题解决。尽管处理过程不同，作为涉外仲裁裁决撤裁依据之首位原因，仲裁协议（条款）存在与否与有效与否的区分在法律后果上没有意义，二者具有共同的法律效果，即导致仲裁裁决被撤销，或者人民法院管辖案件。

三　基于程序参与的司法审查

《民事诉讼法》第274条第1款第2项规定："被申请人没有得到指定仲裁员或者进行仲裁程序的通知，或者由于其他不属于被申请人负责的原因未能陈述意见的。"此条法律依据是关于正当程序的，正当程序是确保公正裁决的硬性要求，因此，违背正当程序构成仲裁裁决的"硬伤"，从而构成撤裁的法定依据。本款项的核心审查点是当事人参与程序、表达意见的权利保障。

对此撤裁依据，需要说明的要点有三：第一，针对的主体即"被申请人"特指的是提请仲裁裁决执行程序中的"被申请人"，在撤裁程序中则应相反理解为"申请人"。要正确理解此条款中的"被申请人"需要明确其适用的情形，事实上，在仲裁程序中和执行程序中，存在两对不同的申请人和被申请人。仲裁程序中的申请人和被申请人都有可能对仲裁裁决不服，从而提出撤裁或不予执行的请求。显然，此种撤裁依据均应平等地给予申请人和被申请人，如果只保留给被申请人，而排除申请人，则是明显有违正当程序的。如此理解，此条款中的"被申请人"就不是特指仲裁程序中的被申请人，而是包括仲裁程序中的申请人和被申请人。否则，将剥夺仲裁程序申请人的撤裁权利。

鉴于该条款是针对执行程序而设置的，因此该条款所指"被申请人"应为执行程序中的被申请人。并且，从常理而言，执行程序的申请人不会要求撤裁或请求不予执行仲裁裁决，只有执行程序的被申请人才可能提出不予执行的请求，据此可判定，该条款的被申请人是在仲裁裁决执行程序中的被申请人，但在撤裁适用同一条款的情况下，该条款中的被申请人在撤裁语境下应相反地理解为撤裁程序中的申请人，在仲裁程序中他则既可能是申请人，也可能是被申请人。

第二，针对的事由包括三类：一是未得关于仲裁员指定的通知，二是未得关于进行仲裁程序的通知，三是其他非属于被申请人负责的原因未能陈述意见。前两者是具体特定的违背正当程序的类型，后者则是开放条款。从其核心意思考究，本条款旨在确保当事人在重要程序事项上的参与权，以及陈述意见的权利。如果仲裁机构及仲裁庭充分保障了当事人的此类程序性权利，或者给予了当事人行使此类权利的机会，则在当事人放弃或行使权利的情形下，将丧失此一撤裁依据。简言之，仲裁机构或仲裁庭需要尽到的职责是告知当事人并给予倾听的机会，不涉及仲裁庭听取当事人陈述意见之后所作的实体分析。

需要指出的是，在涉外仲裁裁决撤裁实践中，与此条相关的主要争议是与送达问题交织在一起的。指定仲裁员、进行仲裁程序，以及当事人陈述意见等权利的保障，均决定于相关通知是否作出，并有效送达当事人。鉴于当代国际商事仲裁规则、实践及各仲裁机构内部控制和管理制度的完善，作出和送达通知，已经不是引起争议的主要问题，关键的问题是如何算作有效送达，特别是在实践中各种特殊、复杂情形下如何视为有效送达。例如，在当事人为自然人的情况下，因居住地址或经常居所地的变更，导致送达与否及有效与否的争论；在当事人为法人的情况下，因公司地址变更或主体变更或清算的情况下，如何认定送达及有效送达的问题，等等。更为复杂的情形是，在当事人有意识地拖延程序、破坏仲裁正当进程时，更可能玩“游击”策略，逃避仲裁机构和仲裁庭的通知及送达。

此外，如何判断通知已经作出、送达且有效送达，也有一个判断主体和判断依据的问题。根据撤裁的语境，判断相关仲裁通知是否有效送达，以及当事人的陈述权利是否得到保障的主体不是仲裁机构和仲裁庭，而是相关人民法院。在判断依据上，仲裁规则是一个重要标准，但法院地相关立法中关于送达的规定也有适用的空间：第一，法院的诉讼中心立场决定了负责审理撤裁的法官具有自然适用的倾向；第二，与实体问题不同，正当程序的内涵和精义具有普适性，即便在仲裁与诉讼送达的具体规则上存在相关差异，但无规则处的理解和解释问题，法院倾向于按诉讼立场进行理解；第三，根据国际商事仲裁的法理与惯例，仲裁地法（同时基本上就是撤裁地法）的强制性规定具有直接适用的资格，正当程序无疑属于强制性规定的范畴。第四，撤裁主要作为程序性问题，根据国际私法中程序问题适用程序进行地法的共识，撤裁地法律中的正当程序规则（主要规定在该国民事诉讼法中）也将具有适用的法理依据。

第三，关于违背正当程序的程度问题，即在违背正当程序达到何种程度时，才可构成撤裁的依据。对此，该条款未作规定。根据实践，对违背程度问题似可区分为两种立场：一种立场可概括为规则文义主义，即只要仲裁过程中存在当事人未得通知或非其责任的未陈述意见的情形，即可构成撤裁之理由。另一种立场则可概括为效果主义，即不仅要看客观上是否存在未得通知或未合理陈述意见的情形，还要看此种违背是否在现实效果上真正妨碍了当事人事实上的参与权和陈述意见的权利。换言之，站在效果主义的立场看，如果只是存在客观上违背正当程序的瑕疵情形，但并未发生阻碍当事人参与及陈述意见之效果的，不应构成撤裁的合理依据。此种立场分歧仍然不过是“文本中的法律”与“现实中的法律”之间以何为准的选择问题。显然，文义主义过于形式，效果主义则注重实效，从避免讼累、关注本质的角度看，效果主义的立场更为稳健。当然，从尽可能避免“授人以柄”，引起不必要的撤裁程序而言，仲裁机构及仲裁庭按照文义主义恪守和执行仲裁程序是值得提倡的。

四　基于程序违反的司法审查

《民事诉讼法》第 274 条第 1 款第 3 项规定：“仲裁庭的组成或者仲裁的程序与仲裁规则不符的。”此款项也属于正当程序的范畴，与上款的差别在于，上款属于所有争议解决程序共有的正当程序问题，而此款则专属于仲裁机制中的正当程序问题。就要点而言，此款有二：一是仲裁庭组成问题；二是仲裁程序进行问题。两者均要求符合所适用的仲裁规则。

（一）关于仲裁庭的组成问题

仲裁庭在仲裁进程中具有非常重要的地位，不仅是因为仲裁庭处于裁决者地位，而且是因为在强调意思自治的仲裁语境下，仲裁庭成员作为当事人自己选择的“法官”具有相比于普通诉讼中的法庭更大的权限。尤其是在当事人授权仲裁庭“友好仲裁”的情形下，仲裁庭对案件的裁决具有决定性的作用。在仲裁进程中，作为当事人意思自治的体现，同时也是当事人对仲裁庭的制约和限制最突出的体现，就是当事人参与仲裁庭的组建。仲裁实践中，仲裁庭的组成方式多样，但常因仲裁庭的类型而有相对一致的做法。仲裁庭在类型上常见为独任制和三人制，偶数制及三人以上的仲裁庭也存在，但通常是一些非常仲裁采取的方式。在一人制仲裁庭下，独任仲裁员通常由双方当事人或其代理人共同选定；在三人制仲裁庭下，一般由双方各推选一名仲裁员（俗称“边裁”），再由双方当事人或者所推选的仲裁员共选首席仲裁员（俗称“首裁”）。可见，在仲裁庭的组成上，不仅当事人具有参与权和决策权，而且更具有机会上的平等权。实践中常见的撤裁理由，往往聚焦在两个点：一是参与权没有得到保障，由此可能构成上一条款中“未得指定仲裁员通知”的情形；二是机会上的平等权没有得到保障，如在三人制仲裁庭下，双方在指定各自的边裁时，一方指定后，另一方因某种原因未能指定，在仲裁机构代为指定后，未指定方即以此为由主张撤销，认为此时两名边裁均应由仲裁机构代为指定。①

除此而外，仲裁庭组成不合仲裁规则的表现还包括：仲裁庭类型变换，仲裁员不适格，指定程序瑕疵，等等。

（二）关于仲裁程序的进行问题

仲裁程序是一个非常广泛的概念，仲裁庭的组成、指定仲裁员及参与仲裁的通知、陈述意见的权利等均可归为程序范畴。本条款所指仲裁程序应是排除已经明确规定为撤裁依据的那些条款，从而主要是指构成各程序环节的衔接与推进问题。也因此，撤裁实践中，本条款常作为与其他撤裁依据搭配的条款被“连带”列举作为撤裁的理由。由于仲裁程序概念是相对于仲裁实体而言的，而撤裁仅限于程序，因此除了实体问题之外，本条款在撤裁依据的设计中具有类似兜底条款的作用，从而出现两种情形的普遍适用：一方面，作为与其他撤裁依据的组合，被搭配使用；另一方面，作为其他撤裁依据力所不逮之处的补充，被兜底适用。如此，看似极严格的涉外撤裁途径就可能“溃堤”，从而败毁立法初衷。不过，实践中司法机关的审查尺度非常严格，除非出现可能影响中立和公正仲裁的与仲裁规则的重大不符，否则，基本上都驳回了当事人的撤裁申请。

这里需要指出一个特殊的与仲裁程序相关的撤裁问题，这就是重新仲裁中的程序违反问题。重新仲裁是我国《仲裁法》就国内仲裁裁决的司

---

① 汪祖兴：《国际商会仲裁研究》，法律出版社2005年版，第276页。

法审查设置的一种平衡机制：一方面维持当事人的仲裁意愿，对有瑕疵的仲裁裁决给予仲裁庭自行补救的机会；另一方面则是对有瑕疵的仲裁裁决进行撤裁之前的缓冲措施。由于《仲裁法》就涉外仲裁部分作了一个延伸的补充适用规则，即该部分未作规定的可适用国内仲裁部分的规则，因此，在司法实践中也出现了人民法院针对涉外仲裁裁决较为频繁地通知重新仲裁的实例。此处将要论及的是，在重新仲裁过程中，仲裁庭是仅需就人民法院通知重裁通知书所附的“具体理由”所指问题进行重新仲裁，还是需要对案件的全部问题进行重新仲裁？仲裁庭在重新仲裁时如仅限于针对人民法院所附具体理由所指问题进行仲裁，是否可以构成撤裁的依据，以及依据为何？“舟山昊江船舶设备有限公司申请撤销舟山仲裁委员会舟仲裁字［2014］第 133-1 号仲裁裁决”一案是观察并回应上述问题的实例。[①]

该案中，舟山昊江船舶设备有限公司（以下简称为昊江船舶）与舟山市建新建筑工程有限公司（以下简称为建新建筑）因合同争议，约定由舟山仲裁委员会裁决争议。舟山仲裁委员会于 2014 年作出仲裁裁决，[②] 昊江船舶不服，向舟山中级人民法院提出撤裁申请。受案中级人民法院认为本案符合重新仲裁得到情形，遂于 2016 年 6 月向舟山仲裁委员会发出重新仲裁通知，[③] 通知书认为：建新公司在仲裁期间，隐瞒了双方签订的《建设工程施工合同补充协议》《建设工程竣工验收报告》等证据，上述证据对涉案工程竣工验收期间、逾期完工及相关违约责任等案件主要事实具有证明力，足以影响公正裁决。舟山仲裁委员会经评议后决定重新仲裁，并将其重新仲裁的范围限定在如下方面：因建新建筑公司在原仲裁期间隐瞒了《竣工报告》《建设工程竣工验收报告》《建设工程施工合同补充协议》，以及在履行合同过程中双方口头协商一致变更合同的相关证据，致原仲裁认定的部分事实错误，影响原仲裁案件公正裁决，重新仲裁应当予以纠正。仲裁庭遂作出新的仲裁裁决书。[④] 昊天船舶对重新仲裁裁决仍然不服，再次向舟山市中级人民法院提出撤裁申请，理由有三，其中

① 参见浙江省舟山市中级人民法院［2016］浙 09 民特 95 号。

② 参见舟山仲裁委员会舟仲裁字［2014］第 133 号仲裁裁决。

③ 参见舟山市中级人民法院［2016］浙 09 民特 44 号通知书。

④ 参见舟山仲裁委员会舟仲裁字第 133-1 号仲裁裁决书。

第一、二点理由与重新仲裁的范围有关：第一，仲裁委员会违反法定程序，把重新仲裁理解为部分重新仲裁，实质是拒绝重新仲裁；第二，仲裁委员会框定仲裁审理范围，拒绝申请人重新仲裁的申请，排除了申请人正常的诉讼权利。

针对此撤裁申请，舟山市中级人民法院作出裁定认为：本案纠纷重新进入仲裁程序后，仲裁庭应围绕着原仲裁过程中所存在的瑕疵进行审理。舟山仲裁委在重新仲裁过程中，仅对建新公司隐瞒的证据即《竣工报告》《建设工程施工合同补充协议》等系列证据进行审查，而未对双方存在着重大争议的涉案工程造价司法鉴定报告进行审查。因该鉴定报告系第一次仲裁时作出，舟山仲裁委在选定鉴定机构时，未通知昊江船舶到场，且鉴定机构是在建新公司隐瞒了可能影响鉴定结论的证据材料情况下进行鉴定，故该鉴定意见存在着足以影响公正裁决的瑕疵。因此，舟山仲裁委员会以不属重新仲裁范围为由，未准许昊江船舶重新鉴定的申请，违反了法定程序，显属不当。据此，受案法院撤销了该仲裁裁决。

有观察者指出，根据《仲裁法司法解释》第 21 条第 2 款的规定，人民法院应当在通知中说明要求重新仲裁的具体理由，而“具体理由就是人民法院认为当事人提出的撤销仲裁裁决的理由中能够成立的部分”①，因此，人民法院通知中所载具体理由通常被理解为仲裁庭重新仲裁的审理范围。② 而上引案例则回答了上述几个问题：第一，仲裁庭在重新仲裁时，期审理范围应不局限于人民法院通知重裁通知书确定的范围；第二，仲裁庭只在通知重裁的范围内进行重裁，而没有对申请人提出的其他存在问题的部分进行仲裁的，仍可构成撤裁的依据；第三，此种对当事人申请的不当限制，构成“程序违反”的法定撤裁事项。虽然本案是国内仲裁裁决的撤销，但就其涉及的人民法院对程序违反之理解而言，对涉外仲裁裁决的撤裁也具有重要的借鉴意义。

---

① 沈德咏、万鄂湘主编：《最高人民法院仲裁法司法解释的理解与适用》，人民法院出版社 2015 年版，第 193 页。

② 环中仲裁团队：《案例评析：重新仲裁违反法定程序，裁决被撤销（浙江案例）》，http：//mp. weixin. qq. com/s? _ _ biz = MzAwMjMyMzQ5MA = = &mid = 2654286375&idx = 1&sn = 1a442795ebec1ba7d4ba15e6d092b527&chksm = 810db76ab67a3e7c2cbd20a4aca51606c1c444d0058a1c5c492cbaa7461272671bfb24e0aef9&mpshare = 1&scene = 23&srcid = 1010IOGQ68pARNRrVIBUxtfh#rd。

（三）关于与仲裁规则不符的问题

关键点也有二：一是何种仲裁规则；二是何种不符标准。这里需要先强调的是，与国内仲裁裁决相对应的撤裁依据略有不同的是，国内仲裁裁决的撤裁强调的是仲裁庭组成与仲裁程序违背“法定程序”，而涉外仲裁裁决的撤裁依据则是违背“仲裁规则”。前者当是指我国仲裁法与民事诉讼法中的涉仲裁规定；后者则是特定仲裁机构的仲裁规则，或者示范性仲裁规则。二者之间差别较大，应予注意。

关于所适用的仲裁规则，国际商事仲裁的法理与实践一般有两种做法：一是可由当事人自己选择，并在当事人没有选择时适用被选定的仲裁机构的仲裁规则；二是仲裁机构的仲裁规则直接规定，选择特定仲裁机构就同时选择该仲裁机构的仲裁规则。前者如《重庆两江国际仲裁中心仲裁规则》第 2 条之规定：原则上依该仲裁规则进行涉外仲裁，但当事人另有约定的除外。后者如 ICC 仲裁院 2017 年 3 月 1 日的《仲裁规则》第 19 条之规定：仲裁庭进行仲裁程序应受本规则调整，本规则没有规定的，应受当事人指定的规则调整，当事人没有指定的，应受仲裁庭确定的规则调整，不论在仲裁中是否援引了一国程序法规则。仲裁实践中，当事人选择特定仲裁机构，但同时约定适用该仲裁机构的仲裁规则之外的仲裁规则，并不罕见。例如 A 公司与中基公司在销售合同中约定：适用英国法律管辖解释，因履行合同产生纠纷，若当事人双方无法友好协商解决，则应根据联合国国际贸易法委员会现行有效的仲裁法规通过仲裁解决，仲裁地点为香港，仲裁语言为英语。争议发生后，香港国际仲裁中心接受 A 公司的仲裁申请，进行仲裁，但依据的仲裁规则即为当事人选择的联合国国际贸易法委员会仲裁规则。[①] 综上，在判断作为撤裁依据的“不符”对象时要注意两方面：一方面，是依据仲裁规则，而不是依据特定的国家法律；另一方面，是依据仲裁机构的仲裁规则，还是当事人选择的仲裁规则，应决定于仲裁机构仲裁规则的规定，通常情形下，二者可以兼容。

关于“不符”的标准问题，同样存在程度上的差别。这决定于司法机关的解释尺度和司法政策的宽严程度，同时也反映时代精神。从在相当

① 参见最高人民法院“关于中基宁波对外贸易股份有限公司申请不予执行香港国际仲裁中心仲裁裁决一案的审核报告的复函”，载万鄂湘主编《涉外商事海事审判指导》（总第 20 辑），人民法院出版社 2010 年版，第 82—86 页。

长一段时间以来我国司法机关严格控制撤裁的倾向和立场看，可以作为撤裁依据的“不符”标准应当是实质性的、重大不符。

五 基于裁决范围的司法审查

《民事诉讼法》第274条第1款第4项规定：“裁决的事项不属于仲裁协议的范围或者仲裁机构无权仲裁的。”本条款规定的撤裁依据聚焦在仲裁事项上，包括裁决的范围界限与裁决事项的广义可仲裁性问题。

需要说明的是，可仲裁性本为商事仲裁的底线，即界分商事仲裁有效域与无效域的界限，在本质上它表征的是当事人可否自由处分事项的法定界限。笔者认为，广义的可仲裁性在范围上由大到小可依次划分为四个层次：应然的可仲裁性，即法理上所允许的当事人可自由处分事项的最大范围；法定的可仲裁性，即特定法律准据下，可由仲裁方式解决的争议；约定的可仲裁性，即特定合约中由当事人所约定提交仲裁的争议事项；实然的可仲裁性，即特定合同的当事人在争议发生之后，一方提交仲裁申请时，在仲裁申请书中明确指定的仲裁事项。[①] 实然的可仲裁性可小于或等于约定的可仲裁性，约定的可仲裁性则应小于或等于法定的可仲裁性。否则，均可称为广义的不可仲裁问题。据此观之，本条款所指的可仲裁性应分别对应的是约定的可仲裁性和法定的可仲裁性。

（一）约定可仲裁性

裁决事项不属于仲裁协议的范围，指向的是违背约定的可仲裁性。仲裁协议是在事前或事后由当事人就争议提交仲裁达成的合意，有明确的仲裁事项，也就是明确仲裁协议的适用范围，也是我国仲裁法规定的仲裁协议有效的重要标准之一。何谓明确的仲裁事项及其范围，存在立法要求与商事实践之间的不同做法：立法原则上要求仲裁事项明确具体，但商事实践中的当事人，特别是代理律师则作为一种拟定技巧推荐当事人，在起草争端解决条款时为尽可能多地将相关争议框定在仲裁协议中提交仲裁，或者为避免无效的仲裁，常采取弹性很大的模糊化的表达，如有文献将仲裁实践中常见的关于仲裁协议范围的表达作了六类概括，如表1-4所示：

---

① 有文献指出，可仲裁性可分为主体可仲裁性和客体可仲裁性。就客体可仲裁性而言，表现为应然态、法然态和实然态三种形式。张春良：《论竞技体育争议之可仲裁性》，《武汉体育学院学报》2011年第10期。

表 1-4　有关仲裁协议范围的表达

序号	英文表达①	中文表达
1	all disputes arising under this Agreement	本协议项下所有争议
2	all disputes arising out of this Agreement	产生于本协议的所有争议
3	all disputes in connection with this Agreement	与本协议相关联的所有争议
4	all disputes relating to this Agreement	与本协议有关的所有争议
5	all disputes relating to this Agreement, including any question regarding its existence, validity, breach, or termination	有关本协议的所有争议，包括关于协议存在、效力、违反或终止的任何问题
6	all disputes relating to this Agreement or the subject matter hereof	有关本协议或本协议事项的所有争议

（二）关于仲裁机构无权仲裁的问题

仲裁机构无权仲裁，其内涵就更为复杂。② 概括起来，可分为三种理解：（1）从仲裁事项的可仲裁性角度进行理解。此表达至少有两个意思：一是它意指法定可仲裁性，即仲裁机构不能通过仲裁方式裁决的事项，例如我国《仲裁法》第 3 条之规定；③ 二是它意指约定可仲裁性，即超出当事人所约定的事项范围，仲裁机构无权。此种理解事实上是将本款撤裁依据中的“或者”一词理解为等同关系，从而将或者前、后的表述视为相同含义。

（2）从仲裁依据的角度进行理解。在仲裁机构没有仲裁依据，或者仲裁依据无效时仍然进行仲裁的情形下，就可能出现仲裁机构无权仲裁的情形。

于中国仲裁实践中典型例子即是中国国际经济贸易仲裁委员会（以下简称“贸仲”，缩写 CIETAC）的内部分裂导致的 CIETAC 北京、华南国际经济贸易仲裁委员会和上海国际经济贸易仲裁委员会三机构的鼎足而立，从而出现在三机构分立前当事人所签署的“CIETAC 仲裁”条款由哪个仲

① Gary B. Born, *International Arbitration and Forum Selection Agreements: Drafting and Enforcing*, Hague: Kluwer Law International, 2016, p. 31.

② 有观点认为，无权仲裁在谱系类型上包括因管辖机构和裁决事项两类原因而导致的四种情形。参见汪祖兴《论无权仲裁的司法救济》，《法学评论》2014 年第 4 期。

③ 该条规定，下列纠纷不能仲裁：（一）婚姻、收养、监护、扶养、继承纠纷；（二）依法应当由行政机关处理的行政争议。

裁机构行使管辖权的问题。实践中的难题是，在 CIETAC 北京、华南或上海国际经济贸易仲裁委员会依仲裁条款受理并裁决后，裁决失利方以仲裁机构无权仲裁为由，向相关人民法院提起撤裁或不予执行程序。① 对此，最高人民法院不得不颁发专题通知，即《关于正确审理仲裁司法审查案件有关问题的通知》②，及司法解释《最高人民法院关于对上海市高级人民法院等就涉及中国国际经济贸易仲裁委员会及其原分会等仲裁机构所作仲裁裁决司法审查案件请示问题的批复》③，对此次非常变动导致的撤裁或不予执行问题作出回应。具体案例介绍及评析在下文有专题讨论，此处不赘。

应当指出的是，第二种理解已经与《民事诉讼法》第 274 条第 1 款第 1 项撤裁依据重叠竞合了，因此，在实践中很多案件当事人常并用二者或者彼此替代地作为撤裁的法定理由。④ 从立法设定的撤裁依据体系看，第 1 项是从仲裁依据角度设计条款，第 2、3 项是从仲裁程序角度设计条款，第 4 项则是从仲裁事项角度设计条款，各依据各有其应用范围和功能，从而不应混淆。就此而言，“仲裁机构无权仲裁”应专指第一种理解，即争议事项的可仲裁性，从而将第二种理解归入第 1 项，即当事人没有签署仲裁条款或者事后没有达成仲裁协议的情形。同时，为了避免立法重复的嫌疑，还应在第四项撤裁依据内部作出区分，即“不属于仲裁协议的范围”应指约定可仲裁性，而“仲裁机构无权仲裁”则指法定可仲裁性。

需要略微扩展的是，这里的撤裁依据还预设了机构仲裁的背景，即仲

---

① 最高人民法院曾经就此类案例进行了集中汇编，包括但不限于：“重庆普乐菲进出口有限公司申请不予执行仲裁裁决案”（［2015］民四他字第 11 号）；“姜传舜申请执行甘肃敬业农业科技有限公司服务合同纠纷案”（［2015］民四他字第 12 号）；“康发食品饮料有限公司申请不予执行中国国际经济贸易仲裁委员会上海分会［2012］中国贸仲沪字第 439 号仲裁裁决案”（［2015］民四他字第 20 号）；“江西赛维 LDK 太阳能高科技有限公司申请执行中国贸仲京（沪）裁字第 006 号”（［2014］民四他字第 58 号）等。贺荣主编：《涉外商事海事审判指导》（总第 30 辑），人民法院出版社 2016 年版，第 90—116 页。

② 参见最高人民法院“法［2013］194 号”。

③ 参见最高人民法院“法释［2015］15 号”。

④ 典型案例如：“中地海外集团有限公司申请撤销中国国际经济贸易仲裁委员会［2015］中国贸仲京裁字第 0377 号仲裁裁决案”（［2015］民四他字第 39 号），载贺荣主编《涉外商事海事审判指导》（总第 32 辑），人民法院出版社 2017 年版，第 134—144 页。

裁机构无权仲裁。这在我国不允许临时仲裁的语境下是没有问题的，但最高人民法院在《关于为自由贸易试验区建设提供司法保障的意见》中，它允许特定情形下的临时仲裁的合法性。该保障意见第9点第3款规定："在自贸试验区内注册的企业相互之间约定在内地特定地点、按照特定仲裁规则、由特定人员对有关争议进行仲裁的，可以认定该仲裁协议有效。人民法院认为该仲裁协议无效的，应报请上一级法院进行审查。上级法院同意下级法院意见的，应将其审查意见层报最高人民法院，待最高人民法院答复后作出裁定。"据此可得临时仲裁的有效性条件：一是仅限于自贸区内注册的企业之间，不包括区内外注册的主体之间，区内的自然人之间，更不包括区外注册企业之间；二是仲裁地仅限于在内地，不涉及域外和国外；三是可以认定其有效，人民法院具有较大的自由裁量权，并非必须认定其有效。

在临时仲裁有效的情形下，如果当事人一方基于争议事项不具有可仲裁性而拟提出撤裁申请的，可否援引《民事诉讼法》第274条第1款第4项的规定？显然，从立法原意看，该款项所设定的撤裁依据是就争议事项的性质而言的，并非针对仲裁的类型。立法将仲裁机构预设其中在自贸区司法保障意见未出台之前并无多大问题，因为我国仲裁法只允许在国内进行的仲裁采取机构仲裁形式。但现在附条件地允许临时仲裁，导致从规则文义角度无法援引"仲裁机构无权仲裁"的问题。当然，从目的解释及功能解释出发，允许当事人援引该条款申请撤裁违背可仲裁性的临时仲裁裁决，并不存在法理障碍。因此，在实践中如发生此类问题，需要司法机关进行扩大解释，将该条款的撤裁关键点放在仲裁事项的性质而非仲裁的类型区别之上。否则，违背可仲裁性的临时仲裁裁决，将会出现撤销无据之荒谬现象。

（3）从仲裁事项范围的角度进行理解。此点不同于第二种理解的地方在于，二者的前提不同。第二种理解的前提是当事人之间没有任何仲裁协议，或者虽然有仲裁协议，但仲裁协议无效；第三种理解则是认定在当事人之间存在有效的仲裁协议，但仲裁事项不在仲裁协议约定的范围之内，这也就是指超裁。显然，超裁是以承认当事人之间有仲裁协议为前提。从本质上看，超裁与第274条第1款第1项是一致的，就超裁所涉事项范围内，当事人之间的确并不存在仲裁条款或仲裁协议。因此，当事人或人民法院在援引法条依据时应关注二者之间的微妙差别：在当事人之间存在仲裁协议且有效的情形下，如果仲裁裁决事项并无仲裁协议支撑，则该裁决属于第274条第1款第4项的规定；在当事人之间不存在仲裁协议，或者虽有仲裁协议但无效的情形下，则该裁决只能属于第274条第1款第1项的规定。

在判断仲裁裁决超裁时，难点在于如何在当事人宽泛的仲裁事项约定中判断裁决事项是否与仲裁事项存在关联。如果当事人对仲裁事项有清晰明确的约定，是否超裁容易判断；但实践中，基于上文所述的仲裁技巧，当事人很可能约定较为宽泛弹性的仲裁事项，如"本协议项下所有争议"，或"与本协议有关的所有争议"。有的仲裁机构在其推荐的示范仲裁条款中还刻意模糊化仲裁事项的具体化约定，避免约定过于明确具体导致仲裁管辖或裁决无据的"后遗症"。如华南国际经济贸易仲裁委员会推荐的示范条款即为：凡因本合同引起的或与本合同有关的任何争议，均应提交华南国际经济贸易仲裁委员会仲裁。可见，宽泛弹性乃至开放的仲裁事项约定，固然扩展了仲裁条款的适用范围，但也同时伴生了授人以柄的危机，给予对方当事人对仲裁裁决提出异议的机会。虽然仲裁条款通过"有关"或"相关"表述扩展了适用的空间，且在大多数情况下得到人民法院的支持，但也有一些案例给出了有关与无关之间的界限，如"王国林申请撤销中国国际经济贸易仲裁委员会华南分会［2012］中国贸仲深裁字第3号仲裁裁决案"即是一例。①

该案中，王国林与吴硕琛签订《股权转让协议书》，其中约定仲裁条款如下：凡因本合同引起的或与本合同有关的任何争议，双方应友好协商解决，如协商不成，双方均同意提交贸仲华南分会调解中心进行调解，一方不愿调解或调解不成的，均应提交贸仲华南分会仲裁。后因股权转让余款未到账的问题，吴硕琛依该仲裁条款提起仲裁，请求王国林支付股权转让款及利息。仲裁庭认为，《股权转让协议书》因违反我国强制性规定而无效，双方均有过错，故裁决王国林补偿吴硕琛。② 王国林遂向深圳中院提起撤裁申请，依据之一即是超裁。案件报最高法批复时，最高法认为：

① 参见［2012］中国贸仲深裁字第3号仲裁裁决书、［2012］粤高法仲复字第4号请示、［2013］民四他字第8号复函，载江必新主编《涉外商事海事审判指导》（总第26辑），人民法院出版社2014年版，第136—142页。

② 参见贸仲华南分会［2012］中国贸仲深裁字第3号裁决书。

吴硕琛系以合同有效并要求王国林支付股权转让款为仲裁请求，仲裁庭虽然有权主动对案涉合同的效力进行审查并做出认定，但仲裁庭在未向当事人释明合同无效的后果，以及未给予当事人变更仲裁请求机会的情况下，直接对合同无效后的返还以及赔偿责任作出裁决，确实超出了当事人的请求，属于超裁。①

从本案来看“有关”一词的范围，问题的焦点是案涉合同无效及其法律后果这个仲裁事项，是否属于与该转让协议书引起或“有关”的争议范围。应当认为，二者是具有关联性的，即股权转让协议书的无效属于仲裁事项约定范围，但这里的关键是，仲裁申请人是否就所有有关事项提出仲裁请求，从上述事实看，仲裁申请人只是请求支付转让余款及其利息。不过，最高人民法院的审查意见也传递出如下信息，即如果当事人变更仲裁请求，则仲裁庭是可以对合同无效及其法律后果作出裁决的。因此，依最高人民法院的复函看，其态度是从当事人请求的角度而非仲裁协议约定范围的角度判断仲裁事项是否超裁。这就意味着，本案仲裁申请人如果提起股权转让协议书无效的请求，也是属于仲裁条款的约定事项，因此仲裁庭可以受理并做出裁决；但如果申请人只是主张股权转让协议书效力之后的问题，而不是该协议书本身的效力问题，那么仲裁庭就只能就后效力的问题作出裁决，或支持或否定，但不能对效力本身作出直接裁决。这里的问题层次结构有点类似国际私法中的先决问题与主要问题：主要问题是当事人的仲裁请求，先决问题则是相对于仲裁请求而言相对独立的问题。针对主要问题进行仲裁，属于标准仲裁；超出主要问题而对先决问题进行仲裁，则成为上引案例所指的超裁。当然，这里需要强调的是，合同转让协议的效力及其法律后果二者是否具有相对独立性，则是需要反思的问题。

此例较为明确地揭示，人民法院在判断仲裁事项是否超裁时，不是抽象地比较仲裁裁决事项与仲裁条款约定事项是否一致，而是要比较仲裁裁决事项与当事人请求事项是否一致。这就得出了三个重要但不同的概念：仲裁条款约定事项（约定事项）；当事人提请仲裁事项（请求事项）；以及仲裁裁决事项（裁决事项）。对此，最高人民法院曾经在一个批复中对三者的关系作了说明：“我国仲裁机构作出的仲裁裁决，如果裁决事项超

① 参见最高人民法院［2013］民四他字第8号复函。

出当事人仲裁协议约定的范围，或者不属当事人申请仲裁的事项，并且上述事项与仲裁机构作出裁决的其他事项是可分的，人民法院可以基于当事人的申请，在查清事实后裁定撤销该超裁部分。”① 可见，这一批复事实上将《民事诉讼法》第274条第1款第4项的规定分为两类超裁：裁决事项超出约定事项；以及裁决事项超出请求事项。后一类在实质上已经是对该款项的补充，而非解释了。更一般而言，按照三个概念之间的不同关系，可形成不同的仲裁裁决状态，可概括如表1-5所示：

表1-5　　关系类型与裁决状态

序号	关系类型		裁决状态
1	约定事项<请求事项	约定事项<裁决事项	超裁
		约定事项>裁决事项	漏裁
		约定事项=裁决事项	标准裁决
2	约定事项 ≥ 请求事项	请求事项<裁决事项	超裁
		请求事项>裁决事项	漏裁
		请求事项=裁决事项	标准裁决

根据表1-5，可以得出如下两点有意义的结论：（1）在约定事项<请求事项的情形下，也就是扩大的仲裁请求，即当事人的仲裁请求超出了仲裁协议约定范围，此时判断裁决的状态只需要考虑裁决事项与约定事项的关系，超出部分的请求事项没有意义，对其作出的裁决均属无效，因此无须判断。具体而言，如果裁决事项超出了仲裁条款约定范围，这是典型的超裁；如果裁决事项小于仲裁条款约定范围，而当事人事实上已经提出了仲裁请求，这就是典型的漏裁；如果仲裁裁决事项在范围上与仲裁协议约定范围一致，这就是标准的仲裁裁决。

（2）在约定事项 ≥ 请求事项的情形下，也就是等同或缩小的仲裁请求，即当事人的仲裁请求严格等同于或者少于仲裁协议约定的范围，此时判断裁决的状态只需要考虑裁决事项与请求事项的关系，对于虽在仲裁协议约定范围但当事人没有提出仲裁请求的事项，对其作出的裁决均属无效，因此无须判断。具体而言，如果裁决事项超出仲裁请求，属于典型的

① 参见《最高人民法院关于我国仲裁机构作出的仲裁裁决能否部分撤销问题的批复》（法释［1999］16号）。

超裁；如果裁决事项少于仲裁请求，也就是对某些仲裁请求并未做出裁决，属于典型的漏裁；如果仲裁裁决对仲裁请求进行了全面的、不多不少的裁决，则是标准的仲裁裁决。

立足表 1-5 所列裁决状态，如果不从其他无效因素，只从裁决范围影响裁决效力的角度进行考虑，则可将表 1-5 转变为表 1-6：

表 1-6　　关系类型与裁决效力

<table>
<tr><th>序号</th><th colspan="2">关系类型</th><th>裁决状态</th><th>裁决效力</th></tr>
<tr><td rowspan="4">1</td><td rowspan="4">约定事项<请求事项</td><td rowspan="2">约定事项<裁决事项</td><td rowspan="2">超裁</td><td>可分解的，区别对待</td></tr>
<tr><td>不可分解的，无效</td></tr>
<tr><td>约定事项>裁决事项</td><td>漏裁</td><td>有效，但需补充仲裁</td></tr>
<tr><td>约定事项=裁决事项</td><td>标准裁决</td><td>有效</td></tr>
<tr><td rowspan="4">2</td><td rowspan="4">约定事项 ≥ 请求事项</td><td rowspan="2">请求事项<裁决事项</td><td rowspan="2">超裁</td><td>可分解的，区别对待</td></tr>
<tr><td>不可分解的，无效</td></tr>
<tr><td>请求事项>裁决事项</td><td>漏裁</td><td>有效，但需补充仲裁</td></tr>
<tr><td>请求事项=裁决事项</td><td>标准裁决</td><td>有效</td></tr>
</table>

归纳而言，从裁决效力看，可概括为如下三类：（1）有效裁决。作为有效且标准的仲裁裁决的范围域应在三个概念的如下关系中限定：约定事项≥请求事项=裁决事项。这一表达式的基本意思是，在当事人提请仲裁的事项不超出仲裁协议约定范围之内，仲裁庭对请求事项应作出完整的裁决。

（2）附条件的有效裁决。超裁属于附条件有效的仲裁裁决。超裁包括两种情形，即在请求事项超出约定事项时，裁决事项超出约定事项；以及在约定事项范围内，裁决事项超出了请求事项。① 对于超裁的法律效力，最高法在关于《仲裁法司法解释》第 19 条中采取了“分割处理”的原则，即在超裁部分与其他裁决部分可以分割的情形下，人民法院可以撤销超裁部分，其与部分裁决仍然有效；但在二者不可分割的情形下，人民法院应当撤销全部仲裁裁决。需要指出的是，该条仍然对超裁采取了文义

① 有观点对超裁进行了精准界定，认为仲裁庭只能就当事人根据仲裁协议提交仲裁的争议进行仲裁，超出即为超裁。刘想树：《中国涉外仲裁裁决制度与学理研究》，法律出版社 2001 年版，第 204 页。

解释，即超裁仅指裁决事项超出约定事项为标准。根据上文所引实例，超裁还包括裁决事项超出请求事项的情形。

（3）有效但可补足的裁决。漏裁是指在约定事项范围内，仲裁庭未对当事人的约定事项作出完整的裁决，致部分请求在裁决事项之外。对于漏裁的法律效力，综合相关立法例和学理纷争看，主要有三种定位：一是可撤销，或者发回重新仲裁，[①] 如瑞士联邦《国际私法法》第 190 条第 2 款采取的就是可撤销的方式。[②] 二是有效但需补充或追加裁决，方可向法院申请执行，如有文献指出：漏裁在性质上属于“未依仲裁约定内容的裁决”，仲裁员可依据职权或依据当事人的申请，就漏裁部分作出补充判断或追加裁决。[③] 三是整体衡量说，即按照漏裁事项的重要性与已裁事项作为一个整体进行衡量，当漏裁事项非常重要以至于已裁事项可能改变裁决整体平衡时，可申请撤裁。[④] 反言之，在整体衡量后漏裁事项并不足以改变裁决整体平衡的，则不能作为撤裁之情形。我国立法及相关司法解释对漏裁问题并未作出任何规定，这让漏裁的法律效力处于一种有待解释的未决状态。

对于漏裁的法律效力，可以从规则与法理层面进行分别解析。就规则而言，漏裁并不属于我国立法及司法解释所规定的撤裁依据，因此，除非通过扩张解释将漏裁归入法定的五类撤裁依据之中，否则，当事人申请撤裁将于法无据。经过比对，事实上很难将漏裁纳入涉外仲裁裁决的撤销之列，毕竟涉外商事仲裁中的撤裁依据仅限于程序问题，而漏裁在更大程度上涉及的是实体问题。因此，即便漏裁可能会作为撤裁依据，也主要是在国内裁决的情形下才能成立。

就法理层面而言，漏裁能否作为撤裁的依据，也需要视具体情况而定。当漏裁事项具有相对独立性，不会影响已裁事项的，漏裁就不应作为撤裁依据，当事人有继续根据仲裁协议就漏裁事项提请仲裁的权利。而在

---

① 宁敏：《论裁决后对国际商事仲裁管辖权司法审查之后果》，《法商研究》2000 年第 2 期。

② 石现明：《略论申请撤销国际体育仲裁院仲裁裁决的理由》，《天津体育学院学报》2011 年第 3 期。

③ 陈磊：《论瑕疵仲裁裁决之救济——以撤销仲裁裁决之诉为中心》，《甘肃政法学院学报》2016 年第 5 期。

④ Niegel Blackaby, Constantine Partasides, Alan Redfern, et al., *Redfern and Hunter on International Arbitration*, Hague: Kluwer Law International, 2009, p. 598.

漏裁事项的裁决将会影响已裁事项的正确性的情形下，为实体公正之目的，漏裁应作为撤裁的依据。因此，上文所引学者观点，即应整体衡量漏裁而定撤裁与否，则较为稳健。不过，在程序上似宜确立“用尽仲裁救济”的原则，[①] 给予仲裁庭在合理期限内自行补裁，或由当事人在规定期限先行补裁的机会。[②] 毕竟我国针对涉外仲裁裁决的撤销仅限于程序审查，而整体衡量漏裁问题显然不可避免地进入了实体领域。

总体而言，漏裁与超裁虽然形成形式上的对称，但在法律性质上截然不同。超裁部分，无论如何，均属无效；漏裁则有有效之基础。在我国现行规则框架下，漏裁不应作为撤裁之根据，也就是说，裁决出现漏裁时，仍为有效裁决。对于漏裁部分，有两种处理方式：或者将其作为独立的事项，仍受原仲裁协议或条款的约束，因此，当事人可以在不违反时效的情形下根据原仲裁协议或条款就漏裁事项申请仲裁，仲裁裁决与原有裁决分别对待。或者将其纳入补充裁决的处理模式，由仲裁庭或当事人在特定时限内进行补充裁决。在贸仲的仲裁规则中，就采取的是第二种处理方式。

理论与实践中，还应注意区分漏裁与其他两类近似现象，即部分裁决与补正（更正）裁决。比较而言，漏裁与部分裁决存在某些形式类似之处，我国《仲裁法》第 55 条规定，在其中一部分事实已经清楚的情形下，仲裁庭可就该部分先行裁决。漏裁在裁决事项的范围方面，与部分裁决具有同构性；但在主观方面，漏裁是仲裁庭的过错，而部分裁决则是仲裁庭的有意为之。在法效上，部分裁决为有效裁决，而漏裁则有待讨论。就漏裁与补正裁决而言，二者在形式上基本一致：裁决书对部分事项均未裁决。二者的差别是，仲裁庭是否在事实上对遗漏事项作出了裁决。如果仲裁庭事实上进行了评论、作出了裁决，只是裁决书未作记载，此即为补正裁决情形；如果仲裁庭事实上未作出裁决，此即为漏裁情形。裁决补正属有效情形，根据《仲裁法》第 56 条之规定，[③] 当事人在收到裁决书之日起 30 日内，可请求仲裁庭补正，但仲裁裁决的法律效力则追溯至裁决

---

① Antono Rigozzi, “Challenging Awards of the Court of Arbitration for Sport”, *Journal of International Dispute Settlement*, Vol. 1, No. 1, February 2010.

② 2015 年版《中国国际经济贸易仲裁委员会仲裁规则》第 54 条第 1、2 款即是如此规定。

③ 依该条之规定，裁决补正的情形包括三类：裁决书中文字错误；计算错误；仲裁庭已经裁决但裁决书遗漏事项。

作出之日起。[①]

综上，对于无权仲裁的三种理解，即违背可仲裁性的仲裁、没有仲裁协议或仲裁协议无效的仲裁，以及超裁，在实践中均有出现，但至少在撤裁依据的分类上，应将其第二种理解，即没有仲裁协议或仲裁协议无效的仲裁，排除在外，因为此种情形应归入《民事诉讼法》第 274 条第 1 款的第一类撤裁依据。如果将无权仲裁等同于违背可仲裁性的仲裁，则该条所列第四类撤裁依据事实上就变成了两类：超裁和违背可仲裁性的仲裁。如果将无权仲裁等同于超裁，则是将第四项所列两种情形等同，即“裁决事项不属于仲裁协议的范围”等同于“仲裁机构无权仲裁”，如此，无权仲裁也就是超裁的另外一种表达，没有意义增加。在此种理解情形下，如果仲裁裁决针对不具有可仲裁性的事项，那么这类仲裁裁决的撤裁依据将只能是第五类，即裁决违背社会公共利益。如此，也算是回归到可仲裁性问题的公共利益本质。由此可见，比较而言，将第四类撤裁依据中的“无权仲裁”一词等同于超裁似更为合理，它具有如下三方面的协调和平衡意义：第一，在文义上，《民事诉讼法》第 274 条第 1 款第 4 项撤裁依据中“或”本来就表示等同意义，其前后所指意义应为一致；第二，将完全没有仲裁协议，或虽有仲裁协议但无效的情形，适当地归入了第一类撤裁依据；第三，根据可仲裁性本身的公共利益本质，区分无权仲裁与违背可仲裁性的仲裁，据此将后者适当地归入第五类撤裁依据。[②] 理论分析固然如此，实践中则有混淆的倾向。

六　基于公共利益的司法审查

《民事诉讼法》第 274 条第 2 款规定：“人民法院认定执行该裁决违背社会公共利益的，裁定不予执行。”

该款将违背社会公共利益的情形单列在撤裁依据之外作为第二款，似

---

① 如果当事人申请补正的时限超过 30 日，裁决效力如何，仲裁法并未作出规定。从其立法意向看，似应解读为，当事人失去补正的请求机会，但不影响裁决的法律效力。

② 当然，根据上文所述案例及相关依据，无权仲裁与超裁也并不是完全一致的，毕竟广义的超裁包括两种类型：一类是裁决事项超出仲裁协议的范围，另一类是裁决事项虽然在仲裁协议的范围之内，但超出了当事人请求仲裁事项的范围。如果将前者理解为我们通常意义所指的超裁，那么后者被称作为无权仲裁则是妥当的，既与一般超裁的主流意义一致，也与其保持范围上的差别。

表达二者存在性质上的不同。结合该条两款情形看，其设定的背景是，涉外仲裁裁决的一方当事人向人民法院提起执行裁决的申请。针对此情形，或者由被申请人提出抗辩，执行程序启动后由人民法院被动审查，此即为第274条第1款所规制的问题；或者由人民法院主动审查，不予执行，此即为第274条第2款所规制的问题。由此可见，两款虽然具有相同的功能，或者导致仲裁裁决被撤销，或者导致其不被执行。但两款却具有不同的发起方式和法律依据：就第1款规制的情形看，针对仲裁裁决的异议发起者为裁决当事人，人民法院不会主动根据该款四类依据进行撤裁审查，且其依据也主要是限于程序性质的；就第2款规制的情形看，人民法院是裁决异议的发起者，人民法院应当主动审查裁决，不论被申请人是否提出此类异议理由，并且，在依据上人民法院主动审查仅限于违背社会公共利益的情形。因此，从第274条两款规定的分立看，立法意向并未赋予当事人以公共政策为由提出撤裁，或不予执行涉外仲裁裁决的权利，此依据专属人民法院的职权范围。鉴于该条款同时适用于撤裁和不予执行两类型，因此人民法院可以主动进行社会公共利益审查的情形也有二：在一方当事人提请撤销涉外仲裁裁决时，以及在一方提出执行仲裁裁决时。两情形下，无论当事人是否提出公共利益审查，人民法院均须依职权实施审查。由此看来，当事人可以提出的撤裁依据仅限于274条第1款规定的四类情形，社会公共利益并非当事人申请撤裁的依据。尽管如此，裁决当事人仍然在实践中将第274条第2款援引作为撤裁之依据，[①] 这就在形式上抹平了第274条两款分设的差异，从而在实质上赋予了当事人五类撤裁依据。

关于违背社会公共利益的问题，最大的难点有二：一是如何理解社会公共利益，二是是否及如何判断违背的程度。社会公共利益的理解难题，不仅在于其本身内涵的时代性和地域性，而且还在于它在时代和地域一致的情形下被用于不同的语境之中，包括但不限于涉外法律选择中的公共秩序，涉外仲裁裁决执行或撤销中的公共利益，以及外国仲裁裁决或法院判

① 主要案例包括但不限于：“海南狮子城旅业开发有限公司申请不予执行仲裁裁决”案，“琼高法专报［2014］4号”；“新加坡中天投资（集团）有限公司申请撤销中国国际经济贸易仲裁委员会［2010］中国贸仲京裁字第0564号仲裁裁决”案，“［2012］民四他字第47号”；“许剑文与中卫市城乡建设综合开发公司合资经营纠纷涉外仲裁”案，“［2012］民四他字第27号”；“德宝（远东）有限公司申请执行湖北省鹰台经济发展公司合作合同纠纷”案，“［2011］民四他字第62号”；等等。

决承认和执行中的公共政策。正是由于这些变量因素的干扰，导致对社会公共利益存在多种不同的理解。在我国司法实践中，对涉外仲裁裁决的公共利益审查就涉及与法律基本原则、国际义务和强制性规则的纠结。[①] 可以确定的是，人民法院有权以社会公共利益为由撤裁；[②] 但难以确定的是，人民法院将会如何具体地以公共利益为由撤裁。通过对人民法院既往司法实践中就公共利益的运用个案之考察，将有助于获得对公共利益的感性印象，从而逼近公共利益难以接近的非成形的内涵。

综上，《民事诉讼法》第 274 条以两款形式所列的五类撤裁依据，彼此之间应有明确的分工，针对不同的指向，以协同规范仲裁裁决的撤销问题。但在实践中，同一个问题并用两个或多个撤裁依据的情形已是常态，这一方面是因为当事人为利益最大化之需，尽可能地援引更多的撤裁依据；另一方面也部分地因为五类撤裁依据彼此之间区分的微妙和艰难。基于本书的理解，可将五类撤裁依据的本质及其彼此之间的区分作如表 1-7 所示之汇总总结：

表 1-7　　撤裁依据与裁决类型

序号	撤裁依据	针对裁决类型
1	当事人在合同中没有订有仲裁条款或者事后没有达成书面仲裁协议的	完全没有仲裁协议的
		有仲裁协议，但无效的
2	被申请人没有得到指定仲裁员或者进行仲裁程序的通知，或者由于其他不属于被申请人负责的原因未能陈述意见的	没有得到指定仲裁员通知
		没有得到进行仲裁程序的通知
		非属于被申请人负责的原因未能陈述意见
3	仲裁庭的组成或者仲裁的程序与仲裁规则不符的	仲裁庭组成与仲裁规则不符
		仲裁程序与仲裁规则不符
4	裁决的事项不属于仲裁协议的范围或者仲裁机构无权仲裁的	超裁（裁决事项>约定事项）
		无权仲裁（裁决事项>请求事项）

① 国际法协会在 2000 年和 2002 年曾先后对外国仲裁裁决的承认和执行中的公共政策作出过临时和最终两次报告，其将公共政策分为法律的基本原则，公共政策规则和国际性义务，http：//www. newyorkconvention. org/Publications。

② 有文献指出，公共政策维护和代表的是一国"非合作国家利益"，是一国的立国之本、生存之基，因此任何一个大国都不会放弃利用公共政策这样的法律制度维护自己的利益底线。何其生：《国际商事仲裁司法审查中的公共政策》，《中国社会科学》2014 年第 7 期。

续表

序号	撤裁依据	针对裁决类型
5	执行该裁决违背社会公共利益的	可仲裁性
		其他违背社会公共利益情形

如果在一个更宏观的角度看，可横向对比涉外仲裁、国内仲裁及诉讼三者的撤裁依据，从三者立法之异同，可比较得出如表1-8所示之结论：

表1-8　　撤销依据的横向比较

<table>
<tr><th></th><th>撤裁依据</th><th></th></tr>
<tr><td rowspan="8">国内仲裁裁决的撤裁依据①</td><td>被申请人没有得到指定仲裁员或者进行仲裁程序的通知，或者由于其他不属于被申请人负责的原因未能陈述意见的</td><td rowspan="4">涉外仲裁裁决的撤裁依据③</td></tr>
<tr><td>当事人在合同中没有订有仲裁条款或者事后没有达成书面仲裁协议的</td></tr>
<tr><td>仲裁庭的组成或者仲裁的程序与仲裁规则（法定程序）不符的②</td></tr>
<tr><td>裁决的事项不属于仲裁协议的范围或者仲裁机构无权仲裁的</td></tr>
<tr><td>人民法院认定执行该裁决违背社会公共利益的，裁定不予执行</td><td rowspan="4"></td></tr>
<tr><td>裁决所根据的证据是伪造的</td></tr>
<tr><td>对方当事人向仲裁机构隐瞒了足以影响公正裁决的证据的</td></tr>
<tr><td>仲裁员在仲裁该案时有贪污受贿，徇私舞弊，枉法裁决行为的</td></tr>
<tr><td rowspan="3">诉讼判决/裁定的撤销依据④</td><td>原判决、裁定认定事实错误或者适用法律错误的⑤</td><td rowspan="3"></td></tr>
<tr><td>原判决认定基本事实不清的⑥</td></tr>
<tr><td>原判决遗漏当事人或者违法缺席判决等严重违反法定程序的⑦</td></tr>
</table>

① 参见《民事诉讼法》第237条第2、3款。

② 此点作为撤裁依据，在针对涉外仲裁与国内仲裁裁决时大同小异，但也存在实质性差异。国内仲裁裁决的撤裁依据是，仲裁庭的组成或者仲裁的程序违反“法定程序”，而非仅仅是与“仲裁规则不符”。特此说明。

③ 参见《民事诉讼法》第274条第1、2款。

④ 参见《民事诉讼法》第170条第1款第2、3、4项。

⑤ 其法效后果包括：上诉法院可以判决、裁定方式依法改判、撤销或者变更。

⑥ 其法律后果包括：上诉法院可以裁定撤销原判决，发回原审人民法院重审，或者查清事实后改判。

⑦ 其法效后果包括：上诉法院可以裁定撤销原判决，发回原审人民法院重审。

由表1-8可见，涉外仲裁裁决的撤裁依据最为严格，只涉及程序性问题，除了公共利益审查可能涉及实体问题外。[①] 国内仲裁裁决的撤裁依据既包括程序问题，也包括实体问题。其中，实体问题主要限于证据伪造、重要证据隐瞒，以及枉法仲裁三类情形。[②] 尽管三类实体问题还可以细分为更多的情形，但相比诉讼裁决的撤裁依据而言，则要受限得多。基本上，诉讼裁决只要存在实体（包括认定事实和适用法律）和程序方面的问题，都可能被上诉法院撤销。由此，三者就构成一个撤裁依据渐次宽泛的谱系。对此种立法差异的理据，存在诸多的反思和批判性思考：仲裁与诉讼之间的差异，以及何种差异及其程度，足以支持仅对仲裁裁决进行有限的程序和实体审查？而涉外仲裁裁决与国内仲裁裁决之间的差异，以及何种差异及其程度，又进一步支持仅对涉外仲裁裁决进行有限的程序审查？对于前者，反思和批判者较少，似乎仲裁的自治性质与诉讼的公决性质之间的差异就是简单但充足的根据；对于后者，反思和批判者则较多，[③] 正如仲裁裁决的公正并不因为一个案件涉外与否而有别，撤裁依据似也不应因涉外与否而有别。从仲裁的自决本质出发，无法推导出其裁决因涉外与否而有撤销依据上的差别，因此，二者之间的差别更多的可能是基于国内法制环境与国际主流、国际惯例之间关系的情势变更，还有就是我国立法和司法界基于维持我国涉外司法形象而给予涉外仲裁以特别的礼让。

---

① 尽管范登博格和雷德芬将公共政策审查视为是程序性理由，但仍有文献认为值得深入研究。刘想树：《错误涉外仲裁裁决的识别与补救》，《西南民族学院学报》2002年第8期。

② 关于枉法仲裁的问题，我国刑法将其列为规制范畴，也就是枉法仲裁入罪，在学界引起诸多热议。典型文章可参见徐前权《枉法仲裁罪之批判》，《广西民族学院学报》2006年第3期；宋连斌《枉法仲裁罪批判》，《北京仲裁》2007年第2期；黄晖《论枉法仲裁罪之“枉法”性》，《四川大学学报》2010年第4期；等等。

③ 学界较有影响的论文包括陈安：《中国涉外仲裁监督机制评析》，《中国社会科学》1995年第4期；肖永平：《内国、涉外仲裁监督机制之我见——对〈中国涉外仲裁监督机制评析〉一文的商榷》，《中国社会科学》1998年第2期；陈安：《中国涉外仲裁监督机制申论》，《中国社会科学》1998年第2期；肖永平：《也谈我国法院对仲裁的监督范围——与陈安先生商榷》，《法学评论》1998年第1期；陈安：《英、美、德、法等国涉外仲裁监督机制辨析——与肖永平先生商榷》，《法学评论》1998年第5期。

第二章

基于仲裁协议的司法审查：案例与评析

第一节 相关案例总览

我国法院根据《民事诉讼法》第 274 条第 1 款第 1 项对涉外仲裁裁决进行司法审查的案件共有 25 件（具体信息列示见表 2-1），按照司法审查的结论可分为五类，分别是未撤/应予执行，裁撤/不予执行，部分裁撤/部分不予执行，重新仲裁，以及其他（发回原审法院重新审查）。各类型之间的比例见图 2-1：

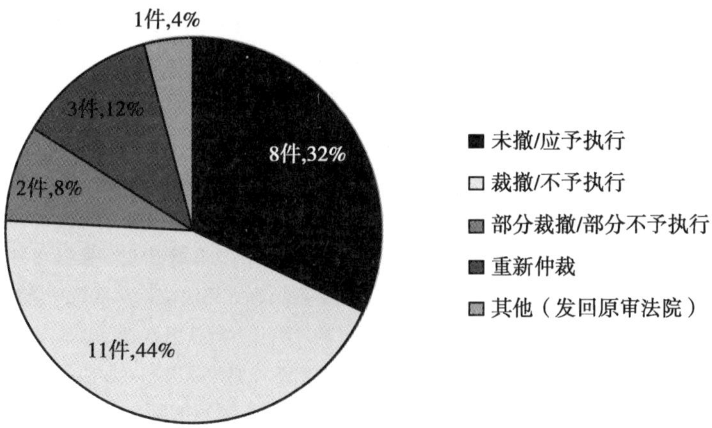

图 2-1 司法审查结论分类

从图示信息可以得出如下几点直观结论：（1）裁撤或不予执行的比例很高。当事人以仲裁协议不存在或无效为由提出仲裁裁决撤销或不予执行申请的，其成功率非常高，司法机关予以认可并据此裁撤或不予执行的案件有 11 件，其比重几乎接近一半（44%）。

（2）少数案件中司法机关对部分仲裁裁决予以裁撤或不予执行，占比为 8%。在 25 件案件中，有 2 件案件经人民法院审查后，仅对没有仲裁协议且可分的部分予以否定，从而部分支持了当事人的撤裁或不予执行申请。

（3）驳回撤销申请或驳回不予执行的比例约占 3 成。在 25 件案件中，一方当事人以无仲裁协议或仲裁协议无效为由提出撤裁或不予执行申请的，司法机关予以驳回的案件为 8 件，占比为全部案件的 32%。

（4）重新仲裁的案件虽少，仅占全部案件的 12%，但却是一个值得关注的趋势。在 25 件案件中，事实上有 4 件案件由人民法院通知仲裁机构重新仲裁，[①] 但有 1 件案件被相关仲裁机构拒绝重新仲裁，人民法院随后予以撤裁。[②]

（5）还有一例是，最高人民法院将案件发回受理案件的中级人民法院，由其自主裁定。[③] 本案的积极意义还在于，它再次明确了我国司法机

---

① 分别是“宜昌鸿兴实业开发公司申请撤销中国国际经济贸易仲裁委员会［2006］中国贸仲京裁字第 0348 号裁决”案，“昌信公司申请撤销中国国际经济贸易仲裁委员会［2007］CIETAC 裁决第 0140 号仲裁裁决（无仲裁条款）”案、“中国电子进出口北京公司申请撤销贸仲［2006］中国贸仲京裁字第 0012 号裁决案”，以及“浙江久立集团股份有限公司申请撤销中国国际经济贸易仲裁委员会上海分会［2003］沪贸仲裁字第 198 号仲裁裁决”案。

② 该案相关中级人民法院和高级人民法院在对仲裁裁决进行司法审查后认为：根据《仲裁法》第 4 条，当事人采用仲裁方式解决纠纷应双方自愿达成仲裁协议，没有仲裁协议，一方申请仲裁的，仲裁委不予受理。据此，本案中，沙百、庆泰和宝岛各位独立法人，在三方协议中，没有签订仲裁条款，而沙百与庆泰事后也未达成仲裁协议。因此，沙百与庆泰之间的纠纷不受沙百与宝岛签订的联建合同中的仲裁条款的约束，仲裁委对此不具有管辖权。根据《民事诉讼法》260 条第 1 款第 1 项的规定，拟裁定不予执行。在上报最高人民法院后，最高人民法院则认为：本案各方当事人均为我国注册成立的法人，且争议事项不具有涉外因素，因此本案仲裁裁决虽然是贸仲作出的，但该裁决在性质上属于国内裁决，而非涉外仲裁裁决，不适用最高法关于人民法院处理与涉外仲裁及外国仲裁事项有关问题的通知。本案由原审法院自行决定是否执行。参见“宜昌鸿兴实业开发公司申请撤销中国国际经济贸易仲裁委员会［2006］中国贸仲京裁字第 0348 号裁决”案，载万鄂湘主编《涉外商事海事审判指导》第 17 辑，人民法院出版社 2009 年版，第 125—131 页。

③ 参见“不予执行贸仲［2002］贸仲裁字第 0112 号裁决”，载万鄂湘主编《涉外商事海事审判指导》（总第 8 辑），人民法院出版社 2004 年版，第 44—47 页。

关在区分国内和涉外仲裁裁决时，司法认定标准为“争议事项”而非“仲裁机构”[①]。

立足相关实务案例的统计数据，除可作出上述直接结论外，还可以作如下几点重要推论：

（1）高的否定比，意味着高的司法审查负荷。高达52%的（部分）撤销或（部分）不予执行的司法审查结果，意味着我国司法系统内部报核的工作量非常重，因为在涉外仲裁裁决的司法审查中，司法机关如果要对仲裁裁决进行否定性评价，就必须从受案的中级人民法院开始，逐级层报至相应的高级人民法院和最高人民法院，只有在三级法院都认定应予撤销或不予执行时，即“三级一致”，受案的中级人民法院才能够对该涉外仲裁裁决裁定撤销或不予执行。因此，52%的否定性司法审查，就说明有至少一半的案件被受理的中级人民法院逐级层报到最高人民法院，经过了三级法院的专案司法审查。如果考虑到其他那些虽然经审查被法院驳回撤裁申请或予以执行的案件，部分可能经历了两级法院审查，那么算上这部分司法审查，司法工作量和负荷上就更大了。

（2）高的否定比，也表明司法支持仲裁的立场在实务数据上并未得到实证支持。仲裁界乃至诉讼界部分人士都在笃信“司法支持仲裁”[②]“有利于仲裁”的理念，并为之鼓与呼。但仅占近3成的仲裁裁决司法支持率，以无言但无可抗拒的力量给予了信仰此类理念的人士以现实的警醒。这不仅打破了部分人士的“迷信”，而且还提示我辈人士为“司法支持仲裁”信仰的传播、践行之奋斗还任重道远。

（3）重新仲裁在逐渐成为撤裁或不予执行的前置性、替代性、缓和性救济措施。重新仲裁是人民法院在对仲裁裁决司法审查过程中，认为可以由仲裁庭重新仲裁的，可以通知仲裁庭在一定期限内重新仲裁。此措施为分别为《仲裁法》第61条、《仲裁法司法解释》第21—23条，以及《仲裁裁决执行司法解释》[③] 第20条第2款所明确。此类规定主要是针对

---

① “西门子与黄金置地”案，参见最高人民法院《关于西门子国际贸易（上海）有限公司申请承认与执行外国仲裁裁决议案的请示的复函》，即［2015］民四他字第5号复函。

② 参见张勇健：《“一带一路”建设中司法支持仲裁的中国实践——在2016中国仲裁高峰论坛上的主题发言》，载贺荣主编《涉外商事海事审判指导》（总第33辑），人民法院出版社2017年版，第25—28页。

③ 该司法解释于2018年3月2日生效实施。

国内仲裁裁决的重新仲裁，但在人民法院司法审查涉外仲裁裁决过程中也采用此措施，至于在实质和程序条件方面是否存在内外区分的标准，则并未形诸文字，从而属于司法机关自由裁量的范畴。从所统计的四个涉及“重新仲裁”的案件看，人民法院对于某些存在撤裁情形的仲裁裁决，既可以做出撤裁裁定，也可以选择给予仲裁庭一个重新仲裁的机会。这就让重新仲裁成为撤裁前的一个替代性措施，如果仲裁庭重新仲裁后消除了仲裁裁决的错误或瑕疵，也就避免了仲裁裁决被撤裁的后果，从而也就缓和了仲裁裁决的司法审查效果。

需要指出的是，在理论和实务界人士开始逐渐反思仲裁裁决的一裁终局之消极法效、探讨各种救济机制，包括但不限于建构仲裁裁决（附条件）上诉机制的背景下，重新仲裁事实上在发挥着“准二审”的效果，而且更好地平衡了仲裁裁决的一裁终局制这一仲裁领域的基本原则和仲裁裁决公正性之间的紧张关系。将重新仲裁作为仲裁上诉等改革机制的替代方案，是一个值得探讨的主题和仲裁机制完善的方向。

表 2-1　　相关案件统计及基本信息①

序号	案件名称	所涉案号	司法裁定
1	不予执行展裕发展有限公司与福建黎明大酒店有限公司酒店经营管理纠纷案仲裁裁决	[98] 深国仲结字第106号；[2001] 闽执监字第10号；[2002] 民四他字第26号	撤销
2	高福忠申请撤销 [2002] 贸仲裁字第0237号	[2002] 贸仲字第0336号；[2002] 贸仲裁字第0237号；京高法 [2003] 14号；[2003] 民四他字第5号	撤销
3	清华同方股份有限公司、清华同方光盘股份有限公司申请撤销 [2002] 贸仲裁字第0095号仲裁裁决案	[2002] 贸仲裁字第0095号；京高法 [2003] 6号；[2003] 民四他字第2号	未撤
4	不予执行 [2001] 深国仲结字第31号裁决	[1997] 渝一中经初字第1055号；[2001] 深国仲结字第31号；[2001] 渝高法执示字第84号函；[2002] 渝高法执督字第72号；[2002] 民四他字第39号	部分不予执行

① 案件统计至《涉外商事海事审判指导》总第33辑（刘贵祥主编，人民法院出版社2017年版）。

续表

序号	案件名称	所涉案号	司法裁定
5	捷成洋行与中化天津进出口公司申请执行［97］贸仲裁字第0256号	［96］贸仲字第11826号；［2000］高执监字第10号；［2001］民四他字第42号	不予执行
6	不予执行［2002］贸仲裁字第0112号裁决	［2002］贸仲裁字第0112号；［2003］渝高法执示字第22号；［2003］民四他字第26号	发回原审法院
7	辉影媒体销售有限公司申请撤销［2003］大仲字第083号仲裁裁决案	［2003］大仲字第083号；［2004］大民特字第21号；［2004］辽民四请字第6号；［2004］民四他字第24号	撤销
8	廊坊市中院不予执行［2003］贸仲裁字第0060号裁决案	［2003］贸仲裁字第0060号裁决书	应予执行
9	江智锋申请撤销仲裁裁决	［2004］沪裁（经）字第1062号调解书；［2004］沪裁（经）字第1068号裁决书；［2005］沪高民四（商）他字第1号；［2005］民四他字第23号	撤销
10	浙江久立集团股份有限公司申请撤销仲裁裁决	［2002］贸仲字第3301号；［2003］沪贸仲裁字第198号；［2006］沪高民四（商）他字第2号；［2007］民四他字第1号	通知重裁
11	中国电子进出口北京公司申请撤销［2006］中国贸仲京裁字第0012号裁决	［2006］中国贸仲京裁字第0012号；京高法［2006］409号；［2006］最高法民四他字第43号	通知重裁
12	北京昌信回龙园别墅有限公司等申请撤销［2007］CIETAC裁决第0140号仲裁裁决案	京高法［2007］377号；［2007］民四他字第44号	通知重裁
13	韩国大成G-3株式会社与长春市元大汽车工程贸易有限公司撤销仲裁裁决纠纷案	［2008］吉民三他字第1号；［2008］民四他字第28号	
14	宜昌鸿兴实业开发公司申请撤销［2006］中国贸仲京裁字第0348号裁决案	中国贸仲［2006］中国贸仲京裁字第0348号；京高法［2008］146号；［2008］民四他字第25号	撤销
15	香港中华药业生物科学有限公司申请撤销［2008］中国贸仲京裁字第0044号仲裁裁决案①	［2008］中国贸仲京裁字第0044号裁决；京高法［2008］373号；［2009］民四他字第1号	未撤

① 本案同时涉及程序参与的问题，而司法审查的重点是仲裁程序参与，故本案置于程序参与章进行评析。

续表

序号	案件名称	所涉案号	司法裁定
16	长沙新冶实业有限公司与美国Metals plus国际有限公司申请撤销仲裁裁决案	[2007] 湘高法民三请字第16号；[2007] 民四他字第43号	撤销
17	撤销SG Controls L. 与天津市鑫茂科技股份有限公司仲裁裁决案	[2008] 津高民四他字第0001号；[2009] 民四他字第15号	未撤
18	美国麦克伦集团国际贸易公司等申请撤销厦门仲裁委仲裁裁决	[2008] 厦仲裁字第0379号；[2009] 闽民他字第42号；[2008] 民四他字第43号	撤销
19	撤销（2009）CIETAC BJ裁决[0355] 号裁决	京高法[2011] 67号；[2011] 民四他字第13号	撤销
20	龙川县政府申请撤销[2007] 中国贸仲深裁字第85号仲裁裁决①	[2007] 中国贸仲深裁字第85号仲裁；[2008] 粤高法民四他字第10号；[2010] 民四他字第50号	未撤
21	关于撤销[2010] 中国贸仲京裁字第0159号裁决的案件	[2010] 中国贸仲京裁字第0159号裁决；京高法[2010] 第262号；[2010] 民四他字第49号	未撤
22	成都优邦文具有限公司、王国建申请撤销深圳仲裁委员会仲裁裁决	[2012] 粤高法仲复字第2号；[2013] 民四他字第9号	部分撤销
23	三角轮胎股份有限公司申请不予执行涉外仲裁裁决案	[2010] 中国贸仲京裁字第0281号裁决；[2012] 鲁执请字第2号；[2013] 民四他字第12号	不予执行
24	北方万邦物流有限公司申请撤销上海国际经济贸易仲裁委员会（上海国际仲裁中心）仲裁裁决案	[2012] 津高民四他字第6号；[2013] 民四他字第5号	撤销
25	撤销[2013] 沪贸仲裁字第415号裁决案	[2013] 沪贸仲裁字第415号仲裁裁决；[2014] 沪高民二（商）撤字第S1号；[2015] 民四他字第8号	未撤

① 本案同时涉及程序参与的问题，而司法审查的重点是仲裁程序参与，故将本案置于程序参与章进行评析。

第二节　本款项的竞合适用

一　本款项与裁决范围的竞合适用

（一）撤销［2010］中国贸仲京裁字第0159号裁决案

1. 案情简介

表2-2　案情简介

序号	时间	案件事实
1	1991.12.30	歌华与江源签订《北京京源印刷有限公司合同》（以下简称为合资合同），含仲裁条款，以及两个附件。仲裁条款约定：凡因执行合资合同发生的或与合资合同有关的一切争议，协商不成的，提交中国贸仲进行仲裁
2	1992.02.20	合资合同经审批机关批准生效后，北京市政府颁发批准书
3	1992.04.02	合营公司领取了营业执照
4	2007.05.29	歌华与江源签订《北京京源印刷有限公司合资合同修改协议书》（以下简称为修改协议书），但未经审批
5	2008.12.26	江源向贸仲提起仲裁，其后，贸仲作出案涉仲裁裁决①
6	2010.07.21	北京市高院向最高法请示
7	2010.12.02	最高法作出复函

上述案件事实中，引发本案争议发生的是，双方当事人之间存在前后相续的两个协议，且两协议之间具有特定关联性，即一为原合同，一为对原合同的修改。在原合同含有仲裁条款的情形下，该仲裁条款是否当然适用于修改协议。

2. 双方诉答

本案的焦点问题是，案涉修改协议书是否属于仲裁条款的适用范围。换言之，仲裁庭是否有权根据当事人之间在原合同中约定的仲裁条款对案涉修改协议书事项进行仲裁。撤裁申请人对此提出了否定性主张。

被申请人提出的理由可概括为三方面：第一，对修改协议的效力进行认定，显然属于实体审查的范围。第二，修改协议书是对合资合同的解

① 参见［2010］中国贸仲京裁字第0159号裁决书。

散，是合资合同的组成部分，而不是与合资合同不相关联的独立协议。因合资合同中已经约定仲裁条款，故修改协议书中不需要另行约定。第三，歌华在仲裁程序中并未对仲裁协议效力提出异议，视为对仲裁协议约定范围事项的认可。

3. 司法审查

北京市高院审查后请示认为：第一，修改协议书不同于原合同，双方当事人不能根据原合同中的仲裁条款对修改协议书中事项进行仲裁。北京市高级人民法院指出，双方签订的修改协议书的内容，已经超出了合资合同的范围，双方因修改协议书的效力问题发生的争议已经超出了合资合同中关于“凡因执行合资合同发生的或与合资合同有关的一切争议提交仲裁委”的约定范畴，仲裁庭裁决的事项不属于仲裁协议的范围。故仲裁裁决认定修改协议书“因未报经原审批机构批准而不具有法律约束力”已构成超裁。第二，修改协议书应视为歌华与江源对自身民事权利义务的新规定，双方处置各自民事权利义务进而形成新的民事合同。修改协议书中没有约定仲裁条款事后也没有达成仲裁协议。据此，北京市高院认为，本案应依据《民事诉讼法》第 258 条（现第 274 条）第 1 款第 1 项和第 4 项，以及《仲裁法》第 70 条的规定，拟裁定撤销仲裁裁决。①

最高人民法院审查后复函认为：根据《仲裁法司法解释》第 2 条，当事人概括约定仲裁事项为合同争议的，基于合同成立、效力、变更、转让、履行、违约责任、解释、解除等产生的纠纷都可以认定为仲裁事项。案涉合资合同中的仲裁条款已经概括约定仲裁事项的范围为“执行本合同所发生的或与本合同有关的一切争议”，修改协议书虽然没有约定仲裁条款，但其关于“减少注册资本，转让出资”等内容属于合资合同变更的有关事项，属于上述合资合同仲裁条款所应适用的范围。仲裁庭依据合资合同中的仲裁条款对涉及合资合同变更事宜的修改协议书一并作出裁决并未超出仲裁协议约定的范围。据此，最高人民法院作出批复：应驳回撤裁申请。②

4. 案例评析

本案中北京市高级人民法院根据同一个事实，并用两条法定撤裁依

---

① 参见京高法［2010］第 262 号请示。

② 参见［2010］民四他字第 49 号复函。

据，即“无（效）仲裁协议”与“超裁”。此例很好地展示了二者之间的关联性：一方面，修改协议本身没有仲裁条款，因此，如果仲裁庭对修改协议的事项进行审理并作出裁决，则很明显地属于“无仲裁协议”情形；另一方面，双方主体之间又的确在原合同之中存在仲裁条款，因此，修改协议中的事项相对于原合同仲裁条款而言，又具有了“超裁”的外观。最高人民法院在本案中对两类撤裁依据均进行了否定，从推理看其重在否定“超裁”的存在，这在一定程度上逆向表明，最高人民法院对本案的解读是将其预设为“超裁”的问题，并对此作出否定性批复。

比较北京市高院和最高人民法院的司法立场，可见出二者所掌握的司法审查标准的实质差异。北京市高院对两关联合同的关系采取的是形式化理解，从形式上将两份合同予以独立化切割，从而切断了原合同中仲裁条款适用于修改协议的路径，这就必然产生两类直接效果：一方面，原合同中的仲裁条款适用范围仅限于原合同，仲裁庭根据原合同中的仲裁条款对修改协议进行仲裁即属超裁；另一方面，修改协议未含仲裁条款，仲裁庭对修改协议事项进行仲裁即属“无仲裁协议”情形。对比而言，最高人民法院没有从形式角度理解两合同的关系，而是从争议事项本身的性质和范围出发，判断原合同中仲裁条款的适用范围：如果仲裁庭裁决事项可纳入原合同仲裁条款适用范围之内，则不论其是否属于修改协议的内容，均具有提交仲裁的合法根据，且仲裁裁决并未超裁。

本书认为，鉴于《民事诉讼法》第 274 条第 1 款第 1 项和第 4 项之间的关系是并列关系，而非交叉或重叠关系，因此二者之间应存在明确的区分，并为不同的撤裁现象提供不同的法定依据，因此，不应基于同一事实并用两条撤裁依据。就本案而言，最高人民法院的立场值得肯定，即本案应视为以“超裁”为依据的撤裁，并从此角度进行司法审查。“无仲裁协议”是指当事人之间根本缺乏仲裁协议，是绝对的“无”；在当事人之间存在仲裁协议，且依其协议提出仲裁的情况下，就只能按照超裁或无权仲裁的根据提起撤裁。当然，必须再次肯定的是，最高人民法院抛开各合同形式上的区分，从争议事项的性质角度理解仲裁条款的适用范围，这既维护了仲裁条款的有效性，也斩断了仲裁条款的“长臂”管辖。

引申而言，在相同当事人之间存在多个相互关联的合同或协议时，为避免可能发生的争议，建议在签订或修改合同、约定仲裁条款时注意如下两点技巧：第一，双方当事人在签订仲裁条款时应注意纵向时间维度的开放，即双方当事人可以在第一个合同文本中对仲裁条款的适用范围作开放性约定，明确其适用范围不仅包括本协议，而且还包括对本协议的任何变更、修改或补充，只要后续协议明确其为第一个合同文本的组成部分。或者，在后续的每一个变更合同文本或修改协议中，将第一个合同中的仲裁条款予以重复性援引。①

第二，双方当事人在签订仲裁条款时应注意适用范围空间维度的开放，即尽可能宽泛地约定仲裁条款的适用范围，从而为司法机关的“争点解释”而非“形式解释”预留可能，正如本案最高人民法院的批复立场。

此外，本案还有两个值得进一步探讨的问题：其一，关于超裁问题的判断，是否属于实体性审查，从而构成司法审查的“禁区”。从立法宗旨看，我国立法设定的法定撤裁依据仅限于形式问题，对涉外仲裁裁决不作实质审查，就此而言，立法将超裁作为撤裁依据之一，也就表明立法上并未将超裁问题作为实体性问题。但不得不承认的是，司法机关在审查仲裁裁决是否构成超裁时，很可能会涉及对实体问题的比较、分析和判断。例如本案中，就必须对“减少资本，转让出资”进行实体定性，判断其是否属于合同“变更”的范畴。当然，与实体审查不同的是，人民法院的司法审查只是对仲裁裁决的实体性事项在范围上进行比较和认定，并不涉及对仲裁裁决中关于当事人实体性权利义务分配的审查。

其二，当事人参与仲裁，且未提异议，事后能否以没有仲裁协议或超裁为根据，提出撤裁申请。许多仲裁立法和仲裁规则中都设立了“异议放弃”的规定，即便当事人之间没有签订（有效）仲裁协议，但一方提请仲裁后，另一方在一定的期限内未提管辖权异议，且参与程序的，就不能

① 我国《仲裁法司法解释》第 11 条规定：合同约定解决争议适用其他合同、文件中的有效仲裁条款的，发生合同争议时，当事人应当按照该仲裁条款提请仲裁。涉外合同应当适用的有关国际条约中有仲裁规定的，发生合同争议时，当事人应当按照国际条约中的仲裁规定提请仲裁。

再以“无（效）仲裁协议”为由对仲裁裁决提出撤裁。我国《仲裁法司法解释》第 27 条即规定，当事人在仲裁程序中未对仲裁协议的效力提出异议，在仲裁裁决作出后以仲裁协议无效为由主张撤销仲裁裁决或者提出不予执行抗辩的，人民法院不予支持。① 该条虽然直接针对的是“仲裁协议的效力”，但按照我国《仲裁法司法解释》中将“无效”仲裁协议等同于“无”仲裁协议的精神，第 27 条的规定同样也可适用于本案的情形，即当事人虽然在修改协议中未签订有仲裁条款，但在仲裁程序中，被申请人并未主张仲裁协议不存在的，仲裁裁决作出后不得以无仲裁协议为由主张撤销或不予执行。这也是程序上诚实信用、禁止反言的要求。不过，本案中最高人民法院并未援引这一法条，在另一案中才据此驳回申请人的撤裁申请。②

（二）不予执行［2010］中国贸仲京裁字第 0281 号裁决案

1. 案情简介

2008 年 9—10 月，诗董公司和三角公司分别签订了五份国际货物买卖合同，该买卖合同系三角公司发送给泰国公司的合同文本，经诗董公司修改主体的名称、地址及其他交易条件后传回给三角公司。后双方发生争议，为一揽子解决相关争议，双方又签订过《会谈纪要》，但未含仲裁条款。在最终无法协商解决争议的情况下，诗董公司依据载有仲裁条款的合同复印件申请仲裁。仲裁庭受理并作出仲裁裁决。③ 仲裁裁决执行过程中，三角公司以双方不存在仲裁协议和由于其他不属于三角公司负责的原因导致三角公司未能陈述意见等为由，申请不予执行该仲裁裁决。该案法律关系如图 2-2 所示：

---

① 关于异议放弃的规定，不仅体现在仲裁裁决的司法审查中，而且也体现在对仲裁协议效力的司法审查中，包括《仲裁法》第 26 条规定，当事人达成仲裁协议，一方向人民法院起诉未声明有仲裁协议，人民法院受理后，另一方在首次开庭前提交仲裁协议的，人民法院应当驳回起诉，但仲裁协议无效的除外；另一方在首次开庭前未对人民法院受理该案提出异议的，视为放弃仲裁协议，人民法院应当继续审理。《仲裁法司法解释》第 13 条的规定，即当事人在仲裁庭首次开庭前对仲裁协议效力未提异议的，不得再向人民法院申请确认仲裁协议无效。

② 参见“清华同方股份有限公司、清华同方光盘股份有限公司申请撤销（2002）贸仲裁字第 0095 号仲裁裁决”案。

③ 参见［2010］中国贸仲京裁字第 0281 号裁决书。

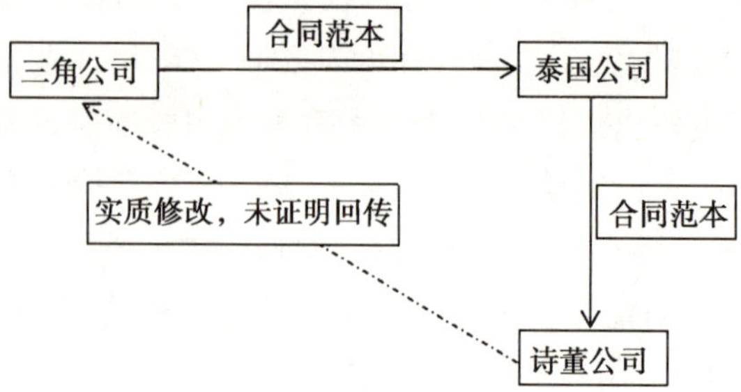

图 2-2 案件法律关系

2. 双方诉答

不予执行申请人三角公司根据《民事诉讼法》第 274 条第 1 款第 1、3、4 项依据提出了异议。就本部分所关注的仲裁协议所存在的问题而言，三角公司认为：第一，申请执行人主体不存在。作为本案仲裁申请人和申请执行人的“诗董橡胶股份有限公司”（SRI Trang International PTE Ltd.），住所地为新加坡莱佛士坊一号华联银行中心#28-03。但经检索查证、双方往来业务及生效法律文书证实：中文名称为“诗董橡胶股份有限公司”的公司是指一家注册地在泰国，英文名称为“SRI Trang Agro-Industry Pub- LlC Co. Ltd”的公司（以下简称泰国公司）；而英文名称为“SRI Trang International PTE Ltd.”的公司，是注册地在新加坡、中文名称为“诗董国际橡胶贸易有限公司”的公司（以下简称新加坡公司）。申请人将泰国公司中文名称“诗董橡胶股份有限公司”和新加坡公司英文名称“SRI Trang International PTE”拼凑混合在一起，作为申请人向仲裁委提请仲裁，其目的是为迎合涉案合同主体故意欺诈而为之。三角公司多次对其主体问题提出异议，仲裁庭对该异议未予审查。

第二，双方当事人之间没有仲裁协议。诗董公司向仲裁庭提交的涉案合同系复印件，不能作为仲裁管辖及裁决的依据。即便如仲裁庭认定的涉案合同签订过程：三角公司将要约（合同文本）发给特定的案外人（泰国公司），而由诗董公司将该要约经修改主体的名称、地址及其他交易条件后传回给三角公司，但诗董公司没有证据对传回事实予以证明，三角公司对此亦否认，即诗董公司未完成新要约的意思表示，尚不能称之为新要约，亦即涉案合同成立的前提不存在。即便诗董公司有新要约传回的证据，但三角公司对该新要约未作书面承诺，即双方当事人未达成书面仲裁条款，故双方间就涉案合同无仲裁条款，仲裁庭亦无权管辖。双方确实存在实际履行和单笔退单情形，但该实际履行及退单贸易均系双方履行案外现货买卖合同，并非履行涉案合同，而且案外合同无仲裁条款。故对双方退单争议，仲裁庭亦无权管辖。

第三，《会谈纪要》系双方真实意思表示，是为解决三角公司与诗董集团各关联公司之间全部各种贸易的一揽子解决的新协议。《会谈纪要》已经履行，纠纷也解决，其本身并无仲裁条款，故仲裁庭无权管辖。诗董公司并未依据该《会谈纪要》提出要求三角公司赔偿的仲裁请求。故仲裁庭依据《会谈纪要》裁决三角公司违约赔偿诗董公司相关额度的款项是错误的。另外，诗董公司依据涉案合同价与新加坡期货市场三月份价格差价（1325 美元/公吨）主张损失，而仲裁庭却依据二月份价格（1297.7 美元/公吨）裁决，仲裁庭超出诗董公司主张 27.3 美元/公吨裁决三角公司承担赔偿责任实属超裁，对于超出诗董公司的请求，仲裁庭应无权管辖。

执行申请人诗董公司答辩认为：主体名称问题与本案无关联性，系中英文翻译问题，法院仅能从形式上审查。涉案合同因实际履行而成立，明确载有仲裁条款，仲裁庭已作出裁决，属实体问题，法院无权审理。对现货买卖合同不认可，无关联性，属于实体问题，法院不应审查。

3. 司法审查

威海市中级人民法院审查后请示认为：第一，双方当事人之间不存在书面仲裁协议。根据《仲裁法》第 4 条及贸仲 2005 年版《仲裁规则》第 5 条的规定，[①] 当事人双方是否达成仲裁协议是确定纠纷究竟是以诉讼方式还是仲裁方式解决的唯一依据。仲裁条款或仲裁协议必须以书面形式作出，不能以实际履行或沉默的方式推定双方达成了仲裁合意，否则违背了仲裁自愿原则。仲裁协议独立于主合同，必须是当事人间有确定无疑的书面认可或事后达成一致。首先，诗董公司在仲裁庭及审查过程中未能提交其主张的经修改回传给三角公司并签字或盖章的涉案合同原件，其所提交的复印件对方不认可，又无其他证据佐证，不能作为证据使用，亦不能作为仲裁管辖的依据。其次，对该新要约的传回事实，三角公司否认，诗董

① 该条规定："仲裁协议系指当事人在合同中订明的仲裁条款，或者以其他方式达成的提交仲裁的书面协议。仲裁协议应当采取书面形式。书面形式包括合同书、信件、电报、电传、传真、电子数据交换和电子邮件等可以有形地表现所载内容的形式。"

公司亦无证据证实，诗董公司应承担举证不能的后果，即应认定诗董公司主张的新要约因形式要件不具备而不能成立。再次，三角公司未对新要约签名或盖章确认，应当认定三角公司未作书面承诺，即仲裁条款或仲裁协议的书面形式未达成。复次，即便双方实际履行新要约，因仲裁协议必须采取书面形式，不能以行为作为达成的要件，三角公司未对新要约签名或盖章确认，不能认定双方已达成书面仲裁条款。又次，当事人实际履行和退单业务均为履行案外无仲裁条款现货买卖合同，而非涉案合同，故仲裁庭以涉案合同已部分实际履行为由推定合同成立，继而推定双方间签订了仲裁协议错误。最后，双方所签订的《会谈纪要》是为解决双方此前所有贸易行为而签订的新协议，该《会谈纪要》未订有仲裁条款，故对《会谈纪要》仲裁庭无权管辖。

综上，诗董公司提交的合同复印件不能作为仲裁管辖的依据，即便根据仲裁庭认定的涉案合同的签订过程，也不能认定当事人间存在书面仲裁协议，双方事后亦没有达成书面仲裁协议，且三角公司在仲裁程序中始终对仲裁庭管辖权提出异议，符合《民事诉讼法》第 258 条第 1 款第 1 项之规定，即当事人在合同中没有订有仲裁条款或者事后没有达成书面仲裁协议的，应裁定不予执行。

第二，仲裁裁决的部分事项系无权仲裁，也超出仲裁协议范围。仲裁庭在审理中只能针对申请人的仲裁请求进行审理并作出裁决，对于超出申请人仲裁请求的，仲裁庭不能亦无权作出裁决。诗董公司并未据《会谈纪要》提出仲裁申请，仲裁庭违背当事人的意思对《会谈纪要》作出裁决系无权仲裁也超出仲裁协议范围。同时，仲裁庭超出诗董公司主张的差价损失，每公吨多裁 27.3 美元的裁决亦应属于无权仲裁。很显然，本案仲裁裁决存在《民事诉讼法》第 258 条第 1 款第 4 项规定的情形。①

山东省高级人民法院审查后请示认为：第一，双方当事人没有有效的合同，不存在书面仲裁协议。诗董公司在仲裁庭审理及威海中院审查过程中均未能提供其主张的经修改回传给三角公司并签字或盖章的涉案合同原件，其所提交的复印件三角公司始终不予认可，亦无其他材料印证。即使

---

① 需要指出的是，威海市中级人民法院在审查本案案涉仲裁裁决时，认为其具有《民事诉讼法》第 258 条（现第 274 条）所列示的所有不予执行情形。这也是本书所收集的全部样本案例中唯一一例。限于本文所关注的角度，此处仅列示与没有仲裁协议和超裁有关的审查事由。

诗董公司有新要约传回的证据，该公司亦未提供三角公司对该新要约作出书面承诺的证据。另外，从威海中院查明的事实看，当事人实际履行和退单业务均为履行案外无仲裁条款现货买卖合同，而非涉案合同。因此，仲裁庭以涉案合同已部分实际履行为由推定合同成立，继而推定双方间签订了仲裁协议错误。

第二，裁决的部分事项不属于仲裁协议的范围。《会谈纪要》对双方原签订的所有合同的供货数量和价格等进行了变更，系双方为解决之前所有贸易行为而签订的新协议，该《会谈纪要》未订有仲裁条款，且双方事后也没有达成书面仲裁协议。更为重要的是，诗董公司并未依据该《会谈纪要》提出仲裁申请。仲裁庭依据《会谈纪要》裁决三角公司赔偿诗董公司 167.7312 万美元，超出了仲裁协议的范围。另外，仲裁庭超出诗董公司主张的差价损失，每公吨多裁 27.3 美元，亦超出了当事人请求的范围。

据上，应不予执行案涉仲裁裁决。①

最高人民法院审查后复函认为：诗董公司仅提交了载有仲裁条款的合同复印件，三角公司对该复印件的真实性不予认可并否认双方之间存在有效的仲裁协议。诗董公司未能提交其他证据予以佐证，其不能证明与三角公司达成了有效的仲裁协议。且即使认可该合同复印件的真实性，从当事人确认的缔约过程来看，在三角公司将要约传真给诗董公司后，诗董公司对要约中载明的主体、货物数量以及价款等内容进行了实质性修改，构成新的要约。诗董公司亦未能提供证据证明三角公司对该新的要约进行了承诺，双方之间的合同并未成立。退一步讲，即使以当事人已实际履行合同的行为推定合同成立，但是根据我国法律对仲裁协议的书面性要求和仲裁协议的独立性原则，不能据此即认定当事人就纠纷的解决方式达成仲裁协议。况且根据一审法院查明的事实，当事人实际履行的合同不是诗董公司提交的载有仲裁条款的合同，是案外的其他现货买卖合同，而该现货买卖合同中并没有仲裁条款。因此，诗董公司与三角公司之间不存在有效的书面仲裁协议。

综上，案涉仲裁裁决存在《民事诉讼法》第 258 条第 1 款第 1 项规定

① 参见［2012］鲁执请字第 2 号请示。

的情形，人民法院应不予执行。[①]

4. 案例评析

本案值得关注的法律问题有二：第一，仲裁协议能否通过默示或者实际履行的方式签订。仲裁协议是仲裁基石，没有仲裁协议将构成仲裁及其裁决最大的“罪”。但商业实践中，当事人或者为了效率，或者基于便利，或者出于对法律要件的不了解或不重视，可能出现一方将含有仲裁条款的合同提供给对方后，对方直接按照合同条款予以履行，以其实际行动对合同条款予以接受。包括我国《合同法》在内，均附条件地承认此种实际履行具有承诺的法效。但此种对合同实体条款实际接受的法效是否同样适用于合同中的仲裁条款，则不无疑义，毕竟仲裁条款作为争议解决条款，它具有与其他合同条款不同的性质和功能。仲裁条款独立性就是立法针对仲裁条款作出的独特设计。我国司法实践中也有诸多实例表明，仲裁条款（包括其转让）必须得到当事人明确的接受，方为有效。因此，本案提供了一个难得的实例，它表明最高人民法院不承认通过实际履行接受仲裁条款的情形。换言之，即便合同中含有仲裁条款，在一方将其提供给另外一方后，后者通过实际履行可能被法律解释成为接受了合同的实体条款，但并不能就此认为，后者也同样接受了仲裁条款。仲裁条款的签订和接受，必须是单独、明确和书面的。

第二，无（效）仲裁协议与超裁的竞合适用。本案也体现了司法审查中司法机关竞合适用无（效）仲裁协议和超裁的情形。事实上，两种撤裁依据尽管容易发生混淆，但在逻辑上二者的区分也是相对明确的：当事人之间如果根本不存在仲裁协议，此时就更不会涉及超裁；超裁是以存在仲裁协议为前提，只是裁决事项超出了约定的范围。因此，本案所涉情形，要么属于无（效）仲裁协议的情形，此时无关超裁与否；要么属于超裁，则必然存在仲裁协议，从而非属于无（效）仲裁协议的情形。可见，在某种程度上，两种撤裁依据是相互排斥的，不会发生竞合适用的问题。但本案中，不论是威海市中级人民法院，还是山东省高级人民法院均一方面认为当事人之间没有仲裁协议，另一方面又认为案涉仲裁裁决有超裁情形。这无疑是相互矛盾、彼此否定的。鉴于此，最高人民法院仅从无（效）仲裁协议的视角定性本案，其立场值得肯定。

---

① 参见［2013］民四他字第 12 号复函。

（三）撤销［2003］大仲字第083号裁决案

1. 案情简介

表2-3　　案情简介

序号	时间	案件事实
1	2000.05.30	辉影与洪胜之间签订有顾问协议，根据该协议，辉影欠洪胜一笔顾问费。该协议无仲裁条款
2		其后，双方签订合资经营合同，含仲裁条款。 仲裁条款约定：凡因执行本合同所发生的或与本合同有关的一切争议，合营各方应通过友好协商解决。如果协商不成，应提交大连市仲裁委员会仲裁。该仲裁是终局的，对双方都有约束力，仲裁费用由败诉方承担
3	2003.05	辉影根据合资经营合同中的仲裁条款，以洪胜为被申请人，向大连仲裁委提请仲裁
4		仲裁过程中，洪胜主张，应抵消5月协议的顾问费。辉影提出异议
5		仲裁庭作出案涉裁决①
6		大连中院报请撤裁
7	2004.07.20	辽宁省高院向最高法请示
8	2004.09.14	最高法作出复函

2. 双方诉答

申请人认为：第一，裁决书确认抵销成立依据的2000年5月顾问协议中没有仲裁条款，该协议与本案具有仲裁条款的合资合同无关，是两个不同法律关系。仲裁委对2000年协议无管辖权，属于《民事诉讼法》第260条第1款第1项规定的情形。② 第二，裁决350万债权抵消欠款的事项超出仲裁协议约定范围，属于《民事诉讼法》第260条第1款第4项规定的情形。第三，洪胜没有在规定期限内提出反请求，仲裁庭在申请人提出异议的情况下仍然审理并作出裁决，严重违反法定程序，应撤销裁决。

被申请人认为：债务抵消无须通过反请求等行使诉权的方式，本案的债务抵销不是裁决结果，仲裁庭只是对抵销事实和结果予以确认。

3. 司法审查

大连中院审查后请示认为：双方当事人在2000年协议中没有约定仲

---

① 参见［2003］大仲字第083号裁决书。

② 现为现行有效的《民事诉讼法》第274条。

裁条款，事后也没有达成仲裁协议，属于《民事诉讼法》第260条第1款第1项规定的情形；仲裁庭对该协议项下的争议进行审理并作出裁决，超出仲裁协议的范围，属于《民事诉讼法》第260条第1款第4项规定的情形规定。由于裁决书将给付与抵销合并于同一裁决事项，超出仲裁范围的事项与其他事项不可分，应对裁决整体撤销，拟撤销案涉仲裁裁决。[①]

辽宁省高院审查后请示认为：拟撤销案涉仲裁裁决。[②]

最高人民法院审查后复函认为：依据双方仲裁条款，仲裁庭裁决的范围只能限定于当事人之间合资性质的纠纷。现仲裁庭对不属于合资纠纷性质的当事人于2000年签订的关于支付顾问费的协议进行了审理并作出裁决，而双方当事人签订的该份协议中没有仲裁条款，当事人事后也没有达成仲裁协议，仲裁庭无权对2000年协议进行审理并裁决。仲裁庭依据当事人之间关于解决合资纠纷的仲裁条款对2000年协议进行审理并作出裁决，就该仲裁事项而言，已经超出了仲裁协议的范围，且从裁决主文的内容看，超出仲裁协议范围的事项与其他事项不可分。根据《民事诉讼法》第260条第1款第1项和第4项的规定，应撤销仲裁裁决。[③]

4. 案例评析

本案涉及的是相同主体、无关联合同之间的纠纷仲裁问题。对于合资经营合同中的仲裁条款能否适用于双方当事人之间以前签署的顾问协议，参与司法审查的三级法院均无分歧，即合资经营合同中的仲裁条款只能用于解决合资经营纠纷，对于超出该纠纷范围的债的抵消问题，不适用仲裁条款。对于仲裁庭根据合资经营合同中的仲裁条款管辖并裁决顾问协议的事实，值得反思的是，三级法院均并用“无仲裁协议”与“超裁”两条法定撤裁依据。上已述及，《民事诉讼法》第274条第1款第1项和第4项在适用范围上存在分工，分别针对不同的事实，否则就没有必要设立两个相同的撤裁依据或标准。本案包括最高人民法院在内的司法审查机关，显然并未区分二者的适用范围差别。

本书认为，在判断“无（效）仲裁协议”和“超裁”事项的区分上，应以所审查的仲裁裁决为基础，采取三步法：第一步，判断裁决任一事项

---

① 参见［2004］大民特字第21号请示。

② 参见［2004］辽民四请字第6号请示。

③ 参见［2004］民四他字第24号复函。

是否存在相关仲裁协议，如果该仲裁裁决所针对的任一事项确有相关有效的仲裁协议为依据，则应排除“无（效）仲裁协议”撤裁条款的适用，即不能援引《民事诉讼法》第274条第1款第1项；第二步，比对仲裁裁决事项与仲裁协议约定适用事项的范围，判断二者之间是否存在超裁的现象，如果仲裁裁决确有超出事宜，则属于法定撤裁中上引法条同条款第4项情形。如此，即可避免混淆两法条的竞合适用，并清晰界定两法条的适用情形和边界。

以本案为例，人民法院应当首先以仲裁裁决事项中是否全部或部分存在相应的仲裁协议为依据，经查，案涉仲裁裁决对合资经营合同中双方当事人的权利和义务作出了裁定，具有相应的仲裁协议为基础。故据此可排除“无仲裁协议”情形，不发生《民事诉讼法》第274条第1款第1项的适用。进而需要判断的是，该仲裁裁决是否存在超裁问题。为此，需要逐一比对仲裁裁决事项与仲裁协议约定事项之间的关系，这个过程应注意两点：其一，无须比对仲裁裁决事项与当事人之间存在的其他合同事项，特别是在当事人之间存在相互关联合同的情形下，此种比对很可能导向错误的认定。例如，在上引“撤销贸仲（2010）中国贸仲京裁字第0159号裁决的案件”中，双方当事人之间存在的合同就存在被修订与修订的关系，仲裁裁决事项很可能同时属于两合同的内容范围，对于司法机关而言，只需要比对存在仲裁条款的合同中约定提交仲裁的事项，即便裁决事项同时属于其他合同的内容范围，也并不应认定为超裁。

其二，在比对仲裁裁决事项与当事人之间约定提交仲裁的事项时，应把握法律解释的宽严尺度，由于法律关系之间的交叉、重叠或存在其他关联关系，某一裁决事项是否处在仲裁协议之外，很可能决定于法律解释。因此，不同的法律解释标准或态度将可能对仲裁裁决是否“超裁”的问题产生决定性影响。

（四）撤销［2009］CIETAC BJ 裁决（0355）号裁决案

1. 案情简介

表2-4　案情简介

序号	时间	案件事实
1	2005.08.02	青岛嘉成公司与维意爱姆公司（以下简称为VEM公司）达成《可行性研究报告》，拟设立合资公司

续表

序号	时间	案件事实
2	2005.09.21	嘉成与VEM公司签订《意向书》，拟设立有限责任公司，引入第三个股东即意大利一家政府融资公司SIMEST公司
3	2005.10.20	嘉成与VEM公司以中文签订建立合资公司的《青岛维意爱姆机械设备有限公司合资合同》（以下简称为10月合同），合同中没有提及SIMEST。含有仲裁条款。仲裁条款约定：凡因执行本合同所发生的或与本合同有关的一切争议，各方应通过友好协商解决，如果协商不能解决，应提交仲裁委员会仲裁
		嘉成和VEM同日分别出具委派书，指定了相关高管
		双方同日还签订了公司章程
4	2005.10.25	青岛市城阳区对外贸易经济合作局作出批复；次日青岛市政府颁发批准证书；工商局颁发营业执照，并颁发组织机构代码证
5	2005.12.07	即日至19日，嘉成，VEM和SIMEST三方签订《合资公司合同》（以下简称为12月合同），含仲裁条款。仲裁条款约定：因本合同的签署或与本合同有关的争议（中文翻译件为“发生合同争议时”），合资各方应尽可能通过协商解决，在合理期间内通过协商不能解决的，可以提交中国仲裁机构，仲裁应在中国北京进行，遵守中国国际经济贸易仲裁委员会的仲裁程序，申请的仲裁机构要由3名仲裁员组成的仲裁庭方能生效，其主席要为双方国籍以外的人员担任，仲裁语言为英语，仲裁裁决是终局裁决，对双方均有约束力
6	2005.12.30	青岛维意爱姆机械设备有限公司经批准更名为维意爱姆机械设备有限责任公司
7	2006.02	至次年3月，各方签订了12月合同的补充，约定合同以中英文书就，两种文本具有同等效力，如出现不一致的地方，应以英文文本为主
8	2008.03.21	后因三方就合资公司管理及哪个合同构成各方有关合资公司法律义务的基础产生争议，VEM与SIMEST向贸仲申请仲裁。之后，嘉成提出管辖权异议认为仲裁庭对10月合同没有管辖权
9	2008.12.26	仲裁庭对管辖权作出决定：仲裁庭认为没有必要对10月合同或12月合同的有效性达成初步意见，也没有必要对12月合同有关仲裁条款是否不仅涵盖从12月合同本身引起的争议，而且足以涵盖申请人所主张的认可与合资公司有关的争议达成初步意见。只要说仲裁庭认为12月合同中的仲裁协议的有效性是独立于12月合同的有效性，并且足以涵盖申请人提交的仲裁请求就够了。遂决定仲裁庭具有管辖权
		其后，仲裁庭作出案涉仲裁裁决
10		本案当事人向北京市第一中级人民法院提出撤裁申请；受案法院拟裁撤
11	2011.03.04	北京市高级人民法院作出请示
12	2011.04.22	最高人民法院作出复函

2. 双方诉答

撤裁申请人针对案涉仲裁裁决共提出四个异议，[①] 其中第一个异议主要是关于仲裁协议无效的主张。本部分仅讨论仲裁协议的效力问题，其他问题将在下文相关部分进行论述。

关于仲裁协议效力的认定问题，仲裁庭审理并裁决了两套互无联系的合资合同。10 月合同虽有仲裁条款，但没有约定具体的仲裁机构，也没有约定应适用的仲裁规则和仲裁地。此后双方也未进行补充或修改。因此，该仲裁条款无效，仲裁机构对 10 月合同没有管辖权。VEM 和 SIMEST 公司也仅仅要求解除 12 月合同并赔偿，并没有要求对 10 月合同进行裁决。12 月合同没有得到政府审批，属当然无效的合同。12 月合同不是对 10 月合同的补充或修改，根本未提及 10 月合同的内容。

3. 司法审查

北京市一中院审查后请示认为：VEM 和 SIMEST 公司提起仲裁申请的依据是其与嘉成公司签署的 12 月合同，合同约定“因本合同的签署或与本合同有关的争议”要通过仲裁解决，该条款合法有效。10 月合同则没有约定有效的仲裁协议，既然 12 月合同没有指出是用来修改一个已经存在的公司实体，没有提及 10 月合同，说明仲裁庭认为 10 月合同和 12 月合同是相互独立的合同，如此，10 月合同不应被涵盖在 12 月合同的仲裁协议范围内，仲裁庭不能依据 12 月合同的仲裁条款对 10 月合同进行仲裁。根据《民事诉讼法》第 258 条第 1 款第 1 项的规定，拟撤销案涉仲裁裁决。

北京市高院审查后请示认为：第一，关于仲裁协议的效力问题。10 月合同的仲裁条款未约定具体的仲裁机构，亦未约定仲裁规则，应属无效。第二，关于案涉仲裁协议适用范围问题。10 月合同和 12 月合同的内容相互独立，无证据证明 12 月合同中的仲裁条款构成了对 10 月合同仲裁条款的修改或补充。因此，10 月合同不应被涵盖在 12 月合同的仲裁协议范围内，仲裁庭不能按照 12 月合同中的仲裁条款对 10 月合同进行

① 其他两个异议包括：第一，关于仲裁机构无权仲裁公司解散事宜的问题。申请人认为，公司解散事宜根据中国法应向有人民法院提出，不能向仲裁委提出。且，解散企业的申请应以合资公司为被告。第二，关于仲裁管辖权决定的问题。申请人认为，仲裁机构对管辖权决定模糊不清，相互矛盾。

仲裁。①

最高人民法院审查后复函认为：关于仲裁协议效力及适用范围问题，嘉成与维意爱姆（VEM）之间签订的合资合同即10月合同未订立有效的仲裁条款，嘉成未同意就该合同争议提交仲裁，故仲裁庭无权管辖因该合同引起的争议。案涉合资合同是由嘉成、VEM和SIMEST三方签订的，存在明确有效的仲裁条款，仲裁庭可就该合同引起的争议进行仲裁。据此，应根据《仲裁法》第70条、《民事诉讼法》第258条（现274条）第1款第1项的规定，予以撤销。②

4. 案例评析

本案涉及三个主体之间的三份合同，虽然法律关系较为明确，但对于合同条款，特别是合同中仲裁条款适用范围，则存在较复杂的关系界定。直观显示案涉焦点问题，可以判断各级人民法院司法审查意见的得失利弊，上述主体间法律关系如图2-3所示：

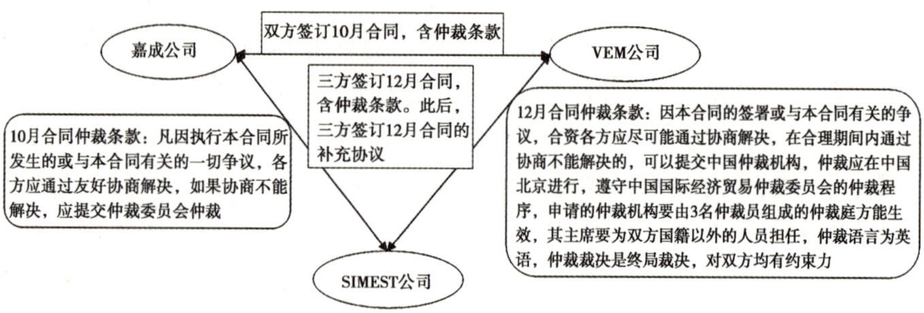

图2-3　案件法律关系

从本案案情看，案件包括三方主体（青岛嘉成公司、VEM公司和SIMEST公司）之间的多份合约（包括《可行性研究报告》《意向书》，以及10月合同和12月合同），且此类合约中包括两条约定不一的仲裁条款。这里的问题因此包括：第一，此类仲裁条款是否有效？第二，有效的仲裁条款适用的主体及争议事项的范围？

关于第一个问题，涉外仲裁协议的效力判断有一个法律选择和适用的问题，但遗憾的是，三级司法审查机关均未涉及法律选择过程及依据的说

① 参见京高法［2011］67号请示。

② 参见［2011］民四他字第13号复函。

明。从法理和法律规则角度看，案涉仲裁协议应根据《仲裁法司法解释》的规定确定法律适用，即首先应适用当事人选择的法律，其次适用仲裁地的法律，最后则适用法院地法律。据此，对于10月合同中的仲裁条款，由于欠缺当事人法律选择的合意及仲裁地的约定，故应适用中国法律；根据中国法律，该仲裁条款因缺乏具体的仲裁机构的约定，故无效。案涉三级法院的司法认定在结果上是正确的，但缺乏选法依据及说理。

对于12月合同中的仲裁条款，双方未约定应适用的法律，但约定在中国北京进行仲裁，故仲裁地为中国，应适用中国法律作为仲裁条款有效与否的准据。根据中国法律，该仲裁条款有明确的仲裁事项，有仲裁的合意，有可确定的仲裁机构（根据所适用的贸仲仲裁规则），故，该仲裁条款有效。此结论与三级法院的认定是一致的，同样的问题是，司法审查过程中并无法律选择的过程、依据和说明。

关于第二个问题，有效仲裁条款的适用主体及争议事项的范围问题。在适用主体和争议事项方面，12月合同中的仲裁条款无疑应适用于三方主体，但在争议事项的范围上从形式看应局限于12月合同的争议，不应包括12月合同争议。但正如在上文中所提到的那样，判断12月合同仲裁条款适用事项的标准不应只是从形式角度看，更应从争议的性质角度审视，只要通过法律解释能将相关争议纳入12月合同中仲裁条款的适用范围，就足以证立仲裁庭管辖的正当性。值得指出的是，仲裁庭在自裁管辖权时作出的声明是非常深刻的，它强调：仲裁庭认为没有必要对10月合同或12月合同的有效性达成初步意见，也没有必要对12月合同有关仲裁条款是否不仅涵盖12月合同本身引起的争议，而且足以涵盖申请人所主张的认可与合资公司有关的争议达成初步意见。只要仲裁庭认为12月合同中的仲裁协议的有效性是独立于12月合同的有效性，并且足以涵盖申请人提交的仲裁请求就够了。简言之，仲裁庭认为，无须澄清10月合同与12月合同的关系，只需要确定当事人提交仲裁的请求事项是否符合12月合同中仲裁协议的约定范围。

本案还显示出了三类撤裁依据的竞合："无（效）仲裁协议""超裁"与"无权仲裁"。本案"无权仲裁"的含义是从"可仲裁性"的角度进行理解的，即公司解散事宜属行政决定的范畴，不能由仲裁机构进行仲裁，具有不可仲裁性。如此，本案例至少表明，《民事诉讼法》第274条第1款第4项中的"超裁"与"仲裁机构无权仲裁"之间是并列关系，而非等同关系；且“仲裁机构无权仲裁”等同于可仲裁性意义上的无权仲裁。

同样地，本案也仍然是基于同一个事实并用“无（效）仲裁协议”与“超裁”两个法定撤裁依据的。依北京市高院的观点看，本案中10月合同与12月合同属并列关系，并无证据表明前者被后者所涵盖，且10月合同虽有仲裁条款，但已经被确认为无效，故本案中只有12月合同包含有效仲裁条款，仲裁庭依据12月合同中仲裁条款对包括10月合同在内的争议事项进行仲裁，一方面属于在“无（效）仲裁协议”的情形下对10月合同仲裁；另一方面则属于根据有效的12月仲裁协议对超出该协议范围的10月合同争议事项进行“超出”。这一逻辑与上文分析的案例是一致的。同理，根据本书所提标准，本案准确援引撤裁依据应立足当事人撤裁申请所针对的仲裁裁决而言，显然，本案仲裁裁决事项中至少部分事项存在有效仲裁协议的支持，因此本案应仅援引“超裁”标准即《民事诉讼法》第274条第1款第4项规定作为撤销案涉仲裁裁决的标准。

（五）撤销［2002］贸仲裁字第0095号裁决案

1. 案情简介

表2-5　　案情简介

序号	时间	案件事实
1	1999.03.06	清华同方股份有限公司、清华大学光盘国家工程研究中心与鱼谷由佳三方签订《赠与及相关领域合作合同》，合同第21条为争议解决条款。第26条第5款约定：甲方（鱼谷由佳）赠与乙方（光盘中心）的机器设备，在乙方改制建设成为清华同方光盘股份有限公司后，视为甲方赠与清华同方光盘股份有限公司的机器设备。本合同中乙方所有的未尽事宜，由清华同方光盘股份有限公司继续完成。仲裁条款约定：本合同履行过程中发生争议，三方应通过友好协商解决。协商不成，任何一方可提交贸仲按照该会仲裁规则进行仲裁解决。仲裁裁决是终局的，对各方具有约束力。在仲裁过程中，除有争议的部分外，合同的其他内容应继续履行
2	1999.07.08	光盘股份有限公司成立
3	2001.02.23	鱼谷由佳以其已经履行赠与义务，但同方股份、光盘中心，以及承继光盘中心的光盘股份未按合同履行赠与附加义务，构成违约，以同方股份和光盘股份未被申请人，向贸仲申请仲裁
4	2001.05.25	仲裁庭组建成立，并在同年8月21日、11月1日两次开庭审理。其间，两被申请人均出庭答辩，并均未对仲裁庭的管辖权提出异议

续表

序号	时间	案件事实
5	2002.03.29	仲裁庭作出案涉仲裁裁决①
6	2002.04.15	光盘股份针对上述裁决向仲裁庭提出补充裁决申请，认为其有漏裁事项。仲裁庭未予答复
7	2003.01.15	北京市高级人民法院向最高法请示
8	2003.02.28	最高法作出复函

2. 双方诉答

撤裁申请人认为，第一，关于有无仲裁协议的问题。光盘股份认为，在没有仲裁协议的情形下，仲裁庭对光盘股份作出了仲裁裁决。本案涉及的合同是鱼谷由佳与光盘中心、同方股份签订的合同，光盘股份不是合同当事人。光盘股份与光盘中心是两个不同的主体，且合同签订时，光盘股份尚未成立，因而合同中的仲裁条款并不当然约束光盘股份。光盘股份从未与光盘中心、同方股份或鱼谷由佳签订过任何有关受让光盘中心在《赠与及相关领域合作合同》下的权利义务的协议、合同、备忘录或其他形式的文件。

第二，关于是否漏裁的问题。光盘股份认为，鉴于仲裁裁决对鱼谷由佳未交付的设备及鱼谷由佳已经收回部分设备这一重大事实未作出认定，但又裁决仲裁被申请人就该部分设备向鱼谷由佳支付货款，故光盘股份要求仲裁庭就漏裁事项补充裁决。但根据适用的仲裁规则的规定，仲裁庭应当自收到补充仲裁申请之日起 30 日内作出补充裁决，但至今仲裁庭尚未给予任何答复。

第三，关于是否超裁的问题。同方股份和光盘股份认为，仲裁庭对于仲裁申请人未主张的权利超范围裁决。仲裁申请人是基于商业合作关系而非赠与关系要求同方股份承担违约责任，光盘股份承担连带责任。除此之外，仲裁申请人没有提出要求仲裁被申请人承担任何其他违约责任的要求。但仲裁庭却裁决同方股份和光盘股份承担违反赠与关系中赠与附加义务的民事责任，因而属于超范围裁决，并在实质上剥夺了同方股份、光盘股份对于裁决所依据的事实进行陈述与辩论的权利。

---

①　参见［2002］贸仲裁字第 0095 号裁决书。

被申请人认为，第一，仲裁申请书中将光盘股份和光盘中心列为同一主体，并标明光盘股份原名为光盘中心。在仲裁申请书中已经专门对二者为同一主体的理由进行了叙述，对此光盘股份在仲裁过程中未提出任何异议，并以光盘中心承继者的身份作为合同主体参加了仲裁全过程。第二，光盘股份是光盘中心改制的产物，此点在有关改制文件中已有描述，光盘中心在《赠与及相关领域合作合同》第 26 条中也有明确的态度。同时光盘股份对该合同履行的态度和行为，以及其多次向仲裁庭提交的答辩状也表明了光盘股份已经确认了其承继光盘中心在合同中的权利义务。第三，仲裁过程中，光盘股份从未对其作为仲裁当事人的身份提出过异议，并进行了实质性答辩，两次出庭参加仲裁审理。因而已实际接受了仲裁管辖。第四，仲裁法规定，当事人对仲裁协议效力有异议的，应当在首次仲裁开庭前提出，《仲裁规则》第 7 条也规定，凡当事人同意将争议提交仲裁委仲裁的，均视为同意按照本仲裁规则进行仲裁。《仲裁规则》第 51 条也有视为放弃的规定。

3. 司法审查及立场

北京市高级人民法院经审查后有两种意见：第一种意见是，仲裁协议必须是明示的。光盘股份不是仲裁协议的签订人，且光盘股份与光盘中心不是同一主体，因而不能以光盘股份参加了仲裁并未对仲裁管辖提出异议，就认定光盘股份已经在事实上成为仲裁协议的一方当事人。故仲裁庭无权对光盘股份作出裁决。

第二种意见认为，在仲裁过程中，光盘股份从未对其作为仲裁协议的一方表示过任何异议，且在仲裁裁决后，光盘股份又向仲裁庭提出了补充裁决申请。光盘股份以其行为表明其在事实上已经接受了仲裁庭管辖，仲裁庭有权对光盘股份作出裁决。另，本案在合同签订时光盘股份虽未成立，但合同第 26 条第 5 款已经约定，待合同签订人光盘中心改制成为光盘股份后，已赠与光盘中心的设备视为赠与光盘股份的设备，光盘中心所有未尽事宜由光盘股份继续完成。本案事实是，光盘股份实际接受了赠与，并以受赠人一方当事人的身份参加了仲裁。①

最高人民法院经审查后批复认为：同意第二种意见，即应视为清华同方光盘股份有限公司接受了仲裁庭的管辖，其无权对仲裁庭的管辖权提出

---

① 参见高法［2003］6 号请示。

异议。本案中，清华同方光盘股份并非案涉合同的当事人，案涉合同中的仲裁条款对其并不当然产生约束力。但鱼谷由佳基于光盘股份承继了案涉合同中的当事人光盘中心的权利义务，以清华同方光盘股份为被申请人提起仲裁，光盘股份作为当事人参加了仲裁，进行了实体答辩，且至仲裁庭最终做出仲裁裁决，其未就管辖权问题提出异议。根据上述事实以及贸仲仲裁规则第 6、7 条，第 51 条，同时为了维护经济秩序稳定，减少当事人不必要的讼累，应该认定光盘股份接受了仲裁庭对本案的管辖，且已经丧失了在对仲裁庭管辖权提出异议的权利。①

4. 案例评析

本案的特殊之处在于，当事人在含有仲裁条款的合同中明确了一个待新设的主体，并将其作为相关权利义务的承受者。在该主体新设之后，当事人之一即根据仲裁条款提起仲裁，并将新设主体也一并作为仲裁被申请人。从形式上看，该新设主体与仲裁申请人之间确无契约关系，也就谈不上存在仲裁条款的事情。就此而言，仲裁庭裁决确有形式上的“无仲裁协议”而仲裁的问题。如无其他因素，应当说，此种情形典型地属于“无仲裁协议”，而非“超裁”的类型，因为在光盘股份与鱼谷由佳之间绝对地缺乏仲裁协议，仲裁庭针对光盘股份作出的权利义务的裁定因此缺乏任何仲裁合意的支持，从而也就不存在“有”一个仲裁协议情形下的超裁问题。

但本案值得关注的一个司法裁判立场是，即便当事人之间没有仲裁协议，但通过类似诉讼中的“应诉管辖”的路径，可以在当事人之间通过法律拟制仲裁协议的合法有效存在。查我国关于仲裁的相关立法和司法解释，在文字上只明确了针对仲裁协议“效力”的异议放弃的法律效果，包括《仲裁法》第 20 条第 2 款，②《仲裁法司法解释》第 13 条③及第 27 条④，但没有规定无仲裁协议的情形下，当事人参与仲裁、未提异议的法效。对此，《仲裁法司法解释》第 18 条虽然将“仲裁协议被认定无效或

---

① 参见［2003］民四他字第 2 号复函。

② 该款规定：当事人对仲裁协议的效力有异议，应当在仲裁庭首次开庭前提出。

③ 该条规定：依照《仲裁法》第 20 条第 2 款的规定，当事人在仲裁庭首次开庭前没有对仲裁协议的效力提出异议，而后向人民法院申请确认仲裁协议无效的，人民法院不予受理。

④ 该条规定：当事人在仲裁程序中未对仲裁协议的效力提出异议，在仲裁裁决作出后以仲裁协议无效为由主张撤销仲裁裁决或者提出不予执行抗辩的，人民法院不予支持。

者被撤销的，视为没有仲裁协议"，从而将无效或被撤销的仲裁协议在法效上等同于无仲裁协议，但该条仅将其限定在《仲裁法》第 58 条第 1 款规定的情形，即一方面它仅局限于国内仲裁，另一方面它还仅局限于国内仲裁中的裁决撤销情形。可见，该条款并不足以支持认为，在涉外仲裁裁决撤销中仲裁协议效力的异议放弃的法效等同于仲裁协议不存在的异议放弃的法效。对该问题的补充性规定，体现在相关仲裁机构的仲裁规则之中，除了案涉贸仲仲裁规则之外，其他仲裁规则如《中国重庆两江国际仲裁中心仲裁规则》也作了类似规定。后者第 6 条即为"放弃异议权"，它规定"当事人知道或者应当知道本规则或者仲裁协议中规定的任何条款或者事项未被遵守，仍继续参加仲裁程序或者继续进行仲裁程序，且对不遵守情况未及时地、明示地提出书面异议的，视为其放弃提出异议的权利"。

应当说，不论是针对仲裁协议存在与否还是有效与否的异议放弃，承认其具有仲裁协议拟制存在和有效的法效，具有三方面的理由：其一，在形式上是当事人以其行为对仲裁协议的存在与有效性作出了承诺；其二，在本质上则是"诚实信用"与"禁止反言"在程序中的体现；其三，正如本案中最高人民法院所言，这还有助于维护经济秩序稳定，减少讼累，诚哉斯言！

（六）撤销［2002］贸仲裁字第 0237 号裁决案

1. 案情简介

表 2-6　案情简介

序号	时间	案件事实
1	1995. 02. 28	芜湖市龙桥宾馆与高福忠签订《关于中外合作经营龙桥宾馆合同书》(以下简称为 2 月合同)
2	1995. 05. 05	芜湖市龙桥宾馆与高福忠进一步签订《中外合作经营芜湖龙桥宾馆有限公司合同书》(以下简称为 5 月合同)，第 17 章为仲裁条款。 仲裁条款约定：合营各方因执行本合同而发生争议，应本着友好精神协商解决，如协商不能解决，可提请中国国际贸易促进委员会对外经济贸易仲裁委员会按该地的仲裁程序进行仲裁。此裁决为终局裁决，各方应遵守执行。仲裁费用由败诉一方负责
3	1995. 05. 12	芜湖市政府批准设立芜湖龙桥宾馆有限公司
4	1995. 05. 16	芜湖龙桥宾馆有限公司领取营业执照
5	1996. 07. 08	龙桥宾馆的开办单位龙桥村委会与龙桥宾馆有限公司签订《协议书》(以下简称为 7 月协议)，确认龙桥宾馆有限公司于 1995 年 4 月 1 日与龙桥村委会签订了投资改造龙桥宾馆承包经营合同

续表

序号	时间	案件事实
6	1997. 11. 07	因龙桥宾馆未办理法人年检，芜湖市工商局公告吊销该宾馆营业执照
7	1998. 03. 28	龙桥村委会与高福忠签订《关于中外合作经营龙桥宾馆的补充合同书》（以下简称为2月合同补充协议），并将该合同视为1995年2月28日所签合同的补充，“与原合同具有同等的法律效力”
8	1999. 09. 20	龙桥村委会与龙桥宾馆有限公司签订《补充协议》（7月协议的补充协议），约定在原合同条款的前提下，下调高福忠上交的管理费
9	2001. 08. 31	龙桥村委会根据5月合同第17章约定，以高福忠为被申请人，向贸仲提请仲裁。高福忠对龙桥村委会提出主体资格异议，认为龙桥村委会不是合作企业的中方合作者，只有龙桥宾馆才有权申请仲裁
10	2002. 01. 18	仲裁委作出管辖权裁定，① 认为作为中方合作者的龙桥宾馆因未办理年检而被吊销营业执照后，其作为合作合同的当事人在合作企业中相应的权利义务应由龙桥村委会承担，龙桥村委会同时接受合作合同中仲裁条款的约束，有权根据合作合同中的仲裁条款提起仲裁
11	2002. 08. 06	仲裁庭作出案涉仲裁裁决②
12	2003. 01. 21	北京市高院向最高法请示
13	2003. 05. 08	最高法作出复函

2. 双方诉答

撤裁申请人主张：其与龙桥村委会没有签订任何具有合同或协议性质的法律文件，发生纠纷后也未达成书面的仲裁协议；虽然签订中外合作合同的中方当事人龙桥宾馆被吊销营业执照，但其在被申请人提起仲裁申请时并未办理注销登记，因此本案的当事人还应当是龙桥宾馆。

被申请人答辩认为：第一，龙桥宾馆被吊销营业执照后，因开办单位龙桥村委会没有对其债权债务进行清算，因此，龙桥宾馆的合法债权已经由龙桥村委会法定承受。第二，龙桥宾馆在1996年停止办理年检后，高福忠与龙桥村委会三次签订继续履行中外合作合同的补充协议，多次把经营管理等费用上交龙桥村委会，龙桥村委会在提请仲裁之前还多次与高福忠协商，这都表明高福忠对龙桥宾馆在合作企业中合法债权已经转移至龙桥村委会的确认。第三，对本案主体资格及管辖权问题仲裁委员会早已作出了专门决定。

---

① 参见［2002］贸仲字第0336号裁定书。

② 参见［2002］贸仲裁字第0237号裁决书。

3. 司法审查

北京市高级人民法院审查后，向最高人民法院提请指示：企业被吊销营业执照后成为清算法人，其上级主管作为清算主体清理并吊销营业执照企业的债权债务时，如果清算主体对原企业所签订的仲裁协议不持异议，能否不经过相对人的同意，直接依据仲裁协议解决原企业与相对人之间的债权债务纠纷。[①]

最高人民法院经审查后作出批复：仲裁条款是以双方合意为前提，只有仲裁协议的主体受仲裁协议的约束。虽然仲裁协议当事方龙桥宾馆被吊销营业执照，但龙桥宾馆作为企业法人尚未消灭，其在法律程序上仍具有主体资格。如果本案仅涉及 1999 年 5 月 5 日合同项下债权债务的纠纷，龙桥村委会作为龙桥宾馆的开办单位，为清理龙桥宾馆的债权债务目的，只能以龙桥宾馆或其清算组织的名义提起仲裁，以龙桥村委会自身的名义提起仲裁主体不适格。此外，不能依据上述 5 月合同中的仲裁条款裁决其他合同引发的争议。不能超越仲裁条款解决争议的范围。根据《民事诉讼法》第 260 条第 1 款的规定，[②] 应裁定撤销案涉仲裁裁决。[③]

4. 案例评析

本案的多方多合同关系可提炼为如下数组：

第一组是“龙桥宾馆—高福忠”之间的合同关系：2 月合同、5 月合同（含仲裁条款）；

第二组是“龙桥村委会—龙桥宾馆有限公司”之间的合同关系：7 月协议、7 月协议的补充协议；

第三组是“龙桥村委会—高福忠”之间的合同关系：2 月合同补充协议。

本案案涉仲裁是由龙桥村委会根据第一组“龙桥宾馆—高福忠”之间的 5 月合同所含仲裁条款向相关仲裁机构提出的仲裁。首先，从形式上看，龙桥村委会虽然是龙桥宾馆的主办单位，但毕竟不是 5 月合同的主

① 参见京高法［2003］14 号请示。

② 该条即为修订后现行《民事诉讼法》第 274 条第 1 款。在本案中，最高人民法院在批复中仅概括性地援引该条款，未明确具体适用的款项，即该款共设置了四项撤裁依据，下级法院究竟应依据哪一或哪些款项撤裁，最高人民法院应予明确。从其批复思路看，应是指“无仲裁协议”和“超裁”两项。

③ 参见［2003］民四他字第 5 号复函。

体，因此它以高福忠为被申请人，直接根据 5 月合同中的仲裁条款向仲裁机构提请仲裁，就典型地属于“无仲裁协议”的情形。

其次，从实质上看，除非龙桥村委会与龙桥宾馆已经合二为一，或者要么根据约定、要么根据法定，[①] 龙桥宾馆的权利义务，包括仲裁协议，已经有效转让给龙桥村委会，否则，在龙桥宾馆仍然作为合法有效的法人继续存在的情形下，龙桥村委会不得直接根据 5 月合同仲裁条款提起仲裁。根据本案案情看，龙桥村委会尽管是龙桥宾馆的主办单位和清算主体，但龙桥宾馆在清算程序中并未消失，作为清算法人依然合法存在，故案涉仲裁中仲裁被申请人的主张应予成立。

关于本案中“无仲裁协议”与“超裁”的竞合适用问题，鉴于龙桥村委会与高福忠之间根本缺乏仲裁协议，仲裁庭作出的仲裁裁决的所有事项均无相关仲裁协议作为支持，因此本案司法机关只需要援引《民事诉讼法》第 260 条（现第 274 条）第 1 款第 1 项中的“无仲裁协议”作为撤裁依据即可，无须、不发生也不应该重复援引同条款的第 4 项“超裁”规定作为撤裁依据。

二　本款项与程序违反的竞合适用

（一）撤销［2004］中国贸仲沪字第 084 号裁决案

1. 案情简介

表 2-7　　案情简介

序号	时间	案件事实
1	2000. 10. 19	原天大天财公司、SG 与案外人中国电子进出口公司签订三份合同。中国电子进出口公司（以下简称为中电公司）及其委托人天大天财作为甲方，SG 为乙方。合同中有仲裁条款。 三份合同约定仲裁条款：凡因执行本合同所发生的或与本合同有关的一切争议，双方应通过友好协商加以解决。协商不成时，应将争议提交仲裁，仲裁在被诉方所在国进行：仲裁如在中国，则在北京中国国际经济贸易仲裁委员会按照该会程序规则进行仲裁。仲裁如在英国伦敦，则由该国国际经济贸易仲裁委员会按照该协会仲裁程序进行仲裁
2	2002. 02. 28	SG 向中国贸仲上海分会申请仲裁
3	2002. 03. 01	贸仲上海分会向天大天财送达仲裁申请书等相关材料

① 《仲裁法司法解释》第 8 条、第 9 条规定了仲裁条款法定转让情形，分别是当事人合并、分立情形，继承情形，以及债权债务全部或部分转让情形。

续表

序号	时间	案件事实
4	2002. 05. 09	天大天财向贸仲上海分会提交了仲裁答辩书和反诉书，依照规则选定仲裁员，参加仲裁庭审活动
5	2003. 10. 18	天大天财向贸仲上海分会提出确认仲裁协议无效的请求。 天大天财发现合同中约定的“仲裁如在英国伦敦，则由该国‘International Trade Arbitration Commission’进行仲裁”的约定有问题
6	2003. 12. 09	贸仲上海分会作出决定，确认涉案合同约定的仲裁条款合法有效
7	2004. 06. 11	贸仲上海分会作出案涉仲裁裁决①
8	2004. 09. 00	SG 向天津市第一中院申请执行该仲裁裁决
9	2005. 01. 00	天大天财向天津市第一中院申请撤销该仲裁裁决。理由有二：一是合同中约定的仲裁条款无效；二是仲裁程序中漏列了中电公司
10	2005. 12. 06	天大天财更名为鑫茂科技股份有限公司
11	2009. 03. 11	天津市高院向最高人民法院请示
12	2009. 11. 03	最高法作出复函

2. 双方诉答

撤裁申请人认为：案涉仲裁协议应属无效，因为根据双方约定的仲裁条款，如果仲裁在英国伦敦进行的，应由英国 International Trade Arbitration Commission 管辖并仲裁。经查，英国并无约定的 International Trade Arbitration Commission。

撤裁被申请人认为：应驳回对方当事人的撤裁申请。

3. 司法审查

天津市第一中院经审查后请示认为：该仲裁裁决应不予执行。理由是案涉仲裁条款无效，且贸仲上海分会的管辖权认定违反仲裁规则，应不予执行。

天津市高级人民法院经审查后存在两类意见：少数意见认为，应驳回申请人的撤裁申请。虽然仲裁条款中约定的仲裁机构不存在，但贸仲上海分会已经做出管辖权认定，鑫茂没有提交证据证明仲裁庭在仲裁程序和仲裁事项等方面存在问题。多数意见则认为，仲裁条款约定仲裁机构不存在，违背公平原则，案涉仲裁裁决违反相关法律规定，应支持撤裁

① 参见［2004］中国贸仲沪字第 084 号裁决书。

请求。[1]

最高人民法院经审查后复函认为：仲裁裁决应予执行。理由是，首先，仲裁程序是否违反仲裁规则的问题。根据仲裁规则，贸仲上海分会受理鑫茂的反请求并不违反仲裁规则。其次，关于仲裁条款效力问题，鑫茂在贸仲上海分会应诉并提出反请求，即是以实际行动表明其接受该仲裁机构对本案的管辖，对此贸仲上海分会也有专门决定书明确其管辖权。[2]

4. 案例评析

从法理上看，本案主要涉及两个核心问题：一是案涉仲裁协议是否有效；二是如何定性撤裁申请人的管辖权异议。

关于仲裁协议是否有效的问题，鉴于当事人之间存在仲裁协议，即"凡因执行本合同所发生的或与本合同有关的一切争议，双方应通过友好协商加以解决。协商不成时，应将争议提交仲裁，仲裁在被诉方所在国进行：仲裁如在中国，则在北京中国国际经济贸易仲裁委员会按照该会程序规则进行仲裁。仲裁如在英国伦敦，则由该国国际经济贸易仲裁委员会按照该协会仲裁程序进行仲裁"，因此这里的焦点问题不是事实上的有无之争，而是效力上的有无之争。本案作为涉外商事关系，仲裁协议作为涉外仲裁协议，需要先进行法律选择和法律适用。就此而言，三级司法机关的司法审查均有瑕疵。按案件发生的时间段看，该仲裁协议的法律适用应依《仲裁法司法解释》所设定的三级规则"意思自治>仲裁地法>法院地法"。由于仲裁协议中约定有北京和伦敦两个仲裁地，故仲裁地约定不明确，最终应适用法院地法即中国法律。根据我国法律判断之，如果从严解释和适用规范，本案约定了两个仲裁机构，分别是贸仲和英国伦敦国际经济贸易仲裁委员会，属仲裁机构约定不明确，进而使该仲裁协议具有极大的无效风险。然而，本案司法机关在司法审查过程中并未抽象地判断案涉仲裁协议的有效性，而是关注当事人参与仲裁并提出仲裁反请求的事实和行为。这正是案件的第二个核心问题。

撤裁申请人在本案中存在三个不利于自己的事实和行为：一是参与仲裁（包括指定仲裁员，参与庭审）；二是提出反请求；三是在收到仲裁答辩书之日起超过一年之后才提出仲裁协议的效力异议。根据《仲裁法》

---

① 参见［2008］津高民四他字第0001号请示。

② 参见［2009］民四他字第15号复函。

第 20 条第 2 款的规定，当事人如对仲裁协议效力持有异议的，应在仲裁庭首次开庭前提出。对于当事人未能在首次开庭前提出的法律效果，《仲裁法司法解释》第 13 条仅规定了人民法院对于当事人据此申请司法确认仲裁协议无效的应不予受理，但并未明确在撤裁程序中人民法院应如何进行司法审查。本案最高人民法院的态度具有前瞻性，采取了类似当前对待“异议放弃”的法律态度，将当事人的实际行动拟制为对仲裁管辖的承诺，从而补足了案涉仲裁协议效力上的瑕疵。

（二）不予执行［98］深国仲结字第 106 号裁决案

1. 案情简介

表 2-8　　案情简介

序号	时间	案件事实
1	1995. 02. 20	福建黎明大酒店与展裕公司签订合同。合同含贸仲仲裁条款
2	1995. 08. 02	福建黎明大酒店有限公司经批准成立
3	1997. 08. 13	贸仲深圳分会根据展裕公司提交的申请书受理案件
4	1997. 09. 28	黎明公司提出管辖权异议，认为被申请人主体不能成立，展裕公司签订合同的对方主体是福建黎明大酒店，而不是福建黎明大酒店有限公司，前者签约时间在后者成立之前。申请人提交的合同上的福建黎明大酒店有限公司公章系申请人偷盖。且，申请人与福建黎明大酒店签订的合同未经批准，尚未生效，不能作为仲裁依据
5	1997. 11. 28	黎明公司提出管辖权异议，认为由于案涉合同并未经批准而未生效，故仲裁条款也未能成立，不具有法律效力
6	1997. 12. 05	仲裁庭首次开庭时，黎明公司再次提出管辖权异议，认为黎明公司主体资格不能成立；黎明公司对申请人的主体资格持有异议；对仲裁条款的效力持有异议。主要还是其未与申请人签订合同，合同未经批准而未生效。并在此申明，对此黎明公司于本案第一次开庭前，即 12 月 3 日向秘书处正式提出书面异议，请求仲裁庭依法予以审查决定
7	1997. 12. 26	黎明公司向仲裁庭提交了对展裕公司所提供书证的意见
8	1998. 02. 04	黎明公司再次向仲裁庭提交了几点补充意见及证据材料的异议
9	1998. 04. 14	仲裁庭第二次开庭
10	1998. 04. 18	黎明公司委托律师提交了代理词，没有再提仲裁条款的异议，只是进行实体内容的答辩
11	1998. 04. 21	黎明公司又提交了关于请求延期递交证据材料的申请书
12	1998. 05. 20	黎明公司向仲裁庭提交了代理词，没有再提仲裁条款的异议，只是进行实体内容的答辩

续表

序号	时间	案件事实
13	1998. 12. 30	贸仲深圳分会作出案涉仲裁裁决①其中涉及对黎明公司所提的主体适格、合同效力等内容的分析认定。对于仲裁条款的效力，仲裁庭认为，合同未经主管部门审批，未能生效，主要是黎明公司的过错所致。根据民事诉讼法和仲裁法的规定，合同无效并不导致合同中的仲裁条款的无效，仲裁条款独立于合同；黎明公司关于管理合同无效，其仲裁条款也随之无效的主张不能成立
14	1999. 01. 03	展裕公司向福州市中院申请执行
15	1999. 02. 09	黎明公司以贸仲深圳分会未对其开庭前的仲裁条款异议依法作出决定，违反程序为由，请求法院依法裁定不予执行
16	2002. 06. 26	福建省高院向最高法请示
17	2002. 11. 20	最高法作出复函

2. 双方诉答

申请人福建黎明大酒店有限公司认为：在仲裁庭首次开庭前撤裁申请人已经先后提出三次答辩或异议，其中虽大部分属主体适格，合同无效等实体内容，但也对仲裁条款的效力提出了异议。符合仲裁规则第 45 条关于“及时明示地提出书面异议”的要求，故本案不适用仲裁规则的放弃条款。福建黎明大酒店有限公司虽然在提出异议后又参加了两次开庭，是迫于贸仲深圳分会在违反程序坚持继续开庭的情况下，为维护自身利益不得而为的行为。由于贸仲深圳分会在仲裁过程中程序存在违法，法院应当裁定不予执行。

3. 司法审查

福州中院审查后请示认为：福建黎明大酒店有限公司在首次开庭前即对仲裁协议和仲裁条款的存在、效力向仲裁机构提出异议，但仲裁机构未依照《仲裁法》第 20 条，贸仲仲裁规则第 4 条的规定对当事人提出的异议作出决定。在程序上违反仲裁法和仲裁规则的有关规定。根据《民事诉讼法》第 260 条第 1 款第 1、3 项的规定，拟裁定不予执行。

福建省高院审查后请示认为：贸仲深圳分会在未依程序对仲裁条款异议作出决定，仍按时开庭的情况下，福建黎明大酒店有限公司又于首次开庭时再次明确地提出了书面异议，表明福建黎明大酒店有限公司并未放弃对仲裁条款异议的权利，故不能适用仲裁规则第 45 条放弃异议条款。因

① 参见［98］深国仲结字第 106 号裁决书。

仲裁机构仲裁程序存在违法情形，拟裁定不予执行。[①]

最高法审查后复函认为：展裕公司与福建黎明大酒店有限公司发生酒店经营管理纠纷提起仲裁后，福建黎明大酒店有限公司在仲裁庭首次开庭前即向仲裁机构提出仲裁条款异议，该分会没有依法对此异议作出决定。首次开庭时，福建黎明大酒店有限公司再次对仲裁条款的效力明确提出书面异议，表明其并未放弃异议的权利，但该分会仍未对此作出决定。仲裁庭继续审理并作出仲裁裁决，其仲裁程序不符合仲裁规则，而且明显违法，根据《民事诉讼法》第 260 条第 1 款第 3 项的规定，应裁定不予执行。[②]

4. 案例评析

福建黎明大酒店与福建黎明大酒店有限公司属于两个独立的法律主体，不能当然地将福建黎明大酒店与展裕公司之间的仲裁条款延伸适用于福建黎明大酒店有限公司。不过，按照上文所提及的案例的经验看，如果福建黎明大酒店有限公司不及时有效地提出管辖权异议，对自身作为仲裁条款主体资格提出异议，而是参与仲裁、进行答辩，甚至提出反请求，就会按照“异议放弃”的规则被认定为接受仲裁管辖。本案中，福建黎明大酒店有限公司在答辩期间，以及开庭时均对管辖依据即仲裁条款的有效性、自身作为仲裁条款的主体适格性提出了异议，此类异议成为司法机关在进行撤裁审查时采信的证据，并最终成为仲裁裁决被撤销的法定依据。

从性质上看，福建黎明大酒店有限公司与展裕公司之间并不存在仲裁协议，这一事实转化成为福建黎明大酒店有限公司是否是仲裁条款的主体资格异议。针对这种异议，从撤裁依据的角度看，它可能触发两种撤裁情形：一种情形是，仲裁庭或仲裁机构作出仲裁条款存在且有效的裁定，在此后的撤裁程序中，人民法院经审查可能裁定仲裁条款不存在或无效；另一种情形是，仲裁庭或仲裁机构未作出裁定，或违背规则作出裁定，在此后的撤裁程序中，人民法院经审查则可能以“程序违反”为根据进行撤裁，正如本案发生的情形。并且，在后一种情形下，还可能导致“无（效）仲裁协议”撤裁依据的并用。事实上，正如上文所言，《民事诉讼法》第 274 条第 1 款所设定的四种情形具有不同的适用范围，针对同一事

① 参见［2001］闽执监字第 10 号请示。

② 参见［2002］民四他字第 26 号复函。

实原则上不应发生竞合适用的情形。在本案中也是如此，仲裁庭违背仲裁规则未作出管辖权裁定，就足以构成“程序违反”，并单独作为撤裁依据。当然，当事人可以就“无（效）仲裁协议”另行作为撤裁依据进行主张，人民法院也可以单独进行司法审查。简言之，“无（效）仲裁协议”与“程序违反”应当基于不同的事实，针对不同的情形，分工适用。基于当事人不是仲裁协议的主体而提出主体资格异议的，不能据此援引“无（效）仲裁协议”进行撤裁。

由上可见，当事人在仲裁法律实务中，从法律技巧的角度出发，不论仲裁协议存在与否或有效与否，均可及时有效地提出仲裁协议不存在或无效的管辖权异议，或对当事人主体资格提出异议，如此才能在当前阶段直接阻止仲裁程序的进行，或者在迫不得及参与仲裁的情形下，为后续撤裁程序的成功埋下“伏笔”。即便仲裁庭或仲裁机构对该问题未置可否，或者自裁具有管辖权要求参与仲裁程序的，异议方当事人仍应不断提出异议，并在主张异议的情形下进行答辩、参与庭审，以对抗“放弃异议”规则的法效。当然，必须指出的是，仲裁是当事人之间诚信解决争议的合意程序，不能滥用异议，另生“波折”，阻碍仲裁程序的顺利进行。

（三）撤销［2004］沪裁（经）字第1068号裁决案

1. 案情简介

表2-9　　案情简介①

序号	时间	案件事实
1	2004.03.03	双方就争议解决达成补充协议约定，因2003年6月26日和7月16日双方签订的工程协议及装潢装饰工程协议发生的一切纠纷，任何一方均可提请上海仲裁委装潢装修争议仲裁中心按其仲裁规则进行仲裁。同日，上海仲裁委受理了当事人的仲裁申请
2		上海仲裁委根据双方调解协议出具了调解书②
3	2004.04.13	上海南阳建筑安装工程有限公司根据3月3日仲裁协议向上海仲裁委装饰装修争议仲裁中心提起仲裁申请
4	2004.11.05	上海仲裁委作出案涉仲裁裁决③

① 万鄂湘主编：《涉外商事海事审判指导》（总第11辑），人民法院出版社2006年版，第132—135页。

② 参见［2004］沪裁（经）字第1062号调解书。

③ 参见［2004］沪裁（经）字第1068号裁决书。

续表

序号	时间	案件事实
5	2004. 12. 27	江智锋向上海市一中院提起诉讼，要求撤销上仲仲裁裁决
6	2005. 05. 12	上海市高院向最高法请示
7	2006. 06. 28	最高法作出复函

2. 双方诉答

申请人认为：双方发生纠纷后签订过仲裁协议，该仲裁协议约定的争议事项已经调解书解决，此后双方并未达成任何新的仲裁协议，仲裁庭将原仲裁协议作为受理被申请人仲裁请求的依据，显然违反了法律规定。

被申请人认为：调解书内容不全面，撤裁申请人又不积极履行，因此根据双方达成的原仲裁协议提出仲裁申请并无不当。

3. 司法审查

上海一中院审查后请示认为：本案双方当事人之间的相关争议已经根据其约定的仲裁协议由上海仲裁委员会进行调解并作出调解书，根据《仲裁法》第 9 条①和第 51 条②的规定，仲裁庭在双方因工程款纠纷通过仲裁调解作出处理的情况下，又再次受理了被申请人要求仲裁庭明确上述调解书中关于指定审价单位审价的仲裁申请，并作出本案争议的裁决书，违反了一裁终局的法律规定，属于重复仲裁，违反法定仲裁程序。根据《仲裁法》第 70 条的规定，拟裁定撤销案涉仲裁裁决。

上海市高院审查后请示认为：本案中上海仲裁委员会就双方当事人之间的同一个纠纷在已经通过仲裁调解审理完毕，并出具仲裁调解书之后，又根据一方当事人的申请，再次受理并作出［2004］沪裁（经）字第 1068 号裁决书，显然违反了该仲裁中心的仲裁规则第 8 条、第 9 条关于调解书和裁决书具有同等法律效力，仲裁庭的裁决是终局的等规定，因此，案涉仲裁裁决在仲裁程序上与仲裁规则不符，根据《仲裁法》第 70

① 《仲裁法》第 9 条第 1 款规定：仲裁实行一裁终局的制度。裁决作出后，当事人就同一纠纷再申请仲裁或者向人民法院起诉的，仲裁委员会或者人民法院不予受理。

② 《仲裁法》第 51 条规定：仲裁庭在作出裁决前，可以先行调解。当事人自愿调解的，仲裁庭应当调解。调解不成的，应当及时作出裁决。调解达成协议的，仲裁庭应当制作调解书或者根据协议的结果制作裁决书。调解书与裁决书具有同等法律效力。

条、《民事诉讼法》第 260 条第 1 款第 3 项的规定，拟裁撤。[①]

最高法审查后复函认为：双方根据事后达成的仲裁协议就彼此之间的争议提交上海仲裁委员会进行调解，并出具调解书。后上海南阳建筑安装工程有限公司以上述调解书内容不全面，江智锋不积极履行等为由就同一纠纷申请仲裁，上海仲裁委员会又据此作出仲裁裁决。根据《仲裁法》第 9 条第 1 款，上海仲裁委员会相关仲裁规则第 8、9 条的规定，仲裁实行一裁终局的制度，调解书与裁决书具有同等法律效力。上海仲裁委员会在就本案所涉纠纷作出调解书之后，又就相同当事人之间的同一纠纷作出仲裁裁决，违反了我国仲裁法和上海仲裁委员会仲裁规则有关一裁终局的规定，也属于仲裁程序与仲裁规则不符的情形。根据《仲裁法》第 70 条和《民事诉讼法》第 260 条第 1 款第 3 项的规定，应裁撤。[②]

4. 案例评析

本案案情较简单，但涉及的问题在法理上却比较深刻。概括起来，本书认为该案中虽然以最高人民法院为代表对案涉问题作出了司法定性，即仲裁庭作出调解书后再次就调解书事项进行仲裁，并作出仲裁裁决的，违背一裁终局，属“程序违反”情形，应依相关法定撤裁依据进行撤裁，但在法理上仍然遗留了一些值得反思和探讨的问题。

首先，如果确如撤裁程序中被申请人所言，仲裁调解书并未对请求仲裁事项做出全面裁决，而是有所遗漏，即类似“漏裁”现象，那么当事人能否就该遗漏事项提出仲裁请求。对这个问题的回应可区分两个层面进行：一方面，撤裁被申请人可否在提请二次仲裁前，单独就仲裁调解书向人民法院申请撤销？对此，相关立法、司法解释并无规定，但有两个规范性文件提及了仲裁调解书。第一个规范性文件是《仲裁法》第 51 条，该条对仲裁中的调解作出了明确规定，将仲裁调解书在法律效力上赋予其与仲裁裁决“同等”地位。第二个规范性文件是最高人民法院《仲裁裁决执行司法解释》第 1 条，该条将执行的“仲裁裁决”一词明确为既包括仲裁机构依据仲裁法作出的仲裁裁决，又包括仲裁调解书。但在其他文件中，包括最高人民法院《关于审理仲裁司法审查案件若干问题的规定》

---

① 参见［2005］沪高民四（商）他字第 1 号请示。

② 参见［2005］民四他字第 23 号复函。

中，都没有明确提到撤裁对象是否包括仲裁调解书，及其撤裁依据是否与仲裁裁决的撤裁标准一致。不过，《关于审理仲裁司法审查案件若干问题的规定》新规定第1条和《关于仲裁司法审查案件报检问题的有关规定》新规定第1条在界定“仲裁司法审查案件”时虽然都没有明确是否包括仲裁调解书，但两文件均在第1条第6项中对司法审查的案件类型采取了开放式的界定，即“其他仲裁司法审查案件”。因此，该开放式条款为仲裁调解书作为仲裁司法审查的对象留了一条被纳入的路径。本书认为，既然相关规定将仲裁调解书和仲裁裁决书在法效上予以等同，且仲裁调解书并不必须转换为仲裁裁决书，即可作为人民法院强制执行的法定根据，因此，应赋予相对人以撤销的权利，并适用相同的撤裁依据。当然，本书也建议，考虑到仲裁调解书可能在域外使用，且域外只承认和执行仲裁裁决，同时又为避免在国内撤销过程中存在分歧，最好将仲裁调解书在仲裁程序中转换为仲裁裁决，以避免不必要的问题。

另一方面，对于仲裁调解书遗漏请求事项的，可否二次申请仲裁？或者可否要求仲裁庭补充作出仲裁调解书？对于仲裁调解书遗漏请求事项的，是否可以作为撤销依据，此问题类似上文所论述的仲裁裁决漏裁问题。本书认为，如果仲裁调解书遗漏请求事项的，在满足补正条件的情形下可以补正方式解决；否则，不宜作为撤销依据，毕竟我国仲裁法采取的是撤销法定原则，仲裁裁决漏裁和仲裁调解书遗漏请求事项，在不扩大解释为“程序违反”的情形下，不属法定撤销依据之列。而且，从最高人民法院在诸多复函中所倡导的立场看，解纷止争，提高纠纷解决机制的效率，防止讼累，也是解决问题所需要考虑的重要方面。

如果通过补正方式不能解决，或者不能以补正方式进行解决，就需要对仲裁调解书遗漏事项的处理提供补救的路径。从理论上分析无外乎两条：一是允许当事人根据原有协议继续请求仲裁；二是仲裁协议失效，当事人只能向人民法院提起诉讼。本书倾向于支持当事人根据原仲裁协议提请仲裁解决，不能向人民法院提起诉讼。当事人对特定事项约定提交仲裁，是其程序选择和合意的体现，这种选择和合意覆盖所约定的全部事项范围，从而将这些事项“圈”在仲裁体制内，排除在司法机制之外。如果仲裁程序只是处理了其中某一或某些事项，只是在所处理的事项上“耗尽”了仲裁合意，任何再次针对此类事项进行处理的重开讼端之举，均是挑战一裁终局和“一事不二诉”的原则。但对于其他未经调解或裁决的事项，则仍处于仲裁协议的圈定范围之内，保持其碍诉抗辩之法效。鉴于此，本书倾向于将未经调解或裁决的事项，作为当事人仍需通过仲裁方式解决的主题。否则，当事人完全可以通过将仲裁约定事项予以分解的方式，策略性地选择某一或某些事项提交仲裁，从而将其他有意“遗漏”的事项规避性地提交诉讼解决。

其次，如果撤裁被申请人是就仲裁协议中约定范围内、超出第一次仲裁请求时提交范围的事项再次提出的仲裁请求，在不考虑其他因素的情况下，该第二次仲裁请求是否可依法提出？该第二次仲裁裁决中相关事项是否可以分解处理，即如果是仲裁调解书没有处理的事项，当事人是否不仅可以根据原协议提出，而且人民法院在撤裁程序中也应采取区分态度？对这些问题的回答，最关键的一点是如何处理好三个范围的关系：仲裁协议约定范围，当事人提交仲裁请求范围，仲裁裁决或调解事项范围。三者的理想关系状态是等同关系，但当事人可能超越或者缩小仲裁协议的约定范围提出仲裁请求，在超越的情形下是无效的，但缩小的仲裁请求则是可能和有效的。如上文所言，只要当事人是在仲裁协议范围内提出仲裁请求，就可能存在两种可能：一是该请求已经调解或仲裁裁决处理，此时就只能提出撤销，而不能再次请求仲裁或诉讼；二是未经调解或仲裁裁决处理，这就形成这里的问题。对此，本书认为应允许当事人就未经处理的事项根据原仲裁协议提起仲裁。至于撤销的问题，不论是针对仲裁调解书，还是针对仲裁裁决书，均可贯彻区分处理的态度，只要能够和应予撤销事项进行区分的，都应区分并分别撤销或不予撤销。

再次，关于仲裁协议的效力期间问题，即当事人之间根据仲裁协议提过仲裁请求之后，该仲裁协议处于何种法律状态，即便在撤裁的情形下，当事人能否根据该有效仲裁协议继续仲裁？根据王泽鉴先生的意见，债的关系包括广义之债和狭义之债的关系。狭义之债是指特定债的法律关系中一方当事人的债权、另一方当事人的债务；但广义之债则是由许多债权债务构成的。① 以合同为例，一方当事人享有债权，另一方当事人承担债务，双方各自履行完毕之后，狭义之债也就不再存在；但是广义之债仍然存在，作为当事人之间主张权利、履行义务的依据。同理，仲裁协议作为特殊的契约，也有狭义和广义之分。从狭义之债的立

① 王泽鉴：《债法原理》，中国政法大学出版社 2001 年版，第 5—6 页。

场看，当事人根据特定仲裁协议提请仲裁后，双方的债权债务消灭，从而当事人不能再根据该仲裁协议请求仲裁。从广义之债的立场看，仲裁协议的其他效力仍然存在，当事人仍然可利用该仲裁协议行使其他权利、承担其他义务。但无论如何，正如上文所言，一份仲裁协议在启动仲裁程序的效力方面是一次性的，一旦程序启动、仲裁庭作出裁决后，当事人不能再就该仲裁协议的相同事项提出二次仲裁。这里的法律后果有二：一方面，即便仲裁裁决被撤销，该仲裁协议也不再具有二次启动仲裁程序的法效，即当事人不能再就原仲裁协议提起仲裁。除非存在重新仲裁的例外，即人民法院在针对仲裁裁决的司法审查过程中认为可以重新仲裁的，可以通知重裁。当然，如果当事人能够重新达成新的仲裁协议的，则可以据之开始新的仲裁程序；[①] 另一方面，这并不当然意味着该仲裁协议无效，法律上的无效具有追溯性，一旦被认定无效，即应追溯至自始无效，如此，则将根本否定已经做出的有效仲裁裁决。因此，对已经仲裁程序处理之后的事项，其依据的仲裁协议在法效上应界定为“失效”，即曾经有效，但现在不再有效。如果套用王泽鉴先生的广义与狭义之债的概念，则似可以认为，已经启动过仲裁程序的仲裁协议，其广义之效存在，而狭义之效已经消灭。

综合起来，就仲裁事项相关概念彼此之间的关系，这些关系产生的现象、法效，以及可能采取的解决方案，可概括为图 2-4、表 2-10。

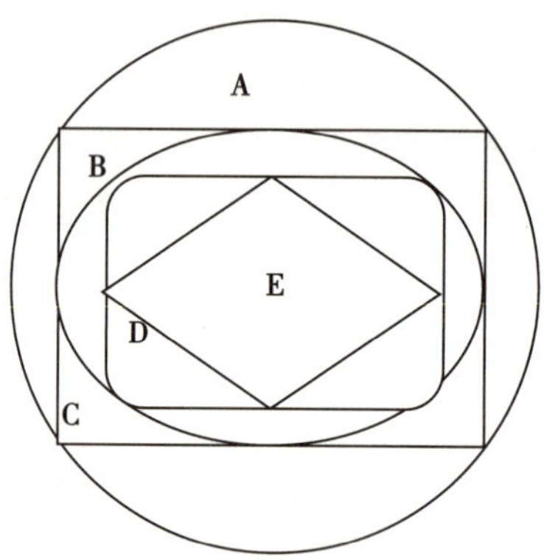

图 2-4 仲裁事项相关概念的关系

① 参见《民事诉讼法》第 237 条第 5 款、第 275 条。

表 2-10　　仲裁事项相关概念的性质、法效及解决方案

<table>
<tr><th>类型</th><th>含义</th><th>裁决事项</th><th>性质</th><th>现象</th><th>法效</th><th>解决方案</th></tr>
<tr><td>A</td><td>争议事项</td><td>A-B</td><td>不可仲裁
事项</td><td>无权仲裁</td><td>无效</td><td>撤销或不予
执行</td></tr>
<tr><td>B</td><td>法定可仲裁事项</td><td>B-C</td><td>未约定事项</td><td>广义超裁</td><td>无效</td><td rowspan="2">撤销或不予
执行
放弃异议除外</td></tr>
<tr><td>C</td><td>约定仲裁事项</td><td>C-D</td><td>未提交事项</td><td>狭义超裁</td><td>无效</td></tr>
<tr><td>D</td><td>提交仲裁事项</td><td>D-E</td><td>未裁决事项</td><td>漏裁</td><td>有效</td><td>补正
通知重裁</td></tr>
<tr><td>E</td><td>仲裁裁决（调解）事项</td><td>—</td><td>—</td><td>—</td><td>—</td><td></td></tr>
</table>

对于第一种情形，即如果仲裁裁决了不可仲裁的事项，则属典型的可仲裁性意义上的无权仲裁，仲裁裁决当然无效，应予撤销或不予执行。

对于第二、三种情形，即如果仲裁裁决了虽然具有可仲裁性，但当事人并未通过仲裁协议约定或虽有约定但并未提交的事项，则属超裁，应予以撤裁或不予执行，但如果当事人存在放弃异议的情形的，则不属于超裁。当然，如果仲裁裁决事项既包括超裁事项，又包括未超裁事项的，在撤销或不予执行时，自应按照区分原则处理，此处不赘述。

对于第四种情形，即如果仲裁裁决了当事人所提交的某一或某些事项，此即为漏裁，鉴于漏裁非属法定撤裁依据之列，且从避免讼累角度，应原则上维持其有效性，如能通过补正方式解决的，应补正；如已过补正期限或其他不能通过补正方式解决的，可由人民法院通知重裁。如果仲裁庭拒绝补正，或者拒绝重新仲裁的，本书认为该仲裁裁决仍然有效，且对于漏裁事项，仍然应以当事人之间的仲裁协议为基础提请仲裁，避免当事人分解仲裁、规避仲裁的行径。

复次，如果仔细比较，会发现国内仲裁裁决和涉外仲裁裁决在撤裁依据之一即“程序违反”上存在一个细微但重要的差异：国内仲裁裁决被撤裁的标准是，仲裁庭的组成或仲裁程序违反“法定程序”；涉外仲裁裁决被撤裁的标准则是，仲裁庭的组成或仲裁程序违反“仲裁规则”①。本案受理法院即上海市第一中级人民法院在请示意见中援引《仲裁法》第9

① 比较《仲裁法》第58条第1款第3项或《民事诉讼法》第237条第2款第3项，及《民事诉讼法》第274条第1款第3项。

条和第51条的规定，此规定即为法定程序，而非仲裁规则，人民法院能否据此撤销涉外仲裁裁决。细究立法规定的相关差异，主要原因可能是立法者对涉外仲裁适用的程序规则有一些“去当地化”的解读，即涉外仲裁可能不适用特定的程序法，而主要是适用仲裁机构的仲裁规则。事实上，不论是国内仲裁还是涉外仲裁，程序进行地的程序法是应予遵守的。不过，在涉外仲裁中，的确存在弱化或更激进的“非当地化”或“去当地化”的思潮，进而可能对程序进行地的程序法之适用有不同的态度。不过，《仲裁法司法解释》第20条对《仲裁法》第58条规定的“法定程序”作了补充解释，它包括“仲裁法规定的仲裁程序”和“当事人选择的仲裁规则”。不仅如此，最高人民法院在晚近颁布的《关于人民法院办理仲裁裁决执行案件若干问题的规定》中再次明确了该条款中“法定程序”的范围包括：仲裁法规定的仲裁程序、当事人选择的仲裁规则或者当事人对仲裁程序的特别约定。[①] 有所不足的是，这些条款都只是针对国内仲裁裁决撤裁依据中的“程序违反”，涉外仲裁裁决撤裁中的“程序违反”是否仅限于“仲裁规则”，则未明确。

本书认为，涉外仲裁裁决撤裁依据中的“程序违反”除了仲裁规则之外，也应包括与国内仲裁裁决撤销依据中的“程序违反”一词所指的法定程序和当事人约定的特别仲裁规则。此种立场的可取之处在于：一方面，程序方面的界定在涉外和国内两种语境之下并无区别对待、双轨并行的必要，采取统一理解，可以保持法律解释和适用的一致性；另一方面，在涉外仲裁中，仲裁所适用的程序规则除了仲裁规则之外，特定国家的程序法，主要是仲裁地的程序法也是应当遵守的。因此，本案中最高人民法院同时援引《仲裁法》和相关仲裁规则作为仲裁庭“程序违反”的标准具有适当的基础。

最后，按照仲裁裁决撤裁依据法定原则，本案的司法审查立场帮助我们辨别了几个关键概念，这就是针对“一裁终局”之类的仲裁法的基本原则，如何援引撤裁依据？可否在法定撤销依据之外援引？是援引“无（效）仲裁协议”“程序违反”“无权仲裁”，还是违背社会公共利益？根

---

① 参见《关于人民法院办理仲裁裁决执行案件若干问题的规定》第14条之规定。需要指出的是，该条援引的法条是《民事诉讼法》第237条第2款第3项规定，该条与《仲裁法》第58条是对应条款。

据最高人民法院的复函态度可见，即便案涉仲裁裁决违反了一裁终局这一仲裁法的基本原则，也不是按照违背社会公共利益的依据，即《民事诉讼法》第 274 条第 2 款的规定，进行司法审查和撤裁的，而是将其纳入了“程序违反”这一法定撤裁依据。因此，本案至少在给予我们数点未明言但明确的意义：一是仲裁裁决撤裁依据法定原则，对一裁终局等仲裁法基本原则的挑战只能通过转化为法定撤裁依据的方式，予以依法撤裁，不能法外撤裁；二是挑战一裁终局并不就是违背“社会公共利益”，从而不构成《民事诉讼法》第 274 条第 2 款规定的情形；三是已经仲裁裁决或者仲裁调解书裁定的事项，也不属于《民事诉讼法》第 274 条第 1 款第 1、4 项规定的“无（效）仲裁协议”“无权”仲裁的情形，[①] 从而也不能通过该条款予以撤销。

综上，《民事诉讼法》第 274 条第 1 款第 1 项的规定可能和其他撤裁依据在适用上相竞合，据现有司法实践显示，主要是与“程序违反”“超裁”或“无权仲裁”相竞合。区分此类竞合条款的适用关系并正确适用之，在方法和路径上可概括为图 2-5：[②]

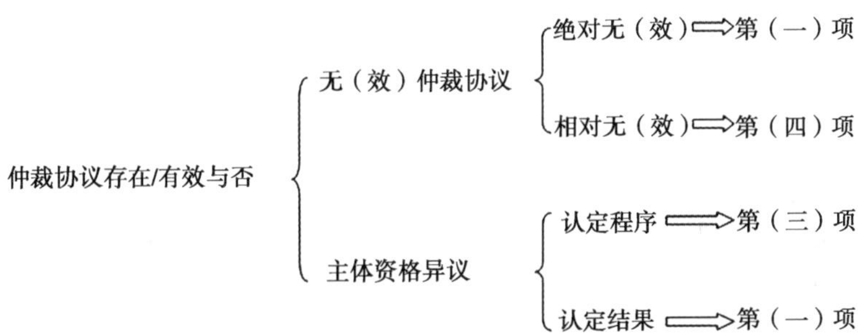

图 2-5　竞合条款区分适用的方法路径

---

① 关于该项规定的“无权仲裁”情形，存在着较大的争议，司法实践中也有多种理解，包括“可仲裁性”意义上的不可仲裁；包括管辖权意义上的不可仲裁；还包括没有仲裁协议或仲裁协议无效的情形；以及等同于超裁。最高人民法院《关于人民法院办理仲裁裁决执行案件若干问题的规定》第 13 条对国内仲裁裁决撤裁汇总的“无权仲裁”进行了明确，将其概括为：裁决事项属于依照法律规定或者当事人选择的仲裁规则规定的不可仲裁事项；以及做出裁决的仲裁机构非仲裁协议所约定的情况。尽管该条仅针对国内仲裁裁决，但对于涉外仲裁裁决也具有参照适用的价值。

② 图 2-5 中的“项”数是指《民事诉讼法》第 274 条第 1 款的相关规定。

针对《民事诉讼法》第 274 条第 1 款规定的第 1、3、4 项撤裁依据，就同一事实而言，本书提出的区分顺序及标准是：第一步，应先行区分第 1 项与第 3 项的关系，如果涉及的问题是关于当事人是否作为仲裁条款的主体资格异议，且关涉认定程序的，应仅援引第 3 项即“程序违反”进行审查和裁定；如果关涉的是认定结果的，则应进一步考虑案涉仲裁裁决的全部事项是绝对地不存在仲裁协议，还是部分地不存在仲裁协议，如果是前者，则应援引第 1 项；如果是后者，则应援引第 4 项，不得二者竞用。

第三节 案例类型化与评析

一 仲裁协议的存在与效力

（一）撤销［2013］沪贸仲裁字第 415 号裁决案

1. 案情简介

表 2-11 案情简介①

序号	时间	案件事实
1	2005. 08. 10	世家公司、华狮公司（世家子公司）、UIR 签订《框架协议》，约定将世家公司名下协议所涉房产转让给 UIR，分两步进行：第一步，世家转让给华狮，再由华狮转让给 UIR 在中国的子公司（德发公司，签约时该子公司尚未成立）
2	2006. 04. 03	三方签署框架协议的《修改协议》及买卖合同。三份协议约定了排他期；并约定由贸仲在上海仲裁解决
3	2006. 04. 04	UIR 出具购买价保函
4	2006. 09	世家向华狮转让约定房产
5	2006. 12. 25	UIR 在上海注册成立德发公司
6	2007. 03. 26	华狮向 UIR 发函，认为 UIR 未能依约履行合同，要求解除合同
7	2007. 03. 27	UIR 首次缴存德发公司资本金
8	2007. 03. 30	UIR 第二次缴存资本金
9	2007. 04. 02	UIR 第三次缴存资本金
10	2007. 04. 03	华狮再次发函给 UIR，称合同自动终止。UIR 同日回函拒绝

① 贺荣主编：《涉外商事海事审判指导》总第 31 辑，人民法院出版社 2016 年版，第 84—91 页。

续表

序号	时间	案件事实
11	2008. 02. 02	德发公司、UIR 作为申请人，华狮与世家作为被申请人，向贸仲上海分会提起仲裁
12	2008. 05	华狮与世家提出管辖权异议
13	2008. 06. 24	仲裁委作出管辖权决定，认定仲裁委有管辖权
14	2008. 07. 31	UIR 与德发公司第一次变更仲裁请求
15	2008. 12. 01	UIR 与德发公司第二次变更仲裁请求
16	2011. 06. 08	UIR 与德发公司第三次变更仲裁请求
17		仲裁审理中，仲裁庭前后 13 次延长裁决期限，2009 年 3 月、2011 年 5 月两次延期均为上次裁决期限届满后作出
18	2013. 12. 25	仲裁庭作出案涉仲裁裁决
19		上海市第二中级人民法院拟撤销案涉仲裁裁决
20	2015. 02. 13	上海市高级人民法院拟撤销案涉仲裁裁决，向最高人民法院请示
21	2015. 10. 09	最高人民法院作出复函，驳回撤裁申请

2. 双方诉答

本案的争议焦点有四：（1）双方当事人之间是否存在仲裁协议；（2）仲裁程序是否违背仲裁规则；（3）仲裁请求反复变更是否合乎程序；（4）仲裁费处理是否合乎程序。就本书所关注的焦点即第一个问题而言，撤裁申请人认为，本案当事人之间并不存在仲裁协议。主要的理由可概括为：案涉系列协议签订时，德发公司尚未成立；合同虽约定 UIR 在满足一定条件时将合同项下权利义务转让给德发公司，但约定条件并不成立，转让实际未发生，故德发公司不是合同及合同中仲裁条款当事人。德发公司与 UIR 公司二者只能有一人为仲裁条款当事人。

对此，被申请人提出答辩意见认为，德发公司基于合同权利义务转让而取得仲裁主体资格，该事实属于实体问题，非程序问题，不构成法定撤裁理由。

3. 司法审查

上海市第二中级人民法院审查后请示认为：现有证据不足以认定合同权利义务已经转让，德发公司没有继受成为合同及仲裁协议当事人，不具有仲裁主体资格。上海市二中院拟撤销案涉仲裁裁决，并按最高人民法院的规定向上海市高级人民法院提出裁撤请示。

上海市高级人民法院审查后请示认为：鉴于UIR对德发的全额出资义务未如期完成，属重大违约，华狮与世家有权解除合同，应认定合同解除。合同解除后，无法转让，德发不能成为合同当事人，不具有仲裁主体资格。合同解除权属形成权，UIR如有异议，可利用其他救济程序，但并非德发公司所能主张。据此，上海市高级人民法院也认为应撤销该仲裁裁决，并依照规定向最高人民法院提出请示。①

最高人民法院审查后复函认为：依仲裁协议准据法即我国法的规定，仲裁条款合法有效，应拘束UIR，世家公司和华狮公司。德发公司虽然在协议签订时未设立，但根据框架协议及附件、买卖合同补充条款来看，华狮与世家知晓并同意UIR将以指定新设公司为买方的方式履行框架协议，其对与受指定的新设公司之间因履行相关协议而产生的争议受仲裁条款约束也有充分预期。华狮也已确认UIR已指定德发为购买人。故，德发公司受UIR指定成为买方，成为框架协议及所含仲裁条款当事人，无须再行签署仲裁条款。另据框架协议条款，UIR作为连带义务人，并不因指定买方而退出，故仍有仲裁主体资格。综上，从协议约定内容以及该交易的背景和目的，UIR与德发公司有权提起仲裁，并有利于解决纠纷。故，应驳回撤裁申请。②

4. 案例评析

为明确案件中多方主体之间的法律关系，可将案情图示为图2-6。

本案的主要案件事实是由两个相互关联的合同构成：第一份合同无仲裁条款，由世家公司、华狮公司和UIR公司作为当事人，合同作出的一个特殊约定是，合同标的物的转让采取两步走的方案，先由世家公司转让给华狮公司，再由华狮公司转让给UIR拟新设的德发公司；其后，三方再次就第一份合同签订修改协议和买卖合同，含上海贸仲仲裁条款。争议由此发生，德发公司是否属于合同主体，从而与其他当事人一起共同受仲裁条款的约束。这个问题的关键之处是，德发公司是否能够进入世家、华狮与UIR三方签订的合同之中成为合同主体。本问题的特殊性在于，德发公司在签订合同时尚未成立，但经UIR明确指定且为对方知晓，在其成立后是否当然成为合同主体？

---

① 参见［2014］沪高民二（商）撤字第S1号请示。

② 参见［2015］民四他字第8号复函。

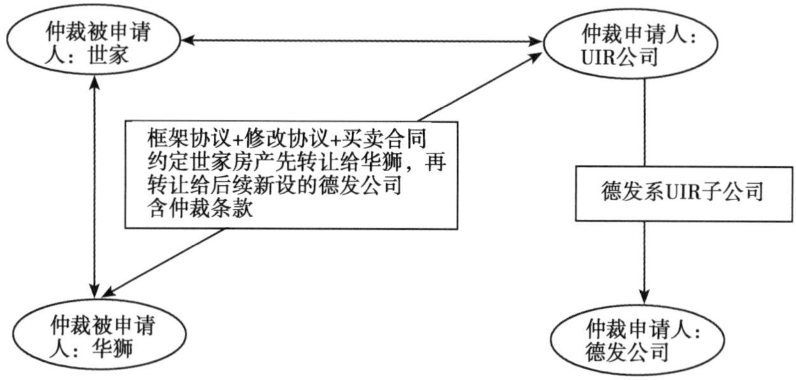

图 2-6　案件法律关系

上海市第二中级人民法院和高级人民法院的司法审查均无仲裁协议的法律适用问题。上海市二中院将本案定性为仲裁协议有无的事实问题，从而通过证据的方式解决，即认为“现有证据不足以认定合同权利义务已经转让，德发公司没有继受成为合同及仲裁协议当事人，不具有仲裁主体资格”。上海市高院也是将本案定性为仲裁条款的有无之事实问题，只不过在判断事实上有无仲裁协议的时候，上海高院认为决定于一个前提，即合同是否已经解除。如果合同解除，则德发公司不能成为合同当事人。这正是支撑上海高院认定德发公司不是合同当事人，并拟撤销案涉仲裁裁决的根据。

比较而言，最高人民法院的裁判理路是值得肯定的，其中有三点值得关注：（1）首先考虑仲裁协议的法律适用。此一步骤至少说明了最高人民法院的两个态度：一是本案属于仲裁协议的法律问题，而非事实问题，只有法律问题才有法律适用，事实问题则通过证据解决；二是涉外仲裁协议必须通过国际私法规范即冲突规范进行调整，不能直接适用法院地法，这既是涉外法律问题的基本解决思路，也是涉外法治的要求，国内司法机关的涉外法治意识亟待加强。（2）本案与合同解除与否并无关联，问题的关键是在合同成立并生效之时，是否应将事后新设但在合同中明确了的德发公司视为合同主体，而非将案涉问题确定为合同及其中仲裁条款在德发公司成立后的转让问题。事实上，如果将本案仲裁条款的有无问题视为是合同中仲裁条款是否转让的问题，也不应将该问题视为事实问题，因为转让与否仍然是一个法律问题，从而仍然需要先进行法律选择和适用。（3）最高人民法院颇有开创性地依据“事先明知”、实质判断和“有利于解纷”三个理由，对仲裁协议采取了“有利于有效”的司法支持态度。

当然，从上下级法院之间在本案案涉仲裁条款是事实问题还是法律问题的识别和把握上几乎完全相反的立场可以看出，司法实践中要判断仲裁协议的有无是一个艰难的问题，它并不总是一个事实问题，通常情形下它还同时涉及法律解释，需要根据法律适用进行定性和判断。换言之，“没有仲裁协议或仲裁条款”虽然构成我国立法明确规定的撤裁依据之一，但它或者本身就辩证地属于法律问题，或者其虽作为事实问题，但需要以法律问题的解决为先决问题或先决条件，从而触发或者需要先行考虑法律选择与适用的问题。这一点，正好是上引两案也可能是其他众多案例所缺失的。

总的来说，本书认为，人民法院在司法审查涉外仲裁协议存在与有效与否的时候，可采取的分类和思路如图 2-7 所示：

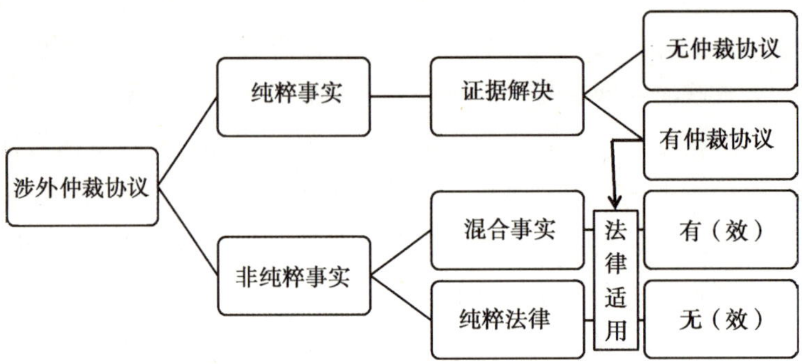

图 2-7　涉外仲裁协议效力认定步骤

判断分析的基本步骤解释如下：（1）在涉及仲裁协议有无或有效与否的审查的情形下，应首先定性并区分问题的性质，即它是一个纯粹的事实问题，还是一个非纯粹的事实问题。如果是纯粹的事实问题，则只需要通过证据进行解决即可，由此得出的结论就是有或者无仲裁协议。

（2）如果当事人之间没有仲裁协议，则当然地应援引《民事诉讼法》第 274 条第 1 款第 1 项或第 4 项的规定。①

（3）如果当事人之间有仲裁协议，且对其效力无异议的，则人民法院无须再行审查效力，直接认定为有效。如果当事人进一步对仲裁协议效

① 究竟是援引《民事诉讼法》第 274 条第 1 款的第 1 项还是第 4 项，决定于裁决事项是否全部或部分地受相关仲裁协议的支持。

力提出异议，则需要采取第四步即法律适用。

（4）在当事人就涉外仲裁协议之争属于非纯粹事实之争的情形下，主要包括两种类型：一类是纯粹法律问题，例如关于仲裁协议中仲裁机构约定是否明确，是否没有约定或者约定了两个以上的仲裁机构，等等，这些问题就是纯粹法律问题，需要通过法律选择和适用来决定其有效性。另一类是混合事实问题，即当事人之间存在的一定事实，但该事实是否导致当事人之间“存在”仲裁协议，需要通过法律适用进行决定，因为所适用的法律可能在当事人发生一定事实的前提下拟制仲裁协议的存在，典型如我国《仲裁法司法解释》中所指的包含仲裁条款的合同的全部或部分转让，在当事人之间存在转让的事实，但该事实是否产生将其中的仲裁条款也一并转让的法效，从而在当事人之间“存在”且“有效”的仲裁协议，这就决定于所适用法律的拟制或规定。在这种情形下，至少依据我国《仲裁法司法解释》是将其拟制为“存在有效”的仲裁协议。此外，上文所谈到的当事人之间通过电子邮件，一方发出仲裁条款的要约，另一方未置可否而径直依据所下订单履行合同，此种对合同的事实性履行是否应认定一并接受仲裁条款，也是一个法律解释从而是一个法律适用的问题。简言之，如果是非纯粹的事实问题，判断仲裁协议是否“存在”和“有效”，应先进行法律选择，根据所选择的法律适用进行认定，而非直接适用法院地法进行认定。

（5）根据所选择的法律，即可判断特定仲裁协议的存在性，同时由于它是非纯粹的事实，且经过法律适用和解释，这样的存在性就不只是纯粹的事实性存在或不存在，而是法律性存在或不存在，也就是兼有“存在”与“效力”的双重效果。

（二）不予执行［2001］深国仲结字第31号裁决

1. 案情简介

表2-12　　案情简介

序号	时间	案件事实
1	1992.09.20	鲍扬波、上桥公司与沙区物资公司签订《合资经营重庆台华房地产开发有限公司合同书》，约定有仲裁条款。 仲裁条款约定：合营各方因执行合同而发生争议，可提请中国国际贸易促进会对外经济贸易仲裁委员会（现中国国际经济贸易仲裁委员会）按该会的仲裁程序进行仲裁，此仲裁为终局裁决
2	1992.10.10	重庆市政府核发中外合资经营企业批准书

续表

序号	时间	案件事实
3	1992. 10. 23	重庆市台华公司在工商局领取营业执照
4	1992. 12. 30	因沙区物资公司投资未到位，沙坪坝外经委批复同意物资公司将其股份转让给上桥实业公司。此次股份转让未报批
5	1994. 03. 30	鲍扬波与吴胜刚签订《股权转让合同书》，约定由鲍扬波将其所持股份转让给吴胜刚。本次转让未经审批
6	1996. 07. 23	吴胜刚（委托鲍扬波）、晨光公司、上桥公司签订《台华房地产开发公司股份转让合同》，吴胜刚所持股份，转让给晨光公司。合同约定有争议解决条款：协议执行过程中发生争议，由九龙坡区法院为审判机关
7	1996. 07. 24	晨光公司与上桥公司签订《房地产股份转让合同》，上桥的股份转让给晨光公司
8	1996. 10. 20	吴胜刚以晨光公司拖欠股份转让费为由，且晨光公司不具涉外因素、收购合资企业中的全部外资股份行为及程序违法，又未经审批，该股份转让合同无效，向重庆市九龙坡区法院起诉
9	1999. 05. 14	九龙坡区法院作出民事判决①
10	2000. 03. 02	鲍扬波以上桥公司和物资公司为第一、二被申请人，晨光公司为第三被申请人向贸仲深圳分会申请仲裁，要求确认沙区物资公司与上桥公司、上桥公司与晨光公司股份转让无效，要求晨光退出合资合同，归还台华公司经营管理权
11	2001. 04. 25	仲裁庭作出案涉仲裁裁决②
12	2001. 05. 22	鲍扬波以上桥公司、沙区物资公司、晨光公司不履行裁决书为由向重庆市一中院申请执行
13	2001. 05. 28	重庆市一中院立案执行
14	2001. 06. 04	晨光公司向一中院提出不予执行申请
15	2001. 07. 20	一中院审查后向重庆市高院请示
16	2001. 11. 14	重庆市高院审查后作出复函
17	2002. 09. 13	重庆市高院向最高法请示
18	2003. 05. 27	最高法作出复函

2. 仲裁过程

在仲裁过程中（非仲裁裁决执行程序中），晨光公司曾主张认为，该公司与鲍扬波之间不是最早合营合同的双方当事人，对合营合同中的仲裁条款不清楚，且与鲍扬波在争议之前或争议发生之后，均没有达成书面仲

---

① 参见［1997］渝一中经初字第 1055 号裁决书。

② 参见［2001］深国仲结字第 31 号裁决书。

裁协议。据此，晨光公司向深圳仲裁委提出管辖权异议。

仲裁委员会审查后认为：规范合营方之间权利义务关系的是合营合同，约束合营企业日常经营管理的是合营企业章程，合营合同和合营企业章程是成立合营企业的前提和基础，任何一方如要成为合营企业的合营方，必须遵守经政府主管部门批准的合营合同和合营企业章程。具体就本案而言，合营合同对争议解决方式的规定非常明确，即提请本仲裁委员会仲裁，该争议解决条款对所有合营企业的合营方均有约束力。第三被申请人已经接受合营企业的股份，成为合营企业事实上或形式上的合营方，并具体参与了合营企业的经营管理，在没有特别声明的情况下，其与合营他方之间的权利义务关系，其对合营企业的经营管理只能依据合营合同和合营企业章程的规定，因上述问题而发生争议的解决方式，理所当然应按合营合同的规定执行，即通过仲裁的方式解决。故裁定仲裁委有管辖权。

3. 司法审查

重庆市第一中级人民法院受理审查后请示认为：鲍扬波与晨光公司之间无合同关系，无仲裁协议，鲍扬波等基于合营合同向上桥公司及沙区物资公司提出仲裁，但合营合同中的仲裁条款对晨光公司应无约束力。深圳仲裁委员会对鲍扬波申请晨光公司仲裁案无管辖权，深圳仲裁委员会之裁决应不予执行。

重庆市高级人民法院审查后作出复函认为：合营合同依法成立，对合营各方均有法律约束力。该合营合同订有仲裁条款，虽然晨光公司并非订立合营合同的一方当事人，但其未经有关部门的批准，接受台华公司股份，形式上成为合营一方，故其应受该合营合同及仲裁条款的约束。综上，不予执行案涉仲裁裁决的理由不能成立。①

其后，重庆市高院向最高人民法院请示认为：鲍扬波、上桥、沙区物资签订的合营合同书中明确约定，合营各方因执行合同而发生的争议，可提请贸仲按该会的仲裁程序进行仲裁，此仲裁为终局裁决。而鲍扬波、上桥和沙区物资将各自在合资成立的台华公司的股份先后转让给晨光公司而产生的纠纷却是股权转让纠纷，且股权转让时及产生争议时均未达成仲裁协议，合营合同的仲裁条款是解决合营争议而不是解决股权转让争议纠

---

① 参见［2001］渝高法执示字第84号函。

纷，前者效力应不及于后者。根据《仲裁法》第4条的规定，双方选择仲裁方式解决争议纠纷必须是明示，排除了默示接受方式。据此审查认为，鲍扬波与晨光公司之间无仲裁协议，鲍扬波、上桥、物资公司三方签订的合同中的仲裁条款对晨光公司无约束力，深圳仲裁委对鲍扬波与晨光之间的争议无管辖权，应不予执行案涉仲裁裁决。①

最高人民法院审查后复函认为：三方签订的合同书中订有股权转让的内容和仲裁条款，鲍扬波、上桥和沙区物资均为该合同当事人，他们之间因股权转让而产生的纠纷应当提交仲裁解决。据此，有关上述三方当事人之间股权转让行为效力的裁决应为有效，可予以执行。因晨光公司不是本案合同的主体，合同中的仲裁条款对其没有约束力，且晨光公司与本案其他几方当事人的股权转让合同中没有订立仲裁条款，事后也未达成仲裁协议，故题述裁决中涉及晨光公司股权转让的内容超出仲裁范围，不予执行。②

4. 案例评析

本案涉及多方主体、多个合同、多个争议，以及诉讼与仲裁程序的交织与并存，为直观展示各主体间的法律关系与争议解决条款，可图示如图2-8。

由图2-8可知，本案中共存在五方主体，即鲍扬波、物资公司、上桥公司、吴胜刚，以及晨光公司。五方主体分别形成五大法律关系：一是合资经营合同关系（鲍扬波—物资公司—上桥公司）；二是股份转让合同关系（鲍扬波—吴胜刚）；三是股份转让合同关系（物资公司—上桥公司）；四是股份转让关系（上桥公司—吴胜刚—晨光公司）；五是股份转让关系（上桥公司—晨光公司）。不仅如此，在两大法律关系中分别含有不同的争议解决条款：一是合资经营合同中的仲裁条款（鲍扬波—物资公司—上桥公司）；二是股份转让中的诉讼条款（上桥公司—吴胜刚—晨光公司）。其中，诉讼条款已由吴胜刚向约定法院提出，受理法院已经就诉求作出裁决；本案涉及的即是，鲍扬波作为仲裁申请人，以上桥公司、物资公司、晨光公司作为三被申请人，提出仲裁后，仲裁庭作出裁决。鲍扬波在三被申请人不履行仲裁裁决后，即向相关人

① 参见［2002］渝高法执督字第72号请示。

② 参见［2002］民四他字第39号复函。

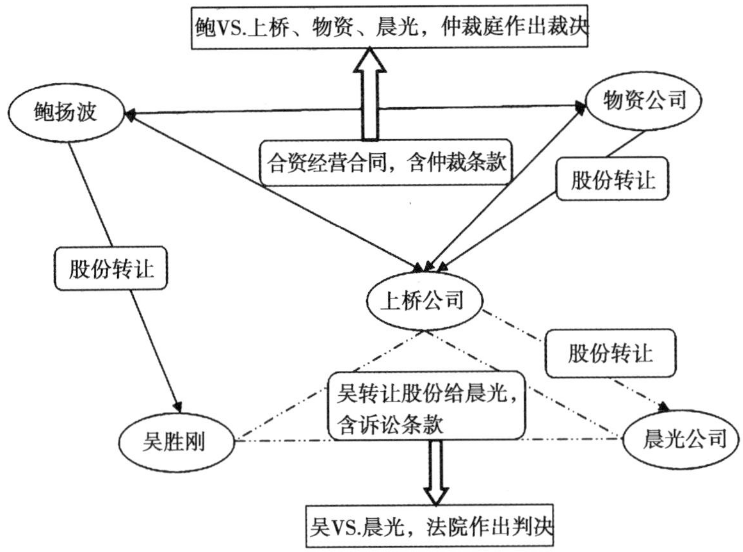

图 2-8　案件法律关系

民法院申请执行仲裁裁决，在执行过程中，作为仲裁被申请人之一的晨光公司以其与鲍扬波之间无仲裁协议为由，向执行法院提出不予执行申请，形成本案。

这里需要说明两个问题：其一，存在于鲍扬波、物资公司与上桥公司之间的仲裁条款是否及于晨光公司。从形式上看，晨光公司并未签署合资经营合同，也未与任何其他主体签署过任何仲裁协议。因此，如果认为在鲍扬波与晨光公司之间存在仲裁协议，就只能通过且必须证明上桥公司在将其股份转让给晨光公司时，该仲裁协议沿着它们之间的股份转让协议同时延伸至晨光公司。值得注意的是，重庆市高级人民法院曾经在司法审查过程中认为，晨光公司接受了相关股份，即应视为合营一方，从而进入合资经营合同的安排之中，接受包括仲裁条款在内的相关条款。此种解释的基本思路是，将合营合同视为是开放性契约，任何接受合同所指合营公司股份的主体即当然接受合同的约定，包括其中的仲裁条款。此种解释牵强之处在于，它混淆了合营合同与公司章程之间的概念，任何接受公司股份的主体同时也将接受公司章程的约束，但接受公司股份并不一定就接受此前主体所签订的合营合同。并且，此种解释也没有特别虑及仲裁条款不同于一般合同条款的特殊性。在海商领域中，租约中的仲裁条款经由当事人之间在提单中的约定，也并不当然及于提单受让人。因此，重庆市高院的复函意见值得商榷。

此后，尽管重庆市高院认为当事人之间因无仲裁协议而请示不予执行案涉仲裁裁决，但其理由更主要的是落脚到仲裁裁决事项不属于仲裁协议约定事项，即约定仲裁的事项为合营合同争议，裁决事项是股份转让争议。最高人民法院的复函意见则明确本案的焦点为，晨光公司非仲裁条款当事人，该公司与其他三方主体之间无仲裁协议。这就推翻了重庆市高院的司法审查思路与依据。

其二，本案究竟是属于无仲裁协议，还是超裁。在最高人民法院的复函中，明确提到案涉仲裁裁决“超出”仲裁范围，但遗憾的是，其复函中未援引法条依据，这就遗留下一个本案属于“无仲裁协议”还是“超裁”的依据悬念。从最高人民法院的复函看，它将案涉仲裁裁决在当事人之间“一分为二”：在“鲍扬波—物资公司与上桥公司”之间的仲裁裁决，可予执行；在“鲍扬波—晨光公司”之间的仲裁裁决，则不予执行。一般而言，只有“超裁”且超裁部分与其他裁决部分可分的情形下，才存在部分撤销或部分不予执行的问题。但本案的特殊性在于，此超裁并非彼超裁。“超裁”与否的原旨是以裁决事项是否在仲裁协议约定范围内为依据，而本案中的仲裁裁决则是超出了仲裁协议的主体、而非裁决事项。因此，依本书在上文所提标准判断，首先应找准判断立场，即本案是以晨光公司为主体提出的不予执行请求，立足晨光公司立场看，它与其他主体之间并无仲裁协议，也就更谈不上超裁与否的问题了。鉴于此，本书认为，人民法院应援引《民事诉讼法》第 274 条第 1 款第 1 项即当事人之间“无仲裁协议”为依据，对案涉仲裁裁决中涉及晨光公司的裁决部分不予执行。

此外，晨光公司的不予执行请求之所以得到最高人民法院的复函认可，还在于晨光公司在程序上采取及时有效的异议行为，对仲裁庭管辖权提出了异议。如果没有该有效异议，则即便人民法院认定晨光公司与鲍扬波之间没有仲裁协议，但晨光公司参与仲裁、未提异议的行为也将构成其异议放弃的证据，据此，案涉仲裁裁决的效力将为人民法院所支持。

(三) 撤销［2011］深仲裁字第601号裁决案

1. 案情简介

表 2-13　**案情简介**

序号	时间	案件事实
1	2007.02.01	友邦公司与成都优邦签订《商标使用许可合同》，含纠纷解决条款。同日，成都优邦与深圳长友签订《合同书》，约定双方同时获得友邦的商标使用许可权等事宜。 纠纷解决条款约定：由双方先行协商，协商不成时，双方一致同意将争议提交到深圳仲裁委员会并按该会仲裁规则处理
2	2007.02.07	王国建、祈祥、陈建军共同签署《担保书》，就本案合同为成都优邦向友邦公司提供担保
3	2007.07.00	深圳长友出具《收据》，显示其收到成都优邦交来的使用费
4	2008.10.28	深圳长友向成都优邦发出《关于解除〈合同书〉的通知》
5	2011.01.00	友邦公司向深圳仲裁委员会提出仲裁申请，仲裁委受理案件，并适用2008年1月1日施行的《深圳仲裁委员会仲裁规则》。仲裁委决定受理案件①
6	2011.03.04	深圳市市场监督管理局注册登记信息查询单显示，深圳长友的股东为香港友邦胶袋印制公司和深圳长龙华科技实业有限公司。友邦公司系香港注册公司，在大陆没有注册成立自己的经营或办事机构，注册商标使用许可合同的履行均是通过其在深圳设立的合资公司深圳长友公司进行
7	2011.03.22	四川省成都市国力公证处签署的证据保全公证书显示了两个网页上申请人的名称和商品图片，以及深圳长友宣传的友邦注册商标的公司介绍与商品图片
8	2011.04.11	仲裁过程中，王国建向仲裁庭提出管辖权异议申请书认为：其并不是商标使用许可合同的当事人，并不受该合同中的仲裁条款约束，担保书上并没有约定由仲裁委员会对争议进行管辖。 仲裁庭审查认为，担保书明确表明是为商标使用许可合同中的相关事宜进行担保，从合同关系看，担保书是从合同，依据主从合同关系，商标使用许可合同中的仲裁条款对担保书的签订方具有约束力。综上，仲裁庭依据《仲裁法》第20条之规定，作出管辖权异议决定书②
9	2011.09.08	仲裁庭作出案涉仲裁裁决③
10	2012.11.28	广东省高院向最高法请示
11	2013.03.20	最高法作出复函

---

① 参见深仲涉外受字［2011］第9号裁定。

② 同上。

③ 参见［2011］深仲裁字第601号裁决。

2. 双方诉答

撤裁申请人认为：担保书中没有仲裁条款，事后各方也无仲裁协议；主从合同关系中，主合同仲裁条款不及于从合同。

被申请人认为：申请人是主合同的实质主体，应受主合同仲裁条款约束。

3. 司法审查

深圳市中院审查后请示认为：依《仲裁法》第70条及2007年《民事诉讼法》第258条进行审查。对于仲裁庭对无约定仲裁条款的担保书进行审理并作出裁决，是否属于无权仲裁或超越仲裁协议范围的问题，法院认为，案件所涉的商标使用许可合同和担保书虽然有主从合同关系，但两个合同的签约主体不同，且担保书中并未约定该保证合同受主合同的仲裁条款的约束。仲裁是建立在当事人有真实有效的仲裁协议的基础之上的；且对于仲裁协议的形式，一般均要求是书面的形式。主从合同关系中，主合同有仲裁条款，从仲裁协议必须明确且采用书面形式的要求来看，无法推定担保人默示接受主合同中的仲裁条款，因此不能认定主合同的仲裁条款对担保合同有约束力。对仲裁裁决的超裁部分即担保事项的裁决应予以撤销。同时，对于仲裁裁决第6项关于仲裁费用由申请人和四位被申请人承担的内容，该共同承担费用的责任是不可分的，故该部分仲裁内容是不能分开的，由此导致本案仲裁裁决应予以全部撤销。

广东省高院审查后请示认为：担保书未约定仲裁条款，根据《仲裁法》第16条，仲裁条款必须以书面形式达成。在双方未达成仲裁协议的情况下，不能以任何方式推定双方接受仲裁条款的约束。本案两合同为主从合同，依据法律规定，从合同虽然在法律效力方面受到主合同的制约，但在纠纷解决方式方面，主从合同可分别约定。故主合同中的仲裁条款不能约束担保书。据此，仲裁庭对没有约定仲裁条款的担保书进行审理并作出裁决，缺乏法律依据，应撤销。祈祥与陈建军在仲裁委审理期间，无正当理由未到庭亦未答辩，对仲裁机构作出的仲裁裁决亦未提撤销申请，故应视为两人对仲裁机构管辖及裁决无异议。王国建对友邦公司的债务承担连带清偿责任与仲裁裁决其他内容是独立可分的，对该部分内容应予撤销；王国建不承担担保责任，相应也不承担仲裁费用。因王国建对友邦公司承担的是连带保证责任，故在裁决费用的分担上成都优邦、王国建、祈祥和陈建军对外并不区分份额，而是应对外全部承担之后再向其他连带责任人追偿。因此，王国建承担的仲裁费用亦可从与其他人共分担的仲裁费用中区分出来。综上，根据《仲裁法》第 58 条第 1 款第 1 项的规定，对可区分的上述内容，应予撤销。[①]

最高法审查后复函认为：案涉担保合同没有约定仲裁条款，仲裁庭关于主合同有仲裁条款，担保合同作为从合同应受主合同中仲裁条款约束的意见缺乏法律依据。仲裁庭对没有约定仲裁条款的担保合同进行审理并作出裁决，担保人王国建申请撤销仲裁裁决中涉及其作为担保人部分的裁项的理由成立。鉴于王国建与祈祥、陈建军系共同保证人，三者具有共同的法律地位，且关于该三人责任的裁决共同表述在裁决书第 4 项中，法院宜将该裁决作为一项不可分的裁决予以撤销。根据《仲裁法》第 70 条、《民事诉讼法》第 274 条第 1 款第 1 项的规定，案涉裁决书第 4 项以及第 6 项中关于王国建、祈祥与陈建军共同承担仲裁费用的内容予以撤销。[②]

4. 案例评析

本案涉及多方主体、多个合同，为直观展示各主体间的法律关系与争议解决，可图示如图 2-9：

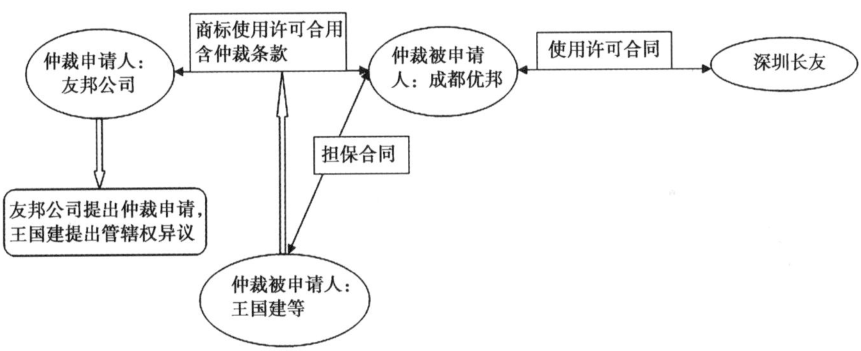

图 2-9　案件法律关系

由图 2-9 可知，本案争议主要是基于三方主体之间的两个合同而发生：一是友邦公司与成都优邦之间的商标使用许可合同；二是成都优邦与王国建、祈祥、陈建军之间的担保合同。友邦公司作为仲裁申请人依据商标使用许可合同中的仲裁条款向仲裁委申请仲裁，成都优邦、王国建、祈

① 参见［2012］粤高法仲复字第 2 号请示。

② 参见［2013］民四他字第 9 号复函。

祥和陈建军均被列为被申请人。四被申请人中只有王国建提出管辖异议，认为他们与友邦公司之间没有签订合同，也没有签订任何仲裁协议，友邦公司不能根据商标使用许可合同中的仲裁条款将他列为仲裁当事人。可见，此处的关键问题是，主合同中的仲裁条款是否当然及于从合同，从而拘束从合同当事人。除此之外，本案还涉及如下一些值得思考和关注的问题。以下具述之：

第一，主合同中的纠纷解决条款是否当然及于从合同。主从合同之间在实体权利义务上具有关联性，并且在法效上，主合同无效，从合同也无效。但此类关联性主要是实体法意义上的，在法律选择与纠纷解决方式上，则并不当然具有追及效力。仲裁庭以实体法意义上的主从合同法效为依据，认为主合同中仲裁条款也及于从合同当事人，此种观点不为司法机关所接受。事实上，在《仲裁法司法解释》第 11 条中对此有明确规定，即合同约定争议适用其他合同、文件中的有效仲裁条款的，发生合同争议时，当事人应当按照该仲裁条款提请仲裁。在本案中，担保合同并未约定争议适用作为主合同的商标使用许可合同中的仲裁条款，因此，不能认为从合同也受主合同中的仲裁条款的约束。

第二，异议放弃是否适用于没有仲裁协议的从合同当事人。与第一个问题相关的是，在从合同没有约定仲裁条款，也没有约定适用主合同仲裁条款的情形下，异议放弃规则是否可将从合同当事人纳入主合同仲裁条款的约束之中。本案中，王国建、祈祥和陈建军三人作为从合同当事人，在友邦公司提起仲裁的情形下，只有王国建提出了管辖异议，祈祥和陈建军则既未提出管辖异议，也未参与仲裁程序，此种情形是否构成异议放弃。对此，广东省高院复核认为，祈祥与陈建军在仲裁委审理期间，无正当理由未到庭亦未答辩，对仲裁机构作出的仲裁裁决亦未提撤销申请，故应视为两人对仲裁机构管辖及裁决无异议。最高人民法院对该问题未予直接批复，但从其最终的复函意见看，该院并不认为祈祥与陈建军因为异议放弃而接受了主合同中仲裁条款的约束。事实上，异议放弃规则的适用具有两方面的条件：一是消极的不为，即对仲裁庭的管辖不提异议；二是积极的作为，即在不提异议的情形下，参与仲裁，提交答辩，进行仲裁庭的调查、辩论等。在当事人只有纯粹的消极不为情形时，是不能根据异议放弃规则认定没有仲裁协议的当事人接受了其他仲裁协议的约束的。

第三，本案究竟应适用《仲裁法》第 58 条，还是适用《民事诉讼法》第274条。在本案的司法审查过程中，也出现了不同司法机关援引司法审查的依据不一和冲突的情形。

深圳市中院、广东省院和最高法援引的依据分别是《民事诉讼法》第258条、《仲裁法》第58条的规定和《民事诉讼法》第274条。三条依据之间有冲突之处是，究竟应援引《仲裁法》第58条，还是援引《民事诉讼法》的第258条或第274条。应当指出的是，前者规范的是国内仲裁裁决的撤销，后者规范的是涉外仲裁裁决的撤销。因此，何者正确，决定于案涉仲裁裁决是否含有以及如何判断涉外性。我国立法和司法实践对仲裁和仲裁裁决的涉外性的认定有过一段迷茫期，曾经按照过仲裁机构的性质进行判断，类似“身份立法”，即凡是涉外仲裁机构作出的仲裁裁决就是涉外仲裁裁决。其后，因仲裁机构受理案件不再受制于国内与涉外案件的区分之约束，在实践中也逐渐开始偏离立法上的规定，实质性地趋向于按照案件是否具有涉外因素进行判断。为消除立法与实践之间、不同司法机关的实践之间的分歧和冲突，最高人民法院在2018年生效实施的最高人民法院《关于审理仲裁司法审查案件若干问题的规定》对涉外仲裁协议和涉外仲裁裁决作出了明确规定，该解释第12条规定，仲裁协议或者仲裁裁决具有《最高人民法院关于适用〈中华人民共和国涉外民事关系法律适用法〉若干问题的解释（一）》第1条规定的情形的，[①] 为涉外仲裁协议或者涉外仲裁裁决。本案中，作为仲裁申请人的友邦公司系香港注册公司，根据上引法条之规定，本案属于主体涉外的情形，因此案涉仲裁裁决即为涉外仲裁裁决。据此，本案仲裁裁决的撤销应根据《民事诉讼法》第258条或第274条，而非《仲裁法》第58条的规定进行司法审查。

进一步的问题是，究竟应援引《民事诉讼法》第258条还是第274条的规定。该问题在性质上属于《民事诉讼法》因立法修订而发生的时际冲突及其解决的问题。本案的法律事实发生在《民事诉讼法》第258条生效实施期间，但最高人民法院在进行司法审查时生效实施的是第274

① 该条规定：民事关系具有下列情形之一的，人民法院可以认定为涉外民事关系：（一）当事人一方或双方是外国公民、外国法人或者其他组织、无国籍人；（二）当事人一方或双方的经常居所地在中华人民共和国领域外；（三）标的物在中华人民共和国领域外；（四）产生、变更或者消灭民事关系的法律事实发生在中华人民共和国领域外；（五）可以认定为涉外民事关系的其他情形。

条，需要解决的问题因此是，新规则有无溯及力。从内容上看，该两条规则规定的内容是一致的，只是因为修订后的法条增加，导致法条数目发生变化。原则上，解决此类法则冲突的时际规则是，实体法从旧，程序法从新。事实上，修订后的《民事诉讼法》也是这样安排新旧规则的适用的。本案中，最高人民法院援引新法条进行司法审查，既合法理，也合立法，因为《民事诉讼法》作为程序法，可从新适用。

第四，如何区分《民事诉讼法》第 274 条第 1 款第 1 项和第 4 项之间的适用。上文已经通过系列案例重点论述了两者之间的适用竞合、冲突及其解决。本案也再次揭示了该问题的存在，深圳市中院将案涉争议焦点提炼为“超裁或无权仲裁”，广东省高院和最高人民法院则是从“没有仲裁协议”的角度进行审查。根据上文所归纳的判断方法和标准，即以案涉当事人的立场为出发点，如果裁决事项完全没有当事人之间的仲裁协议的支持，则应属于第 1 项“没有仲裁协议”的情形；如果裁决事项部分地得到当事人之间仲裁协议的支持，则属于“超裁”。本案撤裁申请人是从合同当事人之一即王国建，他与仲裁申请人即友邦公司之间完全缺乏仲裁协议，因此，本案仲裁裁决的撤裁依据应为《民事诉讼法》第 274 条第 1 款第 1 项“没有仲裁协议”的规定。本案中，广东省高院和最高人民法院援引的法条依据无疑是正确的。

需要指出的是，“没有仲裁协议”并不当然导向仲裁裁决被全部撤销，因为在存在多方仲裁当事人的情况下，部分当事人不是仲裁协议当事人的，只是在该部分当事人之间产生“没有仲裁协议”而应予“撤销”仲裁裁决的情形。对于其他当事人之间，则该仲裁裁决是存在仲裁协议的，最多也就属于“超裁或无权仲裁”的情形。

第五，如何判断仲裁裁决相关内容的可分性。本案中还值得关注的一个问题是，如何认定仲裁裁决内容的可分性，从而在撤销过程中仅部分地“精准”而非“连带”撤销仲裁裁决。最高人民法院的相关司法解释只是提出了区分撤销的概念，但并未明确是否可分性的标准，本案提供了一个极佳的具体观察素材。

本案涉及裁决内容的两个裁项需要判断是否具有可分性。一个裁项是，仲裁费用的负担问题，另一个裁项是撤裁申请人王国建的连带清偿责任问题。深圳市中院的立场是，王国建连带清偿责任问题属担保事项，相关裁决内容属于超裁，具有可分性；但仲裁费用是共同负担，该责任不可分，因此应据此全部撤销仲裁裁决。广东省高院的立场是，王国建连带清偿责任是可分的，仲裁费用虽然是四个仲裁被申请人承担连带责任，对外不区分份额，但在彼此之间可以追偿，因此该裁项也是可分的。最高人民法院的立场则认为，王国建与祈祥、陈建军的法律地位等同，他们之间的连带清偿责任不可分；基于类似但未明确的理由，仲裁费用的负担被最高法认为也是不可分的，据此，最高人民法院撤销了两裁项的内容。

值得关注的是，在判断裁项是否可分的问题上，最高人民法院似采取了延伸分析的方法，即不只是在全部裁决内容的意义上判断可分性的问题，而且还在特定裁项内容上判断可分性的问题。就本案仲裁裁决而言，它既涉及王国建与友邦公司之间的裁项，也涉及祈祥、陈建军与友邦公司之间的裁项，还涉及成都优邦与友邦公司之间的裁项。就王国建、祈祥与陈建军三方与友邦公司之间的裁项相对于成都优邦与友邦公司之间的裁项而言，是具有可分性的，具体到本案而言，也就是裁决的第（四）、（六）项与其他项之间的可分关系。但就王国建、祈祥与陈建军三人之间在仲裁费用和清偿责任的负担上，依最高人民法院的态度，相关裁项是不可分的。这样的延伸分析方法，有效地限定了仲裁裁决撤销的否定面，体现了司法友好仲裁、支持仲裁的态度。

二　仲裁协议主体认定

（一）撤销［2012］海仲京裁字第 001 号裁决案

1. 案情简介

表 2-14　　案情简介

序号	时间	案件事实
1		金源公司与北方化工签订焦炭买卖合同。金源委托卓域办理托运事宜。卓域以自己名义与万邦签订国际运输代理合同，并约定有仲裁条款。 仲裁条款约定：本协议项下产生的或与本协议有关的任何争议均应提交中国海事仲裁委员会按照申请仲裁时该会现行有效的仲裁规则在北京进行仲裁
2	2008. 08. 13	讼争货物从天津港出运，在目的港利卡西港发生了部分货物灭失
3	2010. 07. 29	金源与卓域依照代理合同中的仲裁条款向中国海事仲裁委申请仲裁
4	2010. 09. 14	万邦向仲裁委提出管辖权异议，主张万邦与金源之间不存在合法有效的仲裁协议，仲裁机构对双方之间的争议没有管辖权

续表

序号	时间	案件事实
5	2010. 11. 22	海事仲裁委作出管辖权决定，认为根据我国《合同法》第403条，仲裁委对金源公司具有管辖权，仲裁程序在金源公司、卓域公司和万邦公司之间继续进行
6		万邦坚持仲裁机构对万邦与金源之间争议没有管辖权的前提下进行答辩，并提出反请求
7	2012. 01. 11	海事仲裁委作出案涉仲裁裁决①
8	2012. 07. 10	万邦向天津海事法院申请撤裁
9	2012. 12. 17	天津市高院向最高法请示
10	2013. 01. 22	最高法作出复函

2. 双方诉答

撤裁申请人万邦公司认为，双方当事人之间并无仲裁协议。

被申请人则认为：金源与卓域是委托代理合同关系，卓域受金源委托与万邦签订了运输代理合同，代理合同中有仲裁条款，并明确约定本协议项下产生的或与本协议有关的任何争议均提交海事仲裁委进行仲裁。金源公司根据《合同法》第403条之规定行使介入权，可依据代理合同中仲裁条款对万邦提起仲裁。

3. 司法审查

天津海事法院审查后请示认为：根据《仲裁法》第4条，本案约定仲裁条款的主体是万邦与卓域，在合同签订时，万邦并不知道卓域与金源公司之间存在代理关系，金源并未参与仲裁条款的签订，也与万邦无其他形式的仲裁协议。卓域签订仲裁协议后，向万邦披露了其有委托人，主张其委托人与万邦之间也可依据仲裁协议进行仲裁，这种主张使万邦面临了在其签订仲裁协议时不能明确仲裁主体的局面，违背了仲裁的自愿原则。应认定万邦与金源之间没有仲裁协议，撤裁理由成立。

天津市高院审查后请示认为：拟同意天津海事法院撤裁意见。代理合同中的仲裁条款仅约束万邦与卓域。金源根据《合同法》第403条介入代理合同，仅能说明金源单方面同意接受仲裁条款，其后，万邦向仲裁机构提出管辖权异议的行为，系其就拒绝通过仲裁方式解决与金源公司之间

① 参见［2012］海仲京裁字第001号仲裁裁决书。

争议所作出的明确意思表示。据此天津市高院认为万邦与金源之间未就采用仲裁方式解决争议达成合意。①

最高法审查后复函认为：万邦与卓域之间签署的仲裁条款是双方之间的争议解决条款，卓域据此提起仲裁并无不当。万邦向卓域提出的反请求，亦受双方之间签订的仲裁条款的约束。金源与万邦之间并无仲裁条款，仲裁庭根据《合同法》第 403 条确定对金源有管辖权，缺乏充分的事实依据和法律依据。仲裁裁决违反《仲裁法》第 4 条的规定，同意撤裁。②

4. 案例评析

本案包括四方主体，但主要涉及隐名代理关系中的三人，即作为本人的金源公司，作为受托人的卓域公司，以及作为第三人的万邦公司。它们之间的法律关系结构如图 2-10 所示。

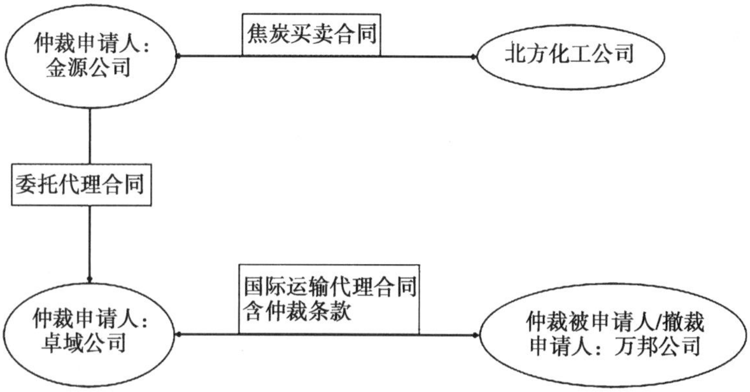

图 2-10　案件法律关系

由图 2-10 可知，卓域公司与万邦公司之间签署有仲裁条款，在金源公司采取隐名代理的情况下，金源公司能否根据受托人与第三人签署的仲裁条款提起仲裁，这是本案的核心问题。从当事人之间的诉答，以及三级法院的司法审查立场看，值得探讨的问题有二：

第一，隐名代理中，本人能否根据实体法上的介入权成为仲裁条款的当事人。海事仲裁委员会根据《合同法》第 403 条的规定，认定金源公

① 参见［2012］津高民四他字第 6 号请示。

② 参见［2013］民四他字第 5 号复函。

司通过介入权的行使成为仲裁条款当事人。三级人民法院均对此持否定态度。我国立法一贯地对合同中的纠纷解决条款采取的是区别于合同中其他实体性条款的态度，合同法在隐名代理中设定的披露、选择权与介入权，都是在实体法意义上构造的。根据上述法条第1款的规定，第三人不知道受托人与委托人之间的代理关系的，受托人因第三人的原因对委托人不履行义务的，受托人应当向委托人披露第三人。此时，委托人可据此行使受托人对第三人的权利。在立法对纠纷解决条款采取区分预设的情形下，如无明确规定，这里所指的权利行使，应仅限于实体法上的权利行使，不应包括仲裁条款在内。因此，比较而言，人民法院的司法立场比仲裁机构的立场更具法理妥当性。

第二，人民法院在进行司法审查时，只能仅限于根据《民事诉讼法》第274条规定的依据进行审查，还是可以援引其他法条依据进行审查。上文业已提及，我国采取的是撤裁依据法定原则。人民法院只能根据《民事诉讼法》第274条第1、2款规定的五种情形进行撤裁审查，即便仲裁裁决存在违背我国立法规定的其他情形的，也必须转化为或落脚到上述五种撤裁依据中，否则不能撤裁。值得关注的是，天津海事法院和最高人民法院均根据《仲裁法》第4条的规定进行审查，并据此作出撤裁裁定。查该条之规定，该条事实上规定的是仲裁协议的自愿原则，及仲裁协议不存在的法效。因此，合法的做法是，应将该条依据转化为《民事诉讼法》第274条第1款第1项的规定，即“没有仲裁协议”，人民法院应据后者，而非前者进行审查，并裁定是否撤销仲裁裁决。否则，将会摧毁撤裁依据法定原则，从而为司法审查滥用撤裁权大开方便之门。

（二）撤销［2006］中国贸仲京裁字第0348号裁决案

1. 案情简介

表2-15 **案情简介**

序号	时间	案件事实
1	1992. 12. 31	鸿兴公司与意大利工程有限公司签订合同和章程，合资成立通利公司。吴亚伦是香港意大利工程有限公司法定代表人
2	1993. 02. 08	通利公司在宜昌市工商局登记注册，领取企业法人营业执照，吴亚伦为董事长
3	2002. 03. 08	通利公司填报2001年度联合年检报告，投资栏名称为吴亚伦
4		合营公司经营期间，港方向合营公司共注入资金928万，双方无异议

续表

序号	时间	案件事实
5	2004. 05. 14	香港《宪报》刊登公告，根据公司条例，意大利工程有限公司的名称于3月内期满时从登记处剔除，公司解散，除非有相反因由提出
6	2004. 09. 24	香港《宪报》刊登公告，根据公司条例，意大利工程有限公司的名称从登记处剔除，公司解散
7	2004. 09. 25	鸿兴公司与吴亚伦签署终止合营协议书，乙方为香港意大利工程有限公司，授权代表为吴亚伦
8	2004. 09. 28	鸿兴公司与吴翠薇签署终止合营协议书，乙方为香港意大利工程有限公司，授权代表为吴翠薇。内容与9月25日协议书基本相同
9	2004. 12. 29	吴亚伦在香港注册成立“香港意大利工程有限公司”，吴承认该公司与意大利工程有限公司没有关系
10	2005. 02. 04	经吴翠薇申请，香港高等法院命令，将意大利工程有限公司名称恢复到公司注册处的登记册。经《宪报》通知，恢复意大利工程有限公司的名称，并更名为意达利安工程有限公司
11	2005. 12. 12	吴亚伦申请仲裁，请求确认其与鸿兴公司在2004年9月25日签署的终止合营协议书合法有效，并裁决鸿兴公司承担相关义务和责任
12	2006. 04. 06	仲裁庭两次开庭审理，在仲裁庭制作且当事人签字的“庭审要点”中，鸿兴公司均表示同意仲裁
13	2006. 09. 07	仲裁委员会作出案涉仲裁裁决①
14	2006. 10. 08	北京市第二中级人民法院立案受理撤裁申请
15	2008. 05. 04	北京市高院向最高法请示
16	2008. 07. 25	最高法作出复函

2. 双方诉答

撤裁申请人鸿兴公司认为：鸿兴公司与吴亚伦之间没有签订仲裁协议，吴亚伦无权以个人名义提起仲裁。

被申请人则认为，当事人之间存在仲裁协议。

3. 司法审查

北京市二中院受理后请示认为：仲裁的基础是当事人之间存在仲裁协议，包括合同中的仲裁条款和以其他方式在纠纷发生前后达成的将纠纷交由仲裁委员会仲裁的协议。本案中，合营合同、终止合营协议书港方签字人虽然是吴亚伦，但他代表的是意大利工程有限公司，并非其个人。若吴

① 参见［2006］中国贸仲京裁字第0348号裁决书。

亚伦能够承继意大利工程有限公司在合营合同、终止合营协议书中的权利义务，应经过相应的法律程序予以确定。仲裁裁决对此没有明确判定，在回避问题的基础上，即主观地裁决。裁决在程序上具有明显错误，且可能导致实体错误。根据《民事诉讼法》第260条第1款第1项，拟裁撤。

北京市高级人民法院复核后请示认为：案件撤裁审理中，二中院曾联系仲裁委员会能否重新仲裁，仲裁委以首席仲裁员不同意为由拒绝重新仲裁。本院认为，仲裁委审理的是意大利工程有限公司与鸿兴公司之间关于解除合营公司而产生的合同争议，属于涉外合同纠纷，所作出的裁决属于涉外仲裁裁决，对该裁决的审查应当依据《民事诉讼法》第260条的规定进行审查。根据本案事实，在吴亚伦无法提交其为意大利工程有限公司合法授权代表的前提下，不能证实鸿兴公司与吴亚伦之间存有仲裁协议，本案以重新仲裁为宜，但二中院经与仲裁委联系其拒绝重新仲裁。根据《民事诉讼法》第260条第1款第1项，拟撤裁。①

最高法复核后复函认为：吴亚伦代表意大利工程有限公司与鸿兴公司签署了终止合营协议，但吴亚伦个人与鸿兴公司之间没有订立仲裁协议；吴亚伦也不能证明其有合同当事人意大利工程有限公司申请仲裁的授权。鸿兴公司与吴亚伦没有订立仲裁协议，不能向其交付财产。应根据《民事诉讼法》第258条第1款第1项撤裁。②

4. 案例评析

本案案情复杂之处在于，吴亚伦先后代表两个名称相近似、但法律地位独立且无关联的公司，一个是意大利工程有限公司，另一个是香港意大利工程有限公司。在吴亚伦作为意大利工程有限公司授权代表的情形下，其先后与鸿兴公司签署了合营协议和终止合营协议。其中，终止合营协议含仲裁条款。案涉争议即是吴亚伦个人能否根据该仲裁条款向仲裁机构提起仲裁，以及在仲裁庭作出裁决后，撤裁申请人能否据此申请撤裁。为简化案情，可将本案主体及其彼此法律关系结构如图2-11所示。

本案的法律关系虽然复杂，但所涉问题却比较简单，即吴亚伦能否未经证明其作为意大利工程公司授权代表的情形下，根据终止合营协议中的仲裁条款以鸿兴公司为被申请人，提出仲裁。无疑，意大利工程公司与鸿

① 参见京高法［2008］146号请示。

② 参见［2008］民四他字第25号复函。

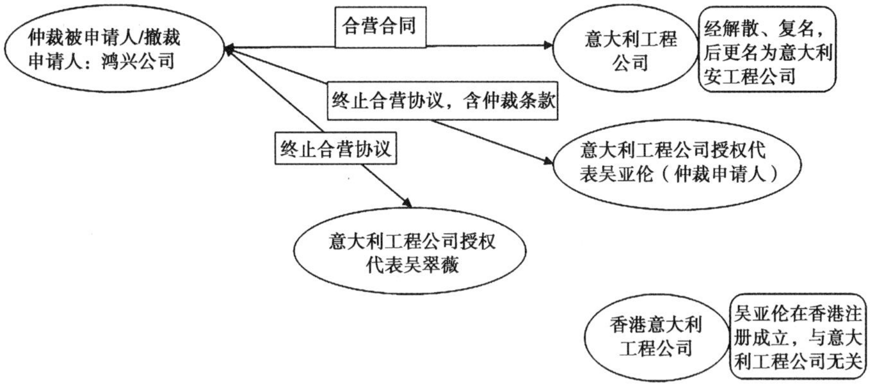

图 2-11　案件法律关系

兴公司之间存在合营协议和终止合营协议，以及终止协议中的仲裁条款，因此，如果吴亚伦能够证明其经意大利工程公司授权提起仲裁，则不会发生任何问题。但吴亚伦在未经证明其获得意大利工程公司合法授权进行仲裁的背景下，其提起仲裁的行为就属于个人行为，从而不能根据终止合营协议中的仲裁条款提起仲裁申请。

但本案值得关注的另一个方面是，在仲裁过程中，鸿兴公司两次参与仲裁庭审，且均明确表示同意仲裁，因此本案存在一个是否适用异议放弃规则的问题。应注意区分的是，异议放弃规则确实可以“无中生有”地在当事人之间拟制仲裁协议的有效存在，但即便如此，本案中鸿兴公司的同意行为也只是在鸿兴公司与吴亚伦个人之间产生仲裁协议存在且有效的效果，仲裁裁决也只能就二者之间的事项作出权利义务分配。换言之，仲裁庭即便根据鸿兴公司的同意获得了管辖它与吴亚伦个人之间事务的仲裁权，但不能据此仲裁协议去裁决鸿兴公司与第三人即意大利工程公司之间的终止合营协议纠纷。可见，本案存在两个不同的问题：第一个问题是，鸿兴公司与吴亚伦个人之间有无仲裁协议；第二个问题是，仲裁庭能否根据他们之间的协议去裁决鸿兴公司与第三人即意大利工程公司之间的纠纷。第一个问题通过异议放弃或事后同意的方式可以认定鸿兴公司与吴亚伦个人之间存在仲裁协议；第二个问题则是不当或违法的。

本案剩下的最后问题是，人民法院在撤销仲裁裁决时，究竟应以“没有仲裁协议”还是“超裁或无权仲裁”作为撤裁依据。最高人民法院的复函意见是以前者为据。本书认为，鉴于鸿兴公司已经参与庭审且明确表示同意仲裁，因此不能说当事人之间没有仲裁协议，事实上当事人之间存在有效仲裁协议，从而应将该仲裁裁决定性为“超裁或无权仲裁”[①]，相应地其撤裁依据也应作出调整。

（三）撤销［2006］中国贸仲京裁字第0012号裁决案

1. 案情简介

该案中仲裁裁决列名错误，导致当事人申请撤裁。该案案情较为简单，核心问题是，中国电子进出口公司北京公司、以色列某公司与北京神州特信科技有限责任公司签订三方合同及仲裁条款，在案涉仲裁裁决中列名的则是“神州特信发展公司”[②]，二者之间存在名称上的差异。

2. 双方诉答

撤裁申请人认为：“神州特信发展公司”系并不存在的公司，仲裁庭无权依据根本不存在的公司签订的所谓仲裁条款受理本案。仲裁申请人申请仲裁的依据是设备购买合同，该合同的主体之一是“北京神州特信科技有限责任公司”，而非仲裁庭确认的“神州特信发展公司”。事实上，中电北京公司从未与神州特信发展公司签订过任何法律文书。因此，仲裁庭受理本案存在重大法律问题，如该仲裁裁决得以生效或执行，将直接导致由根本不存在的神州特信发展公司承担责任，其后果是将应由神州特信科技公司承担的法律责任转由中电北京公司承担。

被申请人认为：关于神州特信发展公司是否存在的问题，以色列公司提供给仲裁庭的合同为英文版，此合同中三方当事人名称分别为中电北京公司，以色列公司和 BeiJing Sino Telcocation CO.，Ltd.。2002年2月27日签发给以色列公司的订单中显示，发件人 Beijing Sino Telcocation CO.，Ltd.，并署有中文名称北京神州特信科技发展有限公司。中电北京公司向仲裁庭提交的与以色列公司往来文件中所使用的 Beijing Sino Telcocation CO.，Ltd.，翻译公司也都译为北京神州特信科技发展有限公司。更能说明问题的是，仲裁时，两被申请人向仲裁庭提交的仲裁答辩书落款为中电北京公司和神州特信发展公司。整个仲裁庭审过程中，两被申请人从未就

① 值得关注的是，最高人民法院《关于人民法院办理仲裁裁决执行案件若干问题的规定》第13条规定了“超裁或无权仲裁”的四种情形，本案均不属于所列类型。本案是仲裁庭根据当事人之间的仲裁协议（异议放弃或事后同意）对非属当事人之间的争议进行仲裁的情形。

② 参见贸仲［2006］中国贸仲京裁字第0012号仲裁裁决书。

神州特信发展公司作为仲裁一方当事人提出过异议，据此可见，合同签订三方之一为神州特信发展公司是明确，清晰的，不存在任何瑕疵。

3. 司法审查

北京市第二中级人民法院审查后请示认为：经查，北京市工商局企业登记数据库中，没有北京神州特信科技发展有限公司的登记记录。以色列公司提交的仲裁申请书中将“神州特信发展公司”列为被申请人，神州特信科技公司也以“神州特信发展公司”名称答辩，各方当事人在仲裁程序中对“神州特信发展公司”均没有提出异议。但神州特信科技公司向仲裁委提交的企业法人营业执照的名称及法定代表人身份证明，授权委托书上加盖公章的名称均为“神州特信科技公司”，仲裁庭没有认真审核该主体名称，造成失误。根据客观事实，可确认“神州特信发展公司”就是“神州特信科技公司”，但对仲裁裁决出现的名称错误应予纠正。本案审理中，仲裁委向二中院具函表示，同意以重新仲裁的方式纠正当事人名称错误问题。鉴于此，可由仲裁庭重新仲裁。根据《仲裁法》第 61 条的规定，拟裁定终止撤裁程序，通知仲裁委重新仲裁。

北京市高级人民法院审查后请示认为：根据客观事实，“神州特信发展公司”即是“神州特信科技公司”，申请人的撤销理由不属于《民事诉讼法》第 260 条规定的情形，但应对仲裁裁决出现的名称错误予以纠正。本案适用的 2000 年贸仲仲裁规则第 61 条规定，任何一方均可在收到仲裁裁决书之日起 30 日内就裁决中的书写，打印，计算上的错误或其他类似性质的错误，书面申请仲裁庭作出更正；如确有错误的，仲裁庭应在收到书面申请之日起 30 日内作出书面更正，仲裁庭也可以在发出裁决书之日起 30 天内自行以书面形式作出更正。该书面更正构成裁决书的一部分。本案裁决已经超过上述时间限制，无法作出书面更正。另外，仲裁委同意以重新仲裁的方式纠正当事人名称错误问题。据此，拟同意通知重裁，裁定中止撤裁程序。

最高人民法院审查后复函认为：本案所涉仲裁裁决将作为被申请人之一的“北京神州特信科技有限责任公司”的名称错误地列为“北京神州特信科技发展有限公司”，在仲裁裁决存在上述错误已经无法根据本案仲裁所适用的仲裁规则的规定进行更正的情况下，仲裁机构愿意通过重新仲裁的方式解决上述问题，应当认为属于仲裁法第 61 条的规定情形，通知仲裁庭在一定期限内重新仲裁，并裁定终止撤销程序。

4. 案例评析

由上可见，本案的主要问题是形式上的瑕疵，即仲裁裁决所列义务主体与仲裁条款主体名称存在一定的出入。该问题本可通过仲裁裁决的“补正”程序解决，但因超过补正期限，导致该仲裁裁决的形式瑕疵成为仲裁规则框架下无法纠正的错误。人民法院在司法审查中通过“重新仲裁”机制解决该问题，具有一定的开创意义。重新仲裁作为一种仲裁补救机制，在《仲裁法》中虽作了明确规定，但对于何种情形属于可重新仲裁的案件，却并不明确。《仲裁法司法解释》在第 21 条针对国内仲裁裁决的撤裁审查，规定了可通知仲裁庭重新仲裁的两种情形：一是仲裁裁决所根据的证据是伪造的；二是对方当事人隐瞒了足以影响公正裁决的证据的。本案并不是该条规范情形：其一，本案属于涉外仲裁裁决的司法审查；其二，本案也不属于上述两种情形之一；其三，从上述重新仲裁的两种情形看，明显地具有实体错误特征，而本案则是属于形式上的瑕疵，当然必须承认此种形式瑕疵也的确会造成实体上的问题。鉴于涉外仲裁裁决司法审查情形下，重新仲裁的条件并无明确规定，在仅有国内仲裁裁决存在重新仲裁规定的情形下，本案无疑具有重要的参考价值。

（四）撤销［2003］沪贸仲裁字第 198 号裁决案

1. 案情简介

表 2-16　　案情简介

序号	时间	案件事实
1	1999. 05. 12	北美冶金国际有限公司（北美国际）、浙江佳元和浙江久立三方签订《湖州久立内曼格特钢有限公司合资经营合同》，含仲裁条款。仲裁条款约定：因执行合同所发生的一切争议，应提交“中国国际贸易仲裁委员会”进行仲裁
2	1999. 06. 08	北美冶金集团有限公司（北美集团）、浙江佳元和浙江久立签订《浙江久立内曼格特钢有限公司合资经营合同》，含仲裁条款，与5月合同一致
3	2000. 04. 10	浙江久立以两申请人未按合同和法律规定缴清出资，单方面向湖州经济技术开发区管理委员会申请解散合资公司
5	2000. 04. 29	管委会发出解散通知
6	2000. 05. 09	浙江佳元就此申请行政复议
7	2000. 05. 25	浙江省法制办正式通知受理申请
8	2002. 01. 18	浙江佳元和北美集团以 6 月合同为据，向贸仲上海分会申请仲裁

续表

序号	时间	案件事实
9	2002.02.07	上海分会秘书处向浙江久立发出仲裁通知书，载明的申请人为浙江佳元和北美集团
10	2002.03.20	浙江久立向上海分会提出管辖异议，认为本案并非合资合同争议，而是基于政府解散合资公司并组织特别清算的行政行为所提起的索赔，属于行政赔偿争议，不属于仲裁管辖范围
11	2002.07.03	贸仲作出管辖权决定，即［2002］贸仲字第3301号，认为仲裁申请书被申请人并非作出合资公司解散及组织清算的行政机关，申请人也并非就某项具体行政行为的合法性或合理性提起仲裁，故被申请人所称本案争议行政争议，属于不可仲裁的范围的观点不能成立，驳回管辖权异议
12	2002.07.28	浙江久立向仲裁庭提出书面答辩意见称，北美集团不是适格的被申请人，合资企业的外方出资人是北美国际
13	2002.08.23	浙江佳元和北美集团于仲裁庭第一次开庭后，向上海分会提交《关于变更申请人“北美冶金集团有限公司”为“北美冶金国际有限公司”的申请书》，请求将北美集团更名为北美国际，认为虽然合资经营合同与合资企业批准证书上所在的外方投资者名称不一致，但批准证书上的北美国际实际就是合资合同中的北美集团。北美集团是北美国际办理注册手续前暂时使用的名称，但北美国际成立后是以北美国际的名义正式签订合资合同，批准证书上的北美国际就是合资合同上的北美集团。仲裁申请书上的北美集团只是申请人的笔误
14	2003.12.08	上海分会作出仲裁裁决①
15	2006.12.11	上海市高院向最高法请示
16	2007.03.22	最高法作出复函

2. 双方诉答

撤裁申请人浙江久立认为：仲裁针对的合资经营合同是北美集团签订的，不是北美国际，北美国际不是当事人，后者也未提出仲裁申请。仲裁裁决依据北美集团签订的协议对北美国际作出裁决，违背仲裁基本原则和基本原理。北美国际已经在2003年7月1日全部转让给AOD公司，并于2003年7月21日解散，但2003年1月8日的仲裁裁决仍然将北美国际列为被申请人。2000年4月21日，湖州经济技术开发区管委会作出解散湖州久立的通知，同年5月浙江佳元就此提出行政复议申请，浙江省法制办受理后迄今无处理结论。因此本案属于行政争议，不属于仲裁受理范围。仲裁协议约定的中国国际贸易仲裁委客观上并不存在，上海分会无权

① 参见［2003］沪贸仲裁字第198号裁决书。

受理。

被申请人认为：申请人提起仲裁申请时就是北美国际而非北美集团，仲裁申请书中的北美集团是笔误。各方当事人确认涉案合资项目和外方出资人均是唯一的，6月合资合同是最后文本，能够体现各方真实意思。记载的外方出资虽然是北美集团，但相关权利义务的实际约束对象是北美国际，所以最终报批文本也只能是6月的合资合同。

3. 司法审查

上海市二中院受理案件后经审查，请示认为：依据仲裁协议明示原则，北美国际并非6月合同的缔约主体，在没有证据证明北美集团与北美国际为同一主体的前提下，6月合同中的仲裁条款对北美国际不具有约束力。仲裁机构基于6月合同的仲裁条款对北美国际与合资中方之间的权利义务作出处理，程序不当。依据《民事诉讼法》第260条第1款第1项，拟裁撤。

上海市高院复核后有两种意见，少数意见认为：本案合资企业实质上的外方投资主体是北美国际，且浙江久立对北美集团在仲裁程序变更为北美国际并没有表示异议，浙江久立自始至终参与了整个仲裁程序，应视为其以行为对北美国际仲裁申请人的主体资格予以认可。现浙江久立以主体不适格为由申请仲裁，有悖于其先前在仲裁程序中的确认，应驳回。多数意见同意上海市二中院的观点。[①]

最高法复核后复函认为：本案争议涉及两份合资合同，两份合同约定有仲裁条款，尽管合同约定的仲裁机构名称为中国国际贸易仲裁委，少了“经济”两个字，但中国只有一家国际经济贸易仲裁委员会，也没有其他的仲裁委名称与当事人表述更近似的，依据《仲裁法司法解释》第3条，可认定当事人选择的仲裁机构就是贸仲，故贸仲上海分会对两份合同均有管辖权。6月合同中的仲裁条款是仲裁委受理案件的根据，北美国际并非6月合同的缔约主体，上海分会据此行使管辖权具有一定的瑕疵。但从案件相关事实看，本案当事人北美国际、浙江佳元和浙江久立签订的5月合同中同样存在有效的仲裁条款，因此就本案纠纷而言，仲裁庭实际享有管辖权。另外，本案申请人提交仲裁申请的时间为2002年1月18日，仲裁庭审理过程中，北美国际于2003年7月解散，而仲裁庭于2003年12月

① 参见［2006］沪高民四（商）他字第2号。

作出的仲裁裁决仍将北美国际列为仲裁当事人。如果北美国际解散意味着法人主体资格的消灭，则北美国际不能作为仲裁当事人，应变更其权利义务关系继受人AOD公司为仲裁当事人。综上，本案仲裁裁决虽然存在一定问题，但就解决北美国际、浙江久立和浙江佳元之间的合资经营内曼格特钢有限公司纠纷而言，上海分会具有管辖权，如果人民法院现在以当事人之间不存在仲裁协议为由撤销本案裁决，其仍可按照5月合同中的仲裁条款再行申请仲裁，结果必将给当事人带来不必要的讼累。鉴于存在上述情况，建议此案根据《仲裁法》第61条的规定，通知仲裁庭重新仲裁，如仲裁庭拒绝重新仲裁的，再恢复撤销程序。①

4. 案例评析

本案主体较多，为明确各主体间法律关系，可将本案法律关系结构如图2-12所示。

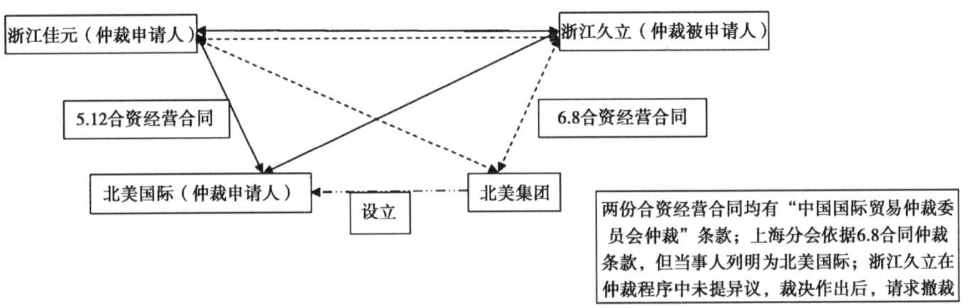

图2-12　案件法律关系

结合案情，由图2-12可知，案涉仲裁裁决是仲裁庭根据6月合同中的仲裁条款作出的，从形式上看，该6月合同及其中的仲裁条款的缔约主体是浙江久立和北美集团，而案涉仲裁裁决的义务主体则是北美国际。尽管从经济学角度看，北美国际是北美集团设立的，但在法学角度看，北美集团与北美国际是两个不同的法律主体，因此，除非存在法定或约定的仲裁条款受让情形，否则案涉仲裁裁决存在当事人之间"没有仲裁协议"的撤裁事由。值得关注的是，最高人民法院尽管确认了上述事实，但并未据此撤裁，而是从撤裁后的可能后果，以及为避免当事人之间重复仲裁之累，通过通知仲裁庭重新仲裁的方式进行补救。

毋庸讳言，最高人民法院的态度和立场体现了支持仲裁、尊重当事人

① 参见［2007］民四他字第1号复函。

利益和提高程序效率、避免重复仲裁的价值导向，但存疑的一个问题是，在重新仲裁的情形下仲裁庭是否应当变更管辖依据，即不再根据6月合同中的仲裁条款，改为依据5月合同中的仲裁条款进行管辖并仲裁。通常情形下，重新仲裁主要用于管辖依据无问题，案件审理存在可以通过重新仲裁的方式予以纠正的问题。如果仲裁庭赖以建立的根据存在问题或者根本不存在，则应无重新仲裁的正当基础。在本案中，如果仲裁庭要通过重新仲裁的方式消除当事人之间“没有仲裁协议”的情形，无异于自我否定，相当于是由一个根据其他仲裁协议组建的仲裁庭裁定按另一个仲裁协议进行重新仲裁。因此，这里的重新仲裁如果要根除存在的瑕疵，就需要由仲裁委告知北美国际，由其或由承受其权利义务的AOD根据5月合同中的仲裁协议另行提起仲裁。若此，则原仲裁庭必须解散，这样就不存在所谓的重新了，而是完全开启一个新的仲裁。

综上，最高人民法院看似支持仲裁、友好仲裁的态度，事实上将仲裁庭处于两难状态：如果坚持重新仲裁，就缺乏自身存在并重新仲裁的管辖依据和正当基础；如果解散后新启仲裁，就不再是重新仲裁了。从合法理和合法则的角度出发，本案宜按照“没有仲裁协议”的法条裁定撤销，另由新的主体提起新的仲裁程序。

（五）不予执行［2003］贸仲裁字第0060号裁决案

1. 案情简介

廊坊东方房地产开发有限公司与爱科工程咨询国际有限公司签订东方花园别墅售楼合同，后廊坊东方又就相同标的与史密德（Giorgio Schmid）订立了内容与上述中文本相同的英文本合同。两合同均约定：“本合同依据中华人民共和国有关法律、廊坊市人民政府有关规定、条例制定；双方因履行合同发生纠纷，应友好协商解决；不能友好协商的，双方将交由设在北京的中国国际经济贸易仲裁委员会裁决。仲裁的裁决是终局的，败诉方将按中国有关规定承担费用。”2003年3月21日，贸仲就史密德和/或爱科国际与廊坊东方房屋买卖合同纠纷一案作出［2003］贸仲裁字第0060号裁决书，经二人均列为裁决主体。

2. 双方诉答

2003年7月，史密德和/或爱科国际向廊坊市中院申请强制执行，被执行人廊坊东方提出异议认为：被执行人并未与史密德存在合同关系，且在合同中既未订立仲裁条款事后也未达成书面仲裁协议；仲裁委未及时向被申请人送达仲裁通知，仲裁程序明显违反仲裁规则。

3. 司法审查

廊坊市中院受理后请示认为，史密德仅是爱科国际签订合同的授权代表，不是合同的签约主体，因此合同第 14 条仲裁条款对其不具有约束力，史密德无权以合同主体的身份申请仲裁及向廊坊市中院申请强制执行。根据《民事诉讼法》第 260 条第 1 款第 1 项的规定，应裁定不予执行。

河北省高院复核后请示认为：仲裁案件中，双方当事人应与仲裁条款或仲裁协议的当事人一致，本案中史密德是作为爱科国际的法定代表人与廊坊东方公司签订的购房合同，合同第 14 条约定的仲裁条款应对爱科国际具有约束力，而仲裁裁决将史密德与爱科国际并列在一起成为共同主体是错误的。据此，应裁定不予执行。

最高法复核后复函认为：事实上，史密德作为合同主体之一也得到了廊坊东方的认可。如上述情况属实，应认定史密德个人也是东方花园别墅售楼合同及仲裁协议的一方当事人。仲裁庭将史密德与爱科国际并列为共同主体并无不当。本案不存在《民事诉讼法》第 260 条规定的不予执行的情形。

4. 案例评析

本案的核心问题是，史密德是否是仲裁协议主体？是哪一条仲裁协议的主体？廊坊东方分别就同一套房产与史密德和爱科国际签署买卖合同且含仲裁条款。无论仲裁条款、合同内容是否相同，仲裁机构在受理仲裁案件时必须厘清不同仲裁条款的不同主体。即便存在可合并仲裁的情形，也必须按照相关仲裁规则中合并仲裁的规定，在征得当事人同意后进行合并。如果并不存在仲裁合并情形，仲裁裁决将史密德和爱科国际并列作为同一裁决的主体，则是值得商榷的。唯一可将二者并列作为裁决主体的依据是，二者作为共同主体与东方廊坊签订了仲裁协议。从案件披露信息看，二者并非作为共同主体与东方廊坊签署仲裁协议，从相关法院的司法审查意见可以看出，史密德是作为爱科国际的法定代表人而非与爱科国际并列的主体，与东方廊坊签署仲裁协议的。如果情况属实，则仲裁裁决只能将爱科国际列为裁决主体，案涉仲裁裁决涉嫌“超裁或无权仲裁”。最高人民法院的复函意见唯一站得住的依据是，史密德的确作为与爱科国际并列的主体而非其法定代表人或授权代表与廊坊东方签署了买卖合同，且在仲裁过程中，廊坊东方未提异议。此时可按异议放弃规则，产生两类程序的合并效应，由同一个仲裁庭根据两条相同仲裁协议针对同一标的作出仲裁裁决。

三 仲裁机构的约定型

（一）执行［97］贸仲裁字第 0256 号裁决案

1. 案情简介

表 2-17 案情简介

序号	时间	案件事实
1	1993. 07. 24	捷成洋行与中化之间签订编号为 L53/93//075 号合同，含仲裁条款。 仲裁条款约定：与本协议有关的一切争议应按照北京国际仲裁法院的国际仲裁章程进行仲裁
2	1994. 12. 02	捷成洋行代理律师致函中化公司称：如对方不履行义务，我方将该争议提请北京中国国际经济贸易仲裁委员会仲裁
3	1994. 12. 30	中化公司代理律师回函称：如贵律师的代理人申请仲裁，我的委托人也会进行反诉……
4	1996. 01. 12	捷成洋行向贸仲提交仲裁申请书
5		开庭前，中化选择了仲裁员，进行了答辩并致函仲裁委对仲裁委管辖权表示异议。异议理由是，根据双方英文仲裁条款的中文翻译“与本协议有关的一切争议应按照北京国际仲裁法院的国际仲裁章程进行仲裁”与当事人约定不符。争议发生后，双方未能达成有效仲裁协议，故仲裁委无管辖权
6	1996. 08. 26	仲裁在北京对该案进行了第一次开庭审理，双方当事人对管辖权问题进行了辩论。仲裁庭根据双方代理律师的往返函，认为双方代理律师的行为均构成对各自委托人的代理行为。根据《仲裁法》第 18 条的规定，仲裁庭作出管辖权决定①
7		仲裁庭作出裁决后，捷成洋行向天津市二中院申请执行，二中院审查后作出请示
8	2001. 12. 23	天津市高院向最高法请示
9	2003. 01. 06	最高法作出复函

2. 司法审查

天津市二中院审查后请示认为：双方委托代理人的行为不能构成事后当事人达成了补充协议，拟裁定不予执行。

天津市高院复核后请示认为：第一，关于双方约定的仲裁条款的效力

① 参见［96］贸仲字第 11826 号决定。

问题。双方约定的仲裁条款虽然反映了当事人请求仲裁的意思表示，但是双方没有约定明确的仲裁机构。第二，关于双方代理人之间的来往函件问题。在提请仲裁前，捷成洋行的代理人致函中化公司称“本律师希望此纠纷能够通过贵公司主动履行义务获得解决，否则，本律师将根据委托人的授权，将贵司与 CIMBR IA 所签订的 CRPL1101 及与捷成签订的 L53/93/075 号合同项下的争议提请北京中国国际经济贸易仲裁委员会仲裁”。中华公司的代理人在回函中表示：“贵律师在传真中一再强调合同双方的友好合作关系，而我的委托人还是基于这一出发点，而没有向贵律师的委托人就其违约行为明确提出赔偿要求，但这并不意味着我的委托人放弃了要求赔偿的权利。因此，我的委托人在必要时可向仲裁机构申请仲裁，如贵律师的委托人申请仲裁，我的委托人必会进行反诉。虽然如此，我的委托人仍不反对友好协商解决，也希望如此，但必须遵循平等、公平的原则。”从双方的来往函件看，虽然捷成洋行明确选择了仲裁机构，但中化公司并未对捷成洋行选择的仲裁机构进行认可，其回函只是其对以仲裁的方式解决双方争议的认可。因此，双方往来的函件不能认定双方当事人事后达成了对仲裁机构明确选择的补充协议。根据《仲裁法》第 18 条的规定，该仲裁协议无效。综上，根据《民事诉讼法》第 217 条第 2 款第 1 项的规定，拟裁定不予执行。[①]

最高法复核后复函认为：本案双方当事人在 L53/93/075 号合同仲裁条款中没有明确约定仲裁机构，应认定仲裁条款无效。双方委托代理人的往来函件亦不能视为双方对仲裁机构的确认达成补充协议。根据《民事诉讼法》第 217 条第 2 款第 1 项的规定，应裁定不予执行。[②]

3. 案例评析

本案案情并不复杂，所涉核心问题是仲裁协议中关于仲裁机构的约定是否有效。从双方当事人原有的仲裁协议看，双方只是约定“与本协议有关的一切争议应按照北京国际仲裁法院的国际仲裁章程进行仲裁”，北京国际仲裁法院是一个并不存在的仲裁机构，且北京同时存在中国国际经济贸易仲裁委员会和北京仲裁委员会两个仲裁机构，在当事人不能补充约定以及按照所约定的仲裁规则“国际仲裁章程”不能确定仲裁机构的情形

① 参见［2000］高执监字第 10 号请示。

② 参见［2001］民四他字第 42 号复函。

下，该仲裁机构约定上的瑕疵将导致仲裁协议无效。本案特殊之处在于，双方当事人的代理律师在争议发生后、提交仲裁前有过关于仲裁机构的往来信函，捷成洋行的去函将仲裁机构明确为中国国际经济贸易仲裁委员会，中化公司的回函对此并未明确回复，只是表明如果对方提起仲裁，本方将提起反诉。仲裁庭据此认定双方已经对仲裁机构进行了补充约定，行使管辖权并作出仲裁裁决。从最高人民法院的复函意见看，它否定了此种往来函件的补充效力。反言之，似可得出如下引申结论：补充协议要达到《仲裁法》第18条规定的要求，应当明确、直接。在单方明确了具体仲裁机构的情形下，对方当事人未作直接接受或确认，而是宽泛表示参与仲裁、作出反诉的，依本案复函看，将不会被认为是对仲裁机构有效的“补充协议”。

（二）撤销长沙仲裁委员会裁决案

1. 案情简介

长沙新冶实业有限公司与美国 Metals plus 国际有限公司在业务往来中约定仲裁条款，但仅约定“country of defendant”的仲裁机构进行仲裁。因此，本案核心焦点问题是如何理解和翻译该词组，如果将该词组中的“country”作不同的翻译，将对仲裁机构约定具体与否产生不同的认定，从而导致仲裁协议有效或无效的两种相反效力状态。双方发生争议后，美国 Metals plus 国际有限公司向长沙新冶实业有限公司所在地的长沙仲裁委员会提请仲裁，后者受理并作出案涉仲裁裁决。长沙新冶实业有限公司向长沙中院提起撤裁申请。

2. 双方诉答

撤裁申请人认为：合同仲裁条款约定在“country of defendant”仲裁，“country”一词是指国家，仲裁协议约定在被告所在国的仲裁机构进行仲裁，属于约定不明，双方又未达成补充协议，故仲裁协议无效。

被申请人认为：该英文词包括国家，地区和乡村三种含义，仲裁协议可以理解为约定在被告所在地的仲裁机构进行仲裁，长沙仲裁委作为被告所在地长沙的唯一仲裁机构，具有管辖权。

3. 司法审查

长沙中院受案审查后请示认为：仲裁协议是双方当事人合意的产物，除非双方另有约定，对仲裁协议的理解应当按照词句的一般含义，本案的仲裁协议系英文，对其翻译也应当按照通常的译法。英文“country”一词的通常含义是指“国家”，而不包括一国内的行政区域。“被告所在地”系由特定法律含义的词组，对被申请人认为可以将该词组理解为“被告所在地”的意见，不予采信。本案双方当事人在仲裁协议中约定“提交被告所在国的仲裁机构仲裁”，而仲裁被申请人长沙新冶所在国——中国有很多家仲裁机构。该协议未选定仲裁机构，双方又未达成补充协议，属于《仲裁法》第 18 条规定的约定不明的情况，该仲裁协议无效。依无效仲裁协议作出的仲裁裁决，应当依法撤销。据此，拟裁撤。

湖南省高院复核后请示认为：拟同意裁撤。[①]

最高人民法院复核后复函认为：第一，双方当事人对仲裁意向存在的事实没有争议，当事人仅对仲裁条款中的“country of defendant”的约定理解不一致，但无论如何理解，并不影响当事人约定在中国进行仲裁的意思表示。因此，根据《仲裁法司法解释》第 16 条的规定，本案所涉仲裁条款效力应根据中国法律进行审查。第二，“country”一词通常被译作国家，将该仲裁条款的词组翻译为“被告所在地”不能准确界定该法律术语的特有法律含义。由于本案双方当事人分属两个国家，将其翻译为“被告所在国”更合理。第三，中国国内有若干仲裁机构，本案双方当事人产生争议后并没有按照《仲裁法司法解释》第 6 条的规定就仲裁机构选择达成一致意见，因此，本案所涉仲裁条款无效，应裁撤。[②]

4. 案例评析

本案涉及的问题是，仲裁机构约定是否具体。事实上，本案中的关键表述“country of defendant”所含的两个关键词都是不确定的，即浮动的，不论是“country”还是“defendant”均是如此。但后者在具体仲裁申请过程中，则会从浮动变为确定，不会影响案涉仲裁机构的具体性；但前者则构成本案的核心问题，即如何翻译和理解“country”一词。

正如撤裁申请人所言，该词在地域指向上具有大中小至少三个含义，分别指向国家、地区和乡村。不同的选择将决定着仲裁机构数目的多少与有无。本案司法审查机关选择的是用“国家”来对译该词，这就模糊化了仲裁机构的所指，导致仲裁机构约定不明确，从而被认定为仲裁协议无效。如果选用“地区”一词来对译，则可能限定为长沙，从而使仲裁机

---

① 参见湖南省高院［2007］湘高法民三请字第 16 号请示。

② 参见最高人民法院［2007］民四他字第 43 号复函。

构的约定比较明确，仲裁协议因此成为有效仲裁协议。两种翻译、两种选择，将导致两种完全相反的法律结果。

本书认为，本案司法机关的选择可从两方面进行分析：一方面，司法机关的选择并无错误，不仅是因为该英文单词确有三种含义，而且还因为本案双方当事人的确位于不同的“country”（国家），因此，在无特别的意义倾向的情形下，用“国家”而非“地区”来对译该词，具有合理性。

另一方面，如果从有利于仲裁的角度观之，本案司法审查立场则有值得反思之处。若以“地区”一意来对译，案涉仲裁协议将从无效变为有效。从最高人民法院《关于审理仲裁司法审查案件若干问题的规定》的精神看，它明确了在根据“仲裁地法或仲裁机构所在地法”审查仲裁协议的效力时，应适用使仲裁协议有效的法律。这一解释的基本思路是，在存在两种或两种以上的选择时，应以有利于仲裁协议有效的选择为准。同理，当对“country”一词有不同的解释，且不同的解释将导致仲裁协议有效或无效时，也应优先考虑使仲裁协议有效的解释。

不仅如此，考虑到双方当事人在签订仲裁条款时对于对方所在地区有了事先的知悉，因此，即便采取“被告所在地区”的解释来判断双方当事人的约定，也并不会超出当事人的预期。简言之，在本案中如认定双方当事人选定的被告所在地仲裁机构是长沙仲裁委员会，此种认定也是合乎双方的认知预期的。鉴于此，本书倾向于对该仲裁协议持有效认定的立场。

（三）撤销［2008］厦仲裁字第0379号裁决案

1. 案情简介

表2-18　案情简介

序号	时间	事实
1	2007.04.08	美国麦克伦集团国际贸易公司与厦门市大路通行销有限公司签订《G′NECTAR（吉耐特）区域代理销售合同》，其第12条第2款即是仲裁条款。 仲裁条款约定：履行本合同发生争议的，双方应当本着友好协商的原则解决。协商不成的，任何一方都有权向所在地的仲裁委员会提出仲裁
2		其后，双方签订《补充协议》，其第5条也约定了仲裁条款。 仲裁条款约定：履行合同与补充协议中发生争议双方友好协商解决，协商不成时，任何一方有权向所在地的仲裁委提出仲裁

续表

序号	时间	事实
3		上述合同及补充协议的抬头为美国麦克伦集团国际贸易公司。在合同落款处打印有该公司名称，但加盖的是美国麦克伦集团国际贸易公司北京代表处的公章
4	2008.07.22	厦门仲裁委受理厦门市大路通行销有限公司与美国麦克伦国际贸易公司北京代表处、美国麦克伦集团国际贸易公司之间因上述合同引起的纠纷案
5	2008.09.10	美国麦克伦集团国际贸易公司北京代表处向仲裁机构提交管辖异议申请书，提出管辖权异议
6	2008.09.12	厦门仲裁委作出决定书，驳回管辖异议
7	2008.10.31	仲裁委作出案涉仲裁裁决①
8	2009.10.16	福建省高院向最高法请示
9	2009.12.16	最高法作出复函

2. 双方诉答

撤裁申请人认为：仲裁条款约定的仲裁委员会不明确，属无效仲裁条款。

被申请人认为：申请人未在首次开庭前提出管辖权异议；根据仲裁条款约定，当事人可以向所在地仲裁机构提请仲裁，被申请人所在地为厦门，故厦门仲裁委有权管辖。

3. 司法审查

厦门市中院受案审查后请示认为：第一，任何一方有权向“所在地”仲裁委员会提出仲裁，因所在地在厦门和北京，而北京有两个以上仲裁机构，厦门有一个仲裁机构，使得双方在仲裁委员会的选定上存在两个以上的选择，从而使仲裁机构处于不明确状态。开庭前，美国麦克伦国际贸易公司北京代表处向厦门仲裁委提出过管辖权异议，美国麦克伦国际贸易公司未参与仲裁程序，故被申请人关于申请人已放弃管辖异议的说法缺乏法律依据，不予采纳。申请人关于仲裁条款约定的仲裁机构不明，属无效仲裁条款的理由成立。第二，北京代表处系在华代表机构，外国公司在华代表机构不具有民事权利能力和民事行为能力，不能独立承担民事责任，不是适格的仲裁及诉讼主体，不宜列为仲裁，诉讼当事人。故，拟裁撤。

① 参见［2008］厦仲裁字第0379号裁决书。

福建省高院复核后请示认为：根据《仲裁法司法解释》第6条规定，本案当事人约定的地点有两家或两家以上的仲裁机构，该司法解释在认可此类仲裁协议有效的同时，也限制了此类仲裁协议有效的前提条件，即当事人必须对仲裁机构达成补充协议。但本案争议发生后，当事人就仲裁机构问题并无达成补充协议。故，拟裁撤。①

最高法复核后复函认为：本案争议的核心问题是当事人在代理销售合同及补充协议中签订的仲裁协议是否有效。根据《仲裁法司法解释》第6条和第16条的规定，由于本案当事人没有约定确认仲裁协议效力适用的法律，亦未约定明确的仲裁地，依据上述规定，本案应适用法院地法即我国的法律确认仲裁协议的效力。当事人在仲裁协议中约定的仲裁机构为所在地的仲裁委员会。但所在地是指哪一方当事人所在地不明确，因此，当事人对于仲裁机构的约定是不明确的，其亦未能达成补充协议。根据《仲裁法》第18条的规定，本案仲裁协议应认定无效。且即使将“所在地”确认为当事人所处城市所在地，而由于在代理销售合同及补充协议上盖章的美国麦克伦集团国际贸易公司北京代表处和厦门市大路通行销有限公司分别位于北京市和厦门市，因此，本案当事人约定的仲裁机构也有两个以上。根据《仲裁法司法解释》第5条、第6条规定，由于本案当事人未能就仲裁机构选择达成一致，依据上述规定，该仲裁协议亦应认定无效。另根据《仲裁法司法解释》第18条规定，无效仲裁协议视为没有仲裁协议。且本案申请人在首次开庭前已经就仲裁庭管辖权提出异议。依照《仲裁法》第70条和《民事诉讼法》第258条第1款第1项规定，本案仲裁裁决应予撤销。②

4. 案例评析

本案案情的焦点并非事实，而是关于仲裁协议约定措辞或用语的理解。按双方约定，“任何一方都有权向所在地的仲裁委员会”提请仲裁。对仲裁委员会的约定是否具体，决定于对仲裁委员会地域的约定是否具体。本仲裁协议中关于地域的约定是浮动的，且是不可转化为具体指向的浮动：一方面，双方任何一方所在地至少指向了两个地点，不论是中国或美国，还是中国的北京或厦门；另一方面，中国北京至少存在贸仲和北仲

① 参见［2009］闽民他字第42号请示。

② 参见［2008］民四他字第43号复函。

两个仲裁机构。因此，如果从约定指向的仲裁机构看，本案至少有三个仲裁机构是适格的管辖机构：贸仲、北仲和厦门仲裁委员会。本案只有在一种非常狭窄的意义上才会转化为具体性约定：第一，必须将美国公司在华分支机构确定为法律主体，且将双方所在地都限制在中国境内；第二，必须将双方约定的“所在地”，理解为各方当事人自己所在地，不能理解为任何一方所在地；第三，在如此严格限定的前提下，也只有当所在地在厦门的一方当事人提起仲裁时，才能具体化到厦门仲裁委员会，否则，将指向北京，而北京拥有两个仲裁机构。可见，本案人民法院的司法审查立场无可厚非。

从支持仲裁的立场出发，本案司法审查结论也存在更值得推荐的另外一种选择。如果深入斟酌当事人关于仲裁协议的表述即“任何一方都有权向所在地的仲裁委员会提出仲裁”，就可发现它不同于如下表述：“任何一方都有权向各方所在地的仲裁委员会提出仲裁”。简言之，二者的差别在于，本案中仲裁协议的表述事实上更为明确、具体，它事实上可以在语义不变的情形下转化为“任何一方都有权向己方所在地的仲裁委员会提出仲裁”。也就是说，本案当事人的约定是任何一方可向“仲裁申请人所在地的仲裁委员会提起仲裁”。如果此种理解是一致且正确的，那么，在不考虑美国公司在厦门只是一个代表处的情形下，本案仲裁协议关于仲裁机构的约定就是一个可以转化为具体指向的约定，即厦门一方当事人向厦门仲裁委员会申请仲裁。当然，必须指出的是，本案中美国公司在厦门只有一个代表处，其并不当然具有独立的法律地位，如此，也就不存在上述推论的合理基础。而且，此种推论也的确难免偏好仲裁的先见与预设。

四　管辖权异议

（一）撤销长春仲裁委员会裁决案

1. 案情简介

该案基本案情是：2003 年 6 月韩国大成 G-3 株式会社与长春市元大汽车工程贸易有限公司签订合资合同，设立合资企业。合同第 59 条约定：“……任何一方可将争议提交中国国际贸易促进委员会对外经济贸易仲裁委员会（或提交企业所在地促裁机构），根据该会（机构）的仲裁程序规则进行仲裁……”后来双方发生争议，一方向长春仲裁委员会提起仲裁。首次仲裁时，仲裁庭询问双方有无异议。韩国大成第一次陈述，同意本庭仲裁。随后法定代表人认为，双方调解完了，还继续仲裁，对此持有异议。其后，韩国大成代理人再次陈述，根据合同约定，已经明确约定中国贸易促进委员会仲裁，在企业所在地仲裁不明确。韩国大成要求明确由中国国际经济贸易仲裁委员会仲裁。仲裁庭认定，本庭具有管辖权。第四次开庭时，韩方再次提出该庭无管辖权。仲裁庭作出裁决后，韩国大成向长春中院提出撤裁申请。

2. 双方诉答

对于仲裁协议所约定的仲裁机构是否具体的问题，长春元大汽车公司认为：企业所在地促裁机构，是笔误，是指企业所在地仲裁机构。

韩国大成则否认是笔误。

3. 司法审查

长春市中院受理后经审查并请示认为：本案申请人约定的仲裁机构有两个，即中国国际贸易促进委员会对外经济贸易仲裁委员会及企业所起地仲裁机构。其中，前者是中国国际经济贸易仲裁委员会的旧称；后者应为“企业所在地仲裁机构”的笔误。合资企业所在地为长春市，企业所在地仲裁机构即为长春仲裁委员会。可见，本案申请人与被申请人约定的两个仲裁机构应为贸仲与长春仲裁委员会。根据仲裁庭审理时各方当事人的陈述，可以认定双方当事人不能就仲裁机构选择达成一致，因此，仲裁协议无效，应视为双方没有仲裁协议条款。根据《民事诉讼法》第 260 条第 1 款第 1 项，拟裁撤。

吉林省高院复核后同意长春中院意见，向最高法提出请示，拟裁撤。[①]

最高法复核后复函认为：申请人韩国株式会社只是在仲裁庭第一次开庭和第四次开庭中对仲裁协议效力及仲裁庭管辖权提出异议，但其并未在仲裁庭首次开庭前对仲裁协议效力提出异议。另，根据卷宗中所附裁决书反映的事实，韩国株式会社在仲裁庭首次开庭前指定了仲裁员，委托了代理人，并提交了书面答辩状就案件实体问题进行答辩。据此可认定韩国株式会社在仲裁庭首次开庭前已经认可长春仲裁委员会对该纠纷享有管辖权，应视为仲裁案件的当事人对将其纠纷提交长春仲裁委员会仲裁已经达成了一致意见。仲裁协议有效。韩国株式会社虽然在第一次开庭时提出了仲裁协议效力及仲裁庭管辖权异议，但已经超过了法律规定的当事人可以

---

① 参见［2008］吉民三他字第 1 号请示。

对仲裁协议效力提出异议的期限，仲裁协议有效，长春仲裁委员会依法对本案享有管辖权。故，应驳回撤裁申请。[①]

4. 案例评析

本案的问题有二：一是实体方面的，即仲裁协议有效与否；二是程序方面的，即当事人就仲裁协议的效力或存在问题提出管辖权异议的时间节点。长春市中级人民法院审查的重心是前者，从而认定当事人之间因约定两个仲裁机构，且不能达成补充协议，故仲裁协议无效，无效仲裁协议视为没有仲裁协议，故据此撤裁。但最高人民法院司法审查的重心是后者，即不论当事人之间是否签订有仲裁协议，也不论仲裁协议是否有效，只要当事人的管辖权异议不是在首次开庭前提出，则异议无效，从而应驳回撤裁申请。这事实上就是异议放弃的程序法效。对当事人而言，特别是对于那些对仲裁裁决持观望态度、参与仲裁后故意或预感到裁决于己不利时才对仲裁协议效力或存在与否的问题提出异议的当事人而言，最高人民法院在此类案件中的司法态度和立场是必须铭记的。

（二）撤销［2007］CIETAC 裁决第 0140 号裁决案

1. 案情简介

表 2-19　　案情简介

序号	时间	案件事实
1	2001. 10. 18	昌信公司、北京龙城作为“业主”与假日酒店作为“管理人”签订《北京龙城皇冠假日酒店管理合同》，合同中约定有贸仲仲裁条款。 仲裁条款：由于本合同而引起的或与本合同有关的一切争议、纠纷或索赔，首先将由业主和管理人本着友好的态度协商解决，如未能通过协商方式解决纠纷，则任何一方有权在给予另一方书面通知的情况下立即向中国申请仲裁，该仲裁将在北京的中国国际经济贸易仲裁委员会按照当时生效的该仲裁委员会的规则和程序，用提起仲裁的一方所选择的语言进行
2	2002. 07. 03	北京龙城改名为北京龙城皇冠假日酒店
3	2002. 08. 08	昌信公司与北京龙城、假日酒店签署《修订协议》，北京龙城皇冠假日取代昌信公司和北京龙城，由其承担管理合同项下全部责任和义务；修订协议构成管理合同不可分割的部分，除所涉修改条款外，管理合同所有其他条款均保持充足效力
4	2002. 09. 05	假日酒店开始管理北京龙城皇冠假日酒店

① 参见［2008］民四他字第 28 号复函。

续表

序号	时间	案件事实
5	2005. 06. 03	昌信公司向假日酒店发函，决定终止管理合同，并将于6月13日派遣有关人员接管综合体
6	2005. 07. 03	假日酒店于7月3日撤离北京龙城皇冠假日酒店。后北京龙城皇冠假日酒店变更为龙城丽宫
7	2005. 12. 09	假日酒店向贸仲申请仲裁，被申请人为昌信公司、龙城丽宫
8		龙城丽宫提出仲裁反请求
9	2006. 02. 17	昌信公司向仲裁机构提交管辖权异议函
10	2006. 04. 19	仲裁委对管辖权异议作出决定，认为本案当事人之间存在有效的仲裁协议，驳回管辖异议，继续仲裁。此后，昌信公司未参加仲裁开庭审理
11	2007. 04. 20	仲裁庭多数意见决作出裁决①
12		北京市二中院拟裁撤
13	2007. 11. 15	北京市高级人民法院作出请示
14	2008. 04. 07	最高法作出复函

2. 双方诉答

昌信公司认为：根据修订协议，管理合同提及的所有业主均被视为北京龙城皇冠假日酒店；修订协议不仅是管理合同主体变更的协议，而且也是仲裁条款主体变更的协议。

龙城丽宫认为：昌信公司反复提出管辖权异议，但仲裁委及仲裁庭决定其具有管辖权，并作出案涉仲裁裁决。

被申请人认为：昌信公司与龙城酒店同属一个创始人及其家庭，具有相同的营业地址，相同或大致相同的股份结构以及大致相同的董事会成员，两家公司法定代表人为同一人。昌信公司自始至终都以自己的名义参与管理合同的签署，履行和终止，丝毫没有受到修订协议的影响。特别是，本案仲裁裁决对昌信公司没有影响，根本无合理依据要求撤裁。

3. 司法审查

北京市二中院受理并审查后，请示认为：依据昌信公司与龙城假日酒店和假日酒店签订的补充协议，自2002年8月8日起，龙城皇冠承担管

① 参见［2007］CIETAC 第0140号仲裁裁决书。

理合同项下的业主责任和义务，昌信不再是管理合同项下的业主。假日酒店提起仲裁所依据的是假日酒店自2002年9月5日至2005年7月3日管理北京龙城皇冠酒店的事实。因昌信公司已经于2002年8月8日退出管理合同，不再受管理合同中仲裁条款的约束。综上，假日酒店与昌信之间不存在仲裁协议，根据《民事诉讼法》第260条第1款第1项的规定，拟裁撤。

北京市高院复核后认为：依据三方修订协议，昌信不再是管理合同业主，不再受管理合同中仲裁条款的约束。据此假日酒店与昌信之间不存在仲裁协议。依据《民事诉讼法》第260条第1款第1项，拟裁撤。①

最高法复核后复函认为：根据修订协议，昌信公司于2002年8月8日退出管理合同，不再受合同中仲裁条款约束；昌信公司在仲裁程序中提出管辖权异议，并不再参加仲裁程序，表明仲裁庭未能因当事人的实际行为取得管辖权。贸仲对昌信公司行使管辖权缺乏依据。但本案仲裁程序方面的瑕疵可以通过重新仲裁的方式得以弥补，依《仲裁法》第61条规定，应中止撤裁程序，通知仲裁庭重新仲裁。②

4. 案例评析

本案涉及多方多合同关系，且各方之间存在较为复杂的股权关系，为明确各主体间的法律关系，可将本案各主体及彼此间法律关系结构如图2-13所示。

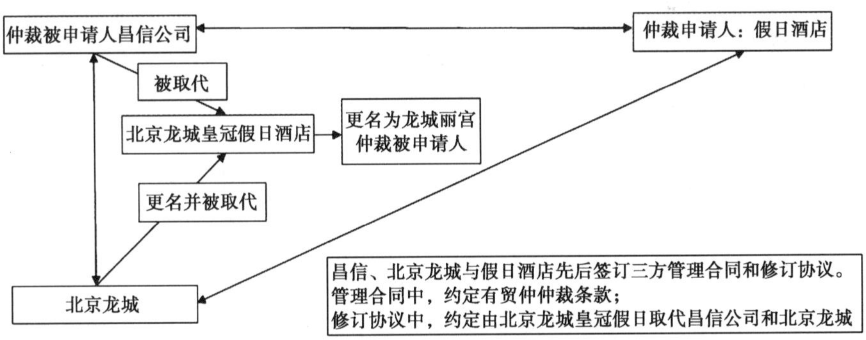

图2-13　案件法律关系

① 参见京高法［2007］377号请示。

② 参见［2007］民四他字第44号复函。

由图2-13可知，昌信公司与北京龙城二者与假日酒店之间的合同关系，经过三方修订协议的明确，前二者在合同中的地位已为北京龙城皇冠假日酒店取代，从而形成北京龙城皇冠假日酒店与假日酒店之间的合同关系，昌信公司和北京龙城不再是管理合同和修订协议的法律主体。因此，合同条款包括其中的贸仲条款也一并转让给了龙城皇冠（后更名为龙城丽宫）。假日酒店与昌信公司之间不再受仲裁协议的约束。本案案涉仲裁裁决是仲裁庭根据转让后的仲裁协议对昌信公司行使管辖权，因此属于“没有仲裁协议”的情形。但本案值得关注的问题有四：

第一，本案中昌信公司通过在首次开庭前的有效管辖异议，以及其后的程序不合作，在合适的时间点以适当的方式明确且一贯地对仲裁机构的管辖提出了异议，从而成功否定了仲裁机构的管辖权，并构成撤裁的法定依据。

第二，本案案涉仲裁裁决的义务主体包括昌信公司和龙城丽宫，虽然昌信公司与假日酒店之间没有仲裁协议，但龙城丽宫与假日酒店之间存在仲裁协议，因此，人民法院在进行司法审查并拟撤裁时，不应根据“没有仲裁协议”的依据撤裁，而应根据“超裁或无权仲裁”的依据进行撤裁。这是北京市高级人民法院援引法条可能有错之处。当然，如果只有昌信公司提出撤裁，则应根据“没有仲裁协议”法条予以撤裁，且仅限于撤销仲裁裁决中与昌信公司相关部分。

第三，仲裁裁决的可分性问题。本案仲裁裁决认定的两个义务主体中，昌信公司由于与假日酒店不再存在仲裁协议，从而不应作为裁决的义务主体。因此，进一步的问题是，如何认定昌信公司在裁决中的义务是否可以与其他部分进行区分。根据上述案情介绍，昌信公司虽然在裁决中被列为义务主体，但事实上对“昌信公司没有影响”。如果此论成立，则最高人民法院似应以部分撤销的方式，而非通知重裁的方式作出批复。

第四，最高人民法院认为昌信公司与假日酒店之间“没有仲裁协议”的情形属于程序方面的瑕疵，从而通过重新仲裁的方式进行补救。虽然这也体现了司法支持仲裁的态度，但将此类问题定性为程序问题，似有不当。我国《民事诉讼法》第274条第1款明确将“没有仲裁协议”与后面的“程序违反”“程序参与”两项撤裁依据并列，显然就将其区别于程序问题；而且，事实上，没有仲裁协议的问题属仲裁中的根本问题，不只是一个简单的程序问题。此类关涉仲裁管辖权正当性基础的重大问题，是不能通过重新仲裁的方式进行补救的，因为重新仲裁的前提是仲裁协议存在且有效。

综上，本案中人民法院进行司法审查的适当做法应是，根据“超裁或无权仲裁”认定仲裁裁决中涉及昌信公司的部分应予撤销，同时应认定该部分裁决可予其他裁项相分离，其他裁项有效。据此，人民法院应按照部分撤销，而非重新仲裁的方式对仲裁裁决进行补救。

五　其他类型

还有一例是“不予执行［2002］贸仲裁字第0112号裁决”案。该案非属于涉外仲裁此案件情形，但人民法院按照涉外仲裁裁决的报核程序进行处理，最终被最高人民法院驳回。

具体而言，本案件并无涉外因素，按最高人民法院的司法解释无须内部报核，但案涉重庆市相关人民法院仍然按照涉外仲裁裁决不予执行程序进行报核，最高人民法院复函驳回，要求受案中级人民法院自行审查并裁定。

该案主要涉及沙百、庆泰和宝岛三位独立法人之间的仲裁，在三方协议中并无仲裁条款，沙百与庆泰也没有达成单独的仲裁协议，只是在沙百与宝岛之间存在仲裁条款。[①] 本案提交仲裁的事项是沙百与庆泰之间的争议，依据的仲裁条款则是沙百与宝岛之间的约定，因此，重庆市高级人民法院认为本案仲裁委不具有管辖权，根据《民事诉讼法》第260条第1款第1项的规定，拟裁定不予执行。[②]

其后，最高法复核后复函认为：本案各方当事人均为我国注册成立的法人，且争议事项不具有涉外因素，因此本案仲裁裁决虽然是贸仲作出的，但该裁决在性质上属于国内裁决，而非涉外仲裁裁决，不适用最高法《关于人民法院处理与涉外仲裁及外国仲裁事项有关问题的通知》。本案由原审法院自行决定是否执行。[③]

本案再次表明，仲裁裁决的司法审查在我国采取的是“内外有别”

---

① 参见［2002］贸仲裁字第0112号仲裁裁决书。

② 参见［2003］渝高法执示字第22号请示。

③ 参见最高法［2003］民四他字第26号复函。

的双轨制，只有涉外仲裁裁决才是按照《民事诉讼法》第274条的规定（本案案件发生时相应法条是第260条）进行审查，并按最高法的规定进行内部报核。国内仲裁裁决的司法审查在法条依据和作出裁定上，都与此不同。本案中，重庆市高级人民法院从传统涉外仲裁的判断标准，即仲裁机构标准，将本案识别为涉外仲裁裁决，故援引了相应法条依据和采取了复核程序。值得肯定的是，最高人民法院对该案的复函体现了最新司法解释中的精神，即按照主体及争议事项，而非受案仲裁机构的类型，判断仲裁裁决的属性。这在当时缺乏明确规定的情形下，无疑具有很好的示范意义。

第三章

基于程序参与的司法审查：案例与评析

第一节　相关案例总览

根据本书所收集和研究的案例样本，对我国仲裁机构所作涉外商事仲裁裁决的撤销和不予执行司法审查实践案例进行统计，涉及程序违反的撤销或不予执行案件共计24件（具体信息参见表3-1），[①] 其中有10则案件被撤销或不予执行。相关数据的统计结果如图3-1所示。

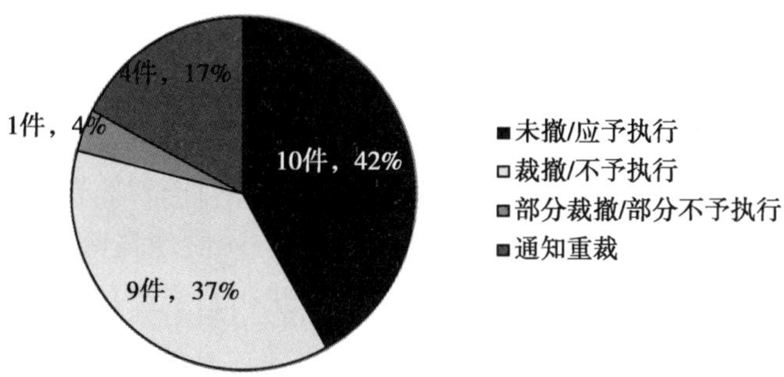

图3-1　相关案件统计

根据图3-1，可以直观看出：

（1）从最高人民法院的处理结果来看，未撤/应予执行的案件有10

---

① 需要指出的是，这24件统计结果是以当事人主张及/或人民法院审查程序违反的问题为依据的。因此，有的案件可能仅有当事人主张，但人民法院未予审查，或者虽然进行了审查，但予以否定。

件，占比为42%。该类案件未达一半的比例，总体上说明人民法院对仲裁裁决的支持还有很大的提高空间。当然，这一数据也可能反过来说明，仲裁裁决的质量也有很大的提高空间。无论如何，仲裁机构或仲裁庭与人民法院在各自维度上都有提高的空间和必要。

（2）人民法院裁撤或不予执行的案件有 9 件，占比为 37%。超过全部案件的 1/3强，说明人民法院的司法审查仍然偏严。

（3）人民法院通知重裁的案件有 4 件，在全部案件中占比为 17%。这一占比说明人民法院对仲裁机构的支持还是较好的，在接近全部案件的 1/5弱的比重中，人民法院将存在瑕疵的仲裁裁决发回给仲裁庭自行补救。

（4）部分撤销/部分不予执行的案件仅有 1 件，在全部案件中占比为 4%。

根据上述统计数据，结合案件情况可推知如下结论：

（1）程序参与和程序违反的撤销与不予执行事由相互关联。据样本案例中最高人民法院复函所载，当事人和法院意见中同时涉及程序参与和程序违反的关联案件为 20 件，仅有 4 起案件没有关联，且部分案件存在竞合适用的情形。① 因此，区分程序参与和程序违反的司法适用规则及其适用情形，具有重要的现实意义，否则将导致错用依据之问题。

（2）否定性裁定数量较多，表明申请人权利行使的过度与司法审查负担过重。人民法院经过审查后未撤或者驳回撤销申请，裁定应予执行或者驳回不予执行申请的案件有 9 件，占比为 37%。如此之高的否定性司法审查，一方面说明，申请人在申请撤销和不予执行的司法审查时竭力穷尽法律所规定的最大范围和力度进行自我保护，即便仲裁裁决不存在问题，当事人也希望侥幸通过撤销或不予执行程序进行自我保护。这种心理与欲求导致当事人过度依赖司法审查程序，从而导致最高人民法院对此类申请的较高的否定性裁定；另一方面也说明，高达 37%的案件虽然不存在撤销或不予执行的消极情形，但通过逐级层报制上报到最高人民法院，后者以复函形式予以否定。这就意味着此类案件都经历过三级人民法院的司法审查，但复函结果显示，此类案件本无必要耗费紧张且有限的司法资源。总

① 参见最高人民法院《关于是否不予执行仲裁国际经济贸易仲裁委员会［2008］中国贸仲京裁第 0379 号仲裁裁决的请示的复函》（［2010］民四他字第 21 号），载万鄂湘主编《涉外商事海事审判指导》（总第 22 辑），人民法院出版社 2012 年版，第 144—151 页。

体而言，本类型案件的司法审查统计结果表明，当事人存在过度自我保护的倾向，而人民法院则存在司法审查“过载”的情形。因此，保障当事人权利和防止当事人滥用权利，以及为法院司法审查“减负”有客观的必要性。

（3）从案件的处理结果来看，有占比高达17%的案件最高人民法院在否定与肯定之间寻求司法“谦抑”，以通知重裁的形式，给予仲裁庭对裁决瑕疵行事后补救的机会。实务案例也表明，由于立法规定的不明确导致人民法院在通知重裁时存在标准不一的问题。

表3-1　相关案件统计及基本信息①

序号	案件名称	所涉案号	司法结论
1	刘某某、张某某申请撤销［2015］中国贸仲京裁字第0054号仲裁裁决案	［2015］中国贸仲京裁字第0054号；京高法［2016］70号；［2016］最高法民他29号	通知重裁
2	嘉瑞航运有限公司申请执行北方沁园生物工程有限公司航次租船合同纠纷案	［2012］海仲沪裁字第035号；［2013］武海法执字第224号；鄂高法［2014］212号；（2014）民四他字第41号	应予执行
3	海南狮子城旅业开发有限公司申请不予执行仲裁裁决案	［2012］中国贸仲京裁字第0502号；琼高法专报［2014］4号；［2014］民四他字第37号	不予执行
4	克拉斯申请不予执行［2011］中国贸仲京裁字第0108号仲裁裁决案	［2011］中国贸仲京裁字第0108号；京高法［2013］255号；［2013］民四他字第49号	不予执行
5	伊卡姆美国公司申请执行［2007］中国贸仲京裁字第0160号仲裁裁决案	［2007］中国贸仲京裁字第0161号；［2012］桂请字第19号；［2013］民四他字第3号	应予执行
6	伊卡姆农工商有限公司申请执行［2007］中国贸仲京裁字第0161号仲裁裁决案	［2007］中国贸仲京裁字第0160号；［2012］桂请字第15号；［2013］民四他字第2号	应予执行
7	三角轮胎股份有限公司申请不予执行涉外仲裁裁决案	［2010］中国贸仲京裁字第0281号；［2012］鲁执请字第2号；［2013］民四他请字第12号	不予执行

① 案件统计至《涉外商事海事审判指导》（总33辑）。

续表

序号	案件名称	所涉案号	司法结论
8	许剑文与中卫市城乡建设综合开发公司合资经营纠纷涉外仲裁案	[2011] 中国贸仲深裁字第36号；[2011] 深中法民四初字第253号；[2012] 宁执他字第1号；[2012] 民四他字第27号	应予执行
9	龙川县人民政府申请撤销[2007] 中国贸仲深裁字第85号仲裁裁决案	[2007] 中国贸仲深裁字第85号；[2008] 粤高法民四他字第10号；[2010] 民四他字第50号	未撤
10	不予执行 [2008] 中国贸仲京裁字第0379号	[2008] 中国贸仲京裁字第0379号；[2010] 苏知民仲审字第0001号；[2010] 民四他字第21号	部分执行
11	南方国际租赁有限公司申请撤销 [2007] 深仲调字第20-1号补正调解书案	[2007] 深仲调字第20号补正调解书；[2007] 深仲调字第20-1号补正调解书；[2009] 粤高法民四他字第11号；[2010] 民四他字第45号	撤销
12	香港中华药业公司申请撤销[2008] 中国贸仲京裁字第0044号仲裁裁决案	[2008] 中国贸仲京裁字第0044号；京高法 [2008] 373号；[2009] 民四他字第1号	未撤
13	杨志红申请撤销 [2003] 穗仲案字第2671号仲裁裁决案	[2003] 穗仲案字第2671号；[2005] 穗中法仲审字第76号；[2006] 穗中法民申字第597号；[2006] 穗中法审监民再字第95号；[2007] 粤高法民四他字第22号	撤销
14	魏北鸿利有限公司申请撤销[2006] 第168号仲裁裁决案	珠仲裁字 [2006] 第168号；[2007] 粤高法民四他字第18号；[2008] 民四他字第2号	撤销
15	润和发展有限公司申请不予执行 [2005] 中国贸仲深裁字第18号裁决案	[2005] 中国贸仲深裁字第18号；[2005] 湘高法执请字第1号；[2008] 民四他字第1号	不予执行
16	北京昌信回龙园别墅有限公司等申请撤销 [2007] CIETAC 裁决第0140号仲裁裁决案	[2007] CIETAC 裁决第0140号；京高法 [2007] 377号；[2007] 民四他字第44号	通知重裁
17	俞影如申请撤销 [2005] 中国贸仲沪裁字第003号仲裁裁决案	[2005] 中国贸仲沪裁字第003号；[2007] 沪高民四（商）他字第5号；[2007] 民四他字第25号	通知重裁
18	朱裕华与上海海船厨房设备金属制品厂申请撤销 [2004] 中国贸仲沪裁字第073号决案	[2004] 中国贸仲沪裁字第073号；[2007] 沪高民四（商）他字第2号；[2007] 民四他字第7号	撤销

续表

序号	案件名称	所涉案号	司法结论
19	山西防爆电机（集团）有限公司申请撤销［2004］大仲字第54号仲裁裁决案	［2004］大仲字第54号；［2004］大仲字第54-1号；［2005］辽民四他字第3号；［2005］民四他字第54号	未撤
20	大连水产集团有限公司申请撤销［2003］贸仲裁字第0398号裁决案	［2003］贸仲京裁字第0398号；京高法［2004］405号；［2005］民四他字第7号	通知重裁
21	爱科公司与东方公司不予执行［2003］贸仲裁字第0060号仲裁裁决案	［2003］贸仲裁字第0060号；［2004］冀执监一执字第2号；［2004］民四他字第18号	应予执行
22	黑龙江鸿昌国际货物运输代理有限公司与福建省轮船总公司、美国连捷海运有限公司申请撤销［2003］海仲裁字第002号裁决案	［2003］海仲裁字第002号；［2003］海商初字第469号；津高法［2003］171号；［2003］民四他字第32号	撤销
23	浙江省天河房地产联合发展公司申请撤销［97］沪贸仲字第096号仲裁裁决案	［97］沪贸仲字第096号；［2003］沪高民三（商）他字第3号；［2003］民四他字第19号	未撤
24	清华同方股份有限公司、清华同方光盘股份有限公司申请撤销［2002］贸仲裁字第0095号仲裁裁决案	［2002］贸仲裁字第0095号；京高法［2003］6号；［2003］民四他字第2号	未撤

第二节　案例类型化与评析

一　程序参与与程序违反的竞合适用

（一）撤销［2007］深仲调字第20-1号补正调解书案

1. 案情简介

2005年9月，南方租赁公司与协雅公司签订《融资租赁合同》，同时，租赁公司与陈静云签订《抵押合同》，约定陈静云将其房地产作为抵押物，为协雅公司向南方租赁公司抵押担保。后因合同纠纷，2006年，租赁公司提请仲裁。仲裁过程中，各方当事人达成调解协议。2007年4月12日，深圳仲裁委员会根据调解协议作出并送达了仲裁调解书。[①] 后

① 参见［2007］深仲调字第20号调解书。

来，仲裁庭发现租赁公司向仲裁庭提交的抵押合同复印件与深圳市国土资源和房产管理局备案的合同不一致，租赁公司在“抵押担保的范围”中隐去了“担保额人民币八十万元”的关键内容。仲裁庭认为调解协议可能损害第三方利益，有违诚实信用的商业道德，作出了案涉《补正调解书》，[①] 将担保金额定在人民币八十万元限额内。

2. 撤销理由

撤销申请人认为：第一，仲裁庭无权对调解书作出补正。一方面，仲裁调解书不是仲裁裁决书，仲裁庭无权作出补正。依据《仲裁法》第56条的规定，仲裁庭有权补正的文书仅限于裁决书，不包括调解书。裁决书是仲裁庭作出的，仲裁庭有权进行补正，但仲裁调解书是根据申请人与被申请人之间的调解协议作出的，体现的是双方当事人的意思自治，即使要补正，也应当经过双方当事人同意，而非仲裁庭进行补正。

另一方面，《补正调解书》补正的内容超出《仲裁法》第56条规定的补正范围。《补正调解书》补正的内容既不是文字、计算错误，也不是遗漏的事项，而是因为调解条款与仲裁庭在结案后自行取证获取的“证据”不一致，仲裁庭以补正的方式对争议进行了重新裁决，以非法的方式改变已经发生法律效力的仲裁调解书。

第二，仲裁庭依职权变更他人的协议，超越了其法定权限。对当事人在意思自治基础上达成的调解协议，仲裁庭不论是制作调解书或者制作裁决书，均应当根据协议的结果制作。除非当事人接受仲裁员的调解意见，仲裁庭无权变更调解协议的内容。本案中，仲裁当事人对调解协议的内容不存在任何争议。但是仲裁庭不经任何法定程序变更当事人之间的协议内容，违背了仲裁的基本原则，违背了双方当事人的真实意愿。

3. 司法审查

深圳市中级人民法院审查后认为：《补正调解书》不是对调解书中文字、计算错误或者遗漏事项作出的补正，而是对当事人权利和义务作出的实质性变更，超出了《仲裁法》第56条、《仲裁规则》第74条规定的文字、计算错误和遗漏事项的范畴，也违背了当事人自愿原则，应当撤销或通知重新仲裁。

广东省高级人民法院审查后认为：撤销仲裁调解书可参照申请仲裁裁

---

① 参见［2007］深仲调字第20-1号补正调解书。

决的规定进行程序审查。本案仲裁庭在仲裁当事人没有参与的情况下直接作出补正调解书，违反了《仲裁法》和仲裁规则的规定，应根据《民事诉讼法》第 258 条（现第 274 条）第 1 款第 3 项规定的情形，予以撤销。①

最高人民法院审查后复函认为：第一，根据案涉仲裁机构仲裁规则第 68 条的规定②，因此，对深圳仲裁委员会以案涉《补正调解书》补正［2007］深仲调字第 20 号调解书的行为，应当参照《仲裁法》和仲裁规则中有关裁决书补正的规定进行审查。

第二，《仲裁法》第 56 条③与《深圳仲裁委员会仲裁规则》第 64 条也对补正裁决书做出了类似的规定。本案仲裁庭将［2007］深仲调字第 20 号调解书中“丁方以其位于深圳罗湖区嘉多利花园北区嘉丰阁 12A 的住宅对乙方的上述债务承担抵押担保责任”变更为“丁方以其位于深圳罗湖区嘉多利花园北区嘉丰阁 12A 的住宅对乙方的上述债务在人民币捌拾万元限额内承担抵押担保责任”，不属于对有关文字、计算错误的补正，亦非对仲裁庭已经裁决或在仲裁庭主持下已经达成调解协议但在调解书中遗漏事项的补正，实际上是对担保人陈静云应承担的担保责任所做的裁决，没有法律依据。

第三，案涉补正调解书的“补正行为”，不仅修改了仲裁程序中相关当事人达成的调解协议，而且剥夺了相关当事人就该问题向仲裁庭进行申辩的权利。

综上，最高人民法院认为案涉《补正调解书》应根据《民事诉讼法》第 258 条第 1 款第 3 项的规定，予以撤销。④

4. 案例评析

本案值得关注的法律问题有：第一，《仲裁调解书》与补正的定性。本案首先明确了仲裁调解书的定性，即它具有与仲裁裁决书等同的法律效力，因此，在针对仲裁调解书进行补正，形成补正调解书时，尽管没有明确的程序和规则予以规范，但应参照仲裁裁决书的补正程序和规则

---

① 参见［2009］粤高法民四他字第 11 号请示。

② 该条规定：“甲调解书经双方当事人签收后生效，并与裁决书具有同等法律效力。”

③ 该条规定：“对裁决书中的文字、计算错误或者仲裁庭已经裁决但在裁决书中遗漏的事项，仲裁庭应当补正；当事人自收到裁决书之日起 30 日内，可以请求仲裁庭补正”。

④ 参见［2010］民四他字第 45 号复函。

进行。

本案其次强调了调解书或裁决书的补正之本质与功能，简言之，补正与裁决具有不同性质，针对不同的问题。补正针对的是已经作出裁决的内容，且属于书写、计算和形式方面的问题，不应对当事人的法律关系之定性、实体权利义务之分配作出变动，否则即构成补充裁决或者重新裁决，而非裁决或调解书的补正。事实上，本案仲裁庭已经涉嫌作了重新裁决，这是以新裁决的形式实质变更旧裁决的行为，不仅与程序问题相关，也与仲裁裁决的既判力有关。[①] 这也意味着，仲裁庭必须明确，即便其作为仲裁裁决的“作者”身份，对于仲裁裁决的干预或调整也必须恪守为与不为的状态界限，这就是仲裁裁决生效与否的临界线，而这与立法所允许的补正时效直接相关。仲裁裁决一旦越过允许补正的时限，即便该仲裁裁决存在问题或者错误，仲裁庭均不能径直修改调整之，而只有通过仲裁裁决司法审查的方式予以救济。毕竟，在仲裁裁决被法律赋予法律效力之前，它还只是一纸草稿，但其生效之后，就具有了对世的——包括对仲裁机构和仲裁庭的神圣拘束力，“动之必以礼”。

第二，补正程序中程序参与与程序违反的竞合。从人民法院的司法审查意见看，特别是最高人民法院的复函意见显示，本案中相关仲裁庭的补正既涉及未给予当事人陈述意见而直接变更其实质权利义务的程序参与问题，也涉及未遵守补正规则的程序违反问题。尽管存在两种撤销依据的竞合情形，但本案司法审查的最终结论却落脚在程序违反即《民事诉讼法》第 274 条第 1 款第 3 项上。

此种结论有值得进一步澄清的必要，毕竟程序参与与程序违反之间存在可以区分也应予区分的必要。本案实际上存在三个法律上的瑕疵：一是针对案件实体问题进行补正，以补正之名行重裁之实；二是既为重裁，则侵犯了仲裁裁决既判力和仲裁一裁终局之原则；三是在实体重裁中未给予当事人陈述意见的机会。在这三种瑕疵中，应如何在法律上归属其撤裁的依据类型？本书倾向于认同最高人民法院的审查结论，即应以程序违反而非程序参与为依据撤销案涉《补正调解书》；但本书不赞同最高人民法院的司法说理。

---

① 参见黄晖、张春良《论生效体育仲裁裁决的瑕疵与补正》，《武汉体育学院学报》2017 年第 12 期。

一方面，就程序违反与程序参与两个依据在本案中的适用看，本案仲裁庭更根本的“恶”是以补正之名行重裁之实，这是明显的程序违反情形。至于程序参与问题，则是依附在程序违反基础之上的衍生或次生之“恶”，因为如果根本不应该进行补正，也就无从谈起给予当事人陈述意见的机会。换言之，本案中程序参与作为一个问题，是立足于程序违反之上的：没有违法补正，就不会发生程序参与的问题；另一方面，在重裁与作为重裁结果的对一裁终局或仲裁裁决既判力的冲犯上，二者被认为具有同等法律性质，即均属程序违反。在本案中，以补正形式实施的重裁被人民法院定性为程序违反，在其他一些有关仲裁裁决涉嫌重裁的案件中，[①] 人民法院也倾向于将其定性为程序违反的情形予以审查。

（二）撤销［2003］穗仲案字第2671号裁决案

1. 案情简介

表3-2　　案情简介

序号	时间	案件事实
1	2000. 11. 01	广州金银首饰有限公司（以下简称金银首饰公司）与吴金成签订《承包协议》。《承包协议》第6条第1款规定，如双方就争议问题不能协商一致，则由广州仲裁委员会裁定
		金银首饰公司与杨志红签订《担保协议》，杨志红承诺对吴金成履行《承包协议》中约定的义务承担担保责任。杨志红与吴金成是雇佣关系，杨志红是雇主，吴金成是雇工，三方在签订上述两协议时均知道金银首饰公司广源部的实际经营人将为杨志红
2	2001. 12	《承包协议》的履行已实际终止，金银首饰公司广源部的账面存货为黄金86868. 43克
3	2003. 12. 30	金银首饰公司向广州仲裁委员会提起仲裁申请

① 本书下文对此类案件有进一步的论述。尽管司法审查实践中对此存有不同的定性，但大多数案件是以“程序违反”的理由进行审查。除本案外，此类案件包括但不限于：“江智锋申请撤销仲裁裁决”案，参见［2005］民四他字第23号复函；“浙江省天河房地产联合发展公司申请撤销贸仲上海分会［1997］沪贸仲字第096号裁决”案，参见［2003］沪高民三（商）他字第3号请示；等等。部分案件则是以“仲裁机构无权仲裁”为由进行审查。例如，“东莞市浩庆纸业有限公司等申请不予执行仲裁裁决”案中深圳中级人民法院就是以仲裁机构无权仲裁为由进行审查的，参见［2015］粤高法仲复字第1号请示；“北京康卫医药咨询服务中心有限公司申请撤销贸仲仲裁裁决”案，参见京高法［2012］352号请示。

续表

序号	时间	案件事实
4	2004. 01. 10	广州仲裁委员会受理案件后，向杨志红送达《仲裁通知书》《仲裁规则》《仲裁员名册》等文件，告知其在收到该通知和仲裁申请书副本限期内提交答辩状、选定仲裁员，并与仲裁申请人约定仲裁庭的组成方式等权利义务。其后，杨志红在提交的答辩状中表明其香港居民身份
5	2004. 02. 20	杨志红向广州仲裁委员会提交《关于适用涉外仲裁程序审理本案的申请》，声明："杨志红系香港永久性居民，请求按照涉外程序组成仲裁庭审理本案，选定仲裁员张劲为仲裁庭成员，并委托广州仲裁委员会指定首席仲裁员。"
6	2004. 01. 05	吴金成选定仲裁员潘国荣
7	2004. 01. 10	杨志红选定仲裁员张劲
8	2004. 02. 13	广州仲裁委员会主任指定李非淆担任本案独任仲裁员，成立独任仲裁庭
9	2004. 04. 01	仲裁庭第一次开庭
10	2004. 05. 13	仲裁庭第二次开庭审理时，要求全银首饰公司明确仲裁请求
11	2004. 05. 25	金银首饰公司向仲裁庭提交《明确仲裁请求申请书》。变更后的仲裁请求之一是，要求吴金成、杨志红对其承包终止时库存黄金承担缴纳增值税和相关税费的义务，或由金银首饰公司返购该库存黄金
12	2004. 05. 31	仲裁庭向杨志红送达该《明确仲裁请求申请书》副本，但是其中并无"或由金银首饰公司返购库存黄金"这一句话。在仲裁庭的开庭笔录中也没有上述明确仲裁请求的记载
13	2004. 11. 04	仲裁庭第三次开庭
14	2004. 11. 12	仲裁庭作出案涉仲裁裁决①
15		杨志红不服该仲裁裁决，向广州市中级人民法院申请撤销该仲裁裁决
16	2005. 08. 09	广州市中级人民法院作出76号民事裁定，② 驳回杨志红的撤销仲裁裁决申请
17	2006. 04. 26	广州市中级人民法院复查后，作出597号民事裁定，③ 决定对该案进行再审
18	2007. 03. 06	广州市中级人民法院另行组成合议庭进行再审后，认为原审裁定对申请人杨志红提出的仲裁庭组成不合法、仲裁程序违反法定程序等问题认定事实不清，适用法律不当，故作出95号民事裁定，④ 撤销76号民事裁定

① 参见［2003］穗仲案字第2671号仲裁裁决。

② 参见［2005］穗中法仲审字第76号民事裁定。

③ 参见［2006］穗中法民申字第597号民事裁定。

④ 参见［2006］穗中法审监民再字第95号民事裁定。

续表

序号	时间	案件事实
19	2007. 03. 16	杨志红据此再次向广州市中级人民法院提出撤销该仲裁裁决的申请
20	2007. 04. 18	广州市中级人民法院重新予以立案受理
21	2007. 03. 16	广州市中级人民法院拟裁定撤销，向广东省高级人民法院请示
22	2008. 04. 03	广东省高级人民法院作出请示
23	2008. 07. 24	最高人民法院作出复函

2. 双方诉答

撤销申请人杨志红认为：第一，案涉仲裁应适用普通程序，但却适用了简易程序；第二，在申请人变更仲裁请求之后，仲裁庭并未告知，未给予其陈述意见的机会。

撤销被申请人则认为：第一，撤销仲裁裁决的时效已过；第二，仲裁程序符合仲裁规则。故应驳回撤销申请。

3. 司法审查

广州市中级人民法院审查后请示认为：第一，杨志红为香港居民，金银首饰公司对其提起承包合同仲裁属于涉外仲裁，审理的程序应依涉外程序，当事人的有关答辩期限等权利应根据仲裁规则予以 45 天的期限，但从仲裁案卷中发现并未给予杨志红足够的答辩期限。本案裁决杨志红向金银首饰公司返还黄金，数额巨大，远超过简易程序可以适用的标的金额，根据仲裁规则，对此种案件除非当事人书面同意，否则不应适用简易程序进行审理，但原仲裁裁决却在不具备此前提下独任仲裁、适用简易程序审理，违反了《广州仲裁委员会仲裁规则》。

第二，金银首饰公司多次变更仲裁请求，但最后一次确认的仲裁请求杨志红否认已知，且未在开庭笔录中有所体现，不能充分证明该仲裁请求杨志红已了解。仲裁机构以未在庭审笔录中确认的仲裁请求予以最终裁决，其程序严重违法。

第三，关于杨志红再次提出撤销仲裁裁决申请是否符合有关规定的问题，根据《仲裁法》的规定，当事人申请撤销仲裁裁决的，应当自收到裁决书之日起 6 个月内提出；根据最高人民法院《关于当事人对人民法院撤销仲裁裁决的裁定不服申请再审人民法院是否受理问题的批复》，对于当事人对人民法院撤销仲裁裁决的裁定不服申请再审的，人民法院不予受理。本案中，广州市中级人民法院对该案进行再审，是人民法院复查之后主动决定再审，不是基于当事人的申请而启动，此种情形应不属于上述司法解释规定的不予受理的情形。虽然杨志红此次撤销仲裁裁决的申请自收到裁决书之日已超过6个月，但因76号民事裁定已被95号民事裁定撤销，杨志红据此再次提出撤销仲裁裁决申请应视为其第一次提出撤销仲裁裁决申请，未超过6个月的时效。

当然，该院95号民事裁定亦存在不足，该再审裁定在撤销76号民事裁定的同时应指定对原申请重新进行审查，而无须由当事人再次提起撤销仲裁裁决申请。但因原仲裁确属程序不当，为充分保障当事人的合法权益，依照《仲裁法》第70条、《民事诉讼法》第260条第1款第3项之规定，拟裁定撤销广州仲裁委员会作出的案涉仲裁裁决。

广东省高级人民法院审查后请示认为：第一，金银首饰公司提交的《明确仲裁请求申请书》中有“由金银首饰公司向杨志红返购库存黄金”这一请求，但仲裁庭送达杨志红的《明确仲裁请求申请书》中却未载有该项内容。本案其他仲裁文书及开庭笔录均未反映金银首饰公司的仲裁请求中含有该项内容。仲裁庭在未将该项仲裁请求告知杨志红的情况下，裁决支持该项仲裁请求，导致杨志红未能就该项仲裁请求陈述意见。

第二，根据《广州仲裁委员会仲裁规则》第121条的规定，涉外仲裁的被申请人答辩期为45日，但从查明的事实看，仲裁庭并未给予杨志红45天的答辩及举证期限。

第三，关于杨志红再次提出撤销仲裁裁决申请是否符合有关规定的问题。根据《仲裁法》第59条的规定，当事人申请撤销仲裁裁决的，应当自收到裁决书之日起6个月内提出。杨志红第一次向广州市中级人民法院提出撤销仲裁裁决申请是在其收到裁决书之日起的6个月内，并未怠于行使其向人民法院寻求司法救济的权利。由于广州市中级人民法院驳回杨志红第一次撤销仲裁裁决申请的76号民事裁定已被95号民事裁定撤销，杨志红于2007年3月16日再次提出撤销仲裁裁决申请，该院重新立案，应当允许。

本案仲裁裁决具有《民事诉讼法》第258条第1款第2、3项情形，足以确认本案仲裁程序存在问题，杨志红申请撤销仲裁裁决符合法律规定，应予支持。[①]

最高人民法院审查后复函认为：第一，广州仲裁委员会裁决杨志红向首饰公司返购的黄金价值超过了 20 万元，且当事人没有书面意见同意仲裁委员会适用简易程序。根据《广州仲裁委员会仲裁规则》第八章“简易程序”第 97 条规定，[②] 应适用普通程序审理案件。但广州仲裁委员会适用简易程序审理本案，属于《民事诉讼法》第 258 条第 1 款第 3 项所指情形。

第二，金银首饰公司向仲裁庭提交的《明确仲裁请求申请书》中，有“由首饰公司向杨志红返购库存黄金”的请求。但仲裁庭送达杨志红的《明确仲裁请求申请书》中却未载有该项内容，仲裁庭的开庭笔录中也没有上述明确仲裁请求的记载。仲裁庭在未将该项仲裁请求告知杨志红的情况下，裁决支持该仲裁请求，导致杨志红未能就该请求陈述意见，属于《民事诉讼法》第 258 条第 1 款第 2 项所指的情形。

综上，案涉仲裁裁决应予撤销。[③]

4. 案例评析

本案案情较为简单，但存在几个关键的情节和时点，也是本案值得关注的法律问题。这些问题可概括如下：第一，关于仲裁简易/普通程序的适用范围。仲裁机构通常为提供简易仲裁规则和普通仲裁规则，区分案件争议金额和复杂程度采取不同的程序规则，以提升仲裁效率。简易与普通程序规则包括许多重要差别，仲裁庭的组建方式就是其一。简易程序一般采取独任制仲裁，而普通程序则一般采取三人制仲裁。因此，作为本案的争点之一即是究竟应当适用简易还是普通程序，以及案涉仲裁庭究竟应采取独任制还是三人制模式。从所披露的资料，以及人民法院司法审查意见可以看出，广州仲裁委员会对于涉外、争议标的超过 20 万的争议采取三人制仲裁庭为一般规则，当事人合意变更为独任制仲裁庭为特殊规则的规定。因此，案涉仲裁本应采取普通程序，设立三人制仲裁庭，但实际上采取了简易程序，仅仅设立了独任制仲裁庭，由此构成程序违反。

---

① 参见［2007］粤高法民四他字第 22 号请示。

② 该条规定：“除当事人另有约定外，凡是争议金额不超过人民币 20 万元的仲裁案件，适用本章规定；争议金额在 20 万元以上，双方当事人书面同意的，也可以适用本章规定。”

③ 参见［2008］民四他字第 21 号复函。

第二，关于仲裁请求变更与通知。仲裁请求的变更对被申请人构成了不同的权利义务主张，针对这些主张应首先给予被申请人以时间提供变更答辩的机会，仲裁庭只有在兼听的基础之上才能做出正确的判断。因此，当申请人变更仲裁请求时，仲裁庭对被申请人必须确保：一是及时告知，二是保障答辩的机会，三是给予答辩的必要准备和时间。否则，将首先构成程序参与上的瑕疵，其次也构成仲裁请求变更情况下程序规则的违背。当然，在立法将程序参与作为有别于程序违反的撤销依据予以单独设置的格局下，即便本案中的情形在范畴归属上隶属于程序违反的大类，但应首先和首要地将其视为是程序参与的问题。如此，在仲裁申请人变更仲裁请求，而仲裁庭并未告知被申请人的情况下，尽管具有程序参与与程序违反的竞合属性，但在审查时应将其定性为程序参与的问题。本案人民法院的司法审查也是持此立场的。

第三，关于仲裁裁决司法审查裁定的救济。根据我国司法审查仲裁裁决的规则设置，人民法院针对仲裁裁决作出的（驳回）撤销及（不予）执行的裁定采取原则“一裁终局”，当事人不得申请复议、提出上诉或者申请再审。[①] 本案提供了一个特别的实例，它表明尽管当事人不能就人民法院已经驳回撤销申请的民事裁定提起上诉，申请复议或者申请再审，但这并不禁止人民法院主动启动再审程序进行自我纠正。再审程序作为审判监督程序，在《民事诉讼法》中主要有三种启动模式：一是当事人在规定时限内提起；二是人民法院内部提起；三是人民检察院通过抗诉方式提起。在仲裁裁决司法审查中，针对司法审查的民事裁定，能否也通过审判监督程序进行再审，这是一个值得思考的问题。从最高人民法院的相关司法解释看，它明确排除了当事人提起的方式，但并未明确人民法院内部自启动和人民检察院的抗诉启动是否适用的问题。本案对此作了一个明确的回应，弥补了规则设置上的不明之处。但本案只是肯定了人民法院内部主动启动审判监督以纠正司法审查仲裁裁决之裁定的方式，我国毕竟不是“遵循先例”的判例法国家，因此本案之后至少在如下方面仍然不无疑义：

---

① 根据最高人民法院《关于审理仲裁司法审查案件若干问题的规定》第 20 条规定，人民法院在司法审查仲裁案件中作出的裁定，一经送达即发生法律效力，但不予受理、驳回申请、管辖权异议的裁定，可以提起上诉。

其一，人民检察院是否也可采取抗诉方式针对人民法院作出的司法审查仲裁裁决之裁定要求人民法院再审？从规则层面看似无反对或否定的根据。

其二，本案所涉的再审程序所针对的人民法院司法审查裁定，是无须按照“内部报核”程序逐级层报至最高人民法院的驳回撤销申请的裁定。如果反过来，设若人民法院裁定撤销仲裁裁决的，由于该裁定此前经过了最高人民法院的复函批复，因此相关中级人民法院应不能直接启动审判监督程序进行更改。如此，审判监督程序是否也适用于经过内部报核的司法审查仲裁裁决的民事裁定？如果适用，进一步的问题则是，此种再审程序的启动是由最高人民法院启动，还是由相关中级人民法院或高级人民法院也按内部报核的方式逐级请示至最高人民法院复函同意后方可启动？从一体对待或救济人民法院司法审查仲裁裁决的民事裁定的角度看，似无理由对此类民事裁定进行分类，进而适用审判监督程序时采取区别处理的做法。若此，同时鉴于最高人民法院并非作出司法审查仲裁裁决相关民事裁定的主体，尽管其对否定性的民事裁定进行了复核，值得肯定的做法应是，由相关中级或高级人民法院作出再审决定之前，先行逐级报批最高人民法院，待其复核同意后，再由裁定作出的主体即相关中级人民法院作出再审裁定。

其三，人民法院通过再审程序救济已经作出的民事裁定时，在程序上究竟应当通过新的民事裁定直接再次发动对仲裁裁决的司法审查，还是只是通过新的民事裁定消极撤销原司法审查裁定？二者的相同之处在于，再审裁定仅仅针对原人民法院对仲裁裁决进行审查后作出的司法裁定，不能直接审查仲裁裁决；二者的不同之处在于，再审裁定只是消极地撤销原民事裁定，还是可以同时积极地、无须当事人另行申请地直接启动对仲裁裁决的司法审查？这一点正是广州市中级人民法院和广东省高级人民法院的分歧之处：广州市中级人民法院仅以再审裁定撤销了原民事裁定，但广东省高级人民法院则认为其“第 95 号民事裁定亦存在不足，该再审裁定在撤销［2005］穗中法仲审字第 76 号民事裁定的同时应指定对原申请重新进行审查，而无须由当事人再次提起撤销仲裁裁决申请”。从实际效果看，两种做法的差距是，是否需要原申请人再次启动原申请程序。进一步考察之，两种做法之间的差距还会触发本案所涉及的另外一个问题，即在需要原申请人重新提起申请的情形下，是否存在以及如何计算时效的问题。这正是本案所涉及的另外一个问题，该问题在采取广东省高级人民法院通过再审裁定直接指定再审的方式下，是可以避免的。就此而言，赋予再审裁定两种法效，一是消极地撤销原民事裁定的法效，二是积极地指令对原申请进行再审，此种方式更具效率，从而也就更具竞争力。

第四，关于仲裁裁决申请撤销的时效。由于本案中广州市中级人民法院采取的是再审裁定仅消极撤销原民事裁定的做法，并未同时指令再审，这就只是消极地否定了原民事裁定，但仲裁裁决仍然处于原始状态，需要相关当事人再次提出司法审查的申请。这就涉及申请时效的起算问题：是仍然按原仲裁裁决作出之日起算，还是按照再审裁定作出之日起算？后者无疑是合理的。本案中司法机关也表达了这样的立场，即再审程序下申请时效不应适用《仲裁法》和相关司法解释的规定：《仲裁法》关于6个月的时效规定，以及最高人民法院《关于当事人对人民法院撤销仲裁裁决的裁定不服申请再审人民法院是否受理问题的批复》关于人民法院不予受理的规定，不适用于本案；本案中，广州市中级人民法院决定对该案进行再审，是人民法院复查之后主动决定再审，不是基于当事人的申请而启动，此种情形应不属于上述司法解释规定的不予受理的情形。虽然杨志红此次撤销仲裁裁决的申请自收到裁决书之日已超过6个月，但因76号民事裁定已被95号民事裁定撤销，杨志红据此再次提出撤销仲裁裁决申请应视为其第一次提出撤销仲裁裁决申请，未超过6个月的时效。简言之，再审程序下，如果仍然需要当事人申请启动审查程序的，应以当事人收到撤销原民事裁定的再审裁定之日起算，而非自收到原仲裁裁决之日起算。

（三）撤销［2008］中国贸仲京裁字第0044号裁决案

1. 案情简介

表3-3 案情简介

序号	时间	案件事实
1	2002. 08. 24	蜀乐公司与欣源公司签订《合作合同书》，约定双方共同将蜀乐公司内输液一车间改造为塑胶输液车间。仲裁条款约定：凡因执行本合同所发生的或与本合同有关的一切争议，调解不成的，应提交中国贸仲仲裁
2	2002. 08. 25	蜀乐公司与欣源公司签订《塑胶输液生产车间经济责任承包书》，将塑胶输液车间交由蜀乐公司承包经营。仲裁条款约定：凡因执行本合同所发生的或与本合同有关的一切争议，调解不成的，应提交贸仲仲裁
3	2002. 12. 08	香港中华药业有限公司（香港中华药业生物科学有限公司的原名称）为蜀乐公司提供担保，并向欣源公司出具《担保函》

续表

序号	时间	案件事实
4	2003. 12. 23	蜀乐公司与欣源公司签订《补充确认书》，对蜀乐公司向欣源公司支付股东回报的时间进行调整
5	2006. 09. 04	欣源公司向仲裁委提请仲裁，被申请人为蜀乐公司与香港中华药业
6	2006. 09. 25	仲裁委向“香港中华药业集团”邮寄仲裁文件，但受送达人名称及地址均与香港中华药业生物公司当时名称及地址不一致（当时名称：香港中华药业有限公司）
7	2007. 01. 11	香港中华药业公司邮寄第一份《授权委托书》，受托人：刘会利、侯希玲
8	2007. 05. 23	仲裁委员会《管辖权决定书》载明：蜀乐公司书面同意仲裁管辖。但香港中华药业公司未提交类似书面同意仲裁管辖的函件
9	2007. 06. 22	香港中华药业公司邮寄第二份《授权委托书》：受托人：刘会利、丁旭
10		香港中华药业公司邮寄第三份《授权委托书》：受托人：刘会利、丁旭，并办理公证手续
11		仲裁庭作出案涉裁决，① 裁定香港中华药业公司对蜀乐公司承担连带担保责任
12		香港中华药业公司向北京二中院提出撤裁申请。北京二中院作出请示
13	2008. 12. 19	北京市高院作出请示
14	2009. 03. 18	最高法作出复函

2. 撤销理由

撤销申请人提出多种理由，其中与程序参与和程序违反相关的理由是：第一，仲裁庭拒绝接受香港中华药业生物公司对《担保函》印章进行鉴定的申请，以致香港中华药业生物公司无法对《担保函》印章真实性问题陈述意见，直接导致裁决对本案重要证据《担保函》真实性作出了错误认定，应予撤销。

第二，香港中华药业生物公司没有得到指定仲裁员或者进行仲裁程序的通知，且由于其他不属于香港中华药业生物公司负责的原因未能陈述意见。

第三，仲裁庭的组成以及仲裁的程序与仲裁规则不符。

第四，仲裁程序的其他违法以及瑕疵。一是贸仲在仲裁通知上除错误

① 参见［2008］中国贸仲京裁字第0044号裁决书。

标注香港中华药业生物公司的地址外，还错误标注四川蜀乐公司的企业名称。贸仲在仲裁通知上标注仲裁第二被申请人名称为“香港中华药业集团”，且没有标注英文名称，显然与香港中华药业生物公司的正式名称有巨大差别。贸仲在仲裁裁决书中错误记载四川蜀乐公司的住所地和法定代表人信息。二是贸仲在《管辖权决定书》上仍然标注仲裁第二被申请人的企业名称为“香港中华药业集团”，且没有注明英文名称，再次错误标注仲裁当事人名称。三是贸仲在开庭之时，没有依法证实审查仲裁当事人身份，没有审查《授权委托书》的合法性、真实性，造成仲裁程序存在重大瑕疵。四是贸仲在审理本案过程中，就案件证据的鉴定和审查问题，亦未能充分保障当事人说明意见的权利，明显偏颇。

综上，仲裁裁决明显违反法定程序，恳请人民法院依法查明案件事实，撤销该仲裁裁决。

3. 司法审查

北京市第二中级人民法院审查后请示认为：在未签订书面仲裁协议的情况下，接受贸仲管辖，属于香港中华药业生物公司特别授权范畴，而该公司并未授予其代理律师接受贸仲管辖的权限。刘会利律师出具《关于同意管辖及继续审理的函》超越其代理权限。鉴于香港中华药业生物公司并未表示接受贸仲管辖，其与汕头欣源公司、四川蜀乐公司既未在合同中订有仲裁条款，亦未在事后达成书面仲裁协议。根据《民事诉讼法》第 258 条第 1 款第 1 项的规定，拟撤销案涉仲裁裁决。

北京市高级人民法院审查后请示认为：第一，仲裁程序中存在的问题。一是贸仲向“香港中华药业集团”邮寄《仲裁申请书》等材料，此次送达过程中，受送达人名称以及地址均与香港中华药业生物公司当时名称及地址不一致。香港中华药业生物公司否认收到上述送达材料，没有直接证据证明该公司收到上述材料。二是贸仲先后收到三份《授权委托书》，香港中华药业生物公司认可第三份《授权委托书》的真实性、合法性，否认此前两份《授权委托书》以及《关于同意管辖及继续审理的函》系由其出具，否认刘会利律师在 2006 年 9 月至 2007 年 6 月 22 日期间获得了其正式授权。三是香港中华药业生物公司与四川蜀乐公司、汕头欣源公司未在有关合同中订立仲裁条款，亦没有证据证明香港中华药业生物公司与四川蜀乐公司、汕头欣源公司在纠纷发生前达成书面仲裁协议。

第二，同意北京市第二中级人民法院撤销本案仲裁裁决的意见。仲裁条款、仲裁协议应由当事人自愿达成、接受。香港中华药业生物公司未在参加仲裁程序前达成仲裁条款或者签署仲裁协议。可认为，香港中华药业生物公司并未表示接受贸仲的管辖。

综上，根据《民事诉讼法》第258条第1款第1项，拟撤销案涉仲裁裁决。[①]

最高人民法院审查后复函认为：本案的焦点在于中华药业公司是否接受仲裁庭的管辖。从请示报告所述事实看，尽管中华药业公司因第一、二份《授权委托书》未办理公证手续而否认其效力，但在仲裁庭开庭时，因汕头欣源公司对刘会利律师提交的《授权委托书》未办理公证手续提出异议，刘会利律师当庭表示庭后补办手续，其并未对仲裁庭的管辖提出异议。嗣后，刘会利律师按照自己的承诺补办了第三份《授权委托书》并进行了公证。该委托书手续补办完整后，为仲裁庭所接受。对此，可认为中华药业公司对刘会利律师参加仲裁的行为进行了追认。根据《仲裁法》第20条第2款规定，[②] 及贸仲2005年版《仲裁规则》第8条之规定，[③] 刘会利律师于仲裁庭开庭时，并未提出管辖权异议，而是进行了实体答辩。据此，可认为中华药业公司放弃了提出异议的权利，仲裁庭对本案享有管辖权。

综上，香港中华药业生物科学有限公司以仲裁庭对案件不享有管辖权为由申请撤销，其理由不能成立。[④]

4. 案例评析

本案涉及的主体较多，各彼此之间的法律关系较为复杂，为直观起见，相关主体及其法律关系结构如图3-2所示。

结合案情及图3-2，本案涉及的法律问题主要有：

第一，人民法院对涉外仲裁裁决的司法审查，当存在多种撤销依据时优先审查管辖权。本案因委托人事后补正授权委托书和受托人在仲裁程序进行中未提管辖异议，而被认定为放弃管辖权异议，涉及仲裁管辖权、仲

---

① 参见京高法［2008］373号请示。

② 该条款规定：“当事人对仲裁协议效力有异议的，应在仲裁庭首次开庭前提出。”

③ 该条规定：“一方当事人知道或者理应知道本规则或仲裁协议中规定的任何条款或情事未被遵守，但仍参加仲裁程序或继续进行仲裁程序而且不对此不遵守情况及时地、明示地提出书面异议的，视为放弃其提出异议的权利。”

④ 参见［2009］民四他字第1号复函。

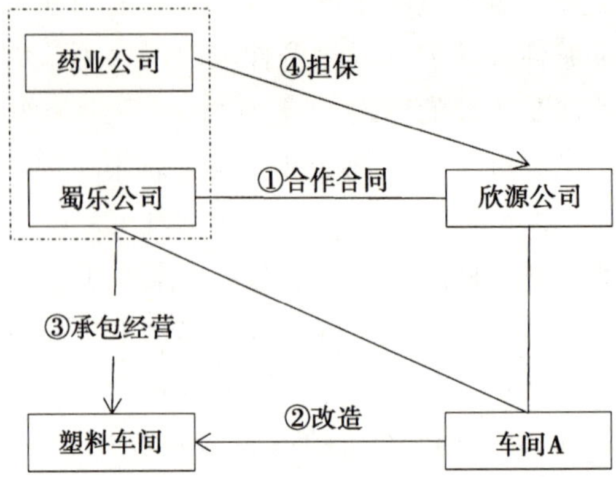

图 3-2　案件法律关系

裁程序参与和仲裁程序违法三种司法审查依据。从最高人民法院的司法审查重点看，其将案涉诸多问题归集为一个焦点问题，这就是中华药业公司是否接受了仲裁庭的管辖。这种概括体现了人民法院审查时的逻辑位序。应当说，此种立场是稳健的，毕竟如果当事人没有接受仲裁庭的管辖，也就谈不上程序违反与程序参与的问题了。概括而言，当人民法院认为仲裁庭管辖权存在问题时，就没有必要去审查程序违反与程序参与上的瑕疵；反之，当仲裁庭管辖权不存在问题时，才有进一步审查程序参与和程序违反的必要。

第二，代理人未提管辖权异议的，通过代理权追认和代理程序中的不作为，视为默认放弃管辖异议。最高人民法院的司法审查意见认可被代理人对代理人参加仲裁的行为进行的追认，进而认定代理人在仲裁庭审中没有提管辖权异议，视为放弃管辖权异议。但本案存在以下问题：首先，从仲裁审理的角度，仲裁庭应当严格遵守仲裁程序的要求，针对被代理人欠缺代理手续的，应当责令其补正后开庭，否则不应让其参加仲裁庭审。在此过程中，代理人就无法代表被代理人行使程序权利。本案中，在代理人资格欠缺的情况下，不能认定代理人享有默示接受仲裁管辖的权利，被代理人的管辖异议权利不应丧失。其次，放弃管辖权应为特别授权范畴。从北京市第二中级人民法院、北京市高级人民法院司法审查结果和整个案件材料来看，代理人没有取得特别授权，因此，代理人没有提出管辖异议不应视为被代理人放弃管辖异议的权利。最后，本案中，被代理人委托代理人参加庭审，尽管其委托手续有缺陷，但被代理人委托代理人参加庭审的这一行为表明其知晓仲裁并行使权利。加上，委托代理手续是开庭后仲裁庭审查事项，而管辖权异议应当在首次开庭前提出，因此，本案的处理结果应为被代理人放弃管辖权异议，但其理由却不能采用反向的“司法结论倒推”的做法。

第三，本案当事人明确主张了程序参与和程序违反的问题，但最高人民法院仅审查管辖权事项，并据此作出裁定意见，没有针对上述两事项进行审查是不准确的。上已述及，除非人民法院裁定仲裁机构没有管辖权，否则在当事人的主张下，就需要进一步审查案涉仲裁裁决是否存在程序参与和程序违反方面的瑕疵，最终才能裁定案涉仲裁裁决是否应予撤销。简言之，案涉仲裁裁决并不能因为仲裁机构有管辖权就能证立，必须同时排除其他可能导致其被撤销的依据。但遗憾的是，本案中最高人民法院却仅将司法审查的关注点限缩到管辖权问题上，对当事人的其他主张未予回应。如此审查的法律后果则是，即便案涉仲裁裁决存在程序参与和程序违反方面的问题应予撤销，但因最高人民法院仅审查管辖权问题且业已排除该瑕疵的存在而认定撤裁理由不成立，这就导致应被撤销的仲裁裁决被法律所维持，而不能得到救济。这是违法和不公平的。

二　仲裁通知与程序参与

撤销［2007］中国贸仲深裁字第85号裁决案就涉及仲裁通知是否符合仲裁程序的司法审查。

1. 案情简介

表 3-4　　**案情简介①**

序号	时间	案件事实
1	1995.06.07	成功公司与龙川县交通发展总公司签订《中外合作龙川成功交通有限公司合作合同》（以下简称为6月合作合同），约定设立中外合作龙川交通有限公司，含仲裁条款。 仲裁条款约定：凡因执行本合同所发生的或与本合同有关的一切争议，双方应通过友好协商解决。如果协商不能解决，提交新加坡国际经济仲裁中心仲裁，适用该会仲裁规则

① 参见“撤销［2007］中国贸仲深裁字第85号裁决”案，载万鄂湘主编《涉外商事海事审判指导》（总第22辑），人民法院出版社2012年版，第158—163页。

续表

序号	时间	案件事实
2	2000.03.07	龙川县政府与成功公司、龙川县交通发展总公司签订《提前终止合作合同协议书》（以下简称为3月协议），含仲裁条款。 仲裁条款约定：在执行本协议过程中，如发生争议，双方应首先协商解决，协商不成的，任何一方均可向贸仲深圳分会申请仲裁，该仲裁是终局的，对双方均具有约束力
3	2000.10.17	龙川县政府与成功公司签订《关于龙川东江老隆大桥项目提前终止合作合同补充协议书》（以下简称为10月补充协议书），对协议书资金还款数额和支付期限作了变更，其余未变
4	2001.03.10	龙川县交通发展总公司与成功公司就提前终止合同又签订了《提前终止〈中外合作龙川成功交通有限公司合作合同〉协议书》（以下简称为3月终止协议书），龙川县政府作为监证方在协议上盖章
5	2001.10.25	合作公司召开董事会，通过提前终止合作合同的决议
6	2004.01.05	龙川县政府与成功公司签订《补充协议书（二）》
7	2004.03.12	合作公司注销
8	2006.06.28	成功公司向华南分会提起仲裁
9	2006.11.10	龙川县政府向仲裁庭就其当事人资格提出异议，龙川县交通发展总公司也提出了声明
10	2006.11.22	成功公司明确反对龙川县交通发展总公司作为本案被申请人参与仲裁
11	2006.12.05	华南分会秘书处发函确认不将龙川县交通发展总公司作为仲裁当事人
12	2007.08.04	仲裁庭作出仲裁裁决①
13	2010.06.28	广东省高院作出请示
14	2010.09.29	最高法作出复函

2. 司法审查与案例评析

从仲裁通知的角度观察，② 本案主要涉及如下问题：

第一，仲裁机构和仲裁庭之间的权力划分以及仲裁庭的通知主体资格。该案中，深圳市中级人民法院和广东省高级人民法院均认为，关于仲裁主体资格问题的认定的权力，应当由仲裁委员会或仲裁委员会授权仲裁庭以决定形式行使，秘书处作处理属于主体错误。最高人民法院虽

① 参见［2007］中国贸仲深裁字第85号仲裁裁决。

② 鉴于该案中，最高人民法院主要从“程序违反”的视角进行复函，因此本案将在下文进行评述，此处仅从仲裁通知与程序参与的视角进行评述。

未直接回应该问题，但根据当事人未在首次开庭前提出异议超过仲裁规则规定的时间，而仲裁规则没有对超过规定时间的主体资格异议作出明确规定，认定当事人对仲裁秘书处作出管辖权异议失权。最高人民法院这一做法从反面肯定了仲裁秘书处无权对主体资格认定作处理。仲裁秘书处属于仲裁机构的工作部门，本案也反映了仲裁机构和仲裁庭的权限范围。仲裁庭组成后，仲裁庭对当事人的实体性和程序性的行使裁决权，仲裁机构仅作为仲裁庭的辅助机构，为仲裁机构行使辅助性只能。在这一点上，仲裁庭作为仲裁权行使的主要主体，仲裁机构通知的权利和义务在一定程度上也是仲裁庭行使仲裁权的延伸，因此，仲裁庭应当也具有仲裁的通知主体资格。

第二，本案中，龙川县交通发展总公司的被通知主体资格。本案中，龙川县政府通过《提前终止合作和合同协议书》，代龙川县交通发展总公司向成功公司支付款项。成功公司申请仲裁也是依据该合同。但该合同签订的基础是龙川县交通发展总公司和成功公司签订的《中外合作龙川成功交通有限公司合作合同》。龙川县交通发展总公司是本案的利害关系人，但未作为仲裁的当事人或参与人参加仲裁。本案中，龙川县交通发展总公司是否应加入仲裁中？尽管本案的审理涉及合作合同，由于成功公司和龙川县政府之间的仲裁条款并未将其纳入仲裁主体，所以，龙川县交通发展总公司不具有仲裁主体资格，合作合同中的实体权利义务关系应当由仲裁庭庭审确定，二者相互独立。所以，本案中，龙川县交通发展总公司不能作为仲裁主体的被通知资格，但不能排除其作为仲裁参与人的主体资格。

第三，主体资格认定的程序问题可否适用失权原则。根据深圳市中级人民法院和广东省高级人民法院意见，关于仲裁主体资格问题的认定的权力，应当由仲裁委员会或仲裁委员会授权仲裁庭以决定形式行使，秘书处作处理属于主体错误。首先，需要明确的是，仲裁机构在认定主体资格问题时，仅有初步裁定权，仲裁庭才有最终的确定权。其次，仲裁秘书处作出仲裁主体资格的认定，属于程序性错误，尽管龙川县政府没有在第一次实体答辩提出，但该程序错误问题一直存在，并不因龙川县政府未提及而被补正或获得其默示许可。最高人民法院关于该问题的处理反映出了其解决纠纷的目的，但欠缺充足理由。

三 仲裁送达与程序参与

（一）不予执行［2012］中国贸仲京裁字第 0502 号裁决

1. 案情简介

表 3-5 案情简介

序号	时间	案件事实
1	2004.05.09	狮子城公司的《企业法人营业执照》（副本）上因复印件问题公司住所所载内容模糊不清，而法定代表人为陈正辉，有效期至 2005 年 12 月 7 日
2	2005.10.10	北京市乾理律师事务所与狮子城公司签署两份《委托代理合同》，载明狮子城公司的地址为海口市海甸岛沿江三东路雨花城 C 座 501 室（以下简称雨花城），陈正辉代表狮子城公司代表签署，赵舒律师代表北京市乾理律师事务所代表签署
3	2005.11.08	狮子城公司出具的《授权委托书》，载明其地址为雨花城
4	2005.11.15	狮子城公司向海南省人民政府提交的行政复议申请书载明狮子城公司的地址为海口市海甸岛沿江三东路丽花城 C 座 501 室（以下简称丽花城），法定代表人为陈正辉
5	2005.12.12	狮子城公司向海南省人民政府提交的行政复议反驳及申请书载明狮子城公司的地址为丽花城，法定代表人为陈正辉
6	2005.12.18	狮子城公司向海南省人民政府提交的行政复议反驳及申请书（二）载明狮子城公司的地址为丽花城，法定代表人为陈正辉
7	2007.09.26	海南省人民政府作出的琼府复决［2005］190 号行政复议决定书上载明的狮子城公司的地址为丽花城，法定代表人为陈正辉
8	2005.04.05	北京市乾理律师事务所向国浩所出具的《确认书》，确认将本案应收律师费转让给国浩所
9	2008.05.05	北京市乾理律师事务所以特快专递方式向狮子城公司邮寄了债权转让通知书，收件地址为丽花城
10	2010.04.29	国浩所向狮子城公司以特快专递方式邮寄了律师费催收函，寄件人为赵舒，收件人地址为丽花城
11	2012.03.27	国浩所向中国国际经济贸易仲裁委员会申请仲裁，申请书上载明狮子城公司的地址为雨花城，法定代表人为蒋成龙，但未提交法定代表人由陈正辉变更为蒋成龙的证明材料
12	2012.04.24	中国国际经济贸易仲裁委员会以特快专递方式向狮子城公司寄送了仲裁通知，收件人为蒋成龙或负责人，地址为雨花城，邮件查询回单信息为妥投
13	2012.06.15	中国国际经济贸易仲裁委员会以特快专递方式向狮子城公司寄送了组庭通知，收件人为蒋成龙或负责人，地址为雨花城，邮件查询回单信息为妥投
14	2012.07.02	中国国际经济贸易仲裁委员会以特快专递方式向狮子城公司寄送了开庭通知，收件人为蒋成龙或负责人，地址为雨花城，邮件查询回单信息为妥投

续表

序号	时间	案件事实
15	2012. 07. 04	海南省法制办公室致函贸仲，确认北京市乾理律师事务所赵舒律师是狮子城公司所提行政复议案中书面授权自始至终唯一合法的委托代理人
16	2012. 08. 07	中国国际经济贸易仲裁委员会以特快专递方式向狮子城公司寄送了0155818号函，收件人为蒋成龙或负责人，地址为雨花城，邮件查询回单信息为妥投
17	2012. 09. 12	中国国际经济贸易仲裁委员会作出案涉仲裁裁决,① 以特快专递方式向狮子城公司寄送了裁决书，收件人为蒋成龙或负责人，地址为雨花城，邮件查询回单信息为妥投
18	2012. 12. 04	中国国际经济贸易仲裁委员会以特快专递方式向狮子城公司寄送了025846号函及更正裁决，收件人为蒋成龙或负责人，地址为雨花城，邮件查询回单信息为妥投
19	2013. 03. 13	中国国际经济贸易仲裁委员会以特快专递方式向狮子城公司寄送055035号函及更正裁决，收件人为蒋成龙或负责人，地址为丽花城，邮政部门以查无此人为由退回
20	2013. 04. 02	中国国际经济贸易仲裁委员会以特快专递方式向狮子城公司寄送了055035号函及更正裁决，收件人为蒋成龙或负责人，地址为雨花城，邮件查询回单信息为妥投
21	2013. 08. 23	狮子城公司接到海南省第一中级人民法院电话通知，被告知狮子城公司被申请强制执行
22	2013. 09. 09	被执行人狮子城公司向海南省第一中级人民法院提出不予执行仲裁裁决的申请
23	2013. 11. 05	海南省第一中级人民法院到中国国际经济贸易仲裁委员会查阅了仲裁案卷，并复印了相关材料
24	2013. 12. 06	海南省第一中级人民法院举行听证会，狮子城公司对北京市乾理律师事务所与狮子城公司签署的2005年10月11日的《委托代理合同》真实性提出异议，但国浩所表示当庭拒绝出示上述两份《委托代理合同》的原件
25	2014. 01. 02	海南省高级人民法院作出请示
26	2014. 07. 31	最高人民法院作出复函

2. 双方诉答

不予执行申请人狮子城公司提出了四点理由，主要从程序参与、无权仲裁、违背社会公共利益，以及裁决的实体内容等方面对案涉仲裁裁决提出异议。其中，与“程序参与”相关的理由如下：

本案申请执行人申请仲裁时故意向中国贸仲提交狮子城公司错误的通

① 参见［2012］中国贸仲京裁字第0502号裁决书。

信地址，导致狮子城公司无法参加仲裁，剥夺狮子城公司进行陈述和抗辩的权利，仲裁裁决应被裁定不予执行。裁决书显示仲裁案有两个被申请人，第一被申请人是狮子城公司，住所地是海口市海甸岛沿江三东路雨花城C座501室，第二被申请人是狮子城集团。因两被申请人均没有到庭参加庭审，仲裁庭缺席审理了该案，并根据申请人的申请、陈述和提出的单一证据，作出了仲裁裁决。该裁决因狮子城公司没有参加仲裁，不能陈述意见，不能提出有利的证据和答辩，非常不利于狮子城公司。而导致狮子城公司不能参加仲裁的原因，是国浩所向中国贸仲提供的狮子城公司的住所地是错误的，狮子城公司的住所地是海口市海甸岛沿江二东路丽花城C座501室，而非海口市海甸岛沿江三东路雨花城C座501室。中国贸仲根据国浩所提供的错误地址，向狮子城公司进行了不可能收到的邮寄送达；同时，中国贸仲还根据国浩所提供的地址，对第二被申请人狮子城集团错误地采取了留置送达的方式。本案中，狮子城公司和狮子城集团根本就没有收到有关仲裁的任何资料，没有得到指定中国贸仲或进行仲裁程序的通知，根本就无法参加仲裁发表意见，进行陈述和抗辩。直至2013年8月23日，狮子城公司员工接到贵院电话通知，被告知狮子城公司被申请强制执行，狮子城公司员工才在一中院执行局见到［2012］中国贸仲京裁字第0502号裁决书。因此，根据《民事诉讼法》第274条第1款第2项规定，法院应裁定仲裁裁决不予执行。

申请执行人答辩认为：狮子城公司声称国浩所故意向中国贸仲提交该公司错误的通信地址毫无事实依据。国浩所是根据国浩所与狮子城公司之间签署的《委托代理合同》及授权委托书中约定的地址向中国贸仲提请仲裁的，而中国贸仲亦是按照合同中约定的地址邮寄仲裁通知及指定仲裁员通知等仲裁文件的，完全符合仲裁规则，且该等仲裁文件均由中国邮政确认已签收妥投，并未被退回。因此，狮子城公司声称因国浩所故意提供错误地址导致其未收到仲裁文件根本不成立：第一，国浩所提供的狮子城公司的地址是双方合同中约定的地址；第二，一中院向狮子城公司的注册地址“丽花城C座501室”司法邮寄执行文件却被退回，原因是“原址查无此人、迁移新址不明”，既然狮子城公司早已不在注册地址办公，却未及时变更注册地址，那么，狮子城公司声称“未收到仲裁文件”，过错应在狮子城公司；第三，中国贸仲向狮子城公司在合同中约定的地址以特快专递方式邮寄仲裁文件，完全符合其仲裁规则，应视为已经送达。

3. 司法审查

海南省第一中级人民法院审查后认为：狮子城公司没有得到指定仲裁员或者进行仲裁程序的通知。具体理由如下：第一，虽然在两份《委托代理合同》和《授权委托书》上载明的狮子城公司地址为雨花城，但此后，原北京市乾理律师事务所（现国浩所）赵舒律师作为狮子城公司所提行政复议案的委托代理人在向海南省人民政府提交的行政复议申请书、反驳及申请书、反驳及申请书（二）中均载明狮子城公司的地址是丽花城，北京乾理律师事务所向狮子城公司寄送债权转让通知书的收件人地址也是丽花城，国浩所向狮子城公司寄送律师费催收函的收件人地址还是丽花城，因此，国浩所应当知道狮子城公司的地址是丽花城而不是雨花城，而国浩所向中国贸仲提交的仲裁申请书上提供的狮子城公司地址为雨花城确有不当。

第二，在国浩所仅在仲裁申请书上载列狮子城公司法定代表人为蒋成龙，而未向中国贸仲提交相关狮子城公司法定代表人变更证明材料的情况下，中国贸仲直接确认蒋成龙为狮子城公司法定代表人和邮件收件人，这显然说明中国贸仲在受理本案时未对国浩所提交第一被申请人狮子城公司的基本情况及相关材料进行合理审查。这不符合仲裁规则的规定[①]。

第三，根据《仲裁规则》第 68 条规定，[②] 中国贸仲以蒋成龙或负责人为收件人、雨花城为地址向狮子城公司寄送的仲裁通知、组庭通知、开庭通知以及裁决书等仲裁文书，邮递部门反馈信息虽为妥投，但从本案现有证据材料看，国浩所在申请仲裁前，从未以雨花城作为狮子城公司的通信地址进行邮件联系，而双方最后一次通信是在 2010 年 4 月 29 日，国浩所向狮子城公司以特快专递方式邮寄了律师费催收函，当时是以丽花城作为通信地址的。因此，雨花城不是狮子城公司的营业地、注册地、住所地、惯常居住地或通信地址，中国贸仲以雨花城寄送仲裁文书，不能视为已经送达。另，中国贸仲以蒋成龙或负责人为收件人、丽花城为地址向狮

---

① 该条规定："中国国际经济贸易仲裁委员会收到申请人的仲裁申请书及其附件后，经过审查，认为申请仲裁的手续不完备的，可以要求申请予以完备。"

② 该条规定："向一方当事人及/或其仲裁代理人发送的任何书面通信，如经当面递交收讯人或投递至收讯人的营业地、注册地、住所地、惯常居住地或通信地址，或者经对方当事人合理查询不能找到上述任一地点，仲裁委员会秘书局或其分会秘书处以挂号信或能提供投递记录的其他任何手段投递给收讯人最后一个为人所知的营业地、注册地、住所地、惯常居住地或通信地址，即视为已经送达。"

子城公司寄送的005035号函及更正裁决，邮递部门以原址查无此人为由将邮件退回，以蒋成龙或负责人为收件人、丽花城为地址向狮子城公司寄送的执行通知书，邮递部门也以原址查无此人、迁移新址不明为由将邮件退回。以正确地址丽花城邮寄的邮件被退回，以错误的地址雨花城邮寄的邮件却妥投，这有悖常理。同时，假使中国贸仲以丽花城为地址向狮子城公司寄送仲裁通知、组庭通知等仲裁文书，即便邮件因查无此人被退回，中国贸仲可要求申请人对狮子城公司地址进行合理查询并进行确认，但因雨花城邮件的妥投，丧失了对狮子城公司地址进行合理查询的机会。故，应不予执行案涉仲裁裁决。

海南省高级人民法院审查后请示：拟同意海南省第一中级人民法院的处理意见。①

最高人民法院审查后复函认为：狮子城公司的住所地系“海南省海口市海甸岛沿江二东路丽花城C座501室”，而非“海南省海口市海甸岛沿江三东路雨花城C座501室”。国浩律师事务所在申请仲裁之前曾经使用过“海南省海口市海甸岛沿江三东路丽花城C座501室”这一地址与狮子城公司进行联络，但国浩律师事务所在向贸仲申请仲裁时却使用了“海南省海口市海甸岛沿江三东路雨花城C座501室”这一错误的地址，导致狮子城公司未能收到指定仲裁员、开庭通知等仲裁文件，从而未能参加仲裁程序并陈述意见，依照《民事诉讼法》第274条第1款第2项之规定，应裁定不予执行案涉仲裁裁决。②

4. 案例评析

本案值得关注的问题有：第一，本案涉及送达地址的确认和合理查询的认定。从本案材料看，贸仲曾分别向两个地址送达，两个地址都存在妥投和被退回的情形。在此情形，法院认定送达地址错误，应当不予执行仲裁裁决。本案中，“丽花城”和“雨花城”仅有一字之差，曾按照雨花城这一送达地址妥投情况下，法院不认可雨花城这一送达地址。

第二，民事诉讼中送达规则可否参考适用于仲裁？参考最高人民法院《关于进一步加强民事诉送达工作的若干意见》③ 第8条之规定，送达地

① 参见琼高法专报［2014］4号请示。

② 参见［2014］民四他字第37号复函。

③ 参见法发［2017］19号。

址可按如下顺序确定：当事人约定地址；否则，民事诉讼的书面材料中载明地址；否则，其他诉讼、仲裁案件中提供的地址；否则，当事人一年内进行民事活动时经常适用的地址。如果类推适用上述法条分析本案，则送达地址应按照下列方式确定：首先，按当事人约定的地址即雨花城，但当事人只提供复印件而未提供原件核实，因此，约定的地址无法适用。其次，应依当事人进行仲裁所提交的书面材料载明的地址。再次，行政诉讼中所载地址为丽花城，仲裁案件按照雨花城地址妥投，按照丽花城地址送达显示查无此人被退回，因此，关于该条中的地址存在不一致。最后，本案未涉及当事人一年内进行民事活动时经常适用的地址，无法适用。法院以仲裁机构未尽合理查询义务，送达地址错误，反映了法院在审查送达地址和合理查询采用严格审查的标准。但关于本案中，合理查询的标准为何，法院并未明确。如果根据当事人在行政复议和仲裁案件曾经有效送达的地址为雨花城，仲裁机构根据该地址继续送达，是否可以认定为经过合理查询后的送达？结合上达意见第 6、7 条的规定，如果适用于仲裁庭，则狮子城公司应将地址变更的事实告知仲裁机构，因此，狮子城公司是否应当承担未通知变更送达地址的法律后果？但从本案来看，最高人民法院在涉外仲裁案件中并未对上述问题进行处理，而认定送达地址错误，裁定不予执行该仲裁裁决。显然，人民法院并未按照诉讼中的送达规则审查仲裁送达的问题，而是在仲裁中采取了更为严格的审查标准。

第三，建议仲裁当事人在仲裁条款中不仅约定送达方式，而且更进一步明确送达地址变更的说明责任及其法律后果。如果将仲裁通知比喻为“阿喀琉斯之踵”，那么如何解决这一仲裁“软肋”？根据上述情况，在当事人已经进行工商查询，且仲裁机构已经有效送达的情况下，被申请人收到仲裁文件后的地址变更，应通知仲裁机构，如果没有通知，应当承担不利后果。从我国民事诉讼送达改革的方向来看，应当增加受送达人的义务和责任。我国仲裁机构在确定送达地址和合理查询中，可参考最高人民法院《关于进一步加强民事诉讼送达工作的若干意见》。法院在仲裁司法审查过程中，应当适当考虑送达的难度，结合案件具体情况确定是否适用《民事诉讼法》274 条第 1 款第 2 项之规定。当事人如果在仲裁条款中对送达问题，包括送达地址变更的说明、通知义务，以及对该义务的违反应承担的法律后果进行明确的约定，则将有效解决后续仲裁中送达难的问题，也因此可以避免对仲裁裁决造成不测的法律风险。反过来，无论有无此类约定，人民法院实有必要参考诉讼送达的上述规则，防止当事人滥用地址变更的事实以逃避诚信仲裁的义务和责任。

（二）不予执行［2005］中国贸仲深裁字第18号裁决案

1. 案情简介

表3-6　　案情简介①

序号	时间	案件事实
1	2000.01.10	润和公司与妈湾公司在深圳签订《股权转让协议书》，含仲裁条款。仲裁条款约定："凡因履行本协议所发生的争议，甲乙双方应友好协商解决，如协商不成，任何一方可将争议提交中国国际经济贸易仲裁委员会深圳分会申请仲裁，仲裁裁决是终局的，对双方均有约束力"
2	2004.10.22	后因争议，启动仲裁。华南分会秘书处按照其委托律师查询的注册地址邮寄仲裁通知、仲裁规则、仲裁员名册和妈湾公司提交的仲裁申请书及所附证明文件，该件以"无人领取"或"无人居住"为由被退回
3	2005.01.11	仲裁庭开庭缺席审理
4	2005.02.04	申请人庭后提交补充材料。华南分会秘书处将庭后补充材料按照上述注册地址寄送给润和公司的邮件以"无人居住"为由被退回
5	2005.02.28	仲裁庭作出案涉仲裁裁决（以下简称为18号裁决）②
6	2007.12.20	湖南省高院向最高法请示
7	2008.05.08	最高法作出复函

2. 不予执行的理由

不予执行申请人润和公司认为：18号裁决严重违反《仲裁法》、仲裁规则程序规定，依法不应给予执行。润和公司的注册地址是：3/F 231Wing Lok Street HK，而不是仲裁送达的注册地址：231 Wing Lok Street 3rd FLR。润和公司与妈湾公司不仅是股权转让合同的签订者，更重要的是双方都是帝都公司的股东，长期以来双方都以股东身份在帝都公司参与管理和经营，交往接触频繁，相互都知道各自的联系方式和电话号码，且妈湾公司连润和公司法人代表叶建南的家庭住址都知道。可妈湾公司却没有按仲裁规则第14条的要求，在申请书上写上润和公司法人代表叶建南的

① 本案同时涉及仲裁员指定程序问题、无权仲裁的认定问题等，此处仅从仲裁送达与程序参与的视角进行分析，其余问题将在下文分别评析。特此说明。

② 参见贸仲华南分会［2005］中国贸仲深裁字第18号裁决。

电话号码。妈湾公司在极短的时间内就陪同执行法院的法官找到了润和公司法人代表叶建南，说明妈湾公司是故意不按仲裁规则第 15 条的规定在申请书中写明润和公司法人代表的联系方式和电话号码，仲裁庭也没有按仲裁规则第 15 条的规定要求其予以完备，从而剥夺了润和公司参与庭审、进行陈述等权利。

3. 司法审查

长沙市中级人民法院审查后请示认为：由于华南分会以快件方式送达润和公司香港注册地均被以“无人居住”和“无人领取”退回后，未要求妈湾公司提供润和公司和法定代表人的其他通信方式和地址，仍然向“无人居住”“无人领取”的地址送达，这不能视为已向润和公司送达仲裁通知等文件。据此，应裁定不予执行仲裁裁决。

湖南省高级人民法院司法审查意见：仲裁机构没有依法送达仲裁文件。仲裁机构没有提取被申请人的正确住所地，同时没有要求申请人提供被申请人的其他通信方式，而这是申请人明知的方式，长沙市中院也正是通过申请人提供的这种方式联系到被申请人，此说明仲裁机构对被申请人未尽到查找义务。可以认定仲裁机构在送达上程序违法，应不予执行案涉仲裁裁决。[①]

最高人民法院审查后复函认为：仲裁庭按照申请人深圳妈湾电力有限公司在仲裁申请书中提供的地址向润和公司邮寄了仲裁通知、仲裁规则、仲裁员名册和申请人提交的仲裁申请书等文件后，被以“无此公司”为由退回，此后，妈湾公司通过华南分会委托律师代为查询的被申请人登记情况表明，被申请人的公司注册地址为“231 Wing Lok Street 3rd FLR”。按照该注册地址，华南分会秘书处向润和公司又邮寄了上述文件，此后又按照该地址邮寄了仲裁庭组成和开庭通知等，但均被以“无人领取”或“无人居住”为由退回。而根据卷宗中记载的润和公司提交的其工商注册登记材料，其法定注册地址应为“3/F 231 Wing Lok Street HK”，且其提交证据证明香港政府部门依据该注册地址寄送的信件其已收悉。由于仲裁庭送达的地址与润和公司注册地址不符，客观上润和公司未能收到相关仲裁文件。

由于仲裁庭送达地址错误，没有依法送达仲裁文件，润和公司未能参

① 参见［2005］湘高法执请字第 1 号请示。

加仲裁陈述意见，故依照《民事诉讼法》第260条第1款第2项的规定，本案仲裁裁决应不予执行。[①]

4. 案例评析

本案值得关注的问题有：第一，仲裁机构或仲裁庭与申请人之间，就被申请人的通知事宜各自负有何种责任？尽管有的仲裁规则将提供当事人的通知和送达地址的责任或义务设定给对方当事人，但仲裁机构或者仲裁庭不能就该事宜采取置之不理的态度。本案充分表明，即便仲裁机构或者仲裁庭已经按照申请人提供的被申请人地址进行了送达，但并不能免除其作出的仲裁裁决被撤销或者不予执行的风险。这意味着，在仲裁通知和送达等关系到当事人程序参与的权利保障的关键事项上，仲裁机构或仲裁庭与申请人之间都负有合理查询的责任，特别是仲裁机构或者仲裁庭不能完全信赖当事人提供的信息，后者毕竟处于与被申请人的利益争执之中。简言之，在仲裁通知与送达事宜上，申请人虽负有提供相应地址的义务，但仲裁机构或仲裁庭也必须尽到合理查询的责任，否则，由此造就的风险将由仲裁裁决所承担。

第二，仲裁机构或者仲裁庭在送达中遭遇文件退回时，至少应当采取何种查询措施？仲裁实践中，不论是当事人还是仲裁机构或仲裁庭，特别是后者，在仲裁的案件管理过程中有必要建立和发展一套有关仲裁裁决风险提示、预警和预防的机制，对于仲裁送达过程中出现退函、退信等异常事由时，必须意识到仲裁裁决高风险的存在，并积极采取干预措施，排查风险点，有针对性地消除风险。本案提示了人民法院采取的司法审查标准，这种标准既是衡量风险的标准，也是仲裁机构或者仲裁庭回避风险的措施。按照最高人民法院的司法审查意见，仲裁机构或者仲裁庭应根据工商行政管理机关或者境外类似的行政机关明确登记的注册地址进行送达。

第三，仲裁机构或仲裁庭在仲裁送达中，应如何对待当事人提供的送达地址？根据仲裁实践和司法审查实践，以仲裁通知和送达不当而对仲裁裁决提异议的，主要是仲裁被申请人，而提供地址的则是申请人。上已述及，鉴于仲裁申请人和被申请人处于直接的利益对峙中，双方的博弈和仲裁策略甚至从一开始就延伸到仲裁程序的开端，并贯穿在整个仲裁过程和后仲裁裁决的阶段。因此，在申请人提供给仲裁庭或仲裁机构的各种信息

① 参见［2008］民四他字第1号复函。

中，并不能排除其有意提供虚假信息或者不实信息的可能。被申请人的通知和送达地址，作为关系正当程序的重要信息，仲裁庭或者仲裁机构就不能完全信赖申请人。尽管在维持仲裁裁决的问题上，仲裁庭或仲裁机构与申请人具有共同的利益，但二者的利益取向显然是不同的：仲裁机构或仲裁庭要维护所作仲裁裁决的公正性及立足其上的尊严和威望，而当事人要维护的是仲裁裁决所体现的利益。二者关切和关注点的不同，逆向决定了它们在确认和查实相关通知和送达地址时应采取不同的态度。申请人仅仅是提供相关信息，而仲裁庭或仲裁机构必须核实该信息。因此，本案中，申请人妈湾公司在提供被申请人润和公司的地址时，仲裁庭或仲裁机构在根据该地址送达仲裁文件出现退函情形后，虽然要求妈湾公司重新提供新地址，后者也委托相关律师提供了新的注册地址，仲裁庭或仲裁机构仍然负有职责核实该新地址，而不能将该责任和信任完全建立在申请人的努力上。合理的建议是，仲裁庭或仲裁机构在首先要求申请人提交相关信息的基础之上，如果出现退函情形，则一方面应要求申请人重新核实和提供，另一方面必须尽到合理查询职责，至少应通过公信力更高的途径进行客观核实。否则，仲裁裁决一旦缺席作出并发出生效后，仲裁庭或仲裁机构可能会被申请人的不当信息所“挟持”，处于被动状态。

事实上，要避免该问题更为完善的做法有二：一是当事人在仲裁条款约定时，一并对仲裁通知与送达地址进行约定；二是在争议发生后仲裁程序进行期间，可在申请人负担费用的情形下，由仲裁庭或仲裁机构直接或委托第三方对相关信息进行查询，而非完全委诸申请人提供相关信息。

（三）不予执行［2011］中国贸仲京裁字第0108号裁决案

1. 案情简介

表3-7　　案情简介①

序号	时间	案件事实
1	2007.07.11	英格国际互动投资有限公司（以下简称英格公司）与克拉斯（北京）投资有限公司（以下简称克拉斯公司）签订《合作协议书》，协议记载克拉斯公司的联系地址为：北京市平谷区平谷镇新平东路68号。协议还约定，双方的联系方式如有任何变更，应在变更后7个工作日内通知对方，否则应承担对己不利的责任

① 参见江必新主编《涉外商事海事审判指导》（总第27辑），人民法院出版社2014年版，第45—50页。

续表

序号	时间	案件事实
2	2008.05.18	克拉斯公司在工商登记机关登记的住所由北京市平谷区平谷镇新平东路68号，变更为北京市海淀区西三环北路89号A座301A室
3	2010.08.10	英格公司向中国国际经济贸易仲裁委员会（以下简称仲裁委）申请仲裁
4	2010.09.09	仲裁委秘书局依据英格公司提供的克拉斯公司的地址以特快专递的方式向北京市平谷区平谷镇新平东路68号寄送了仲裁规则、仲裁员名册等文件。该特快专递被邮局以“原址查无此单位”为由退回
5	2010.11.03	英格公司向仲裁委提交《情况说明》(主要内容为上述合同约定的地址及变更事宜)；英格公司通过网络查询、电话查询等多种方式查询仍未找到克拉斯公司的其他地址。鉴于上述事实，建议仲裁委按照仲裁规则第68条进行送达
6	2010.11.04	仲裁委秘书局以委托北京市环球律师事务所送达的方式按照英格公司确认的地址向克拉斯公司重新寄送了被退回的仲裁通知及其附件
7	2011.03.11	仲裁委经缺席审理，作出案涉仲裁裁决，① 裁决克拉斯公司向英格公司返还140032.37欧元及利息等
8	2012.04.06	英格公司向北京市第一中级人民法院提出执行申请
9		克拉斯公司提出不予执行仲裁裁决的申请
10	2013.07.25	北京市高级人民法院作出请示
11	2013.09.09	最高人民法院作出复函

2. 不予执行的理由

不予执行申请人克拉斯公司认为：第一，根据裁决书记载，仲裁委秘书局向克拉斯公司原住所地“北京市平谷区平谷镇新平东路68号”邮寄或委托送达与仲裁程序有关的法律文件，均被退回。仲裁庭对此案进行了缺席裁决，但克拉斯公司经北京市工商行政管理局核准，将住所地变更为“北京市海淀区西三环北路89号A座301A室”。根据贸仲《仲裁规则(2005)》第68条第2项规定，② 克拉斯公司现住所地系在工商行政管理部门备案，具有公示效力，克拉斯公司最后一个为人所知的营业地、注册

① 参见［2011］贸仲京裁字第0108号仲裁裁决书。

② 该条规定：“向一方当事人及/或其仲裁代理人发送的任何书面通信，如经当面递交收讯人或投递至收讯人的营业地、注册地、住所地、惯常居住地或通信地址，或者经对方当事人合理查询不能找到上述任何一地点，仲裁委秘书局或其分会秘书处以挂号信或能提供投递记录的其他任何手段投递给收讯人最后一个为人所知的营业地、注册地、住所地、惯常居住地或通信地址，即应视为已经送达”

地、住所地、惯常居所地或通信地址均非北京市平谷区平谷镇新平东路68号，而是北京市海淀区西三环北路89号A座301A室。且克拉斯公司在西三环和东三环等拥有自营门店，在北京几乎所有的家具商城均有营业网点。英格公司向仲裁委秘书局提交的《情况说明》称，经其多方查询未找到克拉斯公司的其他地址，克拉斯公司位于“北京市平谷区平谷镇新平东路68号”的地址为本合同约定之联系地址也即最后一个为人所知的地址，明显存在欺诈。其未能履行仲裁规则所规定的“合理查询”的义务。

第二，仲裁委的违法送达及其在此基础上的缺席裁决，不仅剥夺了克拉斯公司参加仲裁活动的权利，缺乏程序公正，更直接导致了裁决结果的错误。克拉斯公司不仅不存在裁决所确定的向英格公司支付款项的情形，相反，英格公司应当向克拉斯公司赔偿损失及支付违约金。根据《民事诉讼法》第258条第1款第2项，人民法院应当裁定不予执行案涉仲裁裁决。

执行申请人英格公司答辩认为：第一，英格公司为一家注册地在香港的公司，在境内没有代表处等常设机构，没有条件及能力关注克拉斯公司的注册地址是否发生变化，这也是双方在2007年7月11日签订的《合作协议书》第12条即约定了通知英格公司，其应该为怠于履行合同义务承担责任。第二，仲裁委的委托送达程序是严格依照法律规定程序执行，不存在违法送达等情节。第三，克拉斯公司主张其在东、西三环拥有自营门店及各大家具商城拥有营业网店，与本案仲裁执行无关。综上，应驳回克拉斯公司不予执行的申请。

3. 司法审查

北京市第一中级人民法院审查后请示认为：克拉斯公司未尽合理查询义务，导致送达地址错误和无法有效送达，应裁定不予执行。根据贸仲《仲裁规则（2005）》第68条第2项规定，英格公司对于克拉斯公司营业地、注册地、住所地、惯常住所地或通信地址负有合理查询的义务。虽然英格公司在向仲裁委出具的《情况说明》中，克拉斯公司位于北京市平谷区平谷镇新平东路68号地址为本案合同约定之联系地址也即最后一个为人所知的地址，该公司经多方查询未找到克拉斯公司的其他地址。但英格公司并未采取向当地工商行政管理机关查询克拉斯公司的注册地址，即作出上述说明，致使仲裁委以特快专递或委托送达的方式向北京市平谷区平谷镇新平东路68号寄送的仲裁规则、仲裁员名册等文件被退回。克拉斯公司没有得到指定仲裁员或指定仲裁程序的通知，亦未能到庭陈述意见。综上，依据《民事诉讼法》258条第1款第2项之规定，裁定不予执行。

北京市高级人民法院审查后请示认为：在仲裁发生前，克拉斯公司在向工商登记机关登记的住所已经变更，仲裁委向克拉斯公司变更前的地址邮寄送达的有关仲裁文件被以“原址查无此单位”为由退回后，没有向工商管理机关查询克拉斯公司变更后的地址，而是将该公司变更前的地址作为“最后一个为人所知的”联系地点寄送有关仲裁文件，本案仲裁文件的送达不符合《仲裁规则（2005）》第68条第2项的规定，不能视为已经送达。根据《民事诉讼法》第258条第1款第2项规定，英裁定不予执行。①

最高人民法院审查后复函认为：本案中，虽然英格公司在向仲裁委提交的《情况说明》中称经各种方式均不能找到克拉斯公司的其他地址，但是克拉斯公司变更后已经在工商管理机关登记备案，英格公司显然没有进行合理查询。仲裁委在第一次邮寄材料被退回后，依然将克拉斯公司的旧地址作为“最后一个为人所知”的联系地点进行送达，不符合仲裁规则的相关规定，不能视为已经送达。克拉斯公司没有得到指定仲裁员或者进行仲裁程序的通知，也未能到庭陈述意见，属于《民事诉讼法》第258条第1款第2项规定的情形，对仲裁裁决应当不予执行。②

4. 案例评析

本案值得关注的法律问题包括：第一，如何认定合理查询？从本案所涉贸仲仲裁规则看，其标准并不明晰，只是明确了负责合理查询义务的主体即对方当事人。本案以其实例提示了一种认定合理查询的标准，这就是通过工商行政管理机关的记载信息进行查询。工商行政管理机关对企业或法人的相关信息具有记载的功能，而企业或者相关法人变更相关信息应向该机关申请或者得到后者的批准，然后记录在案。因此，通过工商行政管理机关进行企业或法人地址及其变更的查询，既是合理的途径，也是有效

① 参见京高法［2013］255号请示。

② 参见［2013］民四他字第49号复函。

的途径，还是最低限度的查询尽职之证明。本案司法审查机关据此认定合理查询标准，具有合理性。

第二，注意区分当事人的约定联系地址与约定送达地址。本案中双方当事人约定了合同履行过程中可能需要进行通信联系的地址，但此种地址是否就当然等同于仲裁送达地址，从本案司法审查意见看，人民法院对此的回答是并非如此。正如仲裁条款与一般的合同条款不同，当事人在合同中约定的为合同之履行而明确的联系地址也不能等同为约定的仲裁送达地址。因此，一方面当事人应注意二者的区分；另一方面也应建议当事人在合同中对联系地址和可能的仲裁送达地址分别明确。

第三，即便是当事人约定了送达地址，甚至如上文所述，当事人还明确约定了仲裁送达地址变更的说明或通知义务及其违反的法律效果，但最佳建议仍然是，当事人在仲裁中仍应穷尽一切通常合理查询方式，以彻底排除对仲裁裁决构成的潜在否定风险。基于效率之需要，不论是仲裁规则，还是司法立场，均无必要要求相对当事人履行穷尽一切查询方式的必要，但穷尽一切合理查询方式，则是必要的。穷尽一切合理方式，在本书看来，至少应该穷尽一切通过官方途径可以合理查明的方式，其中无论如何不能错过工商行政管理机关的登记查询。

此外，本案也在一定程度上表明，当事人的意思自治与保障程序参与权利之间的冲突。从法院的实践做法看，即便当事人在合同有所约定，但当事人仍然要尽到合理查询义务，保障当事人程序参与权利。就此而言，程序参与的权利保障大于当事人的意思自治。

（四）撤销［2003］海仲裁字第 002 号裁决案

1. 案情简介

表 3-8　　　　案情简介

序号	时间	案件事实
1	2002. 05. 28	轮船公司与连捷公司、鸿昌公司签订还款协议书。约定：（1）连捷公司同意将所欠轮船公司租金 USD27814 及滞纳金于 6 月 30 日前支付给轮船公司；（2）轮船公司收到全部付款后不得再向连捷公司主张与本次租船有关的任何权利；（3）连捷公司应提供保证人，为本协议的履行提供连带责任担保，若连捷公司不能按本协议履行还款义务，轮船公司有权直接要求保证人代为偿还；（4）若本还款协议无法正常履行，轮船公司仍保留按原租船合同向连捷公司索赔的权利；（5）因本协议发生的争议由中国海事仲裁委员会仲裁解决。在该还款协议保证人一栏中有鸿昌公司公章

续表

序号	时间	案件事实
2	2002. 07. 12	轮船公司依据还款协议书向中国海事仲裁委员会提出仲裁申请。请求：连捷公司、鸿昌公司支付拖欠的款项 USD 33814 及利息
3	2002. 10. 17	据黑龙江工商行政管理局此后出具的证明：鸿昌公司于本日住所地址变更为哈尔滨市开发区嵩山路 38 号
4	2002. 11. 29	中国海事仲裁委员会受理案件
		以特快专递的方式向鸿昌公司进行了送达，送达的地址是哈尔滨市香坊区珠江路 31 号，但因“迁移新址不明”被邮局退回
5	2002. 12. 18	仲裁委员会秘书处致函轮船公司，请其核查鸿昌公司的地址。但轮船公司未提供鸿昌公司的新地址。仲裁委员会根据《中国海事仲裁委员会仲裁规则》第 81 条之规定，① 委托北京市通商律师事务所某律师向鸿昌公司再次送达仲裁通知及附件材料。以后本案所有仲裁文件均通过该律师以平信方式邮寄给鸿昌公司。送达的地址仍然是哈尔滨市香坊区珠江路 31 号。鸿昌公司均未收到上述文件
6	2003. 04. 18	仲裁委员会作出案涉仲裁裁决②
7	2003. 08. 14	据黑龙江工商行政管理局此后出具的证明：鸿昌公司于本日住所地址变更为哈尔滨市香坊区民航路 5 号
8		天津海事法院作出请示
9		天津市高级人民法院作出请示
10	2003. 12. 10	最高人民法院作出复函

2. 撤裁申请理由

鸿昌公司在天津海事法院提出撤销仲裁裁决申请。主要理由：（1）整个裁决过程鸿昌公司毫不知情，并且鸿昌公司从未收到中国海事仲裁委员会任何仲裁文件。直到黑龙江省延寿县人民法院执行庭执行鸿昌公司财产时方知所谓租金争议仲裁一案。（2）仲裁裁决所依据的证据是伪造的。鸿昌公司从未与轮船公司、连捷公司签订过任何还款协议，更不用说协议提交仲裁。还款协议上鸿昌公司印章是虚假的，该还款协议也是无效的，因此不能作为仲裁所依据的证据使用。

---

① 该条规定：“向当事人或其代理人发送的任何书面通信，如经当面递交收讯人或投递至收讯人的营业地点、惯常住所或通信地址，或者经合理查询不能找到上述任一地点而以挂号信或能提供作过投递企图的记录的其他任何手段投递给收讯人最后一个为人所知的营业地点、惯常住所或通信地址，即应视为已经送达。”

② 参见［2003］海仲裁字第 002 号裁决书。

该案核心情节是仲裁被申请人的地址变更，虽然在工商管理机关进行了变更登记，但仲裁机构仍然在向其他地址送达而未果的情形下，未作有效查询，导致送达不能。在仲裁裁决作出后，仲裁被申请人向相关人民法院提起撤销申请。

3. 司法审查

天津海事法院审查后请示认为：仲裁委员会先以特快专递形式向鸿昌公司送达，送达的地址是鸿昌公司的原办公地址哈尔滨市珠江路31号，而当时其已在工商行政主管机关登记变更的经营地址是哈尔滨市嵩山路38号。这种送达不符合仲裁规则第81条关于投递至收讯人的营业地点、惯常住所或通信地址的规定。在特快专递被邮政部门明确“迁移新址不明”退回送达文件的情况下，仲裁申请人、仲裁庭及其委托送达人均未采用向当地工商行政主管机关查询这一最通常的可以合理查询的方法，仍按已变更的地址以平信方式将该案所有文书项鸿昌公司寄送，这种送达方式也不符合仲裁规则第81条关于经合理查询不能找到上述任一地点而以挂号信或能提供作过投递企图的记录的其他任何手段投递给收讯人最后一个认为所知的营业地点、惯常住所或通信地址的规定，不能视为已经送达。本案应裁定中止撤销程序，通知后中国海事仲裁委员会重新仲裁。①

天津市高级人民法院同意天津海事法院的处理意见。②

最高人民法院审查后复函认为：在送达仲裁文件的特快专递被邮政部门因“迁移新址不明”退回的情况下，仲裁委员会仍委托送达人按原地址进行送达，而未采取向当地工商行政管理机关查询这一最通常的合理查询的方法。因此，本案仲裁文件的送达不符合《中国海事仲裁委员会仲裁规则》第81条“向当事人或其代理人发送的任何书面通信，如经当面递交收讯人或投递至收讯人的营业地点、惯常住所或通信地址，或者经合理查询不能找到上述任一地点而以挂号信或能提供作过投递企图的记录的其他任何手段投递给收讯人最后一个为人所知的营业地点、惯常住所或通信地址”的规定，不能视为已经送达。中国海事仲裁委员会是在鸿昌公司没有得到指定仲裁员和进行仲裁程序通知的情况下作出的，属于不应由鸿昌公司负责的原因未能陈述意见的情况，符合《民事诉讼法》第260条第1

① 参见［2003］海商初字第469号请示。

② 参见津高法［2003］171号请示。

款规定的情形，应予撤销。[①]

4. 案例评析

本案值得关注的法律问题包括：第一，仲裁送达问题虽然关系到程序参与，但它本质上仍然是一个仲裁规则是否得到遵守的问题。如上述法院在司法审查中均认为，本案中的仲裁送达违背了《仲裁规则》第 81 条的规定。尽管属于程序违反的问题，但最高人民法院仍然将其定性为程序参与，即“中国海事仲裁委员会的仲裁裁决是在鸿昌公司没有得到指定仲裁员和进行仲裁程序通知的情况下作出的，属于不应由鸿昌公司负责的原因未能陈述意见的情况”。可见，本案中的司法审查说理及其逻辑再次说明：《民事诉讼法》第 274 条第 1 款第 2、3 项在语义上均属于程序违反与否的大范畴，只是我国立法将其中的程序参与问题单列出来，与程序违反并列成为两个平行的撤裁依据。

第二，在针对此类程序参与瑕疵可否救济的问题上，本案中最高人民法院表现出了罕见的强硬态度。上文已经谈及，作为司法支持仲裁、对仲裁友好的态度之体现，即便在司法审查仲裁裁决的程序中，人民法院也通常采取通知重裁的方式给予仲裁庭自行补救仲裁裁决的机会，特别是在相关仲裁机构和仲裁庭愿意重新仲裁的情形下，更是如此。本案中，尽管天津海事法院已经在请示意见中明确建议通知仲裁机构重裁，但最高人民法院在复函中直接指示裁定撤销案涉仲裁裁决，对通知重裁的建议未予顾及。如果中国海事仲裁委员会或其组织的本案仲裁庭并未拒绝重裁的，那么最高人民法院在本案中的此种表态是否意味着，案涉情形非属于可以通知重裁的情形？这值得进一步挖掘。

第三，也是此处最为关切的问题，何谓合理查询的方法？最高人民法院的复函给出了明确的态度，这一态度事实上可将合理查询及适当送达分解为三个层次：第一层次是，应当根据仲裁申请人提供的地址进行送达；第二层次是，出现地址迁移或者无法送达的情形；第三层次是，按照最高人民法院提供的标准即“向当地工商行政管理机关查询这一最通常的合理查询的方法”查实地址。如果仲裁机构履行了上述查询职责，那么即便不能说完全消除，也可以说是基本消除了仲裁机构由于仲裁送达问题而造成的“程序参与”瑕疵。

---

① 参见［2003］民四他字第 32 号复函。

（五）撤销［2005］中国贸仲沪裁字第003号裁决案

1. 案情简介

表 3-9　案情简介①

序号	时间	案件事实
1	1992.12.21	林周毅与活动中心签订《合作经营慈光幼稚园有限公司合同书》（以下简称合作合同）及《杭州市慈光幼稚园有限公司章程》（以下简称公司章程）。合作合同中约定有仲裁条款。公司章程中确认其住址为“台北市景美区育英街45巷15号”，并确认其在美国的住址为“355 Barbara Lane Datycity，CA94105 U.S.A.”。合作公司的地址与活动中心的地址相同，即杭州市昭庆寺里街22号
2	1993.01.11	合作公司取得企业法人营业执照
3	1997.07.11	杭州市公证处作出《收养公证书》，证明林周毅收养俞影如
4	2002.0717	活动中心曾向贸仲上海分会申请仲裁
5	2002.12.22	活动中心曾向林周毅寄送信件，地址为“杭州市昭庆寺里街22号”，信件成功送达
6	2003.01.30	贸仲上海分会向林周毅寄送信件，地址为“杭州市昭庆寺里街22号”，信件成功送达
7	2003.03.10	贸仲上海分会作出裁决书
8	2004.04.29	活动中心以林周毅为仲裁被申请人向贸仲上海分会提起仲裁，请求终止履行合作合同
9	2004.04.29	贸仲上海分会按照台湾地区地址向林周毅寄送仲裁通知等文件，该信件因收件人搬迁被退回
10	2004.06.09	贸仲上海分会按照美国地址再次向林周毅寄送仲裁通知等文件，该信件被名为“Judy”的人签收
11	2004.07.10	林周毅因病在上海去世
12	2004.07.28	贸仲上海分会按照签署美国地址向林周毅寄送仲裁庭组成及开庭通知，该信件被退回。上海分会要求活动中心进一步提供林周毅的其他通信地址，但活动中心答复无法提供。上海分会根据仲裁规则第87条规定，认定美国地址为林周毅最后为人所知的地址
13	2004.08.24	贸仲上海分会按照美国地址向林周毅寄送延期开庭通知，该信件被退回
14	2005.01.13	贸仲上海分会以林周毅未履行报批和领取办学许可证的合同义务，致合作办学的目的不能实现为由，作出终止合作合同的裁决
15	2005.01.13	贸仲上海分会按照美国地址向林周毅寄送裁决书，该信件被签收，但具体签收人不明

① 参见万鄂湘主编《涉外商事海事审判指导》（总第15辑），人民法院出版社2008年版，第94—100页。

续表

序号	时间	案件事实
16	2006.04	俞影如收到杭州市对外贸易经济合作局发布的《关于成立杭州慈光幼稚园有限公司特别清算委员会的通知》（以下简称《通知》）
17	2006.05	俞影如向上海市第二中级人民法院申请撤销涉案仲裁裁决
18	2006.05.26	俞影如向上海市第二中级人民法院申请撤销仲裁裁决，后者立案受理（后撤回）①
19	2006.05.31	湖南省高级人民法院判决确认俞影如与林周毅的收养关系合法成立②
20	2006.06.26	但因收养关系正另案审理，尚未作出生效判决，俞影如撤回撤销申请
21	2006.07	待收养关系的生效判决作出后，俞影如再次提出撤销申请
22	2006.08.17	上海市第二中级人民法院公函贸仲上海分会，通知该会重新仲裁
23	2006.08.18	贸仲上海分会函复上海市第二中级人民法院，同意重新仲裁
24	2007.10.23	上海市高级人民法院作出请示
25	2007.10.23	最高人民法院作出复函

2. 双方诉答

撤销申请人俞影如认为：第一，其系林周毅的法定继承人之一，有权提出撤裁申请。

第二，活动中心明知“杭州市昭庆寺里街22号”是林周毅最后为人所知的通信地址，但为使林周毅丧失向仲裁庭陈述意见的机会，而故意向仲裁庭隐瞒了该地址。由于林周毅及其继承人并未收到指定仲裁员或进行仲裁程序的通知，没有机会向仲裁庭陈述意见，根据《仲裁法》第70条及《民事诉讼法》第260条第1款第2项的规定，涉案裁决应予撤销。

活动中心辩称：第一，俞影如无权提出撤裁申请。撤销仲裁裁决的申请权仅属于仲裁案件的当事人，虽然俞影如是林周毅的法定继承人，但并非仲裁案件的当事人，其无权申请撤裁。此外，撤裁申请权属于身份权，身份权不具有可继承性，仲裁被申请人林周毅病逝后，撤裁申请权已经不

① 参见［2006］沪二中民五（商）初字第67号民事裁定书。

② 参见［2005］湘高法民一终字第33号民事判决书。

存在。

第二，贸仲上海分会在仲裁程序上完全合法。贸仲上海分会是按照林周毅在涉案合同及章程中确认的我国台湾地区及美国的地址送达相关文件，根据《仲裁规则》第 87 条的规定，贸仲上海分会已经依法完成了送达程序，涉案裁决不应被撤销。

第三，"杭州市昭庆寺里街 22 号"是合作公司的地址，该地址并非林周毅确认的通信地址。自 2003 年 4 月开始合作公司实际处于关闭状态，故涉案仲裁期间相关仲裁文件无法通过该地址送达，不存在活动中心故意隐瞒林周毅正确通信地址的事实。此外，根据《仲裁法》第 59 条的规定，俞影如申请撤裁已经超出了 6 个月法定期限。

总之，涉案裁决不应被撤销。

俞影如反驳称：第一，其系于 2006 年 4 月收到杭州市对外贸易经济合作局发出的通知时，方得知涉案裁决已经作出的事实。其于同年 7 月向法院申请撤裁并未超出法定期限。第二，涉案仲裁期间，合作公司仍然处于运作状态，以林周毅或俞影如为收信人、寄往合作公司地址即"杭州市昭庆寺里街 22 号"的信件，均已正常妥收。

3. 司法审查

上海市第二中级人民法院审查后形成两种意见。合议庭多数人意见认为：林周毅系于 1992 年在公司章程中确认其在美通信地址，贸仲上海分会系在活动中心表示难以提供林周毅其他通信地址后，认定该在美地址系林周毅最后一个为人所知的地址。但是，结合活动中心曾于 2002 年 12 月按"杭州市昭庆寺里街 22 号"地址向林周毅寄送信件并有效送达的事实，可见活动中心在仲裁过程中并未向贸仲上海分会提供仲裁被申请人林周毅真实的为人所知的通信地址。尽管活动中心对涉案仲裁期间合作公司地址能有效送达持异议，但难以否定"杭州市昭庆寺里街 22 号"系林周毅最后为人所知的通信地址的事实。更何况俞影如向本案提交了在仲裁期间寄往合作公司地址的信件均妥投的相关证据，活动中心的行为致使仲裁被申请人林周毅及其法定继承人没有得到指定仲裁员及进行仲裁程序的通知，从而未能陈述意见。根据《民事诉讼法》第 260 条（现第 274 条）第 1 款第 2 项的规定，应当撤销仲裁裁决。

合议庭少数意见认为：虽然俞影如与林周毅之间的收养关系已经湖南省高级人民法院终审判决确认，但无充分证据证明俞影如对系争合同项下相关权益享有继承权。俞影如应当在其对系争合作合同项下相关权益的继承权经生效法律文书确认后，再提起撤裁申请。本案应裁定驳回俞影如的撤裁申请。

上海市第二中级人民法院审判委员会审查后请示认为：同意上海市第二中级人民法院多数人意见。由于活动中心隐瞒了可以向林周毅进行有效送达的地址——杭州市昭庆寺里街22号，致使贸仲上海分会将林周毅在美国的住址认定为其最后一个为人所知的通信地址，并导致仲裁被申请人林周毅及其法定继承人俞影如没有得到指定仲裁员及进行仲裁程序的通知，从而未能到庭陈述意见，活动中心对上述情况应负主要责任，同时，贸仲上海分会的送达程序也确实存在问题，违背了仲裁规则的有关规定，鉴于贸仲上海分会同意就此案进行重新仲裁，故依照《仲裁法》第61条，第70条以及《民事诉讼法》第260条（现第274条）第1款第2项的规定，拟通知贸仲上海分会重新仲裁。[①]

最高人民法院审查后复函认为：林周毅在公司章程中确认了其在我国台湾地区与美国的通信地址，贸仲上海分会在活动中心表示难以提供林周毅其他通信地址的情况下，推定林周毅在美国的地址为最后一个为人所知的地址，并按照该地址送达相应文书。但是，在另外的仲裁程序中，活动中心于2002年12月按照“杭州市昭庆寺里街22号”地址向林周毅送达了有关文件，俞影如也提供证据证明仲裁期间寄往该地址的信件被仲裁被申请人妥收的事实。活动中心在仲裁过程中并未向贸仲上海分会提供仲裁被申请人真实的最后为人所知的通信地址，并导致了仲裁被申请人在仲裁程序中未能提出申辩并行使相关权利。根据《民事诉讼法》第260条（现第274条）第1款第2项的规定，仲裁裁决具有法定应予撤销的情形。鉴于仲裁机构已经表示可以重新仲裁，本案应通知重新仲裁。[②]

4. 案例评析

本案值得关注的法律问题包括：第一，在仲裁裁决送达存疑的情形下，如何判断撤销期限的起算与过期？根据《仲裁法》第59条的规定，当事人申请撤销仲裁裁决的，应当在收到裁决书之日起6个月内提出。因

---

① 参见［2007］沪高民四（商）他字第5号请示。

② 参见［2007］民四他字第25号复函。

此，6个月的撤销时限之起算是以当事人收到裁决书之日为准的。但有的案件中基于特殊情形，例如本案中仲裁被申请人死亡，以及送达地址的存疑，可能会出现无法送达的情形，此时应如何计算撤销申请的时限？在仲裁裁决长期难以送达当事人的情形下，是否存在最长的申请撤销时限？诸如此类问题，立法都未作规定。

本案中虽然也涉及这些问题，但因最终确认了已死亡的被申请人的继承人，从而回避了这些问题。但由此又次生了如下问题，即如果在确认继承人过程中又存在诉讼或其他非讼程序时，由于撤销申请人资格的确认程序，是否允许对上述6个月的撤销申请时限作中止处理？从本案情形看，如果将仲裁裁决于2006年1月13日被不明签收人签收之日作为撤销时限的起算点，那么该时限的截止日应为同年7月12日。在这个过程中，俞影如在同年4月得知合作公司清算的情形下于次月即5月曾向上海市第二中级人民法院提出撤销仲裁裁决的申请。但由于俞影如作为被申请人的收养子女而存在继承人资格争议和由此提起的诉讼程序，故其撤回了仲裁裁决撤销申请，并在继承人资格被人民法院判决认定后，再次于同年7月提起仲裁裁决撤销之诉，遂成本案。作为当事人争议焦点之一即是，双方是否已过撤销申请的时限。

最高人民法院的复函意见是认为，被申请人是在仲裁程序进行中，而非裁决作出后死亡，因此，仲裁裁决不应将死者作为当事人。据此，该仲裁裁决存在瑕疵。作为一个法理上可探讨的未决问题是，如果被申请人是在裁决作出之后死亡，则上述申请撤销的时限问题应如何解决？从法理看，如果不允许撤销时限中止，对于继承人而言是不公平的，毕竟仲裁裁决在经过撤销申请时限之后，该继承人将丧失主动通过法定程序撤销仲裁裁决的权利。①

第二，在仲裁当事人死亡情形下，如何认定撤销申请人的资格与撤销申请权的继承？我国仲裁立法并没有直接规定，但《仲裁法司法解释》

① 需要指出的是，尽管继承人在超过6个月的时限后不能主动申请撤销相关仲裁裁决，但仍然可以在相对人启动的执行程序中消极地提出不予执行的申请。根据我国《民事诉讼法》第239条之规定，申请执行的时效为2年。因此，此类继承人实际上有两个窗口期进行救济：一是6个月的主动撤销申请；二是原则上2年的被动的不予执行异议。但两种救济的法效存在差异：在我国境内，并无实质差异；但在域外，不予执行的仲裁裁决并不等同于被撤销的仲裁裁决，从而有可能仍然具有域外被承认和执行的法效。

第8条第2款的规定为此提供了依据。该款规定："当事人订立仲裁协议后死亡的，仲裁协议对承继其仲裁事项中的权利义务的继承人有效。"本款虽然只是规定了仲裁协议效力对于继承人的拘束力，但考虑到整个仲裁活动、裁决及其救济，均以仲裁协议为依据，并且作为仲裁协议的逻辑展开，因此足可认定，基于该仲裁协议所开展的仲裁程序及其裁决、裁决救济等方面的权利义务，均转移到继承人的肩上。

本案略显复杂的问题是，它还涉及继承人资格的确认，并且案件的背景还是涉外情形。换言之，本案仲裁裁决的撤销主体资格虽然可以适用上款而给予继承人，但还得解决一个先决问题，即首先判断涉外收养是否有效。如果该问题还处于诉讼之中，就需要协调两个程序的衔接。本案正是在撤销申请的时限内，另案涉及申请人是否属于死者继承人。需要指出的是，在程序上本案撤销申请人事实上没有必要撤回撤销仲裁裁决的申请，更合适的做法是由案涉人民法院裁定中止，待另案判决出来、申请人是否具有继承人资格的问题得到裁判后，才重新开始计算撤销仲裁裁决的时限。换言之，此种合理做法，事实上是将仲裁裁决的撤销时限问题作为时效而非除斥期间。

第三，在被申请人存在多个送达地址的情形下，如何认定正确的送达地址？本案中，可供仲裁机构选择的送达地址概括起来有如下数个：一是"杭州市昭庆寺里街22号"，它是合作公司的地址，也是活动中心的地址；二是"台北市景美区育英街45巷15号"，它是公司章程确认的被申请人的在台地址；三是"355 Barbara Lane Datycity，CA94105 U. S. A. "，它是公司章程中确认的被申请人的在美地址。仲裁机构先后在2002年和2003年通过第一个地址向被申请人投递邮件，均妥投；但在2004—2005年，仲裁机构按照上述第二、三个地址寄送仲裁相关文件和仲裁裁决时，则存在投递不明、退函、第三人签收和签收情况不明四种情形。被申请人和仲裁申请人围绕仲裁机构是否合理送达存在分歧和争议，并成为双方向人民法院诉答的主要事实基础。问题因此是，仲裁机构根据公司章程中确认的被申请人的地址进行送达，是否应视为合理合法的送达？本案司法审查意见提供了有意义的结论：一方面，合作合同所成立的公司的章程中确认的地址并不就当然是合理合法的仲裁送达地址；另一方面，根据仲裁规则之规定，最后为人所知的地址应该是以相关邮件妥投为准的地址。本案中最高人民法院正是如此最后认定的，即便"杭州市昭庆寺里街22号"

并非公司章程中所确认的被申请人的地址，但却是人民法院司法审查时迄今为止所能查到的、被申请人可以妥收的地址。遗憾的是，仲裁机构并未向该地址送达。最高人民法院据此认为仲裁机构未有效送达，从而剥夺了当事人陈述意见的机会。

第四章

基于程序违反的司法审查：案例与评析

第一节　相关案例总览

在本书所考察的样本案例中，我国人民法院司法审查程序中涉及《民事诉讼法》第 274 条第 1 款第 3 项的案件共计 41 件（见表 4-1）。[①] 根据人民法院司法审查结果的四种类型，即未撤/应予执行、撤销/不予执行、部分撤销/部分不予执行，以及通知重裁，案件统计信息如图 4-1 所示。

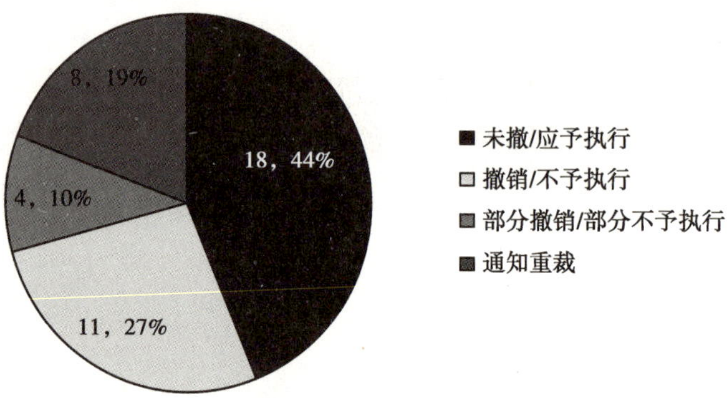

图 4-1　相关案件统计

根据图 4-1，可直观揭示出如下数点结论：

---

① 需要说明的是，该统计结果中包括当事人诉答中涉及程序违反，且人民法院明确根据该依据进行审查的案件，以及虽然当事人在诉答中涉及该依据，但人民法院并未据之审查的案件。

第一，未撤/应予执行案件的占比最高。当事人以程序违反事由提出仲裁裁决撤销或不予执行申请的，法院驳回其撤销申请或不予执行申请的案件为 18 件，所占比重接近一半，即 44%。

第二，部分撤销或部分不予执行案件的占比最低。在 41 件案件中，部分撤销或不予执行案件为 4 件，所占比重仅为 10%。

第三，通知重裁的案件占比较高。法院在相关仲裁裁决存在程序性瑕疵或缺陷但可以采用通知重裁，且仲裁机构明确表示愿意重裁的情况下，较为广泛地采用通知重裁的缓冲措施，在 41 件样本案例中，通知重裁的案件为 8 件，占比接近全部案件的 1/5，即 19%。这一方面说明样本案例中涉及程序违反情形的案件较多，另一方面也说明司法支持重裁的较强力度。

第四，撤销或不予执行案件占比过高。法院总共作出 11 件撤销或不予执行的裁定，接近本类型全部样本案例的 1/3，占比高达 27%。如果加上部分撤销/部分不予执行及通知重裁的案件，占比将超过本类型全部样本案例的一半，约为 56%。

立足相关实务案件的统计数据，结合具体案情，可作如下推论：

第一，高的否定比反映我国仲裁司法审查的高负荷。如上述数据反映，去除不予撤销和应予执行案件后的比例为 56%，即说明法院在涉外商事仲裁裁决撤销或不予执行案件中存在超过一半的案件需要逐级层报到最高人民法院，待其作出复函后才作出（部分）撤销/（部分）不予执行的裁定，包括通知重裁也是如此。因此，如此之高的层报案件意味着三级司法机关的参与，司法审查负担较重。2017 年 12 月 26 日，最高人民法院民四庭负责人就《仲裁司法审查案件报核规定》《关于审理仲裁司法审查案件若干问题的规定》司法解释答记者问中提到："对于仲裁司法审查的审核权，我们是在考虑实践中具体案件的数量和各级人民法院审判力量的基础上，对涉外涉港澳台案件进行了不同规定。"从最高人民法院的态度可以看出，我国仲裁报核制度改革背景下，仲裁司法审查审核权的确定充分考虑了案件的具体数量和法院的审判力量。这也从侧面反映了我国仲裁司法审查的高负荷这一现状。我国仲裁司法审查的高负荷问题，是当事人权利保障和司法保护平衡的结果。

第二，通知重裁的比例较高，表明我国法院将倾向于给予仲裁庭补救程序瑕疵或缺陷的机会，司法对仲裁释放了充分的善意。在统计的 41

个案件中，法院作出通知重裁的裁定（意见）的案件为 8 件，占比近 1/5。在具体案件中，只要不是重大程序性错误且仲裁庭表示愿意重新仲裁的，法院将以作出通知重裁的裁定（意见）。这不仅给予了仲裁以支持，而且在一定程度上也缓解了法院的司法负担，同时还达到了司法审查的目的。

通知重裁不同于重新仲裁，通知重裁只是重新仲裁的原因力之一；仲裁裁决被撤销之后，当事人也可以根据新的仲裁协议重新申请仲裁，这就是《民事诉讼法》第 275 条的规定。该条规定："仲裁裁决被人民法院裁定不予执行的，当事人可以根据双方达成的书面仲裁协议重新申请仲裁，也可以向人民法院起诉。"根据该条规定和现有法律安排，可以明确通知重裁与重新仲裁具有如下四点特征性差异：一是二者的性质不同。通知重裁是司法行为，是重新仲裁的原因；重新仲裁是仲裁行为，是通知重裁的可能结果。不仅如此，通知重裁引起的重新仲裁是真正意义上的由原仲裁庭组织实施的第二次仲裁；而《民事诉讼法》第 275 条规定的重新仲裁则是一个全新的仲裁，仲裁机构和仲裁庭也可能是不同的。二是二者适用的范围不同。通知重裁适用于正处于司法审查中的案件，而重新仲裁则适用于司法审查后的案件。三是二者适用的条件不同。通知重裁通常以案涉仲裁裁决存在应依法撤销或不予执行，但尚可由仲裁庭自行纠正的情形为条件，而重新仲裁则是以当事人之间另行达成新的仲裁协议为条件。四是二者适用的方式不同。通知重裁是以人民法院自由裁量的方式启动；重新仲裁则是以当事人根据新的仲裁协议的申请而启动。

第三，占比 1/10的部分撤销和部分不予执行的审查实践，一方面表明法院司法审查仲裁尽可能采取支持仲裁的做法，不是一撤了之，而是掌握了适当的度；另一方面也表明法院司法审查仲裁的精准度提高，由此也最大限度地保留了仲裁效率。这一实务做法虽然意味着法院在仲裁司法审查案件中法律适用技术的精细化，但不可否认，针对该事项进行审查可能会涉及实体性审查，如何权衡实体性审查与程序性审查的边界则应当是重点考虑的内容。

需要进一步说明的是，关于部分撤销或部分不予执行的裁定主要涉及仲裁协议、超裁和无权仲裁的审查，单纯基于程序违反而产生的仲裁裁决，基本不可能出现部分撤销或部分不予执行的情形。① 这就说明，本部分中占比 10%的此类案件是基于其他依据而出现的结果，因此这部分案件同时也是并合或竞合适用程序违反依据的案件。

表 4-1　　相关案件统计及基本信息②

序号	案例名称	所涉案号	司法结论
1	天工国际贸易有限公司申请不予执行［2014］中国贸仲京裁字第 0468 号涉外仲裁裁决案	［2014］中国贸仲京裁字第 0468 号；［2015］津高民四他字第 3 号；［2015］民四他字第 53 号	应予执行
2	中地海外有限公司申请撤销［2015］中国贸仲京裁字第 0377 号仲裁裁决案	［2015］中国贸仲京裁字第 0377 号；京高法［2015］309 号；［2015］民四他字第 39 号	通知重裁
3	刘某某、张某某申请撤销［2015］中国贸仲京裁字第 0054 号仲裁裁决案	［2015］中国贸仲京裁字第 0054 号；京高法［2016］70 号；［2016］最高法民他 29 号	通知重裁
4	上海高级人民法院撤销［2013］沪贸仲裁字第 415 号裁决案	［2013］沪贸仲裁字第 415 号；［2014］沪高民二（商）撤字第 S1 号；［2015］民四他字第 8 号	未撤
5	倪来宝、刘冬莲申请撤销［2014］中国贸仲京（沪）裁字第 067 号仲裁裁决案	［2014］中国贸仲京（沪）裁字第 067 号；［2015］高民他字第 3076 号；［2015］民四他字第 24 号	撤销
		［2014］中国贸仲京（沪）裁字第 067 号；京高法［2015］386 号；［2015］民四他字第 51 号	
6	轮台县绿源农林开发有限责任公司申请撤销中国国际经济贸易仲裁委员会［2014］中国贸仲京裁字第 0526 号仲裁裁决案	［2014］中国贸仲京裁字第 0526 号；京高法［2015］325 号；［2015］民四他字第 40 号	通知重裁
7	康发食品饮料有限公司申请不予执行［2012］中国贸仲沪字第 439 号仲裁裁决案	［2012］中国贸仲沪字第 439 号；［2013］临执异字第 12 号；［2014］鲁执字复议字第 31 号；［2015］民四他字第 20 号	应予执行
8	四川北方沁园生物工程有限公司申请不予执行涉外仲裁裁决	［2012］海中沪裁字第 035 号；［2013］武海法执字第 224 号；鄂高法［2014］212 号；［2014］民四他字第 41 号	应予执行

① 当然，需要指出的是，如果涉及补正裁决中的补裁，且该补裁违背仲裁程序的，针对该补裁则可能存在部分撤销或不予执行的情形。

② 案件统计至《涉外商事海事审判指导》（总第 33 辑）。

续表

序号	案例名称	所涉案号	司法结论
9	伊卡姆农工商有限公司申请执行［2007］中国贸仲京裁字第0160号仲裁裁决案	［2007］中国贸仲京裁字第0160号；［2012］桂请字第15号；［2013］民四他字第2号	应予执行
10	伊卡姆美国公司申请执行［2007］中国贸仲京裁字第0161号仲裁裁决案	［2007］中国贸仲京裁字第0161号；［2012］桂请字第19号；［2013］民四他字第3号	应予执行
11	三角轮胎股份有限公司申请不予执行涉外仲裁裁决	［2010］中国贸仲京裁字第0281号；［2012］鲁执请字第2号；［2013］民四他请字第12号	不予执行
12	北京康卫医药咨询服务中心有限公司申请撤销［2011］中国贸仲京裁字第268号仲裁裁决案	［2011］中国贸仲京裁字第268号；京高法［2012］352号；［2012］民四他字第57号	未撤
13	新加坡中天投资（集团）有限公司申请撤销［2010］中国贸仲京裁字第0564号仲裁裁决案	［2010］中国贸仲京裁字第0564号；京高法［2012］251号；［2012］民四他字第47号；	未撤
14	许剑文与中卫市城乡建设综合开发公司合资经营纠纷涉外仲裁裁决案	［2011］中国贸仲深裁字第36号；［2012］宁执字第1号；［2012］民四他字第27号	应予执行
15	青岛嘉成工程有限公司申请撤销［2009］CIETAC BJ（0355）号仲裁裁决案	［2009］CIETAC BJ（0355）号；京高法［2011］67号；［2011］民四他字第13号	撤销
16	龙川县人民政府申请撤销［2007］中国贸仲深裁字第85号仲裁裁决案	［2007］中国贸仲深裁字第85号；［2008］粤高法民四他字第10号；［2010］民四他字第50号	未撤
17	不予执行中国国际经济贸易仲裁委员会［2008］中国贸仲京裁字第0379号	［2008］中国贸仲京裁字第0379号；［2010］苏知民仲审字第0001号；［2010］民四他字第21号	部分执行
18	南方国际租赁有限公司申请撤销［2007］深仲调字第20-1号补正调解书案	［2007］深仲调字第20号补正调解书；［2007］深仲调字第20-1号补正调解书；［2009］粤高法民四他字第11号；［2010］民四他字第45号	撤销
19	宁波永信汽车部件制造有限公司申请撤销［2007］甬仲裁字第44号仲裁裁决案	［2007］甬仲裁字第44号；［2009］浙商外他字第2号；［2009］民四他字第45号	未撤
20	天津鑫茂科技有限公司与SG Controls Ltd. 仲裁裁决案	［2004］中国贸仲沪字第084号；［2008］津高民四他字第0001号；［2009］民四他字第15号	未撤

续表

序号	案例名称	所涉案号	司法结论
21	香港中华药业公司申请撤销［2008］中国贸仲京裁字第0044号仲裁裁决案	［2008］中国贸仲京裁字第0044号；京高法［2008］373号；［2009］民四他字第1号	未撤
22	杨志红申请撤销［2003］穗仲案字第2671号仲裁裁决案	［2003］穗仲案字第2671号；［2005］穗中法仲审字第76号；［2006］穗中法民申字第597号；［2006］穗中法审监民再字第95号；［2007］粤高法民四他字第22号	撤销
23	广州增城市广英服装有限公司申请撤销广州仲裁委员会涉外仲裁裁决案	［2007］粤高法民四他字第8号；［2008］民四他字第13号	通知重裁
24	魏北鸿利有限公司申请撤销［2006］珠仲裁字第168号仲裁裁决案	［2006］珠仲裁字第168号；［2007］粤高法民四他字第18号；［2008］民四他字第2号	撤销
25	润和发展有限公司申请不予执行仲裁裁决案	［2005］中国贸仲深裁字第18号；［2005］湘高法执请字第1号；［2008］民四他字第1号	不予执行
26	北京昌信回龙园别墅有限公司等申请撤销［2007］CIETAC裁决第0140号仲裁裁决案	［2007］CIETAC裁决第0140号；京高法［2007］377号；［2007］民四他字第44号	通知重裁
27	不予执行成伟投资有限公司涉外仲裁裁决案	［2005］中国贸仲京裁字第0246号；［2005］玉中执字第210－1号；［2006］桂法执复字第1号；［2006］桂法执议字第3号；［2006］民四他字第25号	部分执行
28	不予执行东讯投资有限公司涉外仲裁裁决案	［2005］中国贸仲京裁字第0233号；［2005］玉中执字第209－1号；［2006］桂法执复字第2号；［2006］桂法执议字第4号；［2006］民四他字第24号	部分执行
29	山西防爆电机（集团）有限公司申请撤销［2004］大仲字第54号仲裁裁决案	［2004］大仲字第54号；［2004］大仲字第54-1号；［2005］辽民四他字第3号；［2005］民四他字第54号	未撤
30	北京鹏华经济技术发展公司申请撤销承德仲裁委员会仲裁裁决案	［2000］承仲裁字第33号；［2000］承仲裁补字第1号；［2005］冀立民函字第89号；［2005］民四他字第51号	通知重裁

续表

序号	案例名称	所涉案号	司法结论
31	罗定市供电局申请撤销［2005］中国贸仲深裁字第37号仲裁裁决案	［2005］中国贸仲深裁字第37号；［2005］粤高法民四他字第22号；［2005］民四他字第47号	部分撤销
32	合肥市市容环境卫生管理局与深圳宝升公司不予执行［2003］贸仲裁字第0138号仲裁裁决案	［2003］贸仲裁字第0138号；［2005］皖执字第11号；［2005］民四他字第45号	应予执行
33	大连水产集团有限公司申请撤销［2003］贸仲裁字第0398号裁决案	［2003］贸仲京裁字第0398号；京高法［2004］405号；（2005）民四他字第7号	通知重裁
34	四川华航建设有限公司申请撤销仲裁裁决案	［2003］成仲案字第468号；［2005］川立仲字第1号；［2005］民四他字第13号	通知重裁
35	江智锋申请撤销［2004］沪裁（经）字第1068号仲裁裁决案	［2004］沪裁（经）字第1068号；［2005］沪高民四（商）他字第1号；［2005］民四他字第23号	撤销
36	天津先达大酒店申请撤销［2003］津仲裁字第364号仲裁裁决案	［2003］津仲裁字第364号；津高法［2005］74号；［2005］民四他字第26号	未撤
37	东峻公司申请不予执行［1998］佛仲字第04号仲裁裁决案	［1998］佛仲字第04号；［2002］粤高法执请复字第35号；［2004］民四他字第16号	不予执行
38	不予执行［2004］中国贸仲京字第0105号仲裁裁决案	［2004］中国贸仲京字第0105号；［2004］宁高法执他字第1号；［2004］民四他字第40号	应予执行
39	桦庆公司申请撤销中国国际经济贸易仲裁委员会［2002］贸仲裁字第0039号仲裁裁决案	［2002］贸仲裁字第0039号；京高法［2002］307号；［2002］民四他字第44号	撤销
40	清华同方股份有限公司、清华同方光盘股份有限公司申请撤销［2002］贸仲裁字第0095号仲裁裁决案	［2002］贸仲裁字第0095号；京高法［2003］6号；［2003］民四他字第2号	未撤
41	展裕发展有限公司与福建黎明大酒店有限公司不予执行［98］深国仲结字第106号仲裁裁决案	［98］深国仲结字第106号；［2001］闽执监字第10号；［2002］民四他字第26号	不予执行

第二节　案例类型化与评析

一　仲裁庭组成与程序违反

（一）不予执行［2005］中国贸仲深裁字第18号裁决案

1. 案情简介

2000年1月10日，妈湾公司作为乙方（承让方），润和公司作为甲方（转让方）在深圳签订了《股权转让协议书》，含仲裁条款。在履行协议书的过程中，双方发生争议。妈湾公司认为，其已经付清了转让款，但润和公司至今尚未办理相关手续。妈湾公司遂申请仲裁。仲裁过程中，妈湾公司选定王璞先生作为仲裁员。因润和公司未在规定期限内选定或委托选定仲裁员，根据《仲裁规则》的规定，贸仲华南分会主任为被申请人代指定了仲裁员罗利伟先生。因双方当事人未在规定的期限内共同选定或共同委托指定首席仲裁员，贸仲主任以口头回复方式指定郭晓文先生作为首席仲裁员。[①]

2. 不予执行理由

不予执行申请人润和公司认为：妈湾公司和华南分会的仲裁做法，严重剥夺了润和公司可通过约定的解决争议方式来获取发生争议知情权、协商解决权。仲裁委主任未按《仲裁法》第32条、《仲裁规则》第26条规定为润和公司指定仲裁员。

3. 司法审查

长沙市中级人民法院审查后请示认为：润和公司称贸仲主任未依法为其指定仲裁员，经到该仲裁委员会华南分会调查，本案仲裁案卷中有华南分会给仲裁委员会主任的《关于SHENX2004088号仲裁案代指定仲裁员人选的报告》，但案卷中没有仲裁委员会主任的回复，也无其他书面材料证明仲裁委员会主任为润和公司指定了仲裁员，以及为双方指定了首席仲裁员。由于没有证据证明仲裁委员会主任为润和公司指定仲裁员和首席仲

① 参见不予执行［2005］中国贸仲深裁字第18号裁决书，载万鄂湘主编《涉外商事海事审判指导》（总第17辑），人民法院出版社2009年版，第44—54页。

裁员，本案仲裁庭的组成与仲裁规则不符，即违反了《仲裁规则》第 26 条、第 27 条的规定。据此，应不予执行案涉仲裁裁决。

湖南省高级人民法院审查后请示认为：仲裁员的选定程序违法。仲裁机构在选定首席仲裁员和指定仲裁员时案卷内没有审批程序，违反了《仲裁规则》第 26 条、第 27 条的规定。[①]

最高人民法院审查后复函认为：妈湾公司选定王璞先生作为仲裁员，因润和公司未在规定期限内选定或委托选定仲裁员，根据《仲裁规则》的规定，贸仲华南分会主任为被申请人代指定了仲裁员罗利伟先生。因双方当事人未在规定的期限内共同选定或共同委托指定首席仲裁员，贸仲主任遂指定郭晓文先生作为首席仲裁员。经查明的事实并未否定裁决书中载明的上述内容的真实性，而根据长沙市中院向仲裁委调查的笔录记载的内容，仲裁委称对于指定仲裁员的报告是口头回复的，《仲裁规则》第 26 条、第 27 条亦未规定必须要求书面回复，因此仲裁案件卷宗内没有审批程序，并不能表明仲裁员的选定程序违法。故，不予执行的理由不能成立。[②]

4. 案例评析

本案主要涉及指定仲裁员的程序和证明问题。从长沙市中院、湖南省高院和最高人民法院的处理意见的比较来看，主要区别在于仲裁规则对指定仲裁员没有规定时的指定程序及其违法性的认定。最高人民法院的意见为，仲裁规则对指定仲裁员没有规定采用书面回复或口头回复的方式，因此，即使仲裁案卷中没有载明审批程序，但只要有证据可证明即便存在口头指定的方式，也不能就此认为仲裁员的选定程序违法。该审核意见采取了类似推定合法的认定方式，即除非有相反证据，否则就认可仲裁机构的仲裁员指定程序符合法律和仲裁规则的规定。但考虑到仲裁员指定作为仲裁机构的职务行为，一般地应由仲裁机构留存证据，并最好采用书面方式予以指定。书面方式一方面可以作为明确的证据；另一方面也彰显仲裁机构对仲裁员指定的重视，以此方式确保裁决的公平公正。鉴于此，仲裁机构应当规范仲裁员指定的程序，并且在真伪不明的情况下应承担仲裁程序无瑕疵的举证责任。

---

① ［2005］湘高法执请字第 1 号请示。

② 参见［2008］民四他字第 1 号复函。

（二）撤销［2010］中国贸仲京裁字第 0564 号裁决案

1. 案情简介

表 4-2　　案情简介①

序号	时间	案件事实
1	2007.10.08	中天公司与物流公司签署《股权托管协议》，含贸仲仲裁条款
2	2009.12.25	中天公司与物流公司在履行《股权托管协议》过程中发生争议，物流公司依据前述两个协议中的仲裁条款，提起仲裁申请
3	2010.05.10	仲裁庭开庭审理
4	2010.07.03	仲裁过程中，徐双全加盟北京盈科（沈阳）律师事务所担任执行主任。该所在开业揭牌仪式上邀请杨松担任嘉宾
5	2010.08.04	辽宁渤船公司以中天公司为被告、以物流公司和新世纪公司为第三人，向沈阳中院提起诉讼，仲裁请求之一是撤销中天公司与物流公司签订的《股权托管协议》和《股权转让合同》
6	2010.08.17	中天公司向贸仲提出中止审理申请，贸仲于该日签收
7	2010.08.25	因辽宁渤船公司在诉讼过程中增加了要求撤销中天公司与物流公司签订的《股权转让合同》《股权托管协议》的诉讼请求，故中天公司向贸仲寄送了中止审理的申请，贸仲于该日签收
8	2010.08.31	辽宁渤船公司也向贸仲寄送了中止审理的申请，中国国际经济贸易仲裁委员会签收
9	2010.11.05	仲裁庭作出案涉仲裁裁决
10	2011.08.09	沈阳市中院作出判决，裁项之一是撤销中天公司与物流公司的《股权转让合同》
11		北京市第一中级人民法院作出请示
12	2012.08.08	北京市高级人民法院作出请示
13	2012.10.25	最高人民法院作出复函

2. 双方诉答

撤销申请人中天公司认为：第一，贸仲对中天公司提出的中止审理仲裁的请求并未作答复，违反了仲裁规则。首先，在本案仲裁过程中，因辽宁渤船重工船舶修造有限公司（以下简称辽宁渤船公司）在沈阳市中级人民法院对中天公司、葫芦岛港物流有限公司（以下简称物流公司）提起诉讼，要求判令中天公司和物流公司排除妨碍，保证辽宁渤船公司行使股东有限购买权。为此，中天公司向贸仲提出两次中止审理申请，贸仲分

① 参见万鄂湘主编《涉外商事海事审判指导》（总第 25 辑），人民法院出版社 2013 年版，第 148—155 页。

别于2010年8月17日、25日签收。辽宁渤船公司也向贸仲寄送了中止审理的申请，贸仲于2010年8月31日签收。其次，贸仲对中天公司第二次提出的中止审理申请仅于仲裁裁决作出后才送达给物流公司，物流公司对中天公司第二次提出的中止审理根本未进行答辩。再者，贸仲故意遗漏对本案有重大影响的案件中止审理申请。贸仲秘书局在送达给中天公司的说明中，虽表达了仲裁庭经研究不同意中天公司提出的中止审理申请，但未附仲裁庭成员研究决定意见，不能确认仲裁庭成员对中天公司两次提出的终止申请进行了研究，也无法确认贸仲是否将两次终止审理申请送达给仲裁庭成员。《民事诉讼法》（2012年修改前）第136条规定："有下列情形之一的，终止诉讼：……（五）本案必须以另一案的审理结果为依据，而另一按尚未审结的……"对于中天公司第二次因辽宁渤船公司增加诉讼请求而提出的中止审理申请，与本案有重大影响，而中国国际经济贸易仲裁委员会故意遗漏不予答复，违反了法定程序。

第二，仲裁庭成员与物流公司具有利害关系，仲裁庭的组成违反法定程序。物流公司在仲裁过程中指定的仲裁员为某大学法学院院长杨某，而物流公司的代理人徐双全为该大学法学院第一届的法律硕士，双方具有师生关系。在仲裁过程中，徐双全加盟北京盈科（沈阳）律师事务所担任执行主任，在2010年7月3日该所开业揭牌仪式上邀请杨某担任嘉宾。就以上事实，仲裁员未向贸仲会披露，且影响对本案的公正审理。

物流公司答辩称：第一，关于中止程序问题，仲裁庭有权就中天公司提出的中止审理申请进行独立的审查并作出决定，撤销意见缺乏事实和法律依据。仲裁庭审理方式灵活多样，合意方式也是如此，不能因在贸仲秘书局发送到的通知中未附上仲裁庭的合意意见就推定仲裁庭审理程序违法。

第二，关于仲裁庭成员是否与物流公司具有利害关系的问题，本案仲裁环节的开庭时间是2010年5月10日，徐双全加入北京盈科（沈阳）律师事务所是在同年的7月。杨某是徐双全毕业前才担任法学院的院长，并未担任过徐双全的指导教师，亦无直接的授课关系。在北京盈科（沈阳）律师事务所开业当天，杨某仅仅作为嘉宾出席，并不存在影响案件公正裁决的情况。此外，中天公司的代理人孙长江也是该大学的法学毕业生，其与杨某同为辽宁省法学会的成员，个人间具有交往的基础。而且，仲裁庭就双方当事人是否申请仲裁庭成员回避问题做出过说明，双方在仲裁开庭终结前均未提出异议，现中天公司在仲裁裁决做出后再行提出该问题，应予驳回。

3. 司法审查

北京市第一中级人民法院审查后请示认为：第一，关于中天公司提出的仲裁程序与仲裁规则不符的撤销理由。根据仲裁规则，仲裁庭对当事人提出的中止审理申请，有权根据具体案情作出适当处理。现贸仲已在题为“关于 VT20100006 号股权托管协议争议案”的函中回复称：“仲裁庭决定，对于被申请人提出关于本案中止审理的请求不予同意，本案仲裁程序继续进行”；中天公司虽提出贸仲在前述函件中未附仲裁庭的研究意见，但仲裁规则中并无要求仲裁庭需将其合议情况告知当事人的规定；中天公司虽提出物流公司针对其第二次中止审理申请未进行答辩，但物流公司对此是否发表意见，并不影响中天公司的权益。因此，中天公司的上述理由不能成立。

第二，关于中天公司提出的仲裁庭的组成与仲裁规则不符的撤销理由。根据贸仲《仲裁规则（2005 年）》第 25 条规定，[①] 经查，仲裁员杨某系某大学法学院院长，物流公司的仲裁代理人徐双全毕业于该大学，取得法律硕士学位。虽然杨某与徐双全之间并不存在直接的授业指导关系，但徐双全系北京盈科（沈阳）律师事务所筹备组负责人，开业后成为该律师事务所的主任，而仲裁员杨某在该律师事务所开业时作为嘉宾出席并致辞。根据上述事实，中天公司对于仲裁员杨某与物流公司仲裁代理人徐双全之间是否存在较为密切的私人关系，有理由产生合理怀疑。而仲裁员对前述事实并未进行披露，符合我国《民事诉讼法》（2012 年修改前）第 258 条（现 274 条）第 1 款第 3 项规定的法定撤销情形，故中天公司的该项撤销理由应予支持。

另外，在仲裁过程中，新世纪公司的中方股东辽宁渤船公司向沈阳中院起诉要求行使股东优先购买权，若沈阳市中院判决支持辽宁渤船公司的诉讼请求，则《股权托管协议》中的托管标的将归辽宁渤船公司所有，

---

① 该条规定：“（一）被选定或者被指定的仲裁员应签署声明书，向仲裁委员会书面披露可能对其独立性或公正性产生合理怀疑的任何事实或情况。（二）在仲裁过程中出现应当披露的情形的，仲裁员应当立即书面向仲裁委员会披露。（三）仲裁委员会将仲裁员的声明书及/或披露的信息转交各方当事人。”

进而导致物流公司与中天公司签订的《股权托管协议》无法继续履行。可见诉讼案件的审理结果对仲裁裁决具有重要影响，仲裁案件需以判决结果为依据。因此，从案件处理的角度考虑，仲裁庭在得知沈阳市中院的诉讼后，应先中止仲裁案件的审理，以待沈阳市中院做出有关的判决。但仲裁庭并未中止审理，二审径行裁决中天公司继续履行《股权托管协议》。目前，根据沈阳市中院的判决结果，中天公司需履行向审批机关报批义务后为辽宁渤船公司办理股权变更手续，从而在客观上导致仲裁裁决无法执行。

北京市高级人民法院审查后请示认为：根据贸仲《仲裁规则（2005年）》的相关规定，本案出现仲裁员杨某在仲裁过程中对相关事实并未进行披露的情形，符合我国《民事诉讼法》（2012 年修改前）第 258 条（现 274 条）第 1 款第 3 项规定的法定撤销情形，故中天公司的该项撤销理由应予支持。[①]

最高人民法院审查后复函认为：徐双泉毕业于某大学，其系北京盈科（沈阳）律师事务所的主任。仲裁员杨某系该大学法学院院长，在北京盈科（沈阳）律师事务所开业时曾作为嘉宾出席并致辞。从现有的实际情况看，徐双泉与杨某二人只是拥有共同的教育背景和共同出席典礼活动的经历，他们之间不存在直接的授业指导关系和其他的利害关系，尚不足以构成对仲裁独立性和公正性的影响。因此，仅以上述事实不足以认定徐双泉与杨某二人之间存在较为密切的社会关系且可能影响仲裁的独立性或公正性。因此，新加坡中天投资（集团）有限公司提出的仲裁庭的组成与仲裁规则不符的撤销仲裁裁决理由，不符合《民事诉讼法》第 258 条第 1 款第 3 项规定的法定撤销情形，不应撤销涉案裁决。[②]

4. 案例评析

本案值得关注的法律问题有二：第一，共同的教育背景是否构成影响仲裁员独立性、公正性，从而应予披露的事实？仲裁员居中裁断当事人的争议，应当具有中立性和公正性。公正是裁判的首要德性，如《论语》所言："为政以德，譬如北辰，居其所而众星共之。"[③] 公正也是裁判行为

---

① 参见京高法［2012］251 号请示。

② 参见［2012］民四他字第 47 号复函。

③ 参见《论语 · 为政篇》。

所需要的德性中最核心者。仲裁员的中立性则是裁决得以公正的结构保证。如果当事人对仲裁员的公正性和中立性产生合理怀疑，可以申请回避。仲裁员是否中立和公正的主要判断标准为表面偏见和合理怀疑排除。本案的核心问题是，仲裁员与当事人一方的代理人之间具有共同的教育背景和共同出席典礼活动的经历，是否构成另一方当事人怀疑该仲裁员中立性和公正性的合理怀疑事实？从司法审查意见看，上、下级法院对此存在分歧。最高人民法院作为最高司法审查机关具有最终决定权，根据其给出的判断标准，似可提炼出如下正反结论：一方面，如果当事人或其代理人与仲裁员只是拥有共同的教育背景和共同出席特定活动的经历，不足以构成影响仲裁员中立性和公正性的事实，从而不予披露；另一方面，如果他们之间存在直接的授业指导关系和其他的利害关系，则足以构成对仲裁独立性和公正性影响的事实，从而应予披露。

本案提出的值得进一步思考的更一般的问题是，仲裁员独立性和公正性的认定标准究竟为何？显然，“横看成岭侧成峰，远近高低各不同”。针对同一事实，不同的立场将产生不同的结论。从仲裁法理和实务效果看，判断某一事实是否影响仲裁员中立和公正，从而是否应予披露的标准，应以当事人的立场判断之。这就意味着，不能以实质上的影响，也不能以专业者的角度进行判断。就此而言，判断仲裁员中立性与公正性的标准是较为严格的。简言之，只要是从当事人的角度对仲裁员的独立性和公正性产生合理怀疑，即构成仲裁员披露的情形。该证明标准并非完全的证明标准，只需当事人达到合理怀疑程度即可。从程序上看，只要当事人产生合理怀疑后，该举证责任应当由仲裁员进行信息披露，再由仲裁机构进行综合认定。最高人民法院在本案中采用了较高的证明标准，增加了当事人的举证难度。换言之，仲裁员披露与仲裁员回避应存在不同的标准：前者应采取较广泛的立场，后者则应采取更严格的标准。也就是说，某些事实构成仲裁员披露的标准，但不足以构成仲裁员回避。

第二，仲裁与诉讼形成平行程序时，应否中止仲裁程序？本案当事人争论的另一个问题是，案涉标的同时并存诉讼程序与仲裁程序时，应如何协调二者。上下级法院在该问题上又再次出现分歧：相关中级和高级人民法院的立场是，应中止仲裁程序，也就是诉讼程序及其结论优先；但最高人民法院对该问题不答而答，即仅严格审查案涉仲裁裁决是否构成撤裁情形，而置该问题于不顾。这种置之不理的态度意味着，最高人民法院并不支持诉讼程序及其判决优先于仲裁程序及其裁决的立场。应当说，最高人民法院在该问题上的态度是值得肯定的，这主要包括两个方面：一方面，诉讼优位主义并无法律依据，仲裁是否应当终止，仲裁裁决是否应让位于法院判决，此类问题在我国立法和相关仲裁规则之中并无规则依据。因此，仲裁机构或仲裁庭，以及人民法院，均应根据法律或仲裁规则的规定，在各自的权限范围内作出判决或仲裁裁决；另一方面，即便仲裁裁决与法院判决可能存在冲突，人民法院在对仲裁裁决进行司法审查时仅仅且只能根据《民事诉讼法》第274条第1、2款规定的五种情形进行。仲裁与诉讼之间的平行、冲突或者撞车，不在司法审查之列。尽管实务中出现过以此为据，通过将其转换为“违背社会公共利益”请求撤销或不予执行的案件，但基本上这样的尝试均以失败告终。事实上，诉讼与仲裁之间的平行是一种“虚假冲突”，因为在相同当事人之间针对同一标的的争议，要么通过仲裁协议的有效而归属仲裁方式解决，要么通过仲裁协议无效而归属诉讼方式解决。简言之，在相同当事人之间的同一标的争议，不可能既存在有效的诉讼判决又存在有效的仲裁裁决，在法效上二者之间必有一真一假。当然，如果针对不同当事人之间就同一标的产生的争议，可能存在诉讼和仲裁两种程序结论之间的冲突，但诉讼的归诉讼，仲裁的归仲裁，此种冲突或矛盾已经属于争议解决机制设置层面的问题，而非实务能够解决的问题。

二 仲裁期限与程序违反

（一）撤销［2007］中国贸仲深裁字第85号裁决案

该案案情上文已述，此处从略，仅从仲裁期限角度进行论述。

1. 撤销申请

撤裁申请人龙川县政府的主要理由是认为：第一，贸仲华南分会将受争议合同仲裁协议直接约束的、应承担争议合同实质权利义务关系的龙川县交通发展总公司排斥在仲裁程序之外，而将不适格的龙川县政府列为被申请人，限制和约束了仲裁协议主体范围，剥夺仲裁协议一方当事人参与仲裁的程序性权利和实体权利，严重违反法定程序，违背仲裁最低的正当程序要求。

第二，本案关于主体资格问题，是以贸仲华南分会秘书处名义作出的答复。该处理从程序到内容和行使，违反了《仲裁规则》第6条和《仲裁管辖权决定程序规范》第 1、8、9 条的规定。而且，仲裁庭对龙川县政府就其主体资格问题的抗辩和异议不作处理和答复，违反《仲裁规则》第 6 条及《管辖权决定程序规范》第 88、89 条的规定。综上，该仲裁裁决应予撤销。

2. 司法审查

深圳市中级人民法院审查后请示认为：《仲裁规则》第 6 条及《仲裁管辖权决定程序规范》均规定，对于仲裁当事人提出的主体异议应当由仲裁委员会或者仲裁委员会授权仲裁庭采取决定的形式作出。本案华南分会以通知的形式作出，属于形式错误，秘书处作处理属于主体错误。因此，本案所涉仲裁程序不符《仲裁规则》第 6 条“对仲裁协议及/或管辖权异议”的有关规定，存在仲裁程序与仲裁规则不符的情形，应撤销该仲裁裁决。

广东省高级人民法院审查后请示认为：根据该《仲裁规则》第 6 条第 1 款[①]、第 5 款[②]的规定，龙川县政府于本案所涉仲裁程序中提出的主体资格异议，应由贸仲或授权仲裁庭对其异议作出处理。但本案中，华南分会秘书处就龙川县政府提出的主体资格异议直接予以处理。因此，该处理作出的主体明显不符合仲裁规则的规定，属于仲裁程序与仲裁规则不符的情形，应撤销该仲裁裁决。[③]

最高人民法院审查后复函认为：贸仲 2005 年 5 月 1 日起实施的《仲裁规则》第 6 条第 3 款[④]、第 5 款规定，主体资格异议应当于仲裁首次开庭前提出。本案中，龙川县人民政府是在仲裁庭首次开庭后才提出了上述异议，该异议提出的时间已经超过了仲裁规则规定的时间。仲裁规则没有对超过规定时间的主体资格异议如何处理作出明确规定，因此，贸仲华南分会秘书处可以对该异议作出答复，该答复程序并未违反仲裁规则。龙川县人民政府关于上述答辩程序与仲裁规则的理由不能成立，其申请应当予

① “仲裁委员会有权对仲裁协议的存在/效力以及仲裁案件的管辖权作出决定。如有必要，仲裁委员会也可以授权仲裁庭作出决定。”

② “上述管辖权异议及/或决定包括仲裁案件主体资格异议及/或决定。”

③ 参见［2008］粤高法民四他字第 10 号请示。

④ “当事人对仲裁协议及/或仲裁案件管辖权的异议，应当在仲裁首次开庭前书面提出；书面审理的案件，应当在第一次实体答辩前提出。”

以驳回。[1]

3. 案例评析

为明确本案各主体及彼此之间的法律关系，本案主体间法律关系梳理如图 4–2 所示。

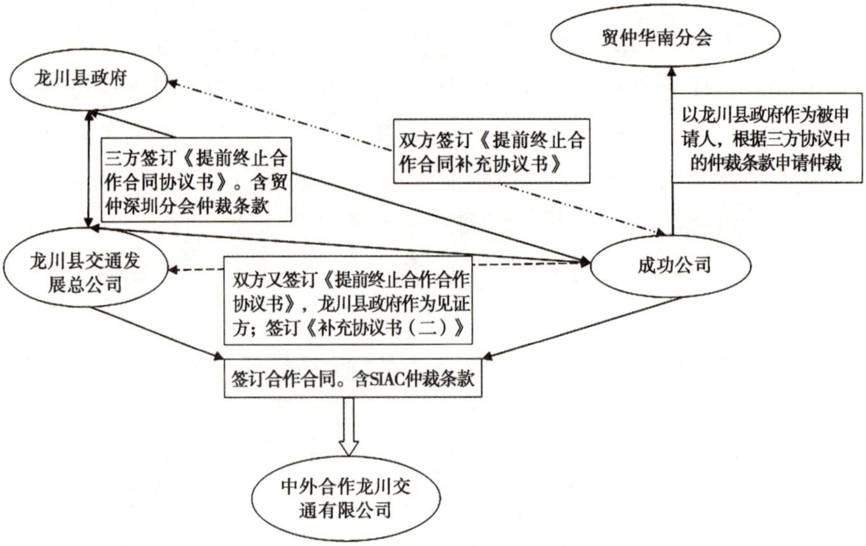

图 4–2 案件法律关系

由图 4–2 可知，本案法律关系主体较多，各主体间的法律关系也较为错综复杂，如何认定仲裁协议主体资格，需要梳理各法律关系，以及当事人的仲裁请求、仲裁裁决事项等。从主体间法律关系看，本案主要包括如下几类合同关系：

（1）“成功公司—龙川县交通发展总公司”之间：合作合同（含新加坡国际仲裁中心仲裁条款）；

（2）“龙川县政府—成功公司、龙川县交通发展总公司”之间：《提前终止合作合同协议书》（含贸仲深圳分会仲裁条款）；

（3）“龙川县政府—成功公司”之间：《提前终止合作合同补充协议书》；

（4）“龙川县交通发展总公司—成功公司”之间：《提前终止合作合同协议书》；

---

① 参见［2010］民四他字第 50 号复函。

（5）“龙川县政府—成功公司”之间：《补充协议书（二）》。

本案值得关注的法律问题有二：第一，在仲裁主体资格存在问题的情形下，应如何定性其归属的撤裁依据。本案存在当事人主张与人民法院审查之间的差异性认识。当事人认为其主体资格不适格，仲裁裁决因此存在两方面的问题：一方面是将不应作为仲裁主体的龙川县政府纳入仲裁程序中，不应承担仲裁裁决的义务，此为程序违反；另一方面是应将案外第三人作为仲裁主体纳入仲裁程序中，但仲裁庭并未如此行为，由此导致剥夺案外第三人参与仲裁、陈述意见的程序参与瑕疵。撤销申请人龙川县政府因此认为案涉仲裁裁决存在程序违反与程序参与所构成的一体两面的问题，从而应被撤销。但三级人民法院在司法审查过程中均只从程序违反角度进行考察。应当认为，人民法院的审查立场是值得肯定的，毕竟程序参与方面的瑕疵即便存在，也不是申请人可以主张的，相反，仲裁庭已经给予申请人充分陈述意见的机会。简言之，申请人不能以案外人可以援引的依据作为申请撤裁的理由。在本案中，龙川县政府作为撤销申请人只能主张其并未与被申请人签订过有效仲裁协议，从而主体不适格。在撤销依据上也就相应地只能援引《民事诉讼法》第274条第1款第1项“无（效）仲裁协议”的情形。然而，作为“禁反言”的结果，人民法院认定龙川县政府在仲裁庭首次开庭前未提管辖权异议，从而否认了其主体资格不适格的主张。

第二，如何判定程序违反的问题。本案在人民法院认定当事人之间存在有效仲裁协议的基础之上，应如何认定是否存在程序违反的情形？从人民法院的司法审查重点看，本案主要涉及三个方面的判断标准：一是认定主体资格异议应采取何种形式的命令？根据案涉《仲裁规则》之规定，应以决定而非通知的形式作出，但仲裁机构秘书处却以通知形式作出。二是谁来针对主体资格问题作出认定？根据《仲裁规则》之规定，仲裁机构或者由其授权的仲裁庭才有权作出主体资格的认定，但本案中却是由秘书处作出直接的认定。因此，本案相关中级和高级人民法院均认定案涉仲裁裁决就此而言存在程序违反的情形。三是管辖权异议期间。最高人民法院以一种特别的解释方式解决了这一问题，即它认为本案所涉上述规则仅适用于仲裁庭首次开庭前的管辖异议，但本案却是在首次开庭之后提出的管辖异议。据此，鉴于《仲裁规则》未对此规定，故认定秘书处有权作出决定。

客观而言，最高人民法院的此种解释方式维护了仲裁裁决，使其免于因并不重要的程序违反而被撤销。但从性质上言，必须承认仲裁管辖中主体资格的异议之认定主体及其形式，只能由仲裁机构或者其授权的仲裁庭以决定形式作出，无论该异议提出的时间发生在何时。因此，从本案最高人民法院的司法审查思路和立场看，似可推论出如下这一有意义的未尽之言：只有那些重要的程序违反，或者说程序违反达到足以影响仲裁裁决的程度，人民法院才有必要通过程序违反的依据对仲裁裁决予以撤销或不予执行。管辖权异议的提出时限在仲裁规则中明确规定，因此属于此种重要的程序违反，构成程序进行上的瑕疵。

（二）撤销［2003］贸仲裁字第0398号裁决案

1. 案情简介

表4-3　案情简介①

序号	时间	案件事实
1	2000. 11. 01	美国ICI公司与大连水产公司签订《搬迁改造及转让协议》
2	2003. 04. 13	美国ICI公司与大连水产公司签订《和解协议》约定：双方一致同意将本《和解协议》提交贸仲，请求该会按照现行有效仲裁规则，在北京提请仲裁，双方共同指定该会穆子砺为独任仲裁员组成仲裁庭，按照该会仲裁规则中的简易程序进行书面审理，并以快捷方式按照本《和解协议》的内容作出裁决
3	2003. 04. 15	双方签订《〈和解协议〉补充修改协议》，并约定其构成和解协议的组成部分，并受协议中仲裁条款的约束
4	2003. 04. 16	大连水产公司同意贸仲以快捷的方式按照《和解协议》内容作出裁决
5	2003. 12. 17	美国ICI公司向贸仲提起仲裁申请，要求按照《和解协议》作出裁决
6	2003. 12. 26	贸仲向大连水产公司函寄仲裁及组庭通知，确定本案适用简易程序
7	2003. 12. 29	美国ICI公司同意仲裁庭从速作出裁决
8	2003. 12. 30	贸仲作出案涉仲裁裁决
9	2004. 12. 17	北京市高级人民法院作出请示
10	2005. 03. 21	最高人民法院作出复函

① 参见撤销［2003］贸仲裁字第0398号裁决案，载万鄂湘主编《涉外商事海事审判指导》（总第11辑），人民法院出版社2005年版，第113—118页。

2. 撤销理由

大连水产公司认为：第一，仲裁庭未按《仲裁规则》的规定给我公司答辩期，使我公司未能陈述意见。仲裁庭向我公司函寄了仲裁及组庭通知后 4 日内就作出了裁决。违反了仲裁委员会《仲裁规则》第 66 条的规定。[①] 我公司也未致函仲裁委同意美国 ICI 公司提出的从速仲裁请求。即使这一情况出现了，也不能以此为由违反仲裁规则不让我公司答辩。仲裁规则规定在 30 天内提交答辩书是程序公正的起码要求，任何人都不得变更。

第二，仲裁庭未按规则规定适用简易程序。本案适用的是简易程序，理由是双方和解协议及其补充修改协议中有约定。但《和解协议》是 2003 年 4 月 13 日达成的，而仲裁通知则是在此之后发出的，根据《仲裁规则》第 64 条的规定，[②] 对争议金额不超过人民币 50 万元的案件，一方可申请适用简易程序，但无论事前有无约定都必须征得另一方书面同意后才能适用简易程序。仲裁庭未征求我公司的书面同意就直接适用简易程序违反仲裁规则的规定。

第三，仲裁庭上述程序错误导致其认定的内容未经质证而错误。本案的仲裁请求是依据《和解协议》作出裁决。显然，对《和解协议》的主体、内容等都须审查、确认。但仲裁庭未经审查就确认《和解协议》有效，使本应无效的《和解协议》产生了法律效力。一方面，《和解协议》的内容不属于双方依法有权自由处分的民事权利义务。《和解协议》的内容是，我公司负有到期办结土地使用权出让手续的义务，否则应赔偿 ICI 公司 1100 万美元的损失。依据《城市房地产管理法》第 39 条规定，土地使用权出让手续应由受让方及美国 ICI 公司办理，《和解协议》却将之约定为是我公司的义务，依法应确认无效；另一方面，《和解协议》不是我公司自愿签订的。仲裁庭认为《和解协议》是我公司自愿签订的依据是韩仲苇个人的签字，但却忽略了韩仲苇是否有权代表我公司签字的问题。我公司是有限责任公司，签订赔偿他人 1100 万美元的《和解协议》是公

---

① 该条规定："被申请人应在收到仲裁通知之日起 30 日内向仲裁委员会提交答辩书及有关证据文件；如有反请求，也应在此期限内提出反请求书及有关证明文件。"

② 该条规定："除非当事人另有约定，凡是争议金额不超过人民币 50 万元，或争议金额超过人民币 50 万元的，经一方当事人书面申请并征得另一方当事人书面同意，适用本简易程序。"

司的重大事项，只有董事会才有权决定。仲裁庭在未见到我公司董事会决议之前，仅凭一份没有加盖公章的协议就认定是我公司自愿签订的，是我公司未能陈述意见的结果，应予纠正。另外，《和解协议》的内容并不合法有效。《和解协议》是《搬迁改造及转让协议》的补充。根据《房地产管理法》第39条规定，转让划拨土地使用权应报相应的政府批准。鉴于我公司的土地是划拨土地，《转让协议》又未经政府批准，属《合同法》第44条规定的无效合同，作为其补充的《和解协议》当然也不应确认为合法有效。

3. 司法审查

北京市第二中级人民法院审查后请示认为：贸仲在案件审理过程中程序不当，应撤销仲裁裁决。

北京市高级人民法院审查后请示认为：第一，关于仲裁庭未给大连水产公司答辩期，致使其未能陈述意见的问题。贸仲受理美国ICI公司仲裁申请后，确定本案适用2000年10月1日起施行的《仲裁规则》中的简易程序进行审理。但贸仲在向大连水产公司发出的仲裁通知中未告知其有答辩的权利，大连水产公司在收到仲裁通知后亦未向仲裁庭表示放弃其答辩的权利，仲裁庭在此情况下径行作出裁决，致使大连水产公司未能陈述意见，仲裁的程序与《仲裁规则》第66条的规定不符。该仲裁裁决存在瑕疵。但由于双方签订的《和解协议》中一致同意按照该会仲裁规则中的简易程序进行书面审理，且以快捷方式按照本《和解协议》的内容作出裁决，故案涉仲裁裁决的程序瑕疵可以通过重新仲裁的方式弥补。据此，根据《民事诉讼法》第260条第1款第2、3项的规定和《仲裁法》第61条的规定，贸仲应对该案重新仲裁。

第二，关于仲裁庭未按规定适用简易程序的问题。依照本案所适用的《仲裁规则》第64条规定，根据本院查明事实，仲裁庭系根据当事人书面约定对本案适用简易程序进行审理符合《仲裁规则》的规定。大连水产公司此项撤销裁决的理由不成立，本院不予支持。

第三，关于大连水产公司提出仲裁程序错误导致其认定的内容未经质证而错误的问题。因仲裁庭对相关证据的认定不属于当事人申请撤销仲裁裁决的法定情形，故大连水产公司此项撤销裁决的理由，本院亦不予采纳。

综上，由于仲裁庭在审理本案的仲裁程序不当，不同意二中院撤销仲裁的意见，拟报由贸仲对该案重新仲裁。①

最高人民法院审查后复函认为：本案双方同意共同指定贸仲《仲裁员名册》中的穆子砺先生作为独任仲裁员组成独任仲裁庭，按照该会《仲裁规则》简易程序进行书面审理，并以快捷方式按照本《和解协议》的内容作出裁决。双方在随后签订的《〈和解协议〉补充修改协议》中又约定补充协议为《和解协议》的组成部分并受该协议中的仲裁条款约束。贸仲据此确定本案适用简易程序审理，但仲裁庭于 2005 年 12 月 30 日作出裁决，并未完全遵守规则中有关简易程序的第 66 条之规定，影响了当事人答辩权利的行使。

但结合本案的实际情况，本案仲裁中存在的程序瑕疵尚未严重到必须以撤销裁决的方式来对当事人予以救济的程度，该程序瑕疵可以通过通知仲裁庭重新仲裁的方式予以弥补。根据《仲裁法》第 61 条的规定，本案应裁定中止撤销程序，通知贸仲重新仲裁。②

4. 案例评析

第一，关于通知重裁的依据问题。《仲裁法》在国内仲裁篇章中规定了通知重裁的问题，这就是该法第 61 条。因此，该条首先和首要的是规范国内仲裁裁决司法审查中的通知重裁情形。在涉外仲裁裁决的司法审查中是否也能适用通知重裁，在立法上并无明确和直接规定。只有根据《仲裁法》第七章有关涉外仲裁的特别规定中的第 65 条的援引性规定，③ 才能间接地在涉外仲裁裁决的司法审查中适用该法第 61 条的规定。职是之故，本案中最高人民法院在司法复函中直接援引《仲裁法》第 61 条作出中止程序、通知仲裁的裁定，存在适用依据不当的问题。合理合法的做法是，根据《仲裁法》第 65 条之规定，再转引根据该法第 61 条规定通知重裁。

第二，关于仲裁简易程序的约定适用与规定适用的冲突问题。在仲裁中，时刻存在着当事人约定、仲裁规则规定，以及法律规定之间的不同与协调问题。原则上，按照仲裁意思自治的本质，当三者出现分歧时，应首

① 参见京高法［2004］405 号请示。

② 参见［2005］民四他字第 7 号复函。

③ 该条规定：“涉外经济贸易、运输和海事中发生的纠纷的仲裁，适用本章规定。本章没有规定的，适用本法和其他有关规定。”

先以当事人的意思自治为准，除非涉及法律中的强制性规定。然而，作为当代国际商事仲裁案件管理的一个发展趋势即是，仲裁机构及其规则作用的强化。有的仲裁规则甚至采取直接推定的方式，确定当事人的某些行为准则，而不论当事人的意思自治如何。当然，更多情形是，在当事人没有意思自治的情形下，仲裁规则作出推定，而不再另行征求当事人的合意。这也是提升仲裁效率的客观需求所致。在仲裁简易程序与普通程序的适用上也存在当事人约定与仲裁规则规定之间的冲突与协调。本案中，当事人约定了简易程序，但当事人之间的争议特征已经超出了简易程序的适用范围。在二者的适用上，仲裁规则作了较为合理的明确规定，这就是以当事人意思自治为准。只是在适用简易程序过程中，是否也必须遵守特定的仲裁时限，本案提供了答案。本案中涉及的关键性的程序启示就是，即便在简易程序中，仲裁庭也必须给予被申请人以充足的答辩期，否则，仲裁裁决将构成应被撤销或不予执行的情形。

第三，关于通知重裁的适用方式和标准问题。从样本案例中可以看到，人民法院有适用通知重裁救济仲裁裁决的倾向，尤其是在有关程序违反的司法审查中。本案在通知重裁的适用方式上存在一个特征，这就是即便相关中级人民法院并不建议通知重裁，但相关高级人民法院仍然主动否定了下级法院撤销仲裁裁决的过激请示。这意味着，通知重裁的适用在方式上并不必须由相关中级人民法院提出，任何一级进行司法审查的人民法院均可主动提出。另外，本案在通知重裁的适用标准上也获得了最高人民法院的一个明确表态。从该表态可以得出三点有意义的结论：一是涉外仲裁裁决司法审查中的通知重裁并不局限于《仲裁法》第 61 条规定的证据情形，而可适用于“程序瑕疵”；二是通知重裁的反面标准是程序瑕疵“尚未严重到必须以撤销裁决的方式来对当事人予以救济的程度”；三是通知重裁的正面标准是程序瑕疵“可以通过通知仲裁庭重新仲裁的方式予以弥补”。可以说，最高人民法院在本案中的这一立场不仅具有针对个案的裁判意义，而且还具有超越于本案、适用于其他案件的普遍性裁判意义。

第四，关于本案是属于程序参与还是程序违反的定性问题。本案被最高人民法院通知重裁的根本原因是，仲裁庭未给予仲裁规则规定的答辩期限，致使当事人未能陈述其意见。由此观之，答辩期是否给予及其充足性问题，具有程序参与与程序违反的竞合性质：一方面，仲裁规则规定的答辩期未得到遵守；另一方面，当事人未能获得充足的陈述意见的机会。从相关高级人民法院的请示看，其同时援引了程序参与与程序违反的撤裁依据；从最高人民法院的复函意见看，它将程序违反作为原因，程序参与作为结果，一并作为通知重裁的依据。仔细玩味揣度，最高人民法院似有倾向于或倚重于程序违反的意味。客观而言，程序违反具有相对影响的标准，因此在判断和适用上相对明确，也更具说服力；而程序参与则在很大程度上取决于解释，并包括多种情形。因此，就本案而言，仲裁庭未给予当事人以规定时限的答辩期，这是一个明确的“硬伤”。尽管仲裁庭给予的答辩期不充足，但至少也给予了当事人以答辩的机会。就此而言，本案中所涉及的情形，仲裁机构因未给予充分的答辩期而未能让当事人充分行使答辩权利，宜被定性为程序违反，据此否定仲裁裁决或者通知重裁，更具有让当事人和仲裁庭无可反驳的力量。

（三）撤销珠仲裁字［2006］第 168 号裁决案

1. 案情简介

表 4-4　　案情简介

序号	时间	案件事实
1	2001. 05. 11	华生公司设立新华柏公司，拥有该公司 100%的股权
2	2002. 06. 28	魏北鸿利公司与华生公司签订《股权转让协议》，将其拥有新华柏公司 100%的股权转让给魏北鸿利公司。含仲裁条款：因本合同所引起的或与本合同有关的任何争议，双方应友好协商，协商不成的，应提交仲裁地点在深圳的中国国际经济贸易仲裁委员会进行仲裁
3	2002. 12. 26	完成股东变更工商登记手续
4	2006. 02. 22	签订《补充协议》，约定魏北鸿利公司在 2006 年 4 月 30 日未付清上述股权转让款，则应将其持有新华柏公司 100%的股权无条件地转让给华生公司。《补充协议》上有申请人的印章及其董事马楚民的签名。《补充协议》第 4 条约定将该案的纠纷提交给珠海仲裁委员会，依照该会规则进行仲裁；《补充协议》第 5 条约定发生纠纷或仲裁时双方的联络人，并认为联络人即为签收、接受对方或仲裁机构或仲裁裁决执行机构法律文书的授权人，法律文书得按联络人地址或姓名送达，并约定申请人的联络人为杨德强
5	2006. 09. 12	华生公司向珠海仲裁委员会申请仲裁
6	2006. 10. 30	首次通知开庭
7	2006. 11. 15	首次开庭
8	2007. 01. 22	第二次通知开庭
9	2007. 01. 25	第二次开庭时，华生公司变更仲裁请求。但仲裁庭未将变更后的仲裁请求告知魏北鸿利公司，未给予魏北鸿利公司答辩期。仲裁材料的受送达人均为杨德强

续表

序号	时间	案件事实
10	2007.01.30	珠海仲裁委员会作出案涉仲裁裁决，对上述变更后的仲裁请求全部予以支持
11	2007.02.13	华生公司向东莞市中级人民法院申请执行仲裁裁决
12	2007.03.02	东莞市中级人民法院作出裁定书,① 将新华柏公司的股权变更登记在被申请人名下
13	2007.03.27	魏北鸿利公司向珠海市中级人民法院申请撤销仲裁裁决
14	2007.05.22	魏北鸿利公司申请司法鉴定，鉴定内容为：《补充协议》上印章的真实性、打印时间和签字签章的时间
15	2007.06.06	珠海市中级人民法院组织听证，魏北鸿利公司声称公司印章在英国相关机构没有相应备案；东莞工商局备案的三枚印章，只有其中两枚是公司的真实印章，另一枚是被申请人相关人员伪造的
16	2007.12.04	广东省高级人民法院作出请示
17	2008.05.27	最高人民法院作出复函

2. 司法审查

珠海市中级人民法院审查后请示认为：第一，根据《珠海仲裁规则》第89条规定,② 从查明事实来看，珠海仲裁委员会没有按照其规定在第一次开庭前20日通知当事人，且没有当事人商请仲裁庭同意提前开庭的事实存在。第二，《珠海仲裁规则》第20条规定,③ 从查明的事实来看，在仲裁庭第二次开庭时，被申请人当庭对自己的仲裁请求予以变更，但珠海仲裁委员会没有将此变更情况告知申请人并询问申请人是否需要答辩期，更没有给予15天答辩期而径行裁决。第三，珠海仲裁委员会将《补充协议》确认的“联络人”杨德强视为仲裁案件申请人的代理人的做法缺乏法律依据。根据《仲裁法》第29条，当事人、法定代理人可以委托律师和其他代理人进行仲裁活动，委托律师和其他代理人进行代理活动的，应当提交授权委托书，即代理仲裁活动的人必须提交授权委托书。从查明的

① 参见［2007］东中法执字第185号裁定书及协助执行通知书。

② 该条规定：“仲裁案件首次开庭审理日期经仲裁庭决定后，仲裁委员会应当在仲裁开庭20日前将开庭时间通知当事人，当事人经商请仲裁庭同意可以提前开庭。”

③ 该条规定：“仲裁庭决定接受当事人变更仲裁请求的申请的，对方需要答辩期的，对方当事人应当自收到变更仲裁请求书或变更反请求申请书之日起15日内就变更的请求事项向仲裁委员会提出书面答辩。”

事实来看，案涉仲裁裁决案卷材料中没有申请人授权给杨德强的委托书，珠海市中级人民法院认为《补充协议》中约定的联络人不能必然成为具有独立性的仲裁程序的代理人，故由杨德强代行指定仲裁员及在仲裁程序中所进行其他的行为均缺乏法律和事实依据。

综上所述，该案的仲裁程序中存在违反《仲裁法》第 29 条，《珠海仲裁规则》第 89 条、第 20 条的规定的事实，出现了《民事诉讼法》第 260 条第 1 款第 2、3 项规定的撤销涉外仲裁裁决的情形，依照《仲裁法》第 70 条的规定，应撤销案涉仲裁裁决。

此外，珠海市中级人民法院同时请示报告了案涉的两个特殊问题：第一,对《补充协议》上印章的真实性、马楚民签字的真实性、打印时间及签字盖章的时间是否应当进行司法鉴定。《补充协议》的真伪，直接关系到本案中的仲裁条款是否存在、仲裁裁决是否有效力，因为《补充协议》载有的仲裁条款是珠海仲裁委员会对本案进行仲裁的前提。若《补充协议》是伪造的，则《补充协议》中的仲裁条款无效，这必然导致珠海仲裁委员会无权对第 168 号裁决案进行仲裁。而依《股权转让协议》的约定，双方的争议应提交仲裁地点在深圳的中国国际经济贸易仲裁委员会进行仲裁。本案系撤销涉外仲裁裁决案，按《民事诉讼法》及《仲裁法》的相关规定，法院一般不对涉外仲裁裁决进行实质问题的审查，即对涉外仲裁裁决的认定事实是否错误、适用法律是否正确不进行审查。但对于本案中《补充协议》真实性的审查，同时也是对《民事诉讼法》第 260 条第 1 款第 1 项情形的审查。

第二，是否可以通知仲裁庭重新仲裁。根据《仲裁法》第 61 条的规定，对于法院认为可以由仲裁庭重新仲裁的，可以通知仲裁庭在一定期限内重新仲裁。对于本案而言，由于仲裁程序的开始是以有效仲裁条款的存在为前提的，在没有确认该《补充协议》的真伪之前，若重新指定仲裁庭进行仲裁意味着认可该《补充协议》的合法性。

广东省高级人民法院审查后请示认为：第一，珠海仲裁委员会没有按照《珠海仲裁规则》第 89 条的规定在第一次开庭前 20 日通知当事人，且没有当事人商请仲裁庭同意提前开庭的事实存在。第二，在仲裁庭第二次开庭时，被申请人当庭对自己的仲裁请求予以变更，但珠海仲裁委员会没有依《珠海仲裁规则》第 20 条规定在被申请人变更仲裁请求时将此变更情况告知申请人并询问申请人是否需要答辩期，更没有给予 15 天答辩期而径行裁决。

综上所述，该案的仲裁程序中存在违反《珠海仲裁规则》第89条、第20条的规定的事实，出现了《民事诉讼法》第260条第1款第3项规定的撤销涉外仲裁裁决的事由，依照《仲裁法》第70条的规定，应当撤销案涉仲裁裁决。①

最高人民法院审查后复函认为：第一，依据《珠海仲裁规则》第七章第89条的规定，② 仲裁庭没有在首次开庭前20天通知当事人，也没有证据证明当事人商请仲裁庭同意提前开庭，仲裁庭的仲裁程序违反了仲裁规则的规定。

第二，根据《珠海仲裁规则》第20条的规定，③ 在仲裁庭第二次开庭时，华生公司变更仲裁请求，仲裁庭没有将华生公司变更仲裁请求的情况告知鸿利公司，也没有询问鸿利公司是否需要答辩期和给予15天的答辩期，便作出裁决，其仲裁程序确有违反仲裁规则规定的情形。

综上，该案的仲裁程序中存在违反《珠海仲裁规则》第89条、第20条规定的情形，根据《民事诉讼法》第260条第1款第3项、《仲裁法》第70条的规定，案涉仲裁裁决应予撤销。④

3. 案例评析

第一，程序参与与程序违反之间的竞合适用。本案再次凸显了仲裁请求变更并发的程序参与问题和程序违反问题。尽管问题一致，但相关人民法院的司法审查立场存在定性上的差异：从珠海市中级人民法院的司法审查过程和援引依据看，案涉仲裁裁决同时存在程序参与与程序违反的瑕疵；从广东省高级人民法院和最高人民法院的司法审查过程和援引依据看，案涉仲裁裁决仅存在程序违反的瑕疵。从后两者的请示和复函所列示的事实看，其主要涉及开庭通知和仲裁请求变更后的告知问题，此两类问

---

① 参见［2007］粤高法民四他字第18号请示。

② 该条规定："仲裁案件首次开庭审理日期经仲裁庭决定后，仲裁委员会应当在仲裁庭开庭20日前将开庭时间通知当事人，当事人经商请仲裁庭同意可以提前开庭。"

③ 该条规定："申请人变更仲裁请求或被申请人变更反请求应当在仲裁庭调查结束前提出，由仲裁庭决定是否接受。仲裁庭决定接受的，对方需要答辩期的，对方当事人应当自收到变更仲裁请求申请书或者变更反请求申请书之日起15日内就变更的请求事项向仲裁委员会提出书面答辩。"

④ 参见［2008］民四他字第2号复函。

题典型地属于未给予被申请人陈述意见的机会，因此属于程序参与上的瑕疵，但相关法院援引的法条却表明它们是将其定性为程序违反。这一方面说明了程序参与与程序违反之间本身存在语义区分的困难而易生适用竞合之现象；另一方面也显示了人民法院在本案中援引依据的不当，有值得推敲和商榷之处。

第二，为提升仲裁效率、避免次生争议，特别是避免程序参与上的可能的异议风险，本案部分地提供了一些有益的技巧性启示，这就是建议当事人在约定仲裁条款时，同时明确约定仲裁送达方式、联系人，并在可能的情形下同时另文签订仲裁授权委托书，明确仲裁代理人。不论是在诉讼实践中，还是司法实践中，送达问题都是一个难题，特别是在涉外送达情形更是如此。但送达问题又同时具有重大的实体和程序上的法律意义——它直接关涉正当程序，又涉及案件审理的实体公正，因此送达问题又是不可回避的难题。鉴于此，在晚近的仲裁发展中已经出现允许当事人通过事前约定方式明确送达机制的做法，以此避免纠纷发生后送达困难，以及因送达上可能存在的问题引发的程序参与瑕疵。另外，本案存在的问题是，当事人混淆了仲裁联络人与仲裁代理人之间的区别，从而导致当事人之间在程序参与与程序违反问题上的异议与对抗。鉴于此，应建议当事人在签订仲裁条款时，如果可能，应同时另文单独签订授权委托书，明确仲裁代理人，还可一并授权其作为仲裁联络人发挥作用。

第三，仲裁条款存在与否之审查。该问题既是事实问题，也是法律问题；既涉及程序问题，也涉及实体问题。作为珠海市中级人民法院在请示中附带提出的两个问题之一，人民法院是否应审查案涉含有仲裁条款的《补充协议》上的印章和签字的真实性？在珠海市中级人民法院看来，这是一个两难的问题：一方面，对其真实性的审查已经涉及实体性问题，从而逾越了司法审查涉外仲裁裁决仅限程序的红线；另一方面，又不得不对其真实性进行审查，因为该问题关涉仲裁条款存在与否，因此属于《民事诉讼法》规定的“无（效）仲裁协议”的审查范畴。珠海市中级人民法院最终还是突入了实体问题，通过举行听证会的方式对仲裁条款的真实性进行了审查。遗憾的是，最高人民法院和广东省高级人民法院在后续审查意见中均对此问题进行了回避，从其意见看，它们均是在认定仲裁条款存在且有效的前提下仅就程序违反的情形进行了审查。由此似可推论，它们均认可珠海市中级人民法院对仲裁条款签署真实性进行审查的立场。本书认为，人民法院有权对仲裁协议存在与效力进行审查，这是《民事诉讼法》第274条第1款第1项明确规定的情形，只是需要略微修正一个观念上的误解，即认为人民法院在涉外仲裁裁决的司法审查中不涉及实体问题。事实上，《民事诉讼法》第274条第1款第1、4项和第2款，都不可避免地扩展到特定程度的实体问题层面。绝对地主张司法审查涉外仲裁裁决仅限程序的立场是不当的，且容易陷入类似本案中珠海市中级人民法院的两难困境。

第四，通知重裁的可适用性问题。通知重裁是司法审查过程中司法支持仲裁的友好举措，珠海市中级人民法院也在请示意见中提出了通知重裁的选项。但本案中通知重裁的适用存在两个问题：一是仲裁条款的真实性悬而未决的情形下，能否通知重裁？通知重裁是以仲裁协议存在且有效为前提，如果仲裁条款并不存在，或者其存在尚属疑义，那么通知重裁就缺乏立足的基础。因此，从仲裁法理上言，通知重裁并不适合仲裁庭自裁管辖。

二是如果认为本案中仲裁条款的真实性不存在，那么是否应优先考虑通知重裁的选项？事实上，我国《仲裁法司法解释》只是对国内仲裁中的通知重裁的适用情形作了明确规定，这就是限于两类证据情形；但涉外仲裁中人民法院不审查证据等实体问题，因此通知仲裁是否适用、适用于哪些情形，是一个有待明确的问题。从迄今涉外仲裁裁决的司法审查实践看，可以明确的有：一是可以适用通知重裁；二是存在多种司法立场，既有具体的应用，即适用于程序问题；也有抽象的标准，如人民法院在有的案件中提出“仲裁庭有能力纠正错误”作为条件。[①] 以本案情形观之，本案中主要存在仲裁庭违反程序规则和未给予当事人适当通知、表达意见的机会，因此，如果仲裁庭的此种违背是故意滥用程序，则通知重裁就失去了意义，仲裁庭在此种情形下可能并无纠正错误的意愿；相对而言，如果仲裁庭的此种程序违背并非其本意，而是出于疏忽或者过失，则其有自我纠错的意愿和能力，此时通知重裁就能实现其目的。综上，对于通知重裁是否适用、是否优先适用的问题，原则上可按如下顺序确定之：在关于仲裁条款存在与效力的审查问题上，应排除通知重裁的适用；在仲裁庭有意

---

① 参见“王国林申请撤销贸仲华南分会仲裁裁决”案，最高人民法院［2013］民四他字第9号复函。

愿且有能力的情形下，在作出否定性裁定前，可优先考虑通知重裁。以此为据，当本案中并无迹象显示仲裁庭有滥用程序的倾向时，即便存在程序参与和程序违反的瑕疵，仍可优先考虑通知重裁。有所遗憾的是，本案中尽管珠海市中级人民法院提出了这样的请示建议，但相关高级人民法院和最高人民法院未对此作出回应。

（四）撤销［2003］成仲案字第468号裁决案

1. 案情简介

2002年1月28日，王忠诚与华航公司签订了《联合开发协议书》，约定由王忠投出华航花园的开发资金250万元，华航公司保证在投入之日起6个月内支付本金及封顶利润166.8万元。到期后，华航公司没有偿还资金及利润。2003年9月3日，王忠诚申请向成都仲裁委员会仲裁，请求成都仲裁委员会依据双方签订的第0128号《联合开发协议书》的约定，裁决华航公司向其支付本金250万元、封顶利润166.8万元，并支付相关利息。成都仲裁委审理后，仲裁意见认为，由于双方当事人在协议中只约定了利润的分配，没有约定风险的承担。且在仲裁审理中，当事人就"风险"回答仲裁提问时，申请人王忠诚认为协议履行中双方都有风险。申请人的风险在于不能收取超过166.8万元的利润。而被申请人认为申请人在约定的时间内足额投入不承担风险，没有在约定的时间内足额投入承担风险，即按该房产项目的利润分配利润。显然，双方当事人对在联营商事活动中风险的意思表示，不符合最高人民法院《关于审理联营纠纷案件若干问题的解答》第4条中"联营活动中应当遵循的共负盈亏、共担风险的原则"的规定。因此，第0128号协议书，其名义是"联合开发协议书"，约定由王忠诚注入资金于华航公司持有的第一期华航公司城市花园别墅小区项目进行联合开发，但该协议实为借款协议。并根据该认定在开庭审理后作出案涉仲裁裁决，[①] 裁决由华航公司偿还王忠诚本金250万元并偿还资金利息。

华航公司不服，并以仲裁庭所作仲裁违反法定程序为由，向成都市中级人民法院申请撤销该项仲裁裁决。[②]

---

① 参见［2003］成仲案字第468号裁决书。

② 参见撤销［2003］成仲案字第468号裁决案，载万鄂湘主编《涉外商事海事审判指导》（总第11辑），人民法院出版社2005年版，第125—128页。

2. 司法审查

成都市中级人民法院审查后请示认为：《成都仲裁委员会仲裁暂行规则》规定第 47 条规定，仲裁过程中，当事人主张的法律关系性质或民事行为的效力与仲裁庭根据案件事实作出的认定不一致的，仲裁庭应当告知当事人可以变更仲裁请求，当事人变更仲裁请求的，仲裁庭应当重新指定举证期限。本案中，王忠诚请求成都仲裁委裁决华航公司履行第 0128 号仲裁《联合开发协议》，成都仲裁委根据查明的事实认定为借款性质的协议。在此情形下应该允许当事人在成都仲裁委员会对法律关系认定的基础上，变更仲裁请求，成都仲裁委员会也有告知当事人变更仲裁请求的义务。而成都仲裁委在与当事人主张的法律关系性质认定不一致的情况下，并未告知王忠诚可以变更仲裁请求，违反了《成都仲裁委员会仲裁暂行规则》第 47 条规定的法定程序，应当撤销。

四川省高级人民法院审查后请示认为：《成都仲裁委员会仲裁暂行规则》第 47 条规定仲裁过程中，当事人主张的法律关系的性质或民事行为的约束力与仲裁庭根据案件事实作出的认定不一致的，仲裁庭应当告知当事人可以变更仲裁请求。当事人变更仲裁请求的，仲裁庭应当重新指定举证期限。本案中，由于在仲裁过程中，申请人王忠诚没有对仲裁庭认定的性质提出异议，仲裁庭也没有告知王忠诚性质变更事项，被申请人华航公司答辩也没有对案件的性质作出答辩，成都仲裁委违反了有关仲裁规定，应当撤销。①

最高人民法院审查后复函认为：在仲裁案件的申请人王忠诚主张的法律关系的性质和民事行为的效力与仲裁庭的认定不一致时，仲裁庭未按照仲裁规则的规定告知当事人可以变更仲裁请求，而是直接自行代替当事人变更了请求并作出裁决，且未给被申请人重新指定举证期限，因此可以认定仲裁庭的仲裁程序与仲裁规则不符，符合应予撤销的情形。但从仲裁庭违反仲裁规则的情况看，尚未严重到撤销该裁决的程度。可通知仲裁庭重新仲裁。②

3. 案例评析

本案值得关注的法律问题有三：第一，仲裁庭释明权的行使问题。根据《成都仲裁委员会仲裁暂行规则》第 47 条的规定，当事人主张的法律

① 参见［2005］川立仲字第 1 号请示。

② 参见［2005］民四他字第 13 号复函。

关系性质或民事行为的效力与仲裁庭根据案件事实作出的认定不一致的，仲裁庭应当告知当事人可以变更仲裁请求，当事人变更仲裁请求的，仲裁庭应当指定举证期限。本条规定了仲裁庭不得单方变更当事人仲裁请求，仲裁庭若要变更当事人仲裁请求，必须行使释明权，并给予当事人相应的程序保障。但并未规定释明权的形式范围。释明权具有促进仲裁员与当事人之间的沟通与交流，避免突袭裁判，提高仲裁效率和平衡当事人之间的仲裁能力，促进当事人之间实质平等的实现的功能。① 在商人社会，我们可以假设商主体为理性经济人，当事人为实现自身的利益而选择仲裁，并有能力通过仲裁保护自身权益。不管是仲裁请求，抑或是证据的收集与质证等，当事人能够作出权衡与选择。仲裁庭在解决纠纷时，为促进当事人纠纷的解决和提高仲裁效率，可以对当事人的以下四个方面行使释明权：促进当事人明确其请求、主张的释明；提醒当事人补充不完整主张或陈述的释明；举证指导的释明；法官或仲裁员观点的释明。② 就仲裁而言，仲裁存在仲裁庭职权与当事人处分权之间的平衡。

第二，仲裁庭释明权的行使是否涉及程序遵守或违反的问题。仲裁庭的职权行使在于推动仲裁程序进行与仲裁效率提高，如果按照《成都仲裁委员会仲裁暂行规则》规定，仲裁庭行使释明权，必须给予当事人指定举证期限，在一定程度上将拖延仲裁效率。仲裁庭释明权的形式如何促进仲裁效率与仲裁公平和当事人仲裁权利的平衡？就本案而言，如果当事人的证据达到变更仲裁请求的证据要求，仲裁庭行使释明权时，仅需对当事人的请求、主张进行释明即可，必要时给予对方当事人相应的答辩期，答辩期可由当事人协商或仲裁庭根据审理情况进行指定，但仲裁庭行使释明权时不得直接对案件结果产生实质性改变或影响。经由仲裁庭释明而当事人拒不变更的，仲裁庭应尊重当事人意愿，根据当事人诉讼请求作出裁决。总之，释明权的行使本属实体性问题，特别是仲裁庭关于法律关系性质或所涉民事行为的效力的认定问题不属于人民法院程序审查的对象。但释明权行使的方式与配套举措，包括告知当事人、相应答辩期的给予等问题，则属于典型的程序参与与程序违反的问题。

第三，通知重裁的适用方式和标准问题。本案再次强化了上文所分析

---

① 刘凯湘：《论释明权在仲裁程序中的理解与运用》，《北京仲裁》2008 年第 4 期。

② 同上。

的“大连水产集团有限公司申请撤销中国国际经济贸易仲裁委员会[2003]贸仲裁字第0398号裁决”案中有关人民法院通知重裁的适用结论：一方面，各级参与司法审查的人民法院均可主动否定撤销或不予执行相关仲裁裁决的下级请示，而直接改为通知重裁的适用；另一方面，在适用标准上也再次明确了通知重裁的反面适用即该程序瑕疵“尚未严重到撤销该裁决的程度”。这也意味着，通知重裁相比于撤销或不予执行仲裁裁决而言，在依据上具有同质性，但具有不同的违背程度。

（五）执行[2007]中国贸仲京裁字第0161号裁决案

1. 案情简介

表4-5　案情简介①

序号	时间	案件事实
1		Ecom Agroindustrial Cop. Ltd.（以下简称伊卡姆公司）与柳州华侨化纤纺织有限公司（以下简称华纺公司）签订买卖合同，含仲裁条款
2	2006. 04. 03	仲裁委员会将《仲裁通知》《仲裁规则》《仲裁员名册》《仲裁申请书》及附件寄出
3	2006. 04. 04	投递状态：妥投
4	2006. 11. 14	仲裁庭第一次庭审
5	2006. 11. 15	伊卡姆公司以《补正和更正函》对仲裁请求进行变更
6	2007. 02. 01	伊卡姆公司以《对620060095号仲裁申请书补充说明》对其仲裁请求作出变更
7	2007. 02. 05	仲裁庭将其作出[2007]中国贸仲字第001325号函寄达华纺公司，该函已经明确表示接受伊卡姆公司的《对620060095号仲裁申请书的补充说明》
8	2007. 03. 16	仲裁庭第二次开庭。制作了《关于620060095号案有关程序事项的确认》，对案件有关程序事项作出安排，其中包括华纺公司应予2007年3月27日前提交针对伊卡姆公司最后仲裁请求的答辩意见、证据及反请求的内容，华纺公司的代理律师已签字表示同意和确认
9	2007. 04. 13	仲裁庭作出案涉仲裁裁决②
10	2007. 12. 28	申请人伊卡姆公司向柳州中院申请执行裁决，被申请人华纺公司提出不予执行抗辩

① 参见[2007]中国贸仲京裁字第0161号裁决，载江必新主编《涉外商事海事审判指导》（总第26辑），人民法院出版社2014年版，第158—164页。

② 参见贸仲[2007]中国贸仲京裁字第0161号仲裁裁决书。

续表

序号	时间	案件事实
11		柳州市中级人民法院作出请示
12	2012. 07. 20	广西壮族自治区高级人民法院作出请示
13	2013. 02. 06	最高人民法院作出复函

2. 不予执行理由

被申请人华纺公司提出不予执行的理由认为：第一，关于法律文书送达问题。仲裁委员会受理案件后，向华纺公司送达了伊卡姆公司的仲裁申请书和证据材料，但没有送达仲裁立案通知，没有通知该公司答辩、指定仲裁员和提起反请求，仲裁委员会向该公司送达的仲裁通知，无论抬头记名人还是通知的内容，都是给伊卡姆公司的。

第二，关于仲裁请求变更问题。本案仲裁庭第一次庭审之后，伊卡姆公司对其仲裁请求作出变更。直至本案第二次开庭之前，仲裁庭没有就是否接受伊卡姆公司对仲裁请求的变更通知该公司，更没有通知该公司进行答辩，且距第二次开庭日期也不足 45 天答辩期。

第三，关于货物价格问题。伊卡姆公司主张差价损失却未提供相应证据，仲裁庭自行收集了“2005 年 3 月国外棉商对中国主要港口的有关报价”，并据此确定了计算差价损失的基础价格。仲裁庭在作出裁决之前，未将以上自行收集的证据的来源、内容和形式、针对的原棉品级、含有哪些国外棉商和何种价格条件向该公司进行出示和披露，更未交该公司质证和给予提出意见的机会，使裁决书的合法性彻底丧失。

第四，关于律师费问题。伊卡姆公司超过仲裁庭指定的举证期限才提交律师费收据，仲裁庭已经明确表示不接受上述证据，却裁决该公司向伊卡姆公司赔偿律师费，违背《仲裁规则》。

3. 司法审查

柳州市中院审查后请示认为：第一，关于法律文书送达问题。贸仲提交的《国内特快专递邮件详情单》及查询回执，证明该会将《仲裁通知》《仲裁规则》《仲裁员名册》，伊卡姆公司提交的《仲裁申请书》及附件等文件妥投华纺公司。华纺公司提出没有收到《仲裁通知》的理由不能成立。

第二，关于仲裁请求变更的问题。仲裁庭寄送给华纺公司的函表示接受伊卡姆公司的《仲裁申请书的补充说明》，应为仲裁庭的笔误，但是已经造成实质内容的改变，在法律文书中类似笔误是不能允许的，可以认定华纺公司在第二次开庭前没有得知仲裁庭接受伊卡姆公司变更仲裁请求。即便如此，仲裁庭在第二次庭审过程中已经当庭表示接受伊卡姆公司对仲裁请求的变更，并于当日制作《有关程序事项的确认》，对案件有关程序事项作出安排，其中即包括接受伊卡姆公司对仲裁请求的变更，华纺公司应提交针对伊卡姆公司最后仲裁请求的答辩意见、证据及反请求等内容，华纺公司的代理律师郭凤武已签字表示同意和确认。据此可以认定，华纺公司认为该公司未能针对伊卡姆公司的最后仲裁请求充分行使答辩权的理由仍然不能成立。

第三，关于货物价格认定问题。当事人的民事权利是否遭受损害以及遭受何种损害、多大损害，都是案件的待证事实，以上待证事实的认定对于裁决的公正性都同等重要，缺一不可。仲裁庭固然可以行使自由裁量权决定舍弃当事人主张适用的价格，而参考“2005 年 3 月国外棉商对中国主要港口的有关报价”来认定合理的损失赔偿数额，但是即便所谓的“2005 年 3 月国外棉商对中国主要港口的有关报价”，只是仲裁员所掌握的行业信息，没有具体的表现形式，也应有诸如哪些棉商、哪些港口报价等具体的内容，应当在作出裁决之前知会当事人，给予当事人提出抗辩的权利。华纺公司认为仲裁庭适用未经质证的证据的理由成立。

第四，关于律师费问题。仲裁庭固然有权力裁定败诉方补偿胜诉方因办理案件支出的合理费用，但是这必须建立在胜诉方因办理案件已经支出了费用的基础之上。也就是说，胜诉方因办理案件已经支出的费用是待证事实，当事人只证明自己权利受损，未证明损害有多大，也是无法获得胜诉的。伊卡姆公司只证实自己委托了律师参与仲裁，未证实支出多少费用，不能视为已经完成了证明责任。仲裁庭既然已经明确表示不接受伊卡姆公司逾期提交的律师费收据，在作出裁决时就应当视为自始至终没有看到过上述证据，不予考虑。在仲裁庭不知道伊卡姆公司已经支出多少律师费的情况下，是无法确定由华纺公司向伊卡姆公司赔偿多少律师费为恰当合理的。在此前提下，仲裁庭裁决华纺公司向伊卡姆公司赔偿律师费，等于是间接采用了伊卡姆公司逾期提交的证据。华纺公司认为仲裁庭采用了自己已经明确表示不接受的证据的理由成立。

综上，仲裁庭未将自行收集的证据提交当事人质证，以及间接采用了当事人逾期提交的、仲裁庭已经明确表示不接受的证据，违反了《仲裁规则》第 36 条第 3 项、第 37 条第 3 项的规定，导致仲裁裁决书存在程序瑕疵，应当裁定不予执行。

广西壮族自治区高院审查后形成两种意见。第一种意见认为：仲裁庭关于货物价格和律师费的认定，确实存在《民事诉讼法》第 258 条（现第 274 条）第 1 款第 3 项规定的“仲裁程序与仲裁规则不符”的情形。至于这种违反《仲裁规则》是否属于比较严重或者是否导致了不公正后果，其判断标准不易于把握，如果裁定执行仲裁裁决，华纺公司仍然会认为是人民法院主观判断。结合本案的具体情况，本案不宜简单裁定执行或不执行仲裁裁决，应该给仲裁庭一次更正仲裁程序瑕疵的机会，也有利于减轻当事人的诉累。因此，本案应裁定中止审查程序，并通知仲裁庭在指定的期限内开始重新仲裁。如果仲裁庭在指定的期限内开始重新仲裁，应裁定终止执行审查程序；如果仲裁庭拒绝重新仲裁或者未在指定的期限内重新仲裁，本案即裁定恢复执行审查程序，并在原事实基础上裁定对本案仲裁裁决不予执行。

广西壮族自治区高院第二种意见（倾向性意见）认为：虽然仲裁庭对于货物和律师费的认定，存在“仲裁的程序与仲裁的规则不符”的情形，但《最高人民法院关于适用〈中华人民共和国仲裁法〉若干问题的解释》第 20 条规定：“仲裁法第 58 条规定的‘违反法定程序’是指违反仲裁法规定的仲裁程序和当事人选择的仲裁规则可能影响案件正确裁决的情形。”结合本案，律师费明确是已经发生，而且申请人有合同、发票等证据证明，只是过了《仲裁规则》规定的举证期限，仲裁机构因此不采信该证据，而是行使自由裁量权，酌情裁定。该费用远低于申请人主张的合同和发票金额，且并未超过北京市律师收费标准，是一种尊重客观事实的合法合理的认定。[①]

最高人民法院审查后复函认为：仲裁庭查明的货物同类报价虽未经当事人质证，但该报价是周知的价格，仲裁裁决的赔偿金额远小于请求的金额，仲裁裁决没有超出仲裁请求范围。仲裁庭在确定律师费承担时，没有采信申请人超过举证期间提交的证据。而且，证据问题也不等同于仲裁程序问题。因此，请示中的问题不构成仲裁程序与仲裁规则不符的情形。如

---

① 参见［2012］桂请字第 19 号请示。

无其他不予执行的法定情形，案涉仲裁裁决应予执行。[①]

4. 案例评析

本案主要因律师费证明材料而涉及举证期间和证据认定的问题。

本案与上文所提及的一些案件具有类似性：在上引某些案件中，涉及的是仲裁庭未给予充足的答辩期，从而导致当事人没有行使答辩权利，是程序参与与程序违反的竞合；而本案中的情形是，超过举证期间的证据是否应予采纳，涉及的则是程序违反与证据采信问题的竞合。两类案件的相同之处在于，仲裁庭都涉嫌违背仲裁规则确定或授权仲裁庭确定的特定期限；不同的只是，二者导致的结果不同，一类是导致程序参与瑕疵，另一类则是导致证据采信与否的实体问题。

从最高人民法院的司法复函意见看，其裁判思路主要为仲裁庭没有采信超过举证期限的证据，以及证据问题不是程序问题。从本案来看，律师费的确定不是关于本案当事人权利义务发生及变更的主要事实，律师费是当事人的一个请求给付之诉，该请求给付之诉是基于案件裁决和仲裁庭自由裁量的综合结果。因律师费的给付可能涉及开庭后形成的证据材料，该给付之诉应当允许当事人事后补充。从律师费证明材料的举证期限看，该问题究竟是实体性还是程序性问题，不无争议。但可以明确的是，对所确定的举证期限的违背，则是典型的程序规则未得遵守的问题。本案中，最高人民法院以司法审查复函的方式将其定性为证据问题，从而将其归属于实体范畴而非程序范畴。如此定性，也就直接决定了本案的司法审查结论。同时，此种定性也必将对此后人民法院的司法审查产生示范作用。

三 仲裁证据与程序违反

（一）撤销［2003］津仲裁字第364号裁决案

1. 案情简介

1997年5月20日，先达大酒店与能量株式会社签订《协作性联营合同》。合同中仲裁条款约定：双方在履行本合同中如发生争议，应尽量协商解决，协商解决不成时，任何一方均可向天津仲裁委员会申请仲裁。后因该合同纠纷，能量株式会社提起仲裁，请求天津仲裁委员会裁决：第一，确认能量株式会社与先达大酒店之间签订的《协作性联营合同》无

① 参见［2013］民四他字第3号复函。

效；第二，先达大酒店返还能量株式会社保证金及维修费未返还金额；第三，先达大酒店赔偿因未及时返还保证金及维修费给能量柱式会社造成的损失；第四，先达大酒店赔偿能量株式会社经营损失；第五，仲裁费由天津先达大酒店负担。

仲裁庭审理认为：先达大酒店与能量株式会社签订的《协作性联营合同》未履行相应的审批手续，违反了中华人民共和国相关法律的规定，合同应为无效。造成合同无效，双方均有过错，应各自承担相应的责任。对能量株式会社要求先达大酒店赔偿合同履行 6 年期间的经营损失和未及时返还保证金及维修费造成的损失的请求不予支持。①

2. 双方诉答

撤销申请人先达大酒店认为，天津仲裁委员会违反法定程序，造成事实不清，裁决结果有失公允，请求撤销该仲裁裁决。与程序违反相关的撤销理由有二：第一，先达大酒店在开庭时当庭举证，仲裁庭却拒绝接受先达大酒店提供的证据，属于程序违法；第二，法律关系定性错误。双方签订的合同应为经营合同，合同应当有效。

被申请人能量株式会社答辩认为：应驳回撤销仲裁裁决的申请。主要理由是：第一，当事人提交的证据必须是与审理的案件有关的，能证明举证者主张的事实的法律依据。先达大酒店提出了与合同有效性无关的 20 多公分厚的财务报表，一是与合同的有效与否无关，二是违反了《最高人民法院关于民事诉讼证据的若干规定》。天津仲裁委员会当然有权决定采纳与否，这是仲裁委员会的裁量范围内的事情，并无不妥。第二，先达大酒店申请理由不符合《仲裁法》第 58 条规定的情形。

3. 司法审查

天津市第二中级人民法院审查后请示认为：应撤销案涉仲裁裁决。

天津市高级人民法院审理后形成两种意见。第一种意见认为：根据《天津仲裁委员会仲裁暂行规则》第 35 条“当事人应当对自己的主张提供证据”和第 38 条“当事人可以在开庭时提供新的证据，可以相互质证”之规定，当事人在开庭时提交证据是其享有的权利，该仲裁规则虽然对仲裁庭接收证据进行规定，但仲裁庭不论是否采纳，应予接收。因此，

① 参见撤销［2003］津仲裁字第 364 号裁决案，载万鄂湘主编《涉外商事海事审判指导》（总第 11 辑），人民法院出版社 2005 年版，第 136—140 页。

仲裁庭拒绝接收先达大酒店证据的行为属于《民事诉讼法》第260条第1款第3项规定的情形，应予撤销。[①]

第二种意见认为：《天津仲裁委员会仲裁暂行规则》中虽然规定了当事人可以在开庭时提供新的证据，但并未明确规定仲裁庭在开庭时必须接收当事人的证据。先达大酒店在开庭时没有明确其提交证据的内容及通过该证据所证明的问题，仲裁庭认为证据与本案无关，可以不予接收。因此，本案不属于《民事诉讼法》第260条第1款第3项规定的情形，故应驳回撤销仲裁裁决的申请。

最高人民法院审查后复函认为：根据《民事诉讼法》和《仲裁法》关于涉外仲裁的规定，人民法院对仲裁庭就本案法律关系性质所作的认定和裁决结果无权进行审查。《天津仲裁委员会仲裁规则》没有要求仲裁庭必须接受一方当事人提交的全部证据材料，先达大酒店亦未举证证明被拒绝接受的证据对裁决结果存在任何实质性影响，仲裁庭拒绝接受证据材料本身不能作为仲裁程序违法的理由。根据《仲裁法》第70条、《民事诉讼法》第260条的规定，本案不存在依法应予撤销的情形，先达大酒店撤销仲裁裁决的申请应当予以驳回。[②]

4. 案例评析

本案主要涉及两个定性问题：一是仲裁庭应否接收仲裁证据的定性；二是仲裁庭审查法律关系的定性。

第一，仲裁庭接收或拒绝接收仲裁证据，是证据的实体问题，还是证据的程序问题？本案可以看出当事人之间，以及人民法院与撤销申请人之间，对于仲裁庭拒绝接收当事人提供证据的事实存在不同的定性：在申请人看来，仲裁证据的提交与接收问题属于程序问题；接收之后是否采信的问题，才是仲裁庭的证据裁量权问题。但在被申请人和人民法院看来，该问题就是属于仲裁庭的证据裁量权问题，仲裁庭可根据证据情况决定接收或拒绝接收。此种定性分歧，直接决定了人民法院是否应当审查该问题：如果属于仲裁庭的证据裁量问题，则属于实体问题，从而人民法院不应审查；反之，才属于程序问题，人民法院才有权进行审查。

事实上，仲裁庭在对仲裁证据进行裁量时需以接收证据为前提，在尚

---

① 参见津高法［2005］74号请示。

② 参见［2005］民四他字第26号复函。

未接收并初步审查证据的情形下，是无法衡量和裁量证据的。因此，本案中撤裁申请人的主张似更具合理性。当事人提交与仲裁庭接收证据，属于证据的程序问题；接收之后，如何裁量，是否采信，才是仲裁庭在证据上的自由裁量问题。职是之故，人民法院的司法审查立场值得商榷。为示仲裁庭对双方当事人的平等对待，应建议仲裁庭接收当事人提交的证据，除非当事人存在明显的滥用证据提交程序而拖延仲裁程序的恶意。

第二，关于法律关系的定性，是属于实体问题还是程序问题？最高人民法认为其不属于司法审查的范围，从这一裁判规则可以看出，最高人民法院不认可法律关系性质的认定属于程序性事项，从而将其纳入实体性事项的范畴。这一做法也明确了我国法院不接受诉讼标的程序说。但法律关系认定依赖当事人的主张和法院依职权认定。本案关于合同性质的认定与合同是否有效具有直接关系。如果因当事人主张的法律关系错误情况，人民法院是否应当直接依职权认定？该认定行为是否属于程序性事项？关于此问题，最高人民法院《关于民事诉讼证据的若干规定》第 35 条第 1 款规定："诉讼过程中，当事人主张的法律关系的性质或者民事行为的效力与人民法院根据案件事实作出的认定不一致的，不受本规定第 34 条规定的限制，人民法院应当告知当事人可以变更诉讼请求。"该规定实际明确了法院在该情形下行使释明权。但根据法官《职业道德基本准则》规定，法官应当中立、客观、公正审理案件，并且避免以自身行为使民众对司法公正产生不合理的怀疑。因此，释明权的行使不应直接导致对案件结果产生直接影响。如果参照上述规定，在仲裁中，仲裁庭也应保持中立、客观的立场，针对案件事实与法律关系的认定情形，可借鉴诉讼经验，在特定条件和特定范围内合理合规则地行使释明权。

（二）不予执行［1998］佛仲字第 04 号裁决案

1. 案情简介

1998 年 7 月，克林顿公司（香港公司）与东峻公司就双方之间的工程款及工程质量纠纷提交佛山仲裁委员会仲裁。在案件仲裁过程中，仲裁庭就工程质量和造价鉴定问题指定了德正会计师事务所进行鉴定，并将该所出具的《鉴定评估报告》作为主要事实依据，作出仲裁裁决。但根据建设部 1996 年 3 月 6 日起施行的《工程造价咨询单位资质管理办法（试行）》、2000 年 3 月 1 日起施行的《工程造价咨询单位管理办法》，广东省人民政府制定并于 1987 年 7 月 1 日施行的《广东省建设工程造价管理规定》等规定，自1996年3月6日起，凡在我国境内从事工程造价咨询活动的单位，须取得《工程造价咨询单位资质证书》，并在资质证书核定的范围内从事工程造价咨询活动。广东德正会计师事务所经营范围仅限于对企业整体资产评估和某类单项资产评估，并不包括工程造价的评估鉴定。

仲裁庭作出案涉仲裁裁决后，东峻公司提出不予执行申请。双方诉答的焦点问题是，该仲裁是否违反法定程序，是否符合《仲裁法》关于涉外仲裁中程序违法应裁定不予执行的情形。[①]

2. 司法审查

广州市中级人民法院审查后请示认为：佛山仲裁庭在委托评估的程序上，选定无资质的鉴定机构作出鉴定并作为定案的主要依据，程序违法和认定事实依据不足，该仲裁应不予执行。

广东省高级人民法院审查后请示认为：第一，根据《仲裁法》第44条、《佛山仲裁委员会仲裁规则》第56条均规定，仲裁庭对案件涉及的专门性问题认为需要鉴定的，可以交由当事人约定的鉴定部门鉴定；也可以交由仲裁庭指定的鉴定部门鉴定。根据该规定，在双方当事人共同委托仲裁庭指定鉴定机构时，仲裁庭当然可以依法和依照仲裁规则作出指定，但该指定有一个基本前提和限制：仲裁庭必须在对需要鉴定项目有鉴定资质的鉴定机构之中进行选择并确定其中一个，而不是随意的任何鉴定机构。在此范围内，仲裁庭有权指定鉴定机构。

第二，仲裁庭在指定鉴定机构时，负有审查所指定的鉴定机构是否具有特定资质的必要审查义务。该必要审查义务是指仲裁庭只需对鉴定机构进行表面审查，审查其营业范围是否包括鉴定项目及是否具备鉴定项目所需的资质证书。

第三，对指定的鉴定机构是否具备相关资质、是否具备鉴定资格的审查，是程序法上的、形式上的审查；而对于具备鉴定资质和鉴定资格的鉴定机构作出的《鉴定评估报告》是否客观公正、是否伪造变造、是否依据充足而决定对其结论是否采纳，则是实体法上的审查。仲裁庭选定德正会计师事务所进行鉴定是仲裁的取证程序，该取证程序是仲裁程序的组成

① 参见不予执行［1998］佛仲字第04号裁决案，载万鄂湘主编《涉外商事海事审判指导》（总第10辑），人民法院出版社2005年版，第50—55页。

部分之一。由于该会计师事务所没有法定资质，仲裁庭指定仲裁鉴定机构的行为属于仲裁程序违法。

综上，仲裁庭未尽审查义务指定了没有工程质量和工程造价鉴定资质的鉴定机构从事工程质量和工程造价项目的鉴定，并对没有鉴定资质的会计师事务所出具的《鉴定评估报告》的鉴定结果予以采纳作为认定事实的依据，该行为属于涉外仲裁不予执行的情形。①

最高人民法院审查后复函认为：东峻公司与克林顿公司在仲裁委员会委托鉴定机构之前，对鉴定机构的选定有明确的要求，即不同意选择广州以及佛山的鉴定机构。在仲裁委员会委托注册地在佛山辖区之内的广东德正会计师事务所之后，东峻公司对该情况及鉴定资质曾经提出了异议。现有证据显示：德正会计师事务所不具备工程质量与工程造价项目的鉴定资质。《仲裁法》第 44 条、《佛山仲裁委员会仲裁规则》第 56 条均规定：仲裁庭对案件涉及的专门性问题认为需要鉴定的，可以交由当事人约定的鉴定部门鉴定；也可以交由仲裁庭指定的鉴定部门鉴定。在双方当事人共同委托仲裁庭指定鉴定机构时，仲裁庭可以依法以及依照仲裁规则作出指定，但该指定有一个基本的前提与限制：仲裁庭必须在对相关项目有鉴定资质的鉴定机构中进行选择。鉴定机构资质方面的要求，有关法律、仲裁规则虽未明确加以限定，但却是有关法律以及仲裁规则对鉴定结论作为证据形成程序合法性方面的隐含的必然要求。在鉴定机构缺乏法定资质的情况下，可以认定裁决存在《民事诉讼法》第 260 条第 1 款第 3 项规定的情形。根据《民事诉讼法》第 260 条第 1 款第 3 项、《仲裁法》第 71 条的规定，本案仲裁裁决应当不予执行。②

3. 案例评析

作为人民法院司法审查涉外仲裁裁决的先决问题是，所审查事项是实体性还是程序性事项。因此，本案所涉的鉴定机构的选择及其资质问题如果属于实体问题，人民法院应保持沉默，不予审查；否则，才有审查并作出相关裁定的必要。本案中，依人民法院的司法立场看，上述问题属于程序问题，因此，当鉴定机构不具有鉴定仲裁事项的法定资质，不符合选定鉴定机构的合法性要求，仲裁庭指定该仲裁机构就属于程序违法。

---

① 参见［2002］粤高法执请复字第 35 号请示。

② 参见［2004］民四他字第 16 号复函。

从上述推理过程可以归纳如下要点：第一，当事人约定了鉴定机构，仲裁庭仍可以指定仲裁机构。就该问题而言，根据《仲裁法》第 44 条和《佛山仲裁委员会仲裁规则》第 56 条规定，当事人可以选择鉴定机构，仲裁庭也可以指定鉴定机构。但根据本条前后的逻辑关系，如果当事人约定了鉴定机构或者鉴定机构的范围，仲裁庭应在尊重当事人意愿的前提下，指定约定范围内的鉴定机构，而非违反当事人约定意愿和约定鉴定机构范围，另行指定鉴定机构。

第二，鉴定机构应具有法定资质是鉴定结论正当性的前提。本案中，鉴定结论作为作出仲裁裁决的主要依据，但鉴定结论的正当性依赖鉴定机构的选定程序的正定性和鉴定过程的正当性。

第三，指定不具有法定资质的鉴定机构的行为属于违法选定程序。广东省高级人民法院将指定鉴定机构视为取证程序，但指定鉴定机构程序严格意义属于取证程序的“先决”程序，除非将取证程序进行扩张解释。但不管其划分标准如何，指定不具有法定资质的鉴定机构将直接导致证据瑕疵或缺陷，直接影响鉴定结论的正当性和合法性。指定鉴定机构的程序属于仲裁程序中的组成部分，继而将该行为归属于仲裁程序，体现出我国法院在对仲裁裁决进行司法审查时，并非仅进行表面结果审查，更对仲裁程序中证据的形成程序进行审查。但在审查仲裁证据的形成程序中，仅限于程序审查，而不涉及仲裁庭自由裁量权范围内的证据认定和采纳。

（三）不予执行［2012］海仲沪裁字第 035 号裁决案

1. 案情简介

嘉瑞公司与沁园公司因航次租船合同纠纷申请仲裁。2012 年 11 月 19 日，仲裁庭开庭审理；2012 年 11 月 26 日，嘉瑞公司向仲裁庭寄送英国判例一份和代理意见；2016 年 11 月 30 日，沁园公司收到上述材料；2016 年 12 月 7 日，沁园公司向仲裁庭提交了补充代理意见，反对仲裁庭直接援引复印的非 LLOYD'S 授权的正版英国法判例，船舶滞期责任应由船东承担。2012 年 12 月 7 日，仲裁庭作出仲裁裁决，[①] 该裁决写明了嘉瑞公司提交的英国法判决支持其主张的请求及裁决理由，但未写明沁园公司反对仲裁庭直接援引复印的非 LLOYD'S 授权的正版英国法判例、船舶滞期责任应由船东承担的争议事实，也未写明对沁园公司提交的补充代理

① 参见［2012］海仲沪裁字第 035 号仲裁裁决书。

意见裁决的理由，且沁园公司对此并不知情。[①]

2. 双方诉答

不予执行申请人沁园公司认为：第一，仲裁庭对嘉瑞公司提交的英国法判例没有当庭出示、质证并直接援引的仲裁程序与《仲裁规则》不符；第二，仲裁裁决书中未提及沁园公司向仲裁庭提交的补充代理意见，剥夺了沁园公司陈述意见的机会。

不予执行被申请人嘉瑞公司认为：案涉仲裁裁决程序合法，应予执行。

3. 司法审查

武汉海事法院审查后请示认为：本案仲裁庭对被执行人沁园公司的补充代理意见没有进行表述和分析，且申请执行人嘉瑞公司提交的英国法判例没有在仲裁庭开庭审理时出示，未经沁园公司当庭质证，仲裁庭在仲裁裁决中直接援引并作为仲裁裁决的依据，违背了《仲裁规则》第38条第2款和第44条的规定。据此，应不予执行本案仲裁裁决。

湖北省高级人民法院审查后形成两种意见。一种意见（多数人意见）认为：依据《仲裁规则》第62条第1款"仲裁庭在其作出的裁决中，应当写明仲裁请求、争议事实、裁决理由、裁决结果、仲裁费用和承担、裁决的日期和地点"、第38条第2款"仲裁庭应当公平、公正地对待双方当事人，并给予双方当事人陈述和辩论的合理机会"的规定，本案中，仲裁庭在裁决中未写明沁园公司反对直接援引复印的非LLOYD'S授权的正版英国法判例、船舶滞期责任应由船东承担的争议事实及裁决理由，仲裁庭未公平、公正地对待该公司，也未给予该公司陈述和辩论的合理机会，该仲裁裁决违反上述《仲裁规则》，法院应裁定不予执行。

另一种意见（少数人意见）认为：仲裁庭在裁决中未写明沁园公司提交的补充代理意见，并不能就此认为仲裁程序违反上述《仲裁规则》，法院应继续执行本案仲裁裁决。

湖北省高级人民法院向最高人民法院请示认为：第一，关于仲裁庭未将嘉瑞公司提交的英国法判例在开庭审理时出示、质证并直接援引的仲裁程序违反《仲裁规则》的问题。本案中，仲裁庭未将嘉瑞公司提交的英

---

① 参见贺荣主编《涉外商事海事审判指导》（总第29辑），人民法院出版社2015年版，第88—92页。

国法判例在开庭审理时出示、质证，但沁园公司收到仲裁庭寄送嘉瑞公司提交的英国法判例后，并未就该仲裁程序与仲裁规则不符及时地、明示地提出书面异议，而是继续参加仲裁程序，并针对嘉瑞公司提交的英国法判例和代理意见向仲裁庭提交了补充代理意见，该公司的上述行为应视为其放弃提出异议的权利。

第二，关于仲裁裁决书中未提及沁园公司向仲裁庭提交的补充代理意见，剥夺了该公司陈述机会的问题。[①]

最高人民法院审查后复函认为：本案仲裁裁决中写明了嘉瑞公司援引有关英国判例的主张，而在沁园公司的主张中没有提及其关于不能适用英国判例的主张，但是沁园公司在本案仲裁裁决作出前已经对该问题提交了书面代理意见，这一情形说明仲裁庭已经给予其陈述和辩论的机会，其也行使了这项权利，因此本案并不存在《仲裁规则》第 38 条规定的仲裁庭没有公平、公正对待双方当事人的情况。此外，本案仲裁裁决中并没有把嘉瑞公司提交的英国判例作为依据，沁园公司关于该判例不能作为证据使用的意见没有写入仲裁裁决书，对本案仲裁裁决结果没有实体意义。[②] 因此，案涉仲裁裁决应予执行。

4. 案例评析

本案值得关注的问题主要有：第一，仲裁过程中外国判例的适用问题。本案主要涉及英国判例的援引与适用，对于我国仲裁机构组织的仲裁庭而言，一方面仲裁不是诉讼，不存在先例援引的问题；另一方面即便可以援引先例，此先例的性质及其对于本案的法律效力如何的问题。从湖北省高级人民法院的审查立场看，倾向于将其定性为证据问题，应当遵守质证与采证的程序，从而发生程序违反与否的司法审查。从法理上言，是否援引、如何援引外国判例，属于仲裁庭可自由裁量的范畴，但如果将判例视为证据问题，则需要区分证据本身的采证与质证。证据采证的问题应属于实体问题；证据质证的过程则属于程序问题。此种区分限定了人民法院司法审查的为与不为之界限。

第二，程序违反的认定，不是以裁决书之内容而是以实际程序的进行为依据。本案中，不予执行申请人以仲裁裁决没有写入其提交的代理意见

---

① 参见鄂高法［2014］212 号请示。

② 参见［2014］民四他字第 41 号复函。

为由，认为仲裁庭没有给予其陈述意见的机会，从而违背了相关仲裁规则。从人民法院的司法立场看，判定仲裁裁决是否违背仲裁规则，是以仲裁过程中是否给予了当事人提交代理意见的机会为准。只要给予了当事人此类机会，仲裁庭是否采纳，是否写入仲裁裁决，属于仲裁庭自由裁量权范畴，不属于人民法院司法审查的对象。

此外，本案中不予执行申请人主张的仲裁庭没有给予其陈述机会，本属于《民事诉讼法》第 274 条第 1 款第 2 项即程序参与的撤裁审查依据，但因为本案仲裁规则也规定了相关内容，因此，本案当事人援引的是上述法条同款的第 3 项即程序违反作为申请依据。鉴于仲裁规则通常规定了法定的所有撤裁依据，如果按照本案当事人的思路，那么所有撤裁依据均可简化为程序违反。如此，就混淆了法定撤裁依据之间的界限。职是之故，本书认为，应根据法律规定设置的撤裁依据，区分程序参与与程序违反的情形，进行针对性审查。换言之，关于是否给予当事人陈述意见的机会，本案当事人应当援引、人民法院的司法审查也应当立足《民事诉讼法》第 274 条第 1 款第 2 项程序参与而非第 3 项程序违反的规定。

（四）不予执行［2014］中国贸仲京裁字第 0468 号裁决案

1. 案情简介

东成公司与天工公司因买卖合同纠纷提请仲裁。2014 年 6 月 11 日，仲裁庭作出仲裁裁决：第一，天工公司向东成公司赔偿货物差价损失和货船滞港费。第二，驳回东成公司其他赔偿损失的请求。第三，东辰公司承担 40% 仲裁费，天工公司承担 60% 仲裁费。东成公司于 2014 年 10 月 21 日向天津市第二中级人民法院申请执行该裁决，天工公司提出不予执行的抗辩。①

2. 双方诉答

不予执行申请人天工公司认为：第一，本案的仲裁程序与仲裁规则不符。贸仲《仲裁规则》第 39 条明确规定，当事人应对其申请、答辩和反请求所依据的事实提供证据加以证明，对其主张、辩论及抗辩要点提供依据；当事人未能在规定的期限内提交证据，或者虽提交证据但不足以证明其主张的，负有举证责任的当事人承担因此而产生的后果。本案为国际货

① 参见不予执行［2014］中国贸仲京裁字第 0468 号裁决案，载贺荣主编《涉外商事海事审判指导》（总第 32 辑），人民法院出版社 2017 年版，第 76—83 页。

物买卖合同，货物卖方必须提供货物质检报告。涉案货物为丁二烯，为我国的法定检验商品，必须经我国商检机关的检验方可进口。而仲裁庭在未要求东成公司提交该项证据的情况下，违反《仲裁规则》的上述规定，支持了东成公司的请求。

第二，仲裁庭在东成公司未能举证证明其履行了双方合同的情况下，认定合同已经履行，裁决天工公司承担赔偿责任，违反了《仲裁规则》关于“当事人虽提交证据但不足以证明其主张的，负有举证责任的当事人承担因此产生后果”之规定。

第三，通过本案事实可以看出，东成公司在从事贸易活动中由于货物质量问题而遭受损失，其利用与天工公司之间签订的合同，利用虚假的证据材料欺骗仲裁庭，致使仲裁庭作出了错误的裁决。东成公司利用仲裁裁决进行欺诈，谋取非法利益的行为严重损害了公共利益，应不予执行。

执行申请人东成公司答辩认为：第一，天工公司在向北京市第二中级人民法院申请撤销仲裁裁决被驳回后，又在执行程序中以相同的理由提出不予执行抗辩，根据《仲裁法司法解释》第 26 条之规定，人民法院应不予支持。

第四，贸仲根据争议双方的仲裁条款，依法受理了东成公司的国际经济贸易纠纷仲裁申请，并根据《仲裁规则》组成了仲裁庭。仲裁庭根据《仲裁规则》召集争议双方进行了两次开庭审理，充分听取了争议双方的质证和辩论意见。因此，本案仲裁裁决不存在法定不予执行的事由。天工公司关于“仲裁庭的组成或者仲裁的程序与仲裁规则不符”的主张，缺乏事实根据。

3. 司法审查

天津市第二中级人民法院审查后请示认为：第一，天工公司申请不予执行涉外仲裁裁决的理由符合《民事诉讼法》第 274 条第 1 款第 3 项规定的情形。

第二，涉案裁决的仲裁程序与《仲裁规则》不符。在仲裁过程中，双方争议焦点系货物质量问题。而作为本案买卖合同标的物的丁二烯，根据我国相关立法和规章的规定，属于法定检验的进口商品，未经检验的，不准销售、不准使用。因此，作为卖方的东成公司，在买方天工公司对货物提出质量异议时，应负有提交货物合格的相应初步证据。同时，根据

《仲裁规则》第 39 条规定，[①] 作为卖方的东成公司如主张天工公司违约，也理应提供相关证据以证实其已经按照约定履行了合同。但仲裁庭却在未要求东成公司提供上述证据的情况下，即裁决天工公司承担相关法律责任，违反了《仲裁规则》第 39 条的规定，其适用的仲裁程序与仲裁规则不符。

此外，东成公司在仲裁过程中未提供中国商检证，在天津市二中院听证过程中，也拒不提供。该院调取的证据显示，该批丁二烯中的主要成分二聚物的含量超过国家强制标准 2 倍多，超过合同标准近 10 倍，属不合格商品。

综上，贸仲在审理东成公司与天工公司国际货物买卖合同纠纷一案中，违反《仲裁规则》第 39 条的规定，依照《民事诉讼法》第 274 条第 1 款第 3 项之规定，拟裁定不予执行案涉仲裁裁决

天津市高级人民法院审查后形成两种请示意见。第一种意见（即倾向性意见）认为，比较《仲裁规则》第 39 条的具体内容，《民事诉讼法》第 274 条第 1 款所列举的四种情形均属于人民法院对仲裁裁决进行程序性审查的事项，而天工公司申请不予执行的理由是针对仲裁庭作出实体裁决所依据的证据是否确实、充分的问题提出的，其对于仲裁程序本身并无异议。通过审查仲裁程序，双方当事人针对自己的主张均向仲裁庭提交了证据，仲裁庭认定事实的证据亦经过双方当事人质证，仲裁庭在对双方当事人所提交的证据进行综合分析后，对涉案实体法律问题作出了认定，据此仲裁程序并不存在与《仲裁规则》不符之情形。因此，天工公司关于不予执行仲裁裁决的申请不能成立。

第二种意见认为，涉案裁决存在仲裁程序与《仲裁规则》不符之情形。东成公司在申请仲裁时，系以天工公司未履行买卖合同项下买方义务给其造成损失为由，要求天工公司承担违约责任。在仲裁过程中，双方争议焦点系货物质量问题，东成公司作为卖方，其负有举证证明所供货物符合合同约定之义务。既然双方在买卖合同中对于货物的标准作出明确约定，东成公司应提交货物在装船时当地检验机构出具的检验报告，该证据系认定案件事实的关键证据，且影响仲裁结果。仲裁庭在未要求东成公司

① 该条规定："当事人应对其申请、答辩和反请求所依据的事实提供证据加以证明，对其主张、辩论及抗辩要点提供依据；当事人未能在规定的期限内提交证据，或者虽提交证据但不足以证明其主张的，负有举证责任的当事人承担因此而产生的后果。"

提供上述证据的情况下，裁决天工公司承担违约责任，违反了《仲裁规则》第 39 条的规定，属于《民事诉讼法》第 274 条第 1 款第 3 项所规定的情形，应裁定不予执行该仲裁裁决。[①]

最高人民法院审查后复函认为：天工公司虽以本案“仲裁程序与仲裁规则不符”为由提出了不予执行贸仲作出的案涉仲裁裁决的申请，但其理由是认为东成公司未提供货物质检报告、未能举证证明其履行合同及利用虚假证据材料欺骗仲裁庭，仲裁庭裁决其承担赔偿责任违反了贸仲《仲裁规则》第 39 条之规定，天工公司提出的上述理由涉及仲裁案件的证据采信、事实认定及责任判定，非仲裁的程序事项，不属于人民法院进行司法审查的范畴，故本案不符合《民事诉讼法》第 274 条第 1 款第 3 项规定的情形。此外，天工公司在向北京市第二中级人民法院申请撤销案涉仲裁裁决被驳回后，又在执行程序中以相同的理由提出不予执行抗辩，人民法院应不予支持。[②]

4. 案例评析

本案值得关注的问题有二：第一，关于涉外仲裁中的仲裁证据认定问题属于实体问题，人民法院不予审查。最高人民法院在本案中明确了关于证据认定的观点：涉外仲裁案件中的证据采信、事实认定及责任判定不是仲裁的程序事项，不属于人民法院进行司法审查的范畴。但天津市第二中级人民和天津市高级人民法院采取的是另外一种观点，这种观点有将仲裁程序泛化的倾向。不可否认，如本书多次所提及的，司法审查中的实体问题和程序问题本来存在着相互交叉、转化的情形，有识别上的困难。但二者之间毕竟也存在可以区分的相对明确的界限，不能因此否认二者的不同。

但就上述问题衍生出另外一个问题：仲裁规则规定的事项范围和边界应如何确定？从现有仲裁法的规定来看，仲裁机构的仲裁规则应当符合法律规定，在此之外，应当赋予仲裁机构制定仲裁规则对仲裁事项和程序加以规定的权力。当事人选择了该仲裁规则，视为当事人同意遵守该仲裁规则规定的程序规则。从本案来看，《仲裁规则》第 39 条要求当事人对其主张所依据的事实提供证据加以证明。该规定本质上属于“谁主张谁举证”的举证责任的规定，根据国际私法的一般法理，举证责任的问题应被

---

① 参见［2015］津高民四他字第 3 号请示。

② 参见［2015］民四他字第 53 号复函。

识别为实体问题。因此，不能单纯以《仲裁规则》是否作出规定作为识别某事项是否属于程序性事项的标准。

第二，不予执行申请人根据其在已被人民法院驳回的撤销程序中的理由再次主张不予执行的，在程序上需要提示两个方面：一方面，即便该理由已经在撤销程序中被驳回，其在不予执行申请中再次被驳回的，仍然需要按照内部复核程序逐级层报至最高人民法院。事实上，此种二次层报程序没有存在的必要，它将徒增程序耗损，不利于仲裁裁决的执行效率。另一方面，本案值得反思的是，如果不予执行申请人是以其在撤销程序中被驳回的理由再次主张不予执行的，人民法院在不予执行司法审查时就没有必要再次对当事人的主张进行逐一审查，而可直接援引《仲裁法司法解释》第 26 条驳回当事人的不予执行申请。这也是提升仲裁执行效率的需要，避免当事人通过撤销和不予执行两次程序的策略性使用，不当地妨碍仲裁裁决的执行。

四　庭审方式与程序违反

“撤销［2002］贸仲裁字第 0039 号裁决”案涉及的是仲裁庭的庭审方式是否符合仲裁程序。该案论述如下。

1. 案情简介

1999 年 11 月 16 日，华瑞公司与桦庆公司签署了《中外合作企业烟台大正塑料网业有限公司合同》（以下简称合作合同）以及合作公司章程，约定双方共同投资设立烟台大正塑料网业有限公司。合作合同与合作公司章程于 1999 年 11 月 19 日经政府主管部门批准，于 1999 年 11 月 26 日领取了营业执照。在合作合同履行过程中，双方当事人发生纠纷，协商不成，华瑞公司于 1999 年 11 月 16 日申请仲裁。桦庆公司在仲裁开庭时提交了《反请求延长申请书》，仲裁庭经评议后同意延长桦庆公司提出反请求的期限。庭后，桦庆公司在仲裁庭规定的期限内提交了仲裁反请求书及相关证据，华瑞公司收到仲裁庭转递的上述材料后，提交了对桦庆公司反请求书的异议及相关证据。仲裁庭对双方的意见进行了书面审查，并根据案件的实际情况和有关的证据材料驳回了桦庆公司的反请求。[1]

[1] 参见撤销［2002］贸仲裁字第 0039 号裁决案，载万鄂湘主编《中国涉外商事海事审判指导与研究》（总第 6 辑），人民法院出版社 2004 年版，第 122—127 页。

2. 双方诉答

撤销申请人桦庆公司认为：第一，仲裁程序与仲裁规则不符。本案开庭时只开了一个头，因我方提出反请求而休庭。在这次开庭中，我方未有机会对本案所涉的问题全面陈述意见。涉及本案的大部分证据都未在庭上举证，特别是关于中方投资的审计报告、工业产权投资的评估报告和专利技资的权属转移材料等都没有当庭举证。我方未能见到这些证据材料的原件，无法辨别这些重要证据材料的真伪。关于质证，我方未见到中方提供全部证据的原件，不能正常行使质证权。虽然对仲裁庭转递的复印材料发表了一些书面意见，但这些意见是受限制的。关于相互辩论，本案根本未进行这一程序。根据以上存在的问题，2001 年 11 月 19 日仲裁开庭是不完整的，与正常的仲裁程序差距甚大。我方在 2001 年 11 月 19 日开庭后一直在等待再次开庭，以便详细陈述意见和行使权利，但未能得到这个机会。

第二，我方的反请求未开庭审理。根据 2000 年贸仲《仲裁规则》第 32 条的规定，仲裁庭应当开庭审理案件。本案仲裁庭虽正式受理了我方提出的反请求，但在双方当事人均未申请书面审理的情况下，未开庭审理即全部驳回我方反请求的做法与《仲裁规则》不符。

第三，关于中方以无效专利权出资的问题。双方争议焦点之一是关于中方作为出资到位依据的一项专利技术是否有效的问题。我方两次书面告知仲裁庭，国家知识产权局专利复审委员会已立案审查该专利技术的效力，其审查结果对本案裁决有着至关重要的影响，仲裁庭应慎重考虑我方关于该专利权无效的主张，但仲裁庭对我方的请求不予理睬。在仲裁庭作出裁决后仅一个月的时间，国家专利复审委员会于 2002 年 3 月 21 日下达宣告该专利权无效的决定。现在的裁决结果不公，与事实不符，仲裁委应当依据该专利复审结果重新裁决。

被申请人认为：第一，该仲裁案仲裁程序符合仲裁规则。首先，关于庭审程序。庭审中双方都进行了充分的陈述，进行了举证和质证；对台方的反请求进行了辩论。庭后补交了答辩状、反请求书和对我方提交材料的异议书等。其次，关于举证、质证。仲裁规则没有规定有关证据一定要在庭上举证或质证。最后，仲裁庭未再次开庭并不违反仲裁规则。仲裁规则只规定仲裁庭应当开庭审理案件，并没有规定开几次庭。

第二，关于台方的反请求未开庭审理的问题。仲裁规则只规定仲裁庭应当开庭审理案件，对仲裁过程中双方提出的个别问题，包括反请求，仲裁规则并没有规定一定要单独开庭审理；要否进行单独开庭审理完全由仲裁庭根据实际情况决定。对于台方的反请求，仲裁庭在正式开庭时已进行过初步审理。开庭后，台方补交了反请求书，仲裁庭及时转给我方；我方根据实际情况提交了对台方反请求书的异议，并提交有关证据材料，仲裁庭对双方意见进行了详细审查。仲裁庭对台方的反请求未开庭审理即予以驳回并不违反仲裁规则。

第三，关于中方以专利权出资问题。关于专利效力问题是仲裁案的实体问题，台方以此作为撤销裁决的理由不符合《民事诉讼法》第 260 条（现第 274 条）第 1 款的规定，应被驳回。

3. 司法审查

北京市第二中级人民法院审查后请示认为：拟裁定撤销案涉仲裁裁决。

北京市高级人民法院审查后认为：第一，关于桦庆公司主张仲裁程序与仲裁规则不符的撤销理由。经查，仲裁委受理本案后将申请人华瑞公司的仲裁申请书及相关证据材料均向被申请人桦庆公司作了送达。开庭时，华瑞公司与桦庆公司分别就案件涉及的主要问题发表了自己的意见，并回答了仲裁庭提出的问题。在庭审过程中，桦庆公司并未要求华瑞公司出示中方投资的审计报告等证据材料的原件。鉴于本案系涉外仲裁案件，仲裁规则并未规定当事人必须当庭出示证据原件进行质证，亦未规定仲裁庭审的辩论程序，故本案的仲裁庭审程序与仲裁规则并不相悖，故该撤销理由不成立，本院不予支持。

第二，关于桦庆公司主张其反请求未开庭审理的撤销理由。经查，桦庆公司在仲裁开庭时当庭提交了《反请求延长申请书》，仲裁庭经评议后同意延长桦庆公司提出反请求的期限。庭后，桦庆公司在仲裁庭规定的期限内提交了仲裁反请求书及相关证据，华瑞公司收到仲裁庭转递的上述材料后，提交了对对方反请求书的异议及相关证据。仲裁庭对双方的意见进行了书面审查，并根据案件的实际情况和有关的证据材料驳回了桦庆公司的反请求。

根据《仲裁规则》第 32 条规定，[①] 本案双方当事人均未申请对反请

① 该条规定："仲裁庭应当开庭审理案件。但经双方当事人申请或者征得双方当事人同意，仲裁庭也认为不必要开庭审理的，仲裁庭可以只依据书面文件进行审理并作出裁决。"

求书面审理，仲裁庭亦未征得双方当事人同意即对桦庆公司庭后提出的反请求进行书面审理的做法与仲裁规则的规定不符。根据《民事诉讼法》第260条第1款第3项的规定，拟裁定撤销案涉仲裁裁决。

第三，关于桦庆公司主张华瑞公司以无效专利权出资的问题。该问题属于仲裁庭实体认定的问题，不属于仲裁法规定的人民法院撤销仲裁裁决审查的范围，故该撤销理由不成立，本院不予支持。该案仲裁程序对被申请人的反请求未经当事人同意或申请径行书面审理的做法，与《仲裁规则》不符，属于《民事诉讼法》第260条第1款第3项规定的情形，应予撤销。①

最高人民法院审查后复函认为：根据贸仲《仲裁规则》第32条的规定，仲裁庭应当开庭审理案件。但经双方当事人申请或者征得双方当事人同意，仲裁庭也认为不必要开庭审理的，仲裁庭可以只依据书面文件进行审理并做出裁决。仲裁庭在审理台湾桦庆塑胶制品有限公司与烟台开发区塑料制网有限责任公司合作经营合同纠纷一案中，未经双方当事人同意即对台湾桦庆塑胶制品有限公司提出的反请求进行书面审理，违反了仲裁规则的规定，属于《民事诉讼法》第260条第1款第3项规定的情形，依法应当予以撤销。②

4. 案例评析

本案值得关注的法律问题有二：一是作为仲裁中常见的现象即仲裁反请求，仲裁庭的为与不为之准则是什么？关于仲裁反请求的审理，如果仲裁规则有规定，应遵守仲裁规则规定的程序。本案中，仲裁庭关于仲裁反请求采用书面审理的方式，并未按照仲裁规则规定充分给予当事人答辩期限和答辩权利，从而构成程序违反。事实上，在罗定市供电局申请撤销中国国际经济贸易仲裁委员会华南分会［2005］中国贸仲深裁字第37号仲裁裁决案③、四川华航建设有限公司申请撤销仲裁裁决案、魏北鸿利有限公司申请撤销珠海仲裁委员会珠仲裁字［2006］第168号仲裁裁决案，以及桦庆公司申请撤销中国国际经济贸易仲裁委员会［2002］贸仲裁字

---

① 参见京高法［2002］307号请示。

② 参见［2002］民四他字第44号复函。

③ 参见万鄂湘主编《涉外商事海事审判指导》（总第12辑），人民法院出版社2006年版，第58—61页。

第0039号仲裁裁决案等案件中，也涉及相同的问题。根据这些案例的司法审查意见，可得出如下四个结论：第一，仲裁庭有权决定是否受理当事人变更仲裁请求的申请；第二，仲裁审理过程中，仲裁庭无权擅自变更当事人的仲裁请求；第三，受理变更仲裁请求后，应通知对方当事人并给予其答辩等程序权利；第四，仲裁反请求的审理程序应符合仲裁规则要求，充分保障当事人程序权利，书面审理须经当事人同意。

二是，关于仲裁反请求中仲裁程序期限的遵守问题。在山西防爆电机（集团）有限公司申请撤销大连仲裁委员会［2004］大仲字第54号仲裁裁决案中，最高人民法院就明确了以下观点：如果仲裁庭给予的仲裁答辩和开庭通知期限，长于仲裁规则对其所规定的期限要求，不属于仲裁程序与仲裁规则不符的情形。[①] 结合本案中仲裁请求的期限问题，可以概括为：变更仲裁请求应保障当事人充分的程序权利，仲裁程序期间与仲裁规则不一致的，只要程序期间宽于规定期间且有利于保障当事人权利的，不视为仲裁程序违反仲裁规则。

五　裁决程序与程序违反

（一）撤销广州仲裁委员会涉外裁决案

1. 案情简介

表4-6　　案情简介

序号	时间	案件事实
1	2004. 10. 29	广英公司与欧亚公司签订《合作合同》，约定签订即日起，欧亚公司向广英公司支付80万人民币作为保证金；合同含仲裁条款。同日，双方签订《附加协议》，约定保证金额全部付完后合作合同才生效
2	2004. 11. 22	欧亚公司向广英公司下订单
3	2004. 11. 26	欧亚公司向广英公司支付完约定金额的履约保证金
4	2005. 02. 04	欧亚公司向广英公司支付货款
5	2005. 03. 03	欧亚公司向欧联实业公司支付运输费
6	2005. 07. 28	欧亚公司未收到广英公司定做货物，向广州仲裁委员会提起仲裁，后者受理了案件

① 万鄂湘主编：《涉外商事海事审判指导》（总第12辑），人民法院出版社2006年版，第79—81页。

续表

序号	时间	案件事实
7	2005. 11. 22	仲裁庭开庭审理案件，庭后当日进行了第一次合议
8	2006. 03. 27	仲裁庭拟出裁决书草稿
9	2006. 06. 22	广州仲裁委作出案涉仲裁裁决
10	2006. 08. 22	广英公司向广州中院提出撤销申请。广州中院审查后请示，拟裁撤
11	2008. 01. 24	广东省高级人民法院作出请示
12	2008. 07. 11	最高人民法院作出复函

2. 双方诉答

撤销申请人广英公司认为：第一，该案未经合议，严重违反法定程序。广英公司选定的仲裁员案后称该仲裁案未经合议，裁决系首席仲裁员和欧亚公司选定的仲裁员私自作出，该案的案卷缺少真实、合法有效的合议笔录，严重违反《广州仲裁委员会仲裁规则》第 75 条的规定。[①] 第二，仲裁庭枉法裁决，严重损害广英公司的合法权益。该仲裁裁决违反了《合同法》第 67 条对先履行抗辩权的规定，对案件事实的认定存在前后矛盾之处。

被申请人欧亚公司则认为：合议的形式是多样的，合议不一定要面对面地进行，可以通过传真、邮件收集合议意见，从而制成合议笔录。既然本案三名仲裁员对裁决书草稿的意见均通过书面形式提交给了经办秘书，故本案经过了三个仲裁员的合议。

3. 司法审查

广州市中级人民法院审查后请示认为：该案争议的关键在于仲裁程序中合议的过程是否符合仲裁规则。虽然仲裁庭的合议形式可以多样化，但根据《广州仲裁委员会仲裁规则》第 75 条之规定，仲裁庭应进行合议并制作合议笔录。该仲裁案最后的裁决结果与仲裁庭第一次合议的结果明显不同，最终仲裁结果更改了第一次合议的结果，应进行第二次合议，但仲裁案卷宗中并无第二次合议的书面材料，仲裁庭也未向法院补充合议的书面记录，仲裁庭其中一位仲裁员也否认最终仲裁结果经过再次合议，故该

---

① 该条规定：“仲裁庭由三名仲裁员组成的，对仲裁案件的裁决应当合议，并制作合议笔录。合议笔录应当包括事实和证据的认定、裁决的依据、裁决的结果、仲裁费用的承担等内容。”

案因缺少第二次合议及其合议笔录，仲裁程序与仲裁规则的规定不符。因此，该案仲裁裁决与卷内记录的仲裁庭评议结果不一致，现也无补充合议记录，仲裁程序严重违规，应当根据《仲裁法》第 70 条、《民事诉讼法》第 260 条第 1 款第 3 项之规定，拟裁定撤销该仲裁裁决。

广东省高级人民法院审查后请示认为：应当撤销涉案仲裁裁决。仲裁当事人选定的仲裁规则对仲裁庭及当事人均具有法律约束力，应当适用。《广州仲裁委员会仲裁规则》明确规定仲裁庭由三名仲裁员组成时，对仲裁案件的裁决应当经合议并制作合议笔录。合议制度的本质在于保证仲裁庭的每位仲裁员能够就仲裁裁决的依据和结果充分表达并交换意见，寻求仲裁结果的公平和公正。合议笔录应当如实、全面地记录各仲裁员就裁决的依据和结果交换意见的过程以及形成裁决意见和最终裁决结果的过程。本案仲裁庭进行了一次合议，但该次合议的结果与最终的裁决意见有很大的不同。而最终的裁决意见是两位仲裁员通过在经办秘书起草的裁决书草稿上签字、提出修改意见以及在最终的裁决书上签名的方式形成的，对这一裁决意见及其形成方式，第三位仲裁员以传真的形式向仲裁庭表示了异议。因而，这一最终裁决意见是未经合议形成的，不经合议而由每位仲裁员独立地对经办秘书起草的裁决书草稿提出修改意见的方式难以保证仲裁庭成员就裁决的依据和结果进行充分讨论，有违仲裁会议制度。该案中的仲裁裁决书草稿是由仲裁委员会的经办秘书起草的，不能等同于如实、全面记载各仲裁员仲裁意见的有效合议笔录。仲裁庭的上述做法违反了仲裁规则关于仲裁裁决应当经合议并制作合议笔录的规定。因此，应撤销涉案仲裁裁决。[①]

最高人民法院审查后复函认为：本案仲裁庭于 2005 年 11 月 22 日进行过一次合议，但最终裁决结果与合议结论相差甚远。《广州仲裁委员会仲裁规则》第 75 条的规定包含了以合议的方式解决仲裁裁决实体问题的内容。而从 2005 年 11 月 22 日的合议内容来看，得不出裁决中出现的“广英公司返还货款 99 万元及利息给欧亚公司”的结论。本案最终裁决意见是两位仲裁员通过在经办秘书起草的裁决书草稿上签字、提出修改意见以及在最终裁决书上签名的方式形成的，对这一裁决意见及其形成方式，第三位仲裁员以传真的形式向仲裁庭表示了异议。同时，仲裁裁决与

① 参见［2007］粤高法民四他字第 8 号请示。

卷内记录的仲裁庭评议结果不一致，对于最终裁决，没有与其相应的合议记录，这与该仲裁委员会现行有效的仲裁规则不符。同时，这一最终裁决意见是未经合议形成的，不经合议而由每位仲裁员独立地对经办秘书起草的裁决书草稿提出修改意见的方式难以保证仲裁庭成员就裁决的依据和结果进行充分讨论，有违仲裁合议制度设立的目的。

鉴于本案仲裁程序方面的瑕疵可以通过重新仲裁的方式得以弥补，根据《仲裁法》第 61 条之规定，本案撤销程序应予中止，并应通知仲裁庭重新仲裁。[①]

4. 案例评析

本案值得关注的法律问题有：

第一，仲裁裁决与合议内容的相符性认定，是否为程序问题？仲裁裁决一旦生效就具有与生效法院判决同等的法律效力，对当事人权利义务影响甚巨。各仲裁机构设置的仲裁规则都对裁决的形成过程规定了严格的程序，在合议制仲裁庭下裁决的形成就是依靠仲裁庭合议的方式完成。本案涉及的问题正好是仲裁庭合议方式是否符合仲裁规则的争议。应该说，在仲裁实践中，考虑到仲裁员事务繁忙，集中在一起的时间很难协调，因此在实务中通常会有一些替代措施解决此类问题。最常见的方式就是由仲裁秘书根据合议庭意见形成裁决草案，再由仲裁庭调整后签署。但无论如何，这个裁决过程至少应保证两点：第一，仲裁秘书形成的裁决草案一定是经过仲裁庭合议之后的结论，如果该草案与合议结论存在实质差别，也就意味着仲裁秘书篡改了合议结论，该草案也失去了正当性和合法性。第二,无论仲裁秘书草拟裁决书草稿多么完善，都必须由仲裁庭成员予以确认和签署。结合本案来说，本案中仲裁裁决的内容与仲裁庭合议结论相去甚远，且仲裁庭采取了化整为零、逐一调整的合议方式。这样的裁决形成过程虽然不同于独裁，但也的确如最高人民法院所言，它背离了仲裁庭合议制度的目的。

然而，本案涉及的这一问题还存疑义的是，此种对合议方式的审查是否属于对程序问题的审查？换言之，仲裁裁决的合议形成过程是否已经属于实体问题，从而应排除人民法院的司法审查？必须要说明的是，对裁决合议方式与过程的审查，不可避免地会突入到实体性的裁定中。以本案为

---

① 参见［2008］民四他字第 13 号复函。

例，最终生效的仲裁裁决在裁定内容上是否与合议意见一致的比对，就肯定会涉及对实体性内容的认知和评估。本案中合议意见与生效裁决之间的差异即“广英公司返还货款 99 万元及利息给欧亚公司”就是实质性内容，而非程序性问题。但这并不妨碍人民法院的介入审查。这一问题与上文所论述的仲裁协议之有无，以及下文将要论述的仲裁裁决超裁等问题具有类似性，即人民法院在审查这些问题时需要对实体性事项作部分或不同程度的审查，以之作为程序审查的基础。

当然，涉及对实体内容的比较，并不完全等同于对实体性内容作实质审查，二者的区别可以“广英公司返还货款 99 万元及利息给欧亚公司”这一事实为例：当人民法院的审查只是在合议庭意见与裁决书之间比较，判断该表述之有无，但不涉及判断该结论正确与否时，这属于对实体内容的比较，但也属于程序审查；反之，当人民法院不仅判断该结论之有无，而且要评估仲裁庭裁断之正确与否、适当与否以及合法与否时，这就属于典型的实体审查了。由此可见，人民法院在审查涉外仲裁裁决时，在逻辑上存在三种类型的审查：一种是实体性判断，即对仲裁庭的裁决之正确与否、适当与否以及合法与否作出判断；另一种是纯粹的程序性判断，即对仲裁程序的动态运作与静态规则之间的相符性进行判断；再一种就是以实体内容为比较基础的形式判断，它以实体内容之有无，例如本案中合议庭意见与仲裁裁决的裁项对比，又如仲裁协议约定事项或当事人提交仲裁事项与仲裁裁决的裁项对比等作为基础，仅在形式上进行相符性判断。应当说，后两种审查或者判断都可纳入程序审查的范畴。简言之，只要人民法院不对仲裁裁决的实体内容之正确与否、适当与否、合法与否进行评估或作出再判断，一般而言就不涉及实体审查的问题。当然，反过来，人民法院也只能在法定撤销或不予执行的依据范围内，而不能超出这些范围对案件作形式审查。

第二，通知重裁的适用问题。本案也体现了人民法院在通知重裁适用上的两个有意义的方面：一方面，尽管广州市中级人民法院和广东省高级人民法院并未在请示中主动建议通知重裁，但最高人民法院直接在复函中指示采取通知重裁。这表明了最高人民法院在审查中的“仁政”风范，充分给予仲裁自救的机会。另一方面，在适用的标准或条件上，最高人民法院给出的是，仲裁庭可自补救，即合议瑕疵可通过通知重裁的方式由仲裁庭自行纠正。

第三，一个可能的引申问题是，如何应对合议制仲裁庭成员滥用合议权的情形？根据本案披露的事实并不能认为，本案中的仲裁员存在滥用合议权的问题。但在仲裁实务中的确存在这样的可能，即当事人一方指定的仲裁员为拖延程序，或者人为造就仲裁裁决的撤销风险，故意躲避或者不参与合议庭的合议。这样的情形会导致仲裁程序非常被动：一方面，虽然有的仲裁规则允许对此类仲裁员进行替换，但替换会导致仲裁程序的反复和无效率，因此在此阶段很少在实务中有这样的替换发生；另一方面，如果不替换，又迫于仲裁裁决时限，仲裁庭合议就会有缺员合议的情形，而这同样会造成裁决形成程序上的风险。当然，实务中仲裁机构会通过其软影响，例如仲裁员的信用记录、仲裁员指定上的机会、仲裁员道德准则的约束，以及仲裁员再聘任等路径，在绝大多数情形下解决仲裁员滥用合议权、不配合仲裁的问题，但如果这些约束不转化为明确的仲裁规则，并通过规则的方式消除仲裁裁决的风险，这样的风险就总是会存在。

（二）撤销承仲裁字［2000］第33号与承仲裁补字［2000］第1号裁决

1. 案情简介

承德仲裁委员会就北京鹏华经济技术发展公司与英属韦津群岛好运有限公司之间的纠纷分别于2000年12月26日和28日做出了承仲裁字［2000］第33号仲裁裁决和承仲裁补字［2000］第1号仲裁裁决，后者撤销了承仲裁字［2000］第33号裁决。据此，鹏华公司向承德市中级人民法院请求撤销上述两份仲裁裁决。

2. 司法审查

承德市中级人民法院审查后请示认为：第一，好运公司在承德仲裁委员会申请仲裁时，未向仲裁机构提供该公司依法存在的证明，其公司的法定代表人身份证明亦未经我国驻港外交机构的认证；在我院开庭审理期间，该公司未在我院规定的期限内向我院提供上述证明文件，故根据《民事诉讼法》及最高人民法院关于涉外、涉港诉讼文书及送达问题的批复，好运公司在仲裁及诉讼中不具备主体资格。

第二，承德仲裁委以承仲裁补字［2000］第1号裁决撤销该第33号裁决，违反了《仲裁法》的相关规定及承德仲裁委的仲裁规则，该补充裁决应视为违法。应裁定撤销承德仲裁委承仲裁字［2000］第33号、承仲裁补字［2000］第1号裁决。

河北省高级人民法院审查后请示认为：拟同意撤销案涉两份仲裁裁决。[①]

最高人民法院审查后复函认为：根据《仲裁法》第 56 条规定，[②]《承德仲裁委员会仲裁规则》第 46 条第 3 款规定，[③] 有关法律与仲裁规则仅授权仲裁委员会可以就程序和遗漏事项做出补充裁决，没有授权仲裁委员会撤销其已经做出、送达且生效的仲裁裁决。承德仲裁委员会在对同一纠纷已经做出仲裁裁决的情况下，又做出撤销原裁决的补充裁决缺乏法律依据，也不符合《承德仲裁委员会仲裁规则》的规定，属于《民事诉讼法》第 260 条第 1 款第 3 项规定的情况，人民法院可以依据《仲裁法》第 70 条的规定撤销仲裁裁决。

鉴于本案仲裁裁决存在的主要问题是仲裁程序违反法定程序，这种对程序的违反（以补充裁决撤销原裁决）对当事人权利的影响可以以通知仲裁庭重新仲裁的方式纠正。根据本案所涉仲裁裁决的实际情况，应当根据《仲裁法》第 61 条的规定，通知重裁。[④]

3. 案例评析

本案值得关注的法律问题有三：第一，关于补正程序的适用问题。在我国现行制度框架内，针对有瑕疵的仲裁裁决主要存在三类救济途径。一是仲裁庭通过补正程序的自救，二是人民法院通过司法审查进行的司法监督；三是人民法院与仲裁庭之间通过通知重裁程序实施的合力救济，其本质仍然是仲裁庭的自救，只不过借力了人民法院的审查和启动。可见，通知重裁制度的设计体现了司法与仲裁之间的良性反馈与合作，见证了我国立法者的智慧及司法对仲裁的友好态度。三类救济途径担负着不同的救济功能，针对不同的仲裁裁决瑕疵。其中，本案涉及的补正程序就是针对仲裁裁决在计算、书写、打印等方面的形式错误，以及仲裁庭评议过但裁决遗漏的实体问题。可见，补正程序不同于“新裁”，也不同于“重裁”[⑤]。

---

① 参见冀立民函字［2005］第 89 号请示。

② 该条规定：“对裁决书中的文字、计算错误或者仲裁段已经裁决但在裁决书中遗漏的事项，仲裁庭应当补正；当事人自收到裁决书之日起三十日内，可以请求仲裁庭补正。”

③ 该条规定：“仲裁庭做出的补正或者补充裁决，是原裁决书的组成部分。”

④ 参见［2005］民四他字第 51 号复函。

⑤ 此方面的内容可参考张春良、黄晖《论生效体育仲裁裁决的瑕疵与补救》，《武汉体育学院学报》2017 年第 12 期。

而在于更正形式和针对特定实体事项进行“补裁”。但本案仲裁庭通过补正程序作出的裁决实际上是重新仲裁裁决，一方面实际导致原生效裁决的撤销，另一方面导致重裁，双重违背了补正程序的规定。

第二，关于通知重裁的标准问题。本案中，事实上仲裁庭以补充裁决的方式撤销已经生效的仲裁裁决，已经构成严重影响当事人权利义务，以至于构成足以撤销的程度。只是人民法院认为仲裁庭可以通过通知重裁的方式进行自我纠正，就此通知仲裁庭重裁。相比于上文所援引案件中关于通知重裁的标准，本案有了一个简化，这就是仅保留了正面适用标准，即只要仲裁庭能够自我纠正，就可通知重裁。应当说，这一简化扩大了通知重裁的适用范围，提高了通知重裁的生命力，也提升了司法对仲裁的支持和友好度。鉴于此，我国人民法院在司法审查中适用通知重裁时，没有必要考虑案涉仲裁裁决是否存在瑕疵以至于严重到撤销或不予执行的程度，而应仅关注该瑕疵是否能够通过仲裁庭重裁的方式予以纠正或补救。

第三，需要进一步思考的是，本案人民法院是否应当一并撤销两份仲裁裁决，或者通知重裁？本案涉及两份仲裁裁决，一份是已经按照程序作出的正常的“承仲裁字［2000］第33号”仲裁裁决，另一份则是通过补正程序作出的存在问题的“承仲裁补字［2000］第1号”仲裁裁决。根据人民法院披露的事实和信息看，其关注和确认的是“承仲裁补字［2000］第1号”仲裁裁决存在程序瑕疵，并据此拟裁定撤销和通知重裁。但问题是，即便补正裁决违背补正程序应予撤销，并不能在法律上构成对第一次仲裁裁决即第33号裁决的撤销。简言之，不能因补正裁决的“恶”毁灭正常裁决的法律效力，该正常裁决正是补正裁决所摧毁的对象。进一步言，补正裁决违背补正程序，因程序违反而被撤销，但正好激活了第33号仲裁裁决。人民法院要撤销该正常的仲裁裁决，需审查并认定其存在法定撤销或不予执行的情形才为法律所允许。但一方面人民法院既未审查正常仲裁裁决的情形，另一方面补正裁决违背程序的事实，只构成其自身应被撤销而并不构成对该正常仲裁裁决予以撤销或不予执行的法定依据。由此可见，人民法院基于补正裁决的程序违反，一并撤销两份仲裁裁决是错误的。

同时，尽管人民法院在本案中并未真正地作出撤销裁定，而是通知仲裁庭重裁，也是不当的。这种不当性源于如下三个理由：一是案涉正常仲裁裁决依法不存在撤销的情形下，人民法院不能通知重裁，否则构成对既存仲裁裁决既判力或“一裁终局”原则的违背。二是本案存在的问题是仲裁庭试图重裁，以否定已经生效的仲裁裁决的法律效力，如果通知仲裁庭重裁，显然会变相地满足仲裁庭重裁的愿望，实现其重裁的目的。简言之，可以预见的是，通知仲裁庭重裁，仲裁庭一定会作出与补正裁决一致的仲裁裁决，而这正是其滥用补正程序所欲的结果。因此，通过通知重裁，人民法院不是在阻止错误的发生，而是在助长错误的成就。三是即便按照通知重裁的标准，即仲裁庭可以自行纠正错误的标准衡量之，本案也不适合通过通知重裁进行补救，因为如果认定仲裁庭的补正程序是错误的，那么通知重裁只能让仲裁庭合法地实现而不会纠正该错误。

还需反思的是，本案究竟是存在一份仲裁裁决，还是两份仲裁裁决？从人民法院审查意见看，它们是将其视为两份仲裁裁决。这种定调让人民法院处于两难境地：一方面它违背了仲裁法理和仲裁规则的规定，因为补正裁决只是构成原裁决的组成部分，从而只存在一份仲裁裁决。事实上，将本案定调为一份仲裁裁决，才能合理地基于程序违反的事实被一并撤销，并给予仲裁庭重新仲裁的机会。另一方面这种定调也更加凸显人民法院的司法审查存在法律上的“硬伤”，因为既然是两份仲裁裁决，就不能因为其中一份仲裁裁决存在问题同时否定另外一份，这种“连带”责任是于法无据、于理无由的。

因此，总结而言，本案人民法院的司法行为是存在问题的。对本案司法审查的正确打开方式是：首先，应将本案两份仲裁裁决定性为一份仲裁裁决，因为根据仲裁规则之规定，补正裁决与仲裁裁决为一份仲裁裁决。其次，对该份仲裁裁决中的补正部分进行分割处理，因为其具有相对独立性，在区分基础之上，对该部分裁决认定其存在程序违反的瑕疵，应予撤销或不予执行。再次，在裁定部分撤销或不予执行之前，可先行考虑通知重裁的可适用性。鉴于如果通知重裁，将会让仲裁庭实现而不是纠正其错误，且存在的部分有效的仲裁裁决在本质上是完整的仲裁裁决，因此本案中不应适用通知重裁制度。最后，人民法院应裁定撤销或不予执行裁决中的补正部分，但应维持原仲裁裁决的有效性。当然，当事人如果认为原仲裁裁决存在问题的，有权根据法律规定针对该部分内容提出撤销或不予执行的审查，但不能让原仲裁裁决承担补正裁决的“错”。

（三）申请撤销中［2014］中国贸仲京裁字第0526号裁决

“轮台县绿源农林开发有限责任公司申请撤销中国国际经济贸易仲裁

委员会［2014］中国贸仲京裁字第0526号仲裁裁决”案涉及的则是仲裁庭作出仲裁裁决之后，当事人认为裁决中存在计算错误，多次请求仲裁机构补正的情形下，仲裁庭拒绝补正，故据此以仲裁庭违背补正程序为由申请撤销。

1. 案情简介

表4-7　　案情简介

序号	时间	案件事实
1	2005.08.04	Productos Agrovin，Sociedad Anonima（以下简称西班牙公司）作为卖方、中国远东国际贸易总公司（以下简称远东公司）作为买方、轮台县绿源农林开发有限责任公司（以下简称绿源公司）作为最终用户，三方签订关于杏浆生产线、杏仁油生产线、蛋白粉生产线及相关技术和技术培训的《合同条款》。含贸仲仲裁条款
2	2008.04	远东公司电汇给西班牙公司首期款358500欧元
3	2008.05-08	绿源公司陆续收到了上述三条生产线
4	2010.01	西班牙公司向远东公司和绿源公司致函要求支付剩余合同价款。绿源公司致函西班牙公司，以西班牙公司迟延交货、货物质量不合格等为由要求终止合同
5	2012.12.19	西班牙公司向贸仲申请仲裁，以远东公司和绿源公司为被申请人
6	2013.03.11	远东公司向贸仲提起仲裁反请求，请求西班牙公司向远东公司支付律师费及差旅费用
7	2013.05.02	绿源公司向贸仲提起仲裁反请求，请求确认《合同条款》及其补充合同已解除，并要求西班牙公司返还已付款并赔偿损失
8		绿源公司向北京市第二中级人民法院申请撤销案涉仲裁裁决第1项和第九项
9	2015.06.23	北京市二中院向贸仲去函询问其是否同意重新仲裁
10	2015.07.08	贸仲秘书局向北京市二中院以书面形式表示同意对该案重新仲裁
11		北京市第二中级人民法院作出请示
12	2015.08.13	北京市高级人民法院作出请示
13	2015.10.28	最高人民法院作出复函

2. 双方诉答

撤销申请人绿源公司认为：仲裁庭裁决绿源公司需支付西班牙公司895163欧元，绿源公司通过核对《合同条款》附件1《卖方供应范围内的货物清单和单价》后发现，其只需支付73322欧元。根据《仲裁法》和贸仲《仲裁规则》的规定，对于文字和计算错误，申请人有权在收到裁决书后30日内书面申请更正，仲裁庭应当予以补正。绿源公司多次向贸仲去函申请更正无果。贸仲严重违反法定程序。此外，本案的设备进口贸易涉及财政政策支持项目，如果不撤销该裁决，将严重损害公共利益。

被申请人西班牙公司答辩认为：仲裁裁决不存在计算错误，绿源公司的申请理由没有事实和法律依据，法院应裁定驳回其申请。

远东公司述称：仲裁庭计算的基础数据存在问题，同意绿源公司的申请。

3. 司法审查

北京市第二中级人民法院审查后请示认为：仲裁裁决认定的基本事实明显错误。仲裁裁决解除了与杏浆生产线相关的合同部分，认为应扣除与此对应的设备金额，并依据绿源公司出具的《关于终止合同及相关问题的处理意见》认定该金额为1136337欧元。但是，杏浆生产线包括A、B、C、D四部分设备，根据《关于终止合同及相关问题的处理意见》，绿源公司明确表示将杏浆生产线中C、D部分设备退货，A、B部分设备仍按原合同执行，1136337欧元对应的是因C、D部分设备退货而发生的退货款，并非仲裁庭所理解的退回杏浆生产线（包括A、B、C、D部分设备）所发生的退货款。现仲裁庭认定应退回A、B、C、D部分设备，但只扣除C、D部分设备对应的退货款，属认定基本事实错误。此外，对于绿源公司主张扣除的国内采购部分和杂费分担部分，仲裁庭亦未进行审查。仲裁庭裁决绿源公司给付西班牙公司895163欧元货款，而其中仅B部分设备就达515210欧元，认定事实的错误较为明显。

仲裁庭认定基本事实明显错误，该错误并非法定的撤销涉外仲裁裁决的事由，亦非仲裁庭可以补正的计算错误。北京市二中院向贸仲去函询问其是否同意重新仲裁该案。贸仲秘书局向二中院以书面形式表示同意对该案重新仲裁。

综上，根据《仲裁法》第61条规定，本案可依照上述法律规定，通知仲裁庭重新予以仲裁，并裁定中止撤销程序。仲裁庭在北京市二中院指定的期限内开始重新仲裁的，北京市二中院将裁定终结撤销程序；未开始重新仲裁的，北京市二中院将裁定恢复撤销程序。

北京市高级人民法院审查后请示认为：依据北京市二中院向贸仲发函及贸仲秘书局的回函，本案符合《仲裁法》第61条的相关规定，可以通知仲裁庭重新仲裁。我院同意北京市二中院关于本案拟通知仲裁庭重新仲裁的意见。[①]

最高人民法院审查后复函认为：北京市第二中级人民法院向贸仲去函询问其是否同意重新仲裁该案，贸仲秘书局以书面形式表示同意对该案重新仲裁。故本案可根据《仲裁法》第61条的规定，通知贸仲重新仲裁。[②]

4. 案例评析

本案值得关注的法律问题至少有三：第一，仲裁裁决对案涉价款的计算错误，属于实体问题还是程序问题？根据案涉《仲裁规则》的规定，仲裁裁决如果涉及计算错误、文字书写错误、打印错误等，可通过仲裁裁决补正程序予以解决。本案撤销申请人就认为案涉价款金额存在计算错误的问题，并提请仲裁机构进行补正。但相关人民法院在司法审查时则将此问题认定为事实认定错误，从而构成实体问题。在本案中应当作出明确区分的是不同类型的计算错误：一种是在计算过程与计算结果之间的错误，例如“3+2=4”。此种错误与事实无关，纯粹是数学领域内的计算错误。另一种则是在计算方式上的错误，而该错误则可能基于事实认定，例如本应采用加法却采用了减法；本应减去A项，却错误地减去了B项。此类错误不是纯粹数学上的计算错误，而是事实认定不清或错误导致的计算错误。显然前者属于形式错误，从而属于补正可以解决的问题；后者属于实质错误，从而不能通过补正方式解决。

本案属于实体上的错误，该错误源于仲裁庭在事实认定上的问题，并不是单纯的数学计算上的错误。因此，本案撤销申请人要求仲裁机构按照补正程序解决，可能是基于两种心理状态：一是将错就错，二是错误理解。不论是何种心理，其法律上的逻辑结论就是，它将实体问题程序化，从而力图通过程序补救的方式进行解决。程序补救的方式既包括仲裁庭通过补正程序实现的自补救，也包括司法审查程序进行的外部监督。如果正确定性本案的计算错误，它属于实体问题，则在涉外仲裁裁决领域中本案无疑击中了仲裁的弱点和司法审查的痛点。简言之，在涉外仲裁裁决的救济领域，即便存在仲裁裁决的实体错误，仲裁庭不能通过补正解决，人民法院也不能进行司法审查。然而，本案人民法院的司法审查却突出奇招，这正是本案值得关注的第二个问题。

---

① 参见京高法［2015］325号请示。

② 参见［2015］民四他字第40号复函。

第二，人民法院能否针对涉外仲裁裁决中事实认定的实体错误进行审查？首先应旗帜鲜明地指出和强调，不论对《民事诉讼法》第 274 条第 1、2 款的规定如何解释，诸如本案中存在的事实认定等实体性错误，均不能纳入该条的范畴之中。而根据《仲裁法司法解释》之相关规定，[①] 当事人不能以该条之外的依据请求撤销或不予执行仲裁裁决。如此，人民法院除了主动对仲裁裁决违背社会公共利益的情形依职权进行审查外，其余情形均由人民法院应当事人根据上引法条规定的四种依据之申请进行被动审查。此处之被动应有二义：一是审查方式的被动，即人民法院只能应当事人的申请而审查，不能主动审查；二是审查范围的被动，即人民法院只能在上引法条规定的范围内审查，而不能超越该范围进行审查。以此观之，本案人民法院的司法审查违背了两个被动规则：一方面在当事人未提出相关事项申请的情形下，主动对相关事项进行审查；另一方面，超越法律规定的范围对案件事实认定错误的实体问题进行审查，这一点甚至为进行审查的人民法院所自觉并自认，但却未自律。

第三，人民法院有无解决涉外仲裁裁决中事实认定的实体性错误的路径？本案确定无疑的是，人民法院对仲裁裁决中价款计算的事实认定进行了审查，且这种审查属于实体审查。在现行法律和仲裁规则规定的裁决救济体制内，尚无可以解决该问题的措施。按照人民法院在相关案例中的审查实务所言，涉外仲裁裁决实体问题错误是当事人选择仲裁解决争议应当承受的风险。尽管如此，学界和实务中针对此种问题，探讨了许多救济措施，包括当事人针对仲裁裁决的选择性上诉，[②] 或者仲裁机构的内部上诉机制，[③] 等等。但在现行规则框架下，人民法院尚无解决此种实体错误的明确措施。本案中人民法院利用了立法模糊之处，采取了唯一可能的措施进行救济，这就是通知重裁。在本书所收集的样本案例中，本案是唯一一例利用通知重裁救济仲裁裁决实体问题错误的案件。在其他通知重裁的案件中，人民法院利用其进行救济的主要是程序瑕疵，且认为是尚未严重到

---

① 《仲裁法司法解释》第 17 条规定："当事人以不属于仲裁法第 58 条或者民事诉讼法第 260 条规定的事由申请撤销仲裁裁决的，人民法院不予支持。"

② 例如有学者就探讨，赋予当事人的选择权，当事人如果对仲裁裁决不服的，可合意向相关人民法院提起上诉。参见石现明《国际商事仲裁中当事人权利救济制度研究》，人民出版社 2011 年版，第 405 页。

③ 深圳国际仲裁院最新的 2019 年版仲裁规则已经规定了合意的选择性仲裁内部复审机制。

撤销程度，可由仲裁庭自行补救的程序瑕疵。这里的问题因此有二：其一是本案法院能否突破常规，超出程序范围，针对实体问题错误适用通知重裁？有无法律依据？这正是立法模糊之处。上已述及，我国《仲裁法》第61条规定了国内仲裁裁决的通知重裁规则，且按最高人民法院的司法解释，它主要限于国内仲裁裁决司法审查依据中的两类证据问题。但在涉外仲裁篇章中，没有直接规定通知重裁制度，因此立法不明之处在于两方面：

一方面，通知重裁是否可适用于涉外仲裁领域？根据最高人民法院的后续解释，以及司法审查涉外仲裁裁决迄今的实践，应认为通过援引条款，可将通知重裁制度适用于涉外仲裁领域；另一方面，涉外仲裁领域中通知重裁可适用的情形是什么？由于涉外仲裁裁决司法审查仅限于程序问题，但国内仲裁裁决的通知重裁虽然限于证据问题，但该问题仍然属于国内仲裁裁决的司法审查依据之范围。因此，即便通知重裁的制度可从国内仲裁援引适用于涉外仲裁，但其具体适用情形是否应当一并援引自涉外仲裁，这正是立法所未明确，且为本案所切中的问题。从本案之外的其他司法审查案例看，似可认为人民法院仅在涉外仲裁裁决的司法审查依据即法定的程序范围内适用通知重裁，且被作为撤销或不予执行涉外仲裁裁决的缓冲和替代措施。但本案显然突破了这一实践经验。

正是立法存在的上述不明确之处，才给予本案人民法院在实体问题上适用通知重裁以可能的机会。换言之，本案中人民法院的行为既缺乏法律的明确支持，但也并未为立法所明确禁止。如果按照“法不禁止即为允许”的规则进行判断，那么本案人民法院的行为应是合法的。鉴于此，结论似已得到充分铺垫：无论是程序问题还是实体问题，人民法院均可在涉外仲裁裁决的司法审查中适用通知重裁制度。然而，随着这个问题以如此解读方式得以解决，新的问题相继发生，这就是需要讨论的第二个问题。

其二是如果仲裁庭重新仲裁后仍然维持该裁决，或者作出实质不变的裁定，人民法院又应如何救济？继续通知重裁，还是撤销或不予执行？如果继续通知重裁，在逻辑上将延续恶性循环，导致无穷后退；如果撤销或者不予执行，就会陷入于法无据、违法审查的处境，因为根据《民事诉讼法》第274条的规定，实体性问题之错误不在该条的救济范围之内，且相关司法解释又排除了该范围之外的审查依据。

综上可见，本案人民法院在司法审查中利用通知重裁处理裁决实体错误的“非常道”，造就了一个两难的问题：如果承认人民法院的处理合理合法性，那么当人民法院遇到一个“顽固”或“执着”的仲裁庭，拒绝重新仲裁，或者在重新仲裁中维持或基本维持在先的裁决内容，人民法院就面临进退不得的尴尬处境，既不能撤销也不能再次通知重裁，或者说通知重裁已失去意义；如果承认人民法院的处理不合法，那么仲裁裁决的错误对其公正性和公信力造成的违背就无法补救。换言之，本案人民法院之所以尚能从容利用通知重裁制度，或者说此种举措还有效，端赖于相关仲裁庭的配合。终极的解脱之道，还是在于针对仲裁裁决的实体性错误，合理重置裁决救济体制。

第五章

基于裁决范围的司法审查：案例与评析

第一节　相关案例总览

作为撤销或不予执行涉外仲裁裁决的法定依据之一，本款项也是在本书所统计的司法审查仲裁的案件范围内被援引得最为普遍的依据。原因可能有四：

第一，本款项设置的撤销依据具有解释上的包容性。本款项所设置的两个关键范畴，即“超裁”和“无权仲裁”更具有解释上的开放性，以包容更多的仲裁裁决现象。超裁涉及对仲裁协议所限定范围的解释，而根据国际商事仲裁协议拟定的原理和司法审查仲裁的法理，当事人或其代理人被鼓励采用更为宽泛的表述限定仲裁事项。不仅如此，几乎所有国际仲裁机构为扩大自身管辖范围，避免仲裁协议狭义界定导致其管辖权和裁决无效，在其所提供的格式化的示范仲裁条款中，也普遍采用“产生于”(arising out of)[①]，或“关联于”（in connection with）或“相关的”（related)[②]。个中奥妙正如有关实务专家所指出的那般：“……起草仲裁协议

---

① 如ICC国际仲裁院的示范仲裁条款即是：All disputes arising out of or in connection with the present contract shall be finally settled under the Rules of Arbitration of the International Chamber of Commerce by one or more arbitrators appointed in accordance with the said Rules.

② 如贸仲示范仲裁条款即是：Any dispute arising from or in connection with this Contract shall be submitted to China International Economic and Trade Arbitration Commission（CIETAC）for arbitration which shall be conducted in accordance with the CIETAC's arbitration rules in effect at the time of applying for arbitration. The arbitral award is final and binding upon both parties.

时，审慎的做法是宽泛地（broadly）约定仲裁条款，据此仲裁条款不仅包括产生于合同的争议，而且也包括了可能基于侵权行为或不公平商业竞争实践所产生的其他争议。鉴此，绝大多数仲裁条款起草者不仅约定，当事人同意解决'所有产生于合同的争议'，而且通过'所有产生于或关联于合同的争议'这样的表述让仲裁条款更为宽泛。通常当事人的侵权请求或不公平商业实践的请求与合同相关，即便它们并不必然产生于合同"①。这些表述为后续仲裁裁决失利方提供了挑战仲裁裁决的根据，这就是仲裁裁决的超裁。

第二，本款项所指现象在司法审查仲裁实践中具有普遍性。对比而言，《民事诉讼法》第274条第1款和第2款的其他撤裁依据在所针对的问题上较为集中，其范围界限也较为明确，故在当事人援引作为挑战仲裁裁决的依据时受制于较为确定的条件限制。就这些撤裁依据的分工而言，上引法条第1款第1项主要是针对仲裁协议的瑕疵；第2、3项针对的是仲裁程序的瑕疵，包括仲裁庭的组成瑕疵；第2款则针对适用条件更为严苛的社会公共利益违背情形。因此，由于语义上的开放性产生的涵摄对象的广泛性，构成《民事诉讼法》第274条第1款第4项在司法审查实践中援引率最高的事实基础。尽管社会公共利益在语义上更具有不确定性，以及涵摄范围的全面性，但基于司法审查实践中所把握标准的严格化，导致以该款申请撤销仲裁裁决的成功概率在五条撤裁依据中最小，这也反过来抑制了当事人援引该条申请撤裁的积极性。② 不仅如此，基于该款对社会公共利益违背情形进行司法审查，还主要是立法赋予人民法院主动进行审

---

① Margaret L. Moses, *The Principle and Practice of International Commercial Arbitration*, Cambridge: Cambridge University, 2016, p. 34.

② 在本书统计的最高人民法院民四庭主编的共33辑《涉外商事海事审判指导》中，共刊登了49则撤销或不予执行涉外仲裁裁决的案例。其中涉及明确提示社会公共利益审查的案件只有4件，分别是："东莞市浩庆纸业有限公司等申请不予执行仲裁裁决案"，参见［2015］粤高法仲复字第1号，以及最高人民法院［2015］民四他字第35号复函；"北京康卫医药咨询服务中心有限公司申请撤销贸仲仲裁裁决"，参见京高法［2012］352号，最高人民法院［2012］民四他字第57号复函；"关于不予执行贸仲（2008）中国贸仲京裁字第0379号裁决的案件"，参见［2010］苏知民仲审字第0001号，最高人民法院［2010］民四他字第21号复函；以及"罗定市供电局申请撤销贸仲仲裁裁决"，参见［2005］粤高法民四他字第22号，最高人民法院［2005］民四他字第47号复函。在这有限的数则案件中，根据社会公共利益撤裁成功的案件为零。

查的法定职责，这意味着不论当事人是否援引，人民法院均应进行社会公共利益的审查，这也在一定程度上免去了当事人的援引必要。

第三，本款项更容易为司法审查机关所接受，从而对仲裁裁决的否定而言更具“致命性”。同样是基于语义上的包容性乃至开放性，超裁和无权仲裁具有适用上的高延展度，从而容易说服司法机关，并为其所接受。法律的适用不仅是一种逻辑应用，也是一种说服的艺术。本款项对司法机关而言更具说服力、更容易为其接受，也就意味着它对仲裁裁决的撤销或不予执行而言更具致命的效果。

以晚近在仲裁领域中的一种乱象即“先予仲裁”之裁决撤销为例，可资说明。根据《最高人民法院关于仲裁机构“先予仲裁”裁决或者调解书立案、执行等法律适用问题的批复》的界定，该批复件所指先予仲裁是特指仲裁机构在网络借贷合同当事人发生纠纷之前对该合同以后可能发生的争议先行作出仲裁裁决。① 根据该批复的意见，先予仲裁同样包括其他合同纠纷、财产权益纠纷的先行仲裁现象。要言之，先予仲裁是指那些尚未发生争议，即由相关仲裁机构组织仲裁庭进行仲裁并作出裁决的情形。按照最高人民法院上引司法解释的规定，针对先予仲裁裁决，应认定为属于《民事诉讼法》第 237 条第 2 款第 3 项即“仲裁庭的组成或者仲裁的程序违反法定程序”的情形，对于尚未受理的，应裁定不予受理；对于已经受理的，应裁定驳回执行申请。对于最高人民法院将先予仲裁的裁决归属于仲裁程序违反的情形，值得商榷。事实上，仲裁庭的组成或者仲裁程序很可能是按照仲裁法和仲裁规则进行的，并无明显的程序违反问题。将其裁决定性为程序违反，显得牵强。更为合理的定性应当是《民事诉讼法》第 274 条第 1 款第 4 项中的“仲裁机构无权仲裁”的情形。仲裁机构无权仲裁这一概念具有开放性，在我国立法关于撤裁依据采取封闭性的负面清单列示的方式下，略具开放、兜底之功效，从而有助于遏制不当仲裁裁决、提升仲裁裁决公信力的功效。换言之，针对实践中不断涌现的某些仲裁“创新”乱象，本款项具有更大的覆盖面，从而相对于其他几种特定的撤裁依据更具有让司法审查机关接纳的基础。当事人也可能充分利用本款项的这一特征，据之向人民法院提出撤裁或不予执行的申请。

---

① 参见法释［2018］10 号，该司法解释由最高人民法院审判委员会第 1740 次会议通过，并自 2018 年 6 月 12 日起施行。

第四，本款项为形式审查的涉外仲裁司法审查突入实体审查提供了某种可能。我国立法对涉外仲裁裁决采取了形式或程序的司法审查原则，除社会公共利益审查可能涉及实体问题之外，其余四项撤销依据均被认定为属于程序审查的范畴。如何在实体上救济有瑕疵的仲裁裁决，这也是司法实践中容易引发当事人诟病之所在。[①] 但本款项的超裁或仲裁机构无权仲裁的撤裁依据，在一定程度上给予了司法审查机关突入仲裁裁决实体问题进行审查的可能和契机。司法审查机关在判断仲裁裁决是否超出当事人仲裁协议约定或请求仲裁的事项范围时，不可避免地会深入到对法律关系的认知的层面，因为不认知特定的法律关系并明确其范围，就难以判断仲裁裁决事项是否超出了当事人约定的特定法律关系的范围。显然，关于哪些内容属于或者不属于特定法律关系的范围，对于此类事实的判断就已经属于实体内容的范畴了。

例如在“山西防爆电机（集团）有限公司申请撤销大连仲裁委仲裁裁决”案件中，双方仲裁条款只是约定：“双方的合同关系由合同条款和中国的法律制约。”[②] 此后，双方发生争议，案涉仲裁裁决裁定合同解除后，由一方“赔偿”另一方相应款项。裁决义务方遂向相关法院申请撤销该仲裁裁决，相关高级人民法院经审查后认为，仲裁裁决将“支付”款项的请求变更为“赔偿”款项的请求，其裁决是立足在合同解除的前提下的，不属于合同关系，拟裁撤。[③] 案件上报最高人民法院，最高人民法院经审查后指出：双方当事人未明确排除特定事项提交仲裁的情况下，应推定仲裁事项为“因履行合同所发生的一切争议”，故案涉仲裁机构有权就双方当事人有关解除合同、赔偿损失的仲裁请求进行审查，本案仲裁裁决不属于超裁情形。[④]

---

① 需要指出的是，我国有的仲裁机构如深圳国际仲裁院已经开始在其最新的 2019 版仲裁规则中开创性地引入了“选择性复审程序”。据称，该机制在仲裁程序内部给予当事人实体上被“二次救济”的机会，以便国际商事和投资仲裁当事人根据自身情况和交易具体情形自由设计适合其自身需求的纠纷解决方案，以实现仲裁的中立性、公正性、效率性以及在国际范围内的广泛承认和便利执行等优势的更优组合。

② 参见“山西防爆电机（集团）有限公司申请撤销大连仲裁委仲裁裁决”案，载万鄂湘主编《涉外商事海事审判指导》（总第 12 辑），人民法院出版社 2006 年版，第 79—81 页。

③ 参见辽宁省高级人民法院［2005］辽民四他字第 3 号请示。

④ 参见最高人民法院［2005］民四他字第 54 号复函。

由上可见，“支付”款项与“赔偿”损失之辩、之争，就涉及对裁决事项是否超出合同关系的范围的识别。从当事人和相关人民法院的角度观之，支付款项属于合同关系的范畴，是合同履行中的问题；而赔偿损失则是合同关系之外的范畴，属于合同解除之后的问题，从而相关仲裁庭裁决赔偿损失的，就已经超出了当事人约定的争议解决范围，构成超裁。这种逻辑和认知虽然为最高人民法院所否定，但从这一简单的司法审查过程看，对超裁的认定不可避免地会突入到对法律关系及其构成内容等实体问题的审查，这就为相关当事人有意或无意地利用本款项、试图据此越轨司法审查涉外仲裁裁决仅限于程序问题的机制，将撤裁问题导向实体维度提供了支点。

在另外一个案件即“浙江省天河房地产联合发展公司申请撤销贸仲上海分会［97］沪贸仲字第096号裁决”案中，由于仲裁裁决涉及对其他法律关系的介入，存在超裁的可能。当事人也以超裁为由提出撤裁的复查申请，人民法院为判断仲裁裁决是否超裁，也需要进入两类法律关系的实体内容，进行比对，以判断仲裁裁决是否对其他法律关系作出了裁断。[①]

关于本款项中仲裁机构无权仲裁的情形，也会迫使进行司法审查的人民法院不得不对裁决事项的范围、所涉法律关系的性质进行实体审查，最终才能做出判断，认定该裁决事项是否属于仲裁机构无权仲裁的情形。

可见，由于本款项为当事人突破涉外仲裁裁决司法审查中严密的程序设限提供了可能、创设了契机，从而成为诱发当事人频繁和普遍地援引之，以挑战相关仲裁裁决的依据。

在本书所统计的案件样本范围内，我国法院根据《民事诉讼法》第274条第1款第4项对涉外仲裁裁决进行司法审查的案件共有30件（具体信息参见表5-1）。按照司法审查的结论可分为四大类型，分别是未撤/应予执行，裁撤/不予执行，部分裁撤/部分不予执行，通知重裁。各类型之间的比例见图5-1。

从图5-1比例可以得出如下几点直观结论：（1）裁撤或不予执行的比例较高，占比达三成，在30件样本案件中，有10件因超裁或仲裁机构无权仲裁而被完全撤销或不予执行。这说明，当事人以《民事诉讼法》第274条第1款第4项为依据挑战仲裁裁决的成功概率很高。

---

① 参见［2003］民四他字第19号复函。

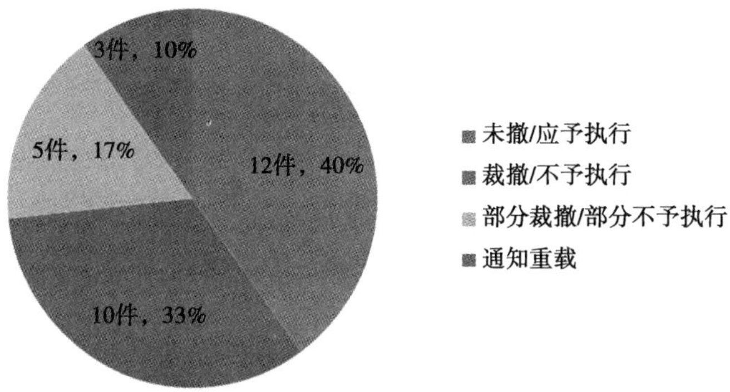

图 5-1　相关案件司法审查结论的比例

（2）部分仲裁裁决被裁撤或不予执行的占比也较高，其比例为 17%，在 30 件样本案件中有 5 件属于此种情形。如果将此部分案件与完全裁撤或不予执行的案件进行合并统计，则在 30 件样本案件中，此类案件占比高达 50%，有 15 件案件属于此种情形。这就从量化角度直接证明了，超裁或仲裁机构无权仲裁被援引作为撤裁依据的高成功概率。这可能构成当事人普遍偏向援引该依据的动力和原因。

（3）未撤或者应予执行的案件，或者说人民法院驳回撤销申请或驳回不予执行申请的案件占比为 40%，在 30 件样本案件中有 12 件，是所有裁定类型中占比最高的。但在支持仲裁、撤销或者不予执行仲裁裁决被严格控制的氛围下，基于本款项而提起的司法审查程序中，人民法院维持仲裁裁决的比率还是偏低，甚至未达全部样本案件的一半。即便加上部分裁撤或部分不予执行的案件，也只有 17 件，占比为 57%，未达 60% 的及格线。

（4）重新仲裁的案件虽少，仅占全部案件的 10%，但仍然是一个值得关注的趋势。在 30 件样本案件中，有 3 件案件由人民法院通知仲裁机构重新仲裁，[①] 通知重裁是介于人民法院与仲裁庭之间的一个可选择性的裁决补善机制，较好地结合了人民法院的司法审查仲裁之“严苛”与司

① 这 3 起案件分别是：“中地海外申请撤销贸仲［2015］中国贸仲京裁字第 0377 号仲裁裁决”案，最高人民法院［2015］民四他字第 39 号复函；“刘某某、张某某申请撤销贸仲［2015］中国贸仲京裁字第 0054 号裁决”案，最高人民法院［2016］最高法民四他字第 29 号复函；“王国林申请撤销贸仲华南分会仲裁裁决”案，最高人民法院［2013］民四他字第 8 号复函。

法对仲裁之“友好”两种理念。鉴于一方面上诉仲裁或仲裁内复审尚不现实，另一方面司法审查涉外仲裁裁决又仅局限于有限的程序事项、导致裁决公信力不彰之弊端，人民法院通知重裁是一种具有较强实践生命力的中间路线。

立足相关实务案例的统计数据，除可作出上述直接结论外，还可以作如下几点重要推论：

（1）高的否定比，意味着高的司法审查负荷。高达50%的（部分）撤销或（部分）不予执行的司法审查结果，意味着我国司法系统内部报核的工作量非常重，因为在涉外仲裁裁决的司法审查中，司法机关如果要对仲裁裁决进行否定性评价，就必须从受案的中级人民法院开始，逐级层报至相应的高级人民法院和最高人民法院，只有在三级法院都认定应予撤销或不予执行时，即“三级一致否定”，受案的中级人民法院才能够对该涉外仲裁裁决裁定撤销或不予执行。因此，50%的全部或部分的否定性司法审查，就说明有至少一半的案件被受理的中级人民法院逐级层报到最高人民法院，经过了三级法院的专案司法审查。如果考虑到其他那些虽然经过一级或两级审查，但被相应的高级或最高人民法院驳回撤裁申请或予以执行的案件，算上这部分司法审查工作量，那么人民法院的司法负荷就更大了。

（2）高的否定比，也表明司法支持仲裁的判断在实务数据上，至少在基于《民事诉讼法》第274条第1款第4项即“超裁”或“仲裁机构无权仲裁”而启动的司法审查实践中，并未得到实证支持。但仅占4成的仲裁裁决司法支持率，也并不能令亲仲裁人士乐观。

（3）通知重裁在本款项的应用实践中仍然是一抹不可多得的亮丽“风景线”。考虑到绝大多数仲裁庭在人民法院通知重裁后重新作出了新的仲裁裁决，该仲裁裁决一般也得到了人民法院的支持，因此，这部分案件虽少，但在客观数据所揭示的司法并不十分友善仲裁的处境下，占比达10%的通知重裁案件，也体现了司法对仲裁不仅有“态度”，也有“温度”。鉴于通知重裁是人民法院可以掌控的灵活措施，且给予仲裁庭自行补救的机会，在司法审查仲裁的实践中值得提倡和鼓励。

《民事诉讼法》第274条第1款第4项作为撤裁依据，也存在较为复杂的范畴区分问题。上已述及，该条规定的关键范畴有二：一是超裁，二是仲裁机构无权仲裁。由于所使用的关键范畴的含义上的模糊性，导致本款项在司法审查仲裁实践中既存在与外部依据之间的冲突，也存在内部关系上的不明，从而使不少案件基于同一事实存在竞合适用撤裁依据的情形。需要明确的是，竞合适用必然会在同一个案件中援引两个或两个以上的撤裁依据；但共同援引两个或以上撤裁依据的，并非总是竞合适用。竞合适用是指那些基于同一事实而援引两个撤裁依据的情形。[①] 本部分首先对涉及本款项的共同援引的情形直观图示如图 5-2：

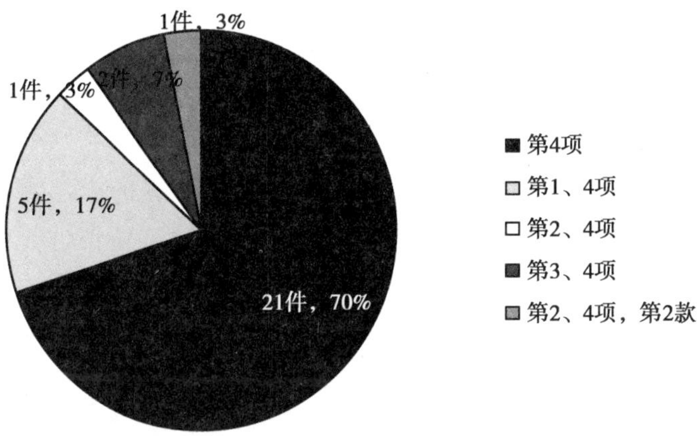

图 5-2　共同援引的比例

从图 5-2 可见，按照共同援引撤裁依据类型，可将这些案件区分为四大类：第一类是本款项与同条款第 1 项即无（效）仲裁协议的共同援引，此类案件有 5 件，[②] 占比为 17%；第二类是本款项与同条款第 2 项的共同

① 例如，在同一个案件中，某一仲裁裁决既可能存在仲裁庭组成违背仲裁规则的情形，也可能构成超裁的情形。此时人民法院在司法审查时，可能援引《民事诉讼法》第 274 条第 1 款第 2 项和第 4 项撤裁。此时二者并非基于同一事实而援引两个或以上的依据，而是基于两个事实分别援引不同的依据。此种情形即为共同援引的现象。当仲裁庭针对例如公司解散这个问题作出裁决，人民法院针对这个事实，既援引超裁依据，又援引违背社会公共利益的依据，此时就构成《民事诉讼法》第 274 条第 1 款第 4 项和第 2 款之间的竞合适用现象。

② 参见“关于撤销贸仲［2010］中国贸仲京裁字第 0159 号裁决”案，最高人民法院［2010］民四他字第 49 号复函；“撤销贸仲［2009］CIETAC BJ 裁决［0355］号裁决”，最高人民法院［2011］民四他字第 13 号复函；“辉影媒体销售有限公司申请撤销［2003］大仲字第 083 号仲裁裁决”案，最高人民法院［2004］民四他字第 24 号复函；“清华同方股份有限公司、清华同方光盘股份有限公司申请撤销［2002］贸仲裁字第 0095 号仲裁裁决”案，最高人民法院［2003］民四他字第 2 号复函；“高福忠申请撤销贸仲［2002］贸仲裁字第 0237 号裁决”案，最高人民法院［2003］民四他字第 5 号复函。

援引，此类案件有1件，① 占比为3%；第三类是本款项与同条款第3项之间的共同援引，此类案件有2件，② 占比为7%；第四类是本款项与同条款第2项及同条第2款之间的共同援引，此类案件有1件，③ 占比为3%。单独适用本款项进行撤裁司法审查的案件则有21件，占比为70%。鉴于第一、二、三类共同援引情形已经在上文中有所论述，此处不重复。本部分将重点论述两类共同援引情形，这两类情形同时也构成撤裁依据的竞合适用：一是本款项内部依据之间的竞合适用，即同时并用超裁与仲裁机构无权仲裁两种依据，请求撤销相关仲裁裁决；二是本款项与同条第2款违背社会公共利益的竞合适用。

第二类竞合适用情形属于外部冲突的类型，冲突的症结在于裁决超裁的，所超出部分没有对应的仲裁协议，或虽有仲裁协议但无效。换言之，仲裁裁决的超裁部分从另一个角度看，即属于无仲裁协议，或仅有无效仲裁协议支持。不仅如此，在没有仲裁协议，或者没有有效仲裁协议支持的情形下，仲裁机构自然也就属于无权仲裁了，毕竟存在有效仲裁协议是仲裁机构有权受理案件并组织仲裁庭进行仲裁的基本理据。可见，超裁、无权仲裁与无（效）仲裁协议三种现象之间至少具有某种共同的重叠，正是这部分重叠，导致当事人或者法院很可能基于同一事实并用《民事诉讼法》第274条第1款的第1项和第4项。二者之间的冲突的协调，或者说二者适用范围的区分，只需要简单地依据该仲裁裁决的整体判断仲裁协议之存在及有效与否。《民事诉讼法》第274条第1款第1项所指的情形是完全缺乏仲裁协议，或者仲裁协议全部无效；如果部分存在仲裁协议，或者仲裁协议在某些范围内仍然有效，则应归入该条款第4项范畴，即仲裁裁决超裁。但即便如此，司法审查仲裁的实践仍然容易混淆或并用二者。

---

① 参见“山西防爆电机（集团）有限公司申请撤销大连仲裁委仲裁裁决”，最高人民法院［2005］民四他字第54号复函。

② 参见“刘某某、张某某申请撤销贸仲［2015］中国贸仲京裁字第0054号裁决”，最高人民法院［2016］民四他字第29号复函；“不予执行贸仲［2004］中国贸仲京裁字第0105号裁决”，最高人民法院［2004］民四他字第40号复函。

③ 参见“浙江省天河房地产联合发展公司申请撤销贸仲上海分会［97］沪贸仲字第096号裁决”，最高人民法院［2003］民四他字第19号复函。

表 5-1　　相关案件统计及具体案件信息

序号	案件名称	所涉案号	司法裁定
1	不予执行贸仲作出的广州总统大酒店有限公司与杨光大仲裁裁决	[99] 深国仲字第 129 号；[999] 贸仲字第 4838 号；[1999] 深中法经二初字第 164 号民事裁定书；[2000] 贸仲字第 0084 号；[2000] 贸仲字第 0917 号；[2000] 深国仲结字第 23 号裁决；[2000] 二中经仲字第 35 号；[2000] 贸仲裁字第 0148 号；[2000] 粤高法执监字第 226 号；[2001] 民四他字第 41 号	不予执行
2	高福忠申请撤销贸仲 [2002] 贸仲裁字第 0237 号	[2002] 贸仲字第 0336 号；[2002] 贸仲裁字第 0237 号；京高法 [2003] 14 号；[2003] 民四他字第 5 号	裁撤
3	清华同方股份有限公司、清华同方光盘股份有限公司申请撤销 [2002] 贸仲裁字第 0095 号仲裁裁决案	[2002] 贸仲裁字第 0095 号；京高法 [2003] 6 号；[2003] 民四他字第 2 号	未撤
4	浙江省天河房地产联合发展公司申请撤销贸仲上海分会 [97] 沪贸仲字第 096 号裁决	[97] 沪贸仲字第 096 号裁决；[1997] 沪一中经仲撤字第 2 号；[1998] 沪一中经监字第 106 号；[2001] 沪高经监字第 228 号；[2003] 沪高民三（商）他字第 3 号；[2003] 民四他字第 19 号	未撤
5	山东省房地产开发集团青岛公司请求撤销贸仲 [2000] 贸仲裁字第 0333 号裁决	[2000] 贸仲裁字第 0333 号裁决；京高法 [2002] 20 号；[2002] 民四他字第 8 号	未撤
6	不予执行贸仲 [2004] 中国贸仲京裁字第 0105 号裁决	[2004] 中国贸仲京裁字第 0105 号；[2004] 宁高法执他字第 1 号；[2004] 民四他字第 40 号	应予执行
7	香港七好（集团）有限公司申请部分撤销 [2002] 深仲裁字第 641 号裁决	[2002] 深仲裁字第 641 号裁决；[2003] 粤高法民四他字第 14 号；[2004] 民四他字第 26 号	未撤
8	辉影媒体销售有限公司申请撤销 [2003] 大仲字第 083 号仲裁裁决案	[2003] 大仲字第 083 号；[2004] 大民特字第 21 号；[2004] 辽民四请字第 6 号；[2004] 民四他字第 24 号	裁撤
9	捷华实业申请撤销贸仲 [2004] 中国贸仲沪裁字第 177 号裁决	[2004] 中国贸仲沪裁字第 177 号裁决；[2005] 沪高民四（商）他字第 3 号；[2006] 民四他字第 7 号	部分裁撤
10	“EA 公司”和“RT 公司”申请撤销贸 [2004] 中国贸仲京裁字第 0222 号仲裁裁决	京高法 [2005] 332 号；[2006] 民四他字第 2 号	裁撤
11	山西防爆电机（集团）有限公司申请撤销大连仲裁委仲裁裁决	[2004] 大仲字第 54 号裁决和第 54-1 号裁决；[2005] 辽民四他字第 3 号；[2005] 民四他字第 54 号	未撤
12	罗定市供电局申请撤销贸仲仲裁裁决	[2005] 中国贸仲深裁字第 37 号；[2005] 粤高法民四他字第 22 号；[2005] 民四他字第 47 号	部分裁撤

续表

序号	案件名称	所涉案号	司法裁定
13	成伟投资有限公司申请执行涉外仲裁裁决	[2005] 中国贸仲京裁字第 0246 号裁决；[2006] 桂法执复字第 1 号/ [2006] 桂法执议字第 3 号；[2006] 民四他字第 25 号	部分不予执行
14	东迅投资有限公司申请执行涉外仲裁裁决	[2005] 中国贸仲京裁字第 0233 号；[2006] 桂法执复字第 2 号，[2006] 桂法执议字第 4 号；[2006] 民四他字第 24 号	部分不予执行
15	上海城通轨道交通投资开发建设有限公司、林敏申请撤销仲裁裁决案	[2004] 沪一中执字第 422 号民事裁定；[2004] 沪二中民五（商）初字第 96 号民事裁定；[2004] 中国贸仲沪裁字第 0167 号仲裁裁决；[2007] 沪高民四（商）他字第 1 号；[2007] 民四他字第 12 号	裁撤
16	润和发展有限公司申请不予执行仲裁裁决案	贸仲华南分会 [2005] 中国贸仲深裁字第 18 号；[2005] 湘高法执请字第 1 号；[2008] 民四他字第 1 号	不予执行
17	宁波永信汽车部件制造有限公司申请撤销宁波仲裁委裁决	宁外资 [2004] 70 号；甬仲裁字 [2007] 第 44 号；[2009] 浙商外他字第 2 号；[2009] 民四他字第 45 号	未撤
18	西安汽车公司申请撤销西安仲裁委员仲裁裁决案	西仲裁字 [2006] 第 428 号仲裁裁决；[2010] 陕民三他字第 1 号；[2010] 民四他字第 55 号	裁撤
19	撤销贸仲 [2009] CIETAC BJ 裁决（0355）号裁决	京高法 [2011] 67 号；[2011] 民四他字第 13 号	裁撤
20	撤销贸仲 [2010] 中国贸仲京裁字第 0159 号裁决的案件	[2010] 中国贸仲京裁字第 0159 号裁决；京高法 [2010] 第 262 号；[2010] 民四他字第 49 号	未撤
21	关于不予执行贸仲 [2008] 中国贸仲京裁字第 0379 号裁决的案件	[2005] 中国贸仲京裁字第 0028 号；[2005] 中国贸仲京裁字第 0171 号；[2007] 宁行初字第 12 号；[2007] 苏行终字第 61 号行政裁定书；[2008] 中国贸仲京裁字第 0379 号仲裁裁决；[2010] 苏知民仲审字第 0001 号；[2010] 民四他字第 21 号	部分不予执行
22	许剑文与中卫市城乡建设综合开发公司合资经营纠纷仲裁裁决不予执行案	[2011] 中国贸仲深裁字第 36 号裁决书；[2011] 深中法民四初字第 253 号民事裁定；[2012] 宁执他字第 1 号；[2012] 民四他字第 27 号	应予执行
23	北京康卫医药咨询服务中心有限公司申请撤销贸仲仲裁裁决	[2004] 一中民初字第 9869 号判决；[2005] 高民终字第 245 号判决；[2006] 中国贸仲京裁字第 0268 号裁决；京高法 [2012] 352 号；[2012] 民四他字第 57 号	未撤
24	王国林申请撤销贸仲华南分会仲裁裁决	[2011] 中国贸仲京裁字第 017922 号决定；[2012] 粤高法仲复字第 4 号；[2013] 民四他字第 8 号	通知重裁

续表

序号	案件名称	所涉案号	司法裁定
25	狮子城旅业开发有限公司申请不予执行仲裁裁决	琼高法专报［2014］4号；［2014］民四他字第37号	不予执行
26	临沂市康发食品饮料有限公司申请不予执行中国国际经济贸易仲裁委员会上海分会［2012］中国贸仲沪字第439号仲裁裁决	［2014］鲁执复议字第31号；［2015］民四他字第20号	应予执行
27	倪来宝、刘冬莲申请撤销中国国际经济贸易仲裁委员会［2014］中国贸仲京（沪）裁字第067号仲裁裁决	［2014］中国贸仲京（沪）裁字第067号裁决；［2012］沪二中民认（仲协）字第5号民事裁决书；京高法［2015］386号；［2015］民四他字第51号	裁撤
28	东莞市浩庆纸业有限公司等申请不予执行仲裁裁决案	［2015］深中法涉外仲字第6号民事裁定书；［2015］粤高法仲复字第1号；［2015］民四他字第35号	应予执行
29	刘某某、张某某申请撤销贸仲［2015］中国贸仲京裁字第0054号裁决	［2015］中国贸仲京裁字第0054号；京高法［2016］70号；（2016）最高法民四他字第29号	通知重裁
30	中地海外申请撤销贸仲［2015］中国贸仲京裁字第0377号仲裁裁决	京高法［2015］309号；（2015）民四他字第39号	通知重裁

第二节　本款项的竞合适用

一　超裁与仲裁机构无权仲裁的竞合适用

（一）撤销［2015］中国贸仲京裁字第0054号裁决案

1. 案情简介

表5-2　　案情简介

序号	时间	案件事实
1	1995	全州县大西江镇企业综合经营部与香港金利都公司、桂林强云装饰公司签订《广西全州大西江镇水电站合同》，约定建立合作经营广西全州大西江水电站。含贸仲仲裁条款
2	1997.10.08	香港金利都和桂林强云与部分其他人员达成补充协议，全州大西江企业综合经营部未参与磋商谈判，未签字盖章

续表

序号	时间	案件事实
3		1998—2001年，香港金利都将所持股份转让给其他两人，桂林强云将其所持股份也进行转让。2004年两个受让人与唐道志签订《股权管理承包合同》，将所持股份给唐道志承包经营。发生纠纷后，全州经营部向贸仲提起仲裁，要求终止合作关系；不予支持补充合同等
4	2014.03.14	全州经营部向贸仲提起仲裁
5	2015	仲裁庭作出仲裁裁决,① 认为合资合同中原股东香港金利都和强云装饰将其在合资合同中的相应权利义务分别转让给三个被申请人获得了合同对方申请人的同意，而且对合同作了修改并依法得到了政府主管部门的批准，进行了工商登记。因此，当事人对合同的修订应视为合法有效，三被申请人已经成为涉案合同的正式当事方，自然应受到合资合同第二章争议解决条款中第46条仲裁条款的约束。据此，仲裁庭认定，三个被申请人是适格的。最终裁决，合同终止，依法清算，清算后剩余财产转移给申请人，以及其他
6	2016.02.19	北京市高院向最高法作出请示
7	2016.04.08	最高法作出复函

2. 双方诉答

双方在撤裁程序中，主要围绕仲裁裁决是否违背仲裁程序、当事人是否有机会参与程序进行了诉答。撤裁申请人刘某某、张某某请求撤销［2015］中国贸仲京裁字第0054号仲裁裁决，理由有三：第一，没有按照双方约定的地址送达，致使申请人不能收到贸仲寄送的相关仲裁材料，导致申请人无法在规定的时间进行答辩、提交有关证据材料并进行反诉和出庭。第二，贸仲未按照《仲裁规则》规定的时限要求确定开庭时间，违反了《仲裁规则》。第三，贸仲违法取证问题。因此，依据我国《仲裁法》第58条第3、5项以及《民事诉讼法》的相关规定，应当撤销仲裁裁决。

被申请人则答辩认为：［2015］中国贸仲京裁字第0054号裁决书送达程序和裁决程序及裁决结果都符合贸仲2012版《仲裁规则》的有关规定，请求法院裁定维持仲裁裁决。

3. 司法审查

北京市第四中级人民法院经审查后，向北京市高级人民法院请示认

① 参见［2015］中国贸仲京裁字第0054号仲裁裁决书。

为：本案符合《民事诉讼法》第 274 条第 1 款第 3 项的规定，即“仲裁庭的组成或者仲裁的程序与仲裁规则不符的”情形，应当予以撤销。

北京市高级人民法院审查案件后，向最高人民法院请示认为：仲裁裁决主文第 2 项“合资企业应于 2012 年 4 月 30 日依法进行清算，清算后剩余资产全部移交给申请人”，仲裁庭对合资企业清算及清算后的财产作出了认定和处理，不符合我国公司法的相关规定，属于超裁。该裁决事项构成《民事诉讼法》第 274 条第 1 款第 4 项规定的“裁决的事项不属于仲裁协议的范围或者仲裁机构无权仲裁的”情形。《仲裁法》第 61 条规定，人民法院受理撤销裁决的申请后，认为可以由仲裁庭重新仲裁的，通知仲裁庭在一定期限内重新仲裁，并裁定中止撤销程序，仲裁庭拒绝重新仲裁的，人民法院应当裁定恢复撤销程序。经我院与仲裁委员会沟通，仲裁委员会明确表示同意对该案重新仲裁。据此，我院认为本案可依照上述法律规定，通知仲裁庭重新予以仲裁，并裁定中止撤销程序。仲裁庭在四中院指定的期限内开始重新仲裁的，四中院将裁定终结撤销程序；未开始重新仲裁的，四中院将裁定恢复撤销程序。①

最高人民法院审查后，复函同意北京市高级人民法院的请示意见。②

4. 案例评析

本案值得关注的要点有三：第一，作为一个程序问题，《民事诉讼法》第 274 条第 1 款所列四项撤裁依据，究竟应由当事人举证证明，还是应当由人民法院依照职权予以查明？该条明确规定：对我国涉外仲裁机构作出的仲裁裁决，被申请人应提出证据证明。本案中，双方当事人提出证据进行诉答，围绕的问题是该条款第 3 项，但没有涉及该条款第 4 项。在当事人并未主张且并未提出证据证明第 4 项存在的情形下，人民法院能否径直依照职权审查之？这里必须重提该条第 1 款和第 2 款之间的重大差别，即前者需要当事人提出证据证明；后者则由人民法院依照职权直接审查。结合本案而言，本案所适用的法律依据如果只是涉及第 1 款所列的第 3 项或第 4 项，则应由当事人举证证明。北京市高级人民法院在本案当事人既没有提出证据证明第 4 项情形存在，且只围绕第 3 项情形举证诉答、下一级人民法院也仅针对当事人诉答法律依据进行

---

① 参见京高法［2016］70 号请示。

② 参见［2016］最高法民四他字第 29 号复函。

审查并请示时，径直依照职权改变审查的方向和内容，其行为有值得商榷之处。

第二，仍然作为一个程序问题，如果说上述第一个问题还有法理上可探讨、可归责之处，那么北京市高级人民法院在本案司法审查过程中，主动采取通知重裁的行为，则值得肯定。上已述及，通知重裁是一种柔性和友好的司法对待仲裁的行为，但在采取该措施时，根据《仲裁法司法解释》第21条之规定，应限于两种情形：或者是仲裁裁决所根据的证据是伪造的；或者是对方当事人隐瞒了足以影响公正裁决的证据。不仅如此，人民法院应当在通知中说明要求重新仲裁的具体理由。本案中北京市高级人民法院通知重裁的理由在这两种情形之外，其具体理由是："仲裁庭对合资企业清算及清算后的财产作出了认定和处理，不符合我国公司法的相关规定，属于超裁。"这种理由上的"超出"是合理的，但也涉嫌不合法之处。人民法院在国内仲裁裁决的司法审查过程中，受制于司法解释对通知重裁的严格限定，且主要限定在证据问题上。在涉外仲裁裁决的通知重裁上，立法及司法解释虽未作规定，但就其设立的功能看，主要在于纠正证据问题，而这些问题作为实体问题，已经不适合司法审查涉外仲裁裁决。本案中，人民法院通知重裁，并不是针对证据问题，而是针对争议事项的法律性质问题，这就具有了司法"造法"的色彩。尽管于法无据，但从行为合理性及司法审查的发展趋势看，则是合情合理。

第三，作为本部分关注的焦点问题，司法审查机关将仲裁裁决对"合资企业清算及清算后财产处理"的裁定首先认为是不符合公司法之规定，并在法律上将其定性为超裁。人民法院在这个推理过程中存在两点值得推敲之处：一是超裁的基准究竟是法律的规定界限，还是仲裁协议约定或者当事人请求事项之界限？从立法之表述及司法解释的规定看，应以后者作为基准，但本案中人民法院显然是认为仲裁裁决进入了法律规定的内容，从而超裁。二是超裁与无权仲裁究竟是何种关系？人民法院在本案中显然将"合资企业清算事项"至少视为法律强制性规定的内容，从而将其认定为不得通过仲裁进行裁决的事项，即具有不可仲裁性。如此定性，也就对此等内容界定为仲裁机构无权仲裁的事项。可见，本案中司法审查机关是将《民事诉讼法》第274条第1款第4项中的"超裁"和"仲裁机构无权仲裁"等而视之的。

（二）撤销甬仲裁字［2007］第44号裁决案

1. 案情简介

表5-3　　案情简介①

序号	时间	案件事实
1	2004.04.18	株式会社韩国CENTRAL与永信公司签订《中外合资企业合同》，双方就合资成立宁波森特汽车部件有限公司作出约定，含仲裁条款
		同日，双方签署了公司章程
2	2004.04.20	宁海县对外贸易经济合作局作出批准函
3	2004.04.21	工商注册登记完成
4	2004.07.21	合资双方签署股权转让书和董事会决议，并得到外资委审批
5	2005.09.22	合资公司签署《外资用地协议书》
6	2006.08.22	CENTRAL、永信公司和株式会社山阳化学经过协商，达成股权转让协议，并得到外资委审批
7	2007.04.20	因争议，CENTRAL向宁波仲裁委提出仲裁申请，请求：（1）裁定终止合资合同并解散合资公司进行清算；（2）裁定永信公司承担相关费用
8		宁波仲裁委作出案涉仲裁裁决，裁定：（1）中外合资企业合同终止履行；（2）宁波森特公司解散，并依法组织清算②
9		永信不服仲裁裁决，向宁波市中院申请撤销第1项的"解散，并依法组织清算"部分
10	2009.10.29	浙江省高院向最高法请示
11	2009.10.29	最高法作出复函

2. 双方诉答

撤裁申请人永信公司不服案涉仲裁裁决，向宁波中级人民法院申请撤销该仲裁裁决第1项的"合资成立的宁波森特汽车部件有限公司解散，并依法组织清算"部分。其理由主要有四：第一，解散合资公司属于"仲裁委员会无权仲裁事项"。第二，本案解散公司纠纷不属于仲裁协议约定仲裁的事项。第三，宁波仲裁委未追加合资公司为本案当事人，也未行使释明义务，其仲裁程序违法。第四，仲裁裁决违背社会公共利益。

被申请人则答辩要求维持案涉仲裁裁决。

---

① 参见浙江省高级人民法院［2009］浙商外他字第2号请示；最高人民法院［2009］民四他字第45号复函。

② 参见甬仲裁字［2007］第44号裁决书。

3. 司法审查

宁波市中级人民法院受理并审查案件后，向浙江省高级人民法院请示认为：根据《公司法》第 183 条的规定，人民法院是接受股东申请对公司进行司法解散的主体。另外，因公司解散和清算这两种诉的案件性质、审理程序、所处阶段和功能不同，无法合并进行审理。因此，宁波仲裁委无权对司法解散公司问题作出裁决，在本案中裁决解散公司的同时裁决对公司进行强制清算，更是混淆了不同的诉。本案当事人就公司司法解散的问题，没有达成仲裁约定。根据《民事诉讼法》第 258 条第 1 款第 1 项、第 4 项的规定，拟部分裁撤。

浙江省高级人民法院审查后，向最高人民法院请示认为：虽然合资合同中约定了仲裁条款，但公司解散问题当事人仅仅在公司章程第 68 条约定了自愿解散的情形，而就公司司法解散的问题并未在合同或其他文件中提及，因此，本案当事人就公司的司法解散是否提交仲裁并未达成仲裁协议。此外，根据《公司法》第 183 条的规定，解散公司的司法请求权依法只能向人民法院提出。因此，本案中，宁波仲裁委对 CENTRAL 提出的解散合资公司的请求无权作出裁决。根据《民事诉讼法》第 258 条第 1 项、第 4 项，拟部分裁撤。

最高人民法院审查后复函认为：本案申请人根据合同中仲裁条款提请仲裁委进行仲裁，其仲裁请求包括裁定终止合资合同并解散合资企业进行清算。在仲裁过程中，永信虽然提出了仲裁庭无权对合资企业的解散清算等问题进行仲裁的抗辩，但仲裁裁决中依然包含了相关内容。严格讲，仲裁庭仅应就是否终止双方当事人之间的合资合同作出裁决，然而，由于中外合资经营企业合同终止所带来的必然的法律后果就是双方当事人依据合资合同成立的合资企业解散并进入清算程序，仲裁裁决终止合资合同的同时指出合资企业解散并清算，是对终止合资合同的法律后果的进一步阐释，况且，仲裁裁决合资企业解散并依法组织清算，也并不意味着是要由仲裁庭去组织合资企业的清算事宜，该部分仲裁内容仅是指出在合资合同终止后合资企业应当解散并进入清算程序，合资企业的具体清算问题，还要依照相关法律法规的规定处理。因此，不宜认定本案所涉仲裁裁决中“合资成立的森特公司解散，并依法组织清算”的内容属于仲裁庭无权仲裁的情形或者超出仲裁协议范围的情形。即本案仲裁裁决并不存在《民事诉讼法》第 258 条第 1 款第 4 项规定的情形。综上，应裁定驳回撤裁申请。

4. 案例评析

比较而言，本案案涉仲裁裁决虽然也针对公司解散与清算问题作出裁定，但本案司法机关的审查思路更为清晰，其所作结论也更值得肯定。归纳起来，本案值得关注的要点有三：

第一，司法审查机关采取分割处理的方法论，拯救了仲裁裁决，也体现了对仲裁裁决的最大支持。最高人民法院在本案审查中通过对裁决事项进行分割，将其分割为终止合资合同和终止合同后的法律后果（合资企业解散并进入清算程序）两个方面，并将仲裁裁决的范围限定在前者，以此方式完整地救济了案涉仲裁裁决的法律效力。即便后者，即终止合资合同后的解散和清算，属于仲裁机构无权仲裁的范畴，由于最高人民法院通过法律解释的方式，为仲裁裁决在两者问题上设置了“防火墙”，从而使仲裁裁决免受撤裁之命运。事实上，在“刘某某、张某某申请撤销贸仲［2015］中国贸仲京裁字第0054号裁决”案中，人民法院也可以通过此种方式保全仲裁裁决的法律效力，只不过该案中的人民法院采取了另外一种救济措施即通知重裁的方式，让原仲裁庭回避了该问题。比较而言，本案人民法院的立场和措施更为合理，它最终维持了仲裁裁决的法律效力；在上引通知重裁的司法审查中，仲裁庭在重新仲裁时很可能遵循司法机关的意见，改变部分仲裁裁决。

退而言之，即便在宁波中级人民法院和浙江省高级人民法院拟撤销仲裁裁决的情形下，也尽可能通过分割的方式，精准否定仲裁机构无权仲裁的部分裁决，保留其余有权仲裁的部分裁决。可见，在本案中，人民法院先后通过对裁决事项的区分处理、对仲裁裁决的分割处理两种方式对仲裁裁决进行撤裁审查，并从部分裁撤到完全保留仲裁裁决效力，充分展示了司法支持仲裁、有利于仲裁裁决有效的司法理念及其贯彻。

第二，附带区分了《民事诉讼法》第274条第1款第1项和第4项的适用范围。本案司法审查中，宁波中级人民法院和浙江省高级人民法院均共同援引了“无（效）仲裁协议”和本款项，导致二者适用上的混淆。最高人民法院在复函意见中，直接撇开“无（效）仲裁协议”的审查依据，仅根据本款项进行审查。此种司法立场表明，本案属于《民事诉讼法》第274条第1款第4项的适用范围，而非属于同条款第1项的适用情形。根据本书上文所提出的区分标准，在当事人之间绝对不存在仲裁协议的情形下，应根据本款第1项进行审查；在当事人之间存在仲裁协议的情形下，不论该仲裁协议是否完全覆盖争议事项的范围，均只涉及本款第4项适用与否的问题。因此，本案也附带地提示了本款第1、4项之间的适用差别。

第三，在本部分所关注的核心问题，即“超裁”和“仲裁机构无权仲裁”的关系上，将二者等同对待。最高人民法院在本案中明确了，合资企业解散并清算的裁决与合资企业解散与清算的具体组织实施，是两个不同的问题，前者具有法律上的可仲裁性，仲裁机构有权仲裁；后者则是裁决之后的法定举措，仲裁机构无权仲裁。即便如此明确定性，最高人民法院也并未仅将本案的司法审查归属为仲裁机构有无仲裁权的情形，而是一并援引了无权仲裁或超裁的审查依据。这表明，在最高人民法院的立场观之，本款项中的超裁和仲裁机构无权仲裁属等同关系。

（三）撤销［2004］中国贸仲沪裁字第0167号裁决案

1. 案情简介

表5-4　案情简介

序号	时间	案件事实
1	2002.05	城通公司、林敏与庄胜公司、建采公司共同出资设立中外合资经营企业上海庄城置业发展有限公司（以下简称庄城公司），《合资合同》第57条含仲裁条款。仲裁条款约定：凡执行本合同所发生的或与本合同有关的一切争议，合营各方应通过友好协商或调解解决，如经过协商调解无效，应提交中国对外经济贸易仲裁委员会上海分会进行仲裁，仲裁裁决是终局的，对各方都有约束力，合营各方应执行裁决，仲裁费用由败诉方承担
2	2003.06.23	庄城公司召开董事会，作出增资决议，并经批准
3	2004.02.13	庄城公司再次召开董事会，作出《董事会决议》
4	2004.03.18	庄城公司各投资方召开股东会会议，并通过一份《会议纪要》，含仲裁条款。仲裁条款约定：各投资方如不能履行本决议的，如有纠纷，由上海仲裁委员会（以下简称为上仲）进行仲裁
5	2004.04.02	城通公司和林敏作为申请人，庄胜公司和建采公司作为被申请人，向上仲提起仲裁
6	2004.06.03	庄胜公司向贸仲上海分会提起仲裁，请求裁决《董事会决议》无效
7	2004.06.08	庄胜公司向上海市第一中院提出申请，请求法院确认《会议纪要》中约定由上仲进行仲裁的仲裁条款无效，上仲无权受理，应由贸仲上海分会仲裁管辖
8	2004.06.28	城通公司致函贸仲上海分会秘书处，以其已向上仲提起仲裁为由，请求贸仲上海分会撤销管辖权

续表

序号	时间	案件事实
9	2004. 07. 23	贸仲总会作出管辖权决定，驳回城通公司提出撤案的请求，确定贸仲上海分会具有管辖权。理由是，庄胜公司提起仲裁的依据是《合资合同》第 57 条；城通公司等向上仲申请仲裁的依据是《会议纪要》中的仲裁条款，两案的依据明显不同；在现有材料中，没有任何证据显示《会议纪要》仲裁条款取代了《合资合同》仲裁条款
10	2004. 08. 10	城通公司和林敏向上海市第二中院提出申请，请求确认《合资合同》中约定的仲裁条款对董事会决议和会议纪要不具有约束力
11	2004. 09. 28	上海市一中院作出民事裁定，认定贸仲上海分会对有关庄城公司增资事项不具有管辖权，同时裁定会议纪要中关于上仲仲裁条款有效①
12	2004. 11. 24	上海市二中院作出 96 号裁定，以贸仲总会已在先对该案作出管辖权决定为由，驳回城通公司等的上述申请。但做出裁定前，该案承办人为此与贸仲上海分会秘书处进行了沟通，向其表明其裁定仅是根据最高法《关于确认仲裁协议效力几个问题的批复》第 3 条的规定，即当事人请求人民法院确认仲裁协议无效，如果仲裁机构已经先于人民法院接受申请并作出决定的，人民法院不予受理。② 上海市二中院作出裁定只是从程序上驳回，并不意味着贸仲上海分会对所涉争议拥有管辖权
13	2004. 11. 25	贸仲上海分会作出案涉仲裁裁决，裁决《董事会决议》未生效。理由是，《董事会决议》的效力问题是与《合资合同》密切关联的争议；《会议纪要》未明确将该纪要中的上仲条款取代《合资合同》的贸仲条款；《会议纪要》的仲裁条款明确约定仅将不履行该纪要的纠纷提交上仲仲裁，而并未将《董事会决议》本身的效力等问题包括在内；《董事会决议》已构成对合资合同内容的实质性修改，但目前当事人尚未报审批机构批准③
14	2004. 12. 06	城通公司和林敏向上海市二中院申请撤销案涉仲裁裁决
15	2007. 05. 09	上海市高级人民法院作出请示
16	2007. 09. 18	最高人民法院作出复函

2. 司法审查

上海市二中院审查后请示认为：贸仲上海分会无权对《董事会决议》的效力进行审理并作出裁决，因为当事人就《合资合同》签订有贸仲上海分会的仲裁条款，一般情况下，当事人就《董事会决议》产生的争议应由贸仲上海分会进行仲裁。但当事人在《会议纪要》中对董事会决议

① 参见［2004］沪一中执字第 422 号民事裁定书。

② 参见［2004］沪二中民五（商）初字第 96 号民事裁定书。

③ 参见［2004］中国贸仲沪裁字第 0167 号仲裁裁决书。

约定的各方增资到位的内容进行了修改，还进一步作出了特别约定，即由上仲对会议纪要引起的争议进行仲裁。该纪要是对《董事会决议》的修改和确认，其实质是《董事会决议》的延续，该纪要中约定由上仲仲裁条款的效力当然及于董事会决议。依据《民事诉讼法》第 260 条第 1 款的规定，拟裁撤。

上海市高级人民法院审查后请示认为：本案争议的是实质在于解决《合资合同》仲裁条款和《会议纪要》仲裁条款效力范围的冲突问题。第一,依据有关法律规定，因贸仲上海分会位于上海市二中院辖区范围，故上海市二中院有权对贸仲上海分会作出的任何仲裁裁决进行司法审查。第二,《会议纪要》的仲裁条款系基于当事人的真实意思表示而产生，且其针对的是《合资合同》履行过程中新产生的问题，法律也并未禁止当事人在《合资合同》争议解决条款之外就特定事项另行约定新的争议解决条款，故《会议纪要》中的仲裁条款是一个有效的争议解决条款，对本案当事人均具有法律约束力。第三，从《会议纪要》所针对的事项看，因本案当事人在该纪要中约定了在董事会决议的基础上，各方同意资金到位的最后时间，各投资方必须严格按照《董事会决议》履行义务等，从内容看，《会议纪要》应看作当事人对《董事会决议》的确认和修改，《会议纪要》和《董事会决议》所针对的是同一事项，即合营企业增资和庄胜公司向合营企业借款等问题。《董事会决议》和《会议纪要》所指向事项的统一性产生了两个后果，即《合资合同》仲裁条款对《董事会决议》和《会议纪要》不再具有约束力，因当事人已就《合资合同》之外的新事项约定了新争议解决条款；《会议纪要》仲裁条款条款的效力范围应及于《董事会决议》，当事人对《董事会决议》及《会议纪要》的效力和履行等问题所产生的争议均应由《会议纪要》仲裁条款所确定的仲裁机构进行仲裁。贸仲上海分会认为即使《会议纪要》的内容可能提及了《董事会决议》，但《董事会决议》本身的效力问题并非《会议纪要》的内容，故未被排除在《合资合同》仲裁条款管辖权之外。这一观点割裂了《董事会决议》和《会议纪要》内容的一致性与延续性，否认有关履行《会议纪要》所产生的争议理应包括《董事会决议》的效力问题，是不合理的。第四，上海市一中院在先作出的 422 号民事裁定，已经明确认定贸仲上海分会对有关庄城公司增资事项不具有管辖权，此后贸仲上海分会仍然针对增资事项作出案涉仲裁裁决，明显与上海市一中院的有效裁定相抵触。综上，因增资事项不属于《合资合同》仲裁条款确定的争议解决范围，故贸仲上海分会对增资事项无权管辖。故，上海高级人民法院拟裁撤。①

最高人民法院审理后复函认为：案件涉及的两份仲裁协议及《合资合同》中的仲裁条款和《会议纪要》中的仲裁条款均是当事人真实意思表示，不违反法律规定，应认定有效。本案争议的实质问题是，解决《合资合同》中仲裁条款和《会议纪要》中仲裁条款效力范围的冲突问题，亦即两仲裁条款约定的仲裁事项的冲突问题。案涉仲裁裁决解决的是当事人对《董事会决议》效力的争议。《董事会决议》是对合资各方增资问题作出的决议，作为本案当事人的各合资方在董事会决议作出后，又召开股东会，形成一份《会议纪要》，《会议纪要》进一步对董事会决议的履行作出了约定，并明确"各投资方如不能履行本决议的，如有纠纷，由上海仲裁委进行仲裁"。如当事人未在《会议纪要》中约定新的仲裁条款，则对于因履行《董事会决议》产生的纠纷，贸仲上海分会依据《合资合同》的仲裁条款当然有权进行仲裁，但由于当事人在《会议纪要》中约定了新的仲裁条款，依据该约定，因履行《董事会决议》包括对其效力产生的争议，当事人均应依照《会议纪要》中的仲裁条款的约定，由上仲进行仲裁。因此贸仲上海分会无权对因《董事会决议》产生的纠纷进行仲裁。且上海市第一中院在贸仲上海分会作出仲裁裁决前，已经先行作出民事裁定，明确认定贸仲上海分会对有关庄城公司增资事项不具有管辖权，此后贸仲上海分会作出案涉仲裁裁决，明显与人民法院生效裁定相违背。综上，应裁撤。②

3. 案例评析

本案涉及的主体及彼此之间的法律关系、仲裁条款较多，也涉及贸仲上海分会和上海仲裁委员会、上海市第一和第二中级人民法院。其间，既有仲裁机构与人民法院关于仲裁协议效力确认、管辖权裁定程序，也有仲裁机构的仲裁程序和人民法院的司法审查程序。为直观显示本案案情，如图 5-3 所示。

结合案情及图 5-3，本案值得关注的法律问题有二：第一，关于超裁

① 参见［2007］沪高民四（商）他字第 1 号请示。

② 参见［2007］民四他字第 12 号复函。

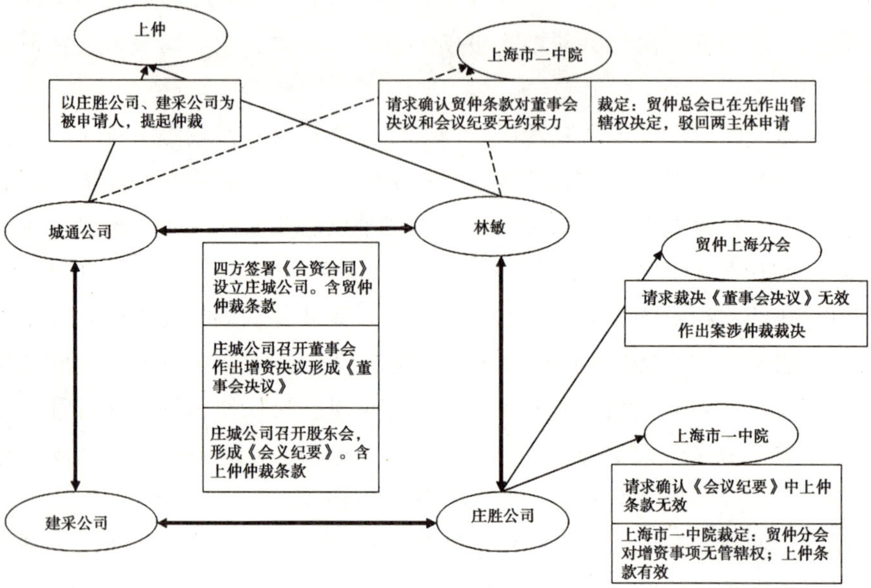

图 5-3 案件法律关系

与无权仲裁的关系问题。本案的核心问题是，如何认定庄城公司增资决议事项与《合资合同》《会议纪要》的关系？在贸仲上海分会仲裁条款和上仲仲裁条款均有效的情形下，如果增资决议事项属于《合资合同》的内容，则应受其中贸仲上海分会仲裁条款的约束，由贸仲上海分会管辖并裁决；如果增资决议事项属于《会议纪要》的内容，则应受其中的上仲条款的约束，由上仲管辖并裁决。按照最高人民法院的司法审查意见，鉴于两仲裁条款之间属于并列有效的关系，而《合资合同》及其所含仲裁条款并未包括增资决议事项，且《会议纪要》是对增资决议事项的确认，因此，该事项应由上仲管辖并裁决。从其裁判思路可见，贸仲上海分会对该争议事项作出的仲裁裁决，既属于超出仲裁协议的范围作出的裁决即超裁，也属于其无权仲裁的情形。简言之，在本案中最高人民法院的司法立场是将超裁与仲裁机构无权仲裁等而视之的。

这里需要进一步讨论的问题是，两条仲裁条款之间的关系问题。四方主体先后形成的贸仲上海分会仲裁条款和上仲仲裁条款，如果参照合同法的变更进行解释，两仲裁条款是否存在替换关系？也就是说，本案中四方主体在其后签署的上仲仲裁条款，是否可以认定为是对贸仲上海分会仲裁条款的变更，从而吸收了该仲裁条款？显然，如果能够作此解释，则不论

《合资合同》《董事会决议》，还是《会议纪要》之所有事项，均统一由上仲仲裁条款约束和调整。然而，即便按照合同变更之规则与法理看，也不能得出结论认为：上仲条款是对贸仲上海分会仲裁条款的变更。因为根据合同变更的法则，合同变更必须要当事人合议形成明确的意思表示，而不能单纯凭借新合约的缔结之行为和事实推定当事人之间变更了旧的合约。换言之，本案中四方主体签署了两份仲裁条款，如果他们未明确同意变更第一份仲裁条款，则只能认定两份仲裁条款均为有效。事实上，本案最高人民法院也是采取这种理解思路的。在两份仲裁条款有效的情形下，当事人、仲裁机构、仲裁庭，以及人民法院将分别按各仲裁条款判断其效力和适用范围，而置另一仲裁条款于不顾。当然，需要指出的是，事实上在实践中也出现过的是，如果两仲裁条款所针对的事项具有重叠或交叉之处，将会形成仲裁裁决之间的冲突，而这种冲突目前看来是缺乏救济机制的。①

第二，关于仲裁机构自裁管辖权及其决定的效力问题。根据我国《仲裁法》及其司法解释的相关规定，当仲裁机构和人民法院都受理了仲裁协议效力确认之诉的，应以人民法院作出的裁定为准；但如果仲裁机构已经受理并先行作出管辖权裁定的，则人民法院应驳回当事人的申请。但这种驳回，正如上海市二中院在本案中所说明的那样，它只是一种程序上的驳回，并不意味着仲裁机构的自裁管辖就当然合法有效。这个问题将会在仲裁裁决的司法审查程序中再次出现。当仲裁机构组建仲裁庭作出仲裁裁决之后，如果该仲裁协议存在效力问题，当事人可根据《民事诉讼法》第274条第1款第1项“无（效）仲裁协议”为据，向人民法院提出撤销或不予执行的申请。如此，人民法院尽管在直接管辖环节放弃了管辖权裁定，但在仲裁裁决的司法审查这一尾端间接地对仲裁庭的管辖权进行了审查，并有权根据独立的审查结果对所涉仲裁裁决作出相关的裁定。

（四）撤销［2009］CIETAC BJ 裁决（0355）号裁决案

该案涉及的争议也是关于企业清算及清算财产的处理是否可仲裁的问题，人民法院在本案中将该问题仅仅视为一种可仲裁性意义上的无权仲

① 一方面，仲裁领域并不存在遵循先例的做法；另一方面，我国《民事诉讼法》虽然规定了已经生效的仲裁裁决具有事实认定方面的预决效力，但该规定只约束诉讼中的法院，并不当然能够约束仲裁中的仲裁庭。

裁，与超裁明确区分开来。

1. 撤销理由[①]

撤裁申请人基于如下理由，请求人民法院撤销案涉仲裁裁决：第一，仲裁机构无权仲裁公司解散事宜。公司解散事宜根据中国法应向有人民法院提出，不能向仲裁委提出。且，解散企业的申请应以合资公司为被告。第二，VEM 和 SIMEST 要求解除 12 月合同，但仲裁裁决裁定所有合资合同无效，远远超出仲裁申请的范围。第三，仲裁机构对管辖权决定模糊不清，相互矛盾。

2. 司法审查

北京市第一中级人民法院审查后请示认为：一方面，VEM 和 SIMEST 公司提起仲裁申请的依据是其与嘉成公司签署的 12 月合同，依据 10 月合同成立的公司已经相关行政部门合法性审查，仲裁庭仲裁 10 月合同无效，直接否定了行政部门对该合同的合法性审查；另一方面，依据公司法有关公司解散的规定，解散公司的请求只能由人民法院处理，仲裁庭裁决公司解散，属于无权仲裁的情形。根据《民事诉讼法》第 258 条（现 274 条）第 1 款第 4 项的规定，拟裁撤。

北京市高级人民法院审查后请示认为：10 月合同的仲裁条款未约定具体的仲裁机构，亦未约定仲裁规则，应属无效。10 月合同和 12 月合同的内容相互独立，无证据证明 12 月合同中的仲裁条款构成了对 10 月合同仲裁条款的修改或补充。因此，10 月合同不应被涵盖在 12 月合同的仲裁协议范围内，仲裁庭不能按照 12 月合同中的仲裁条款对 10 月合同进行仲裁。此外，仲裁裁决是否存在无权仲裁的情形，根据中国最高人民法院《关于适用〈中华人民共和国公司法〉若干问题的规定（二）》的规定，公司解散，清算的请求只能向人民法院提出。本案中 VEM、SIMEST 的仲裁请求和仲裁庭裁决中涉及公司解散、清算事项，超出了仲裁权限。拟裁撤。[②]

最高人民法院审查后复函认为：第一，嘉成与维意爱姆之间签订的合资合同未订立有效的仲裁条款，嘉成未同意就该合同争议提交仲裁，故仲

① 相关人民法院的请示和最高人民法院的复函，载万鄂湘主编《涉外商事海事审判指导》总第 22 辑，人民法院出版社 2012 年版，第 164—174 页。

② 参见京高法［2011］67 号请示。

裁庭无权管辖因该合同引起的争议。案涉合资合同是由嘉成、VEM和SIMEST三方签订的，存在明确有效的仲裁条款，仲裁庭可就该合同引起的争议进行仲裁。第二，根据《公司法》第181条规定，仲裁机构裁决解散公司没有法律依据，属于无权仲裁的情形。第三，涉案仲裁裁决是在认定两个合资合同无效并解散合资企业的基础之上作出，整体不可分，应根据《仲裁法》第70条，《民事诉讼法》258条第1款第1项、第4项的规定，予以撤销。①

3. 案例评析

从本案法律关系结构看，主要是涉及三份合同的关系，以及其中两份合同中仲裁条款的效力及适用范围问题。鉴于本案仲裁是由VEM公司和SIMEST公司依据12月合同中的仲裁条款，以嘉成公司为被申请人向约定仲裁机构提交的仲裁，因此，人民法院在审查时主要是立足12月合同中的仲裁条款进行审查，包括判断仲裁裁决是否超裁，以及仲裁机构是否无权仲裁。

判断本案是否属于超裁情形，核心问题是确定12月合同与10月合同、12月合同补充协议之间的关系。如果12月合同吸收了10月合同和12月合同的补充协议，则仲裁庭不论针对10月合同，还是针对12月合同补充协议的事项作出裁决，均属12月合同仲裁协议的涵盖范围，从而不存在超裁的问题。事实上，本案人民法院与仲裁庭对此作出了不同的解释，从而为仲裁裁决的撤销埋下伏笔：仲裁庭认为12月合同吸收了10月合同，故12月合同中的仲裁条款适用于解决10月合同争议事项；人民法院则认为两份合同是独立的，12月合同并没有提及10月合同，且嘉成公司也从未同意将10月合同争议提交仲裁，故12月合同中的仲裁条款不能适用于10月合同。正是立足于此，案涉仲裁裁决被认定构成超裁。可见，这里的超裁，并不是就仲裁事项本身的性质进行判断，而是就仲裁事项是否落入申请人据以提交仲裁的仲裁协议之范围进行判断的。这一思路明显地不同于上引案件中将二者等同或混淆的立场。

判断本案是否属于无权仲裁情形，核心问题正是上文所援引的若干案件中共同针对的争议事项之性质，即公司解散及清算是否属于法律规定可

① 参见［2011］民四他字第13号复函。

以仲裁的事项。三级人民法院在此问题上采取了共同的司法立场，即根据我国《公司法》有关公司解散的规定，解散公司的请求只能由人民法院处理，仲裁庭裁决公司解散，属于无权仲裁的情形。这一立场与上文某些案件中的司法立场有所矛盾，但这并非本节所关注的焦点问题。这里的焦点问题在于，人民法院在判断《民事诉讼法》第 274 条第 1 款第 4 项中的“仲裁机构无权仲裁”时，是将其等同于法定可仲裁性进行理解的，不同于超裁。

总结起来，本案值得关注的要点有四：第一，企业解散与清算财产的处理问题，不具有可仲裁性，属仲裁机构无权仲裁。这一立场与人民法院在其他案件的司法审查中所持有的立场不一致。比较而言，本案的司法立场值得商榷，裁决企业解散及清算，与组织企业解散和清算，是两个不同的阶段、属两件不同的事项，前者为因，后者为果。对于前者，赋予仲裁机构有权仲裁的立场，更具有司法合理性。

第二，本款项中的仲裁机构无权仲裁不同于超裁。尽管本案中人民法院的司法审查意见并未直接和明确提及超裁，也未支持公司或企业解散及清算属于仲裁机构有权仲裁的观点，但其非常明确地肯定了“仲裁机构无权仲裁”这一撤裁依据是从争议事项是否具有法定的可仲裁性的意义上进行判断的。这与此前所援引的案件存在较大的差别，在此前人民法院的司法审查意见中，超裁与无权仲裁有明显的等换关系。

第三，以具体案例展示了仲裁裁决不可分割的情形。根据最高人民法院的解释意见，为体现对仲裁裁决的支持，对于仲裁裁决中应予否定部分与其他部分可以区分的，应采取部分撤销或不予执行的措施，精准否定仲裁裁决中的无效部分，反过来也就精准支持了仲裁裁决中的有效部分。但如何判断裁决各部分之间是否可以区分？其标准如何？最高人民法院的解释意见没有，也不可能给出一个较为明晰的标准。本案因此作为一个可供观瞻的样本，展示了仲裁裁决中有效与无效部分之间的不可分割关系。具体而言，按照最高人民法院的观点，其认为本案仲裁裁决是在认定两个合资合同无效并解散合资企业的基础之上作出的，整体不可分。这里值得反思的是，认定仲裁裁决不可分割，是一个整体，至少说明两个合资合同并不是完全独立的关系；如果是完全独立的关系，那么否定 10 月合同和否定 12 月合同的仲裁裁决就是可以分割的。如果仲裁裁决针对两份合同的效力的裁决是可以分割的，那么合资企业是否应予解散也是可以判断的。可见，本案人民法院的司法推理与结论之间存在矛盾之处：两份合同独立，但针对其事项的裁决却是整体不可分割的。以本书观点看，逻辑一致的推理应当是：要么肯认两份合同的独立性，从而分割并部分否认仲裁裁决中针对10月合同的部分裁决；要么承认两份合同是一个整体，从而无法分割仲裁裁决的有效与无效部分。何者更为合理？本书倾向于采取第二种逻辑，即承认两份合同是一个整体，至少部分共同。如此，本案就不存在“无（效）仲裁协议”的适用，而只有超裁与否的问题。

第四，本案也涉及“无（效）仲裁协议”与“超裁”两个撤裁依据的区分与适用的问题。本案三级人民法院由于一致将10月合同独立于12月合同，从而将仲裁庭根据后者中的仲裁条款裁决10月合同争议事项，作为“无（效）仲裁协议”情形进行处理，援引《民事诉讼法》第274条第1款第1项作为撤裁依据。如何评析此一司法立场，仍应立足本书所提倡的标准，即判断当事人之间是完全缺乏仲裁协议，还是部分缺乏仲裁协议。就本案仲裁庭根据12月合同仲裁条款裁决10月合同的争议事项来说，尽管两份合同当事人不完全一致，前者包括了后者的全部当事人，且两份合同也含有两个仲裁条款——尽管10月合同仲裁条款被认定为无效，但是必须看到本案争议的本质乃是10月合同和12月合同之间的交织或部分重叠的问题。完全否认二者之间的关联，是本案司法机关的一致立场，果如此，本案仲裁裁决确属“无（效）仲裁协议”的情形；但客观上确如仲裁庭所持立场，仲裁裁决要正确、合理和合法地裁定12月合同的争议，就不可避免地涉及该合同的历史事实即10月合同的部分事项，仲裁庭仅在12月合同范围内裁决事项，尽管部分事项可能立足或援引于，或者部分重叠于10月合同事项，但这并不是仲裁庭脱离仲裁协议直接无据地裁决10月合同事项，而是因为12月合同事项涵盖了相关的10月合同事项。就此而言，仲裁庭根据12月合同中的仲裁协议对可能超出该合同事项范围，而涉及10月合同的其他非重叠性事项进行裁决的情形，就并非完全缺乏仲裁协议的支持了，从而不应认定为属于“无（效）仲裁协议”的撤裁情形，而应认定为属于“超裁”的撤裁情形。无论如何，本案确实导致了两种撤裁依据之间的区分困难，解决这种区分疑难的根据和根本，还在于如何认定两份合同之间，及其分别与12月合同中仲裁协议之间的关系。

二　本款项与社会公共利益的竞合适用

“不予执行［2008］中国贸仲京裁字第0379号裁决”案是竞合适用的典型案例。该案简要论述如下：

1. 案情简介

表5-5　　案情简介①

序号	时间	案件事实
1	2000.01.31	晋皓与擎天签订《关于合作设立南华擎天科技有限公司的合作合同》，在办理审批时改为《关于合作设立南华擎天资讯科技有限公司的合作合同》。两份合同的主要争议是：晋皓公司提供的合作合同中约定擎天公司应向合作企业提供知识产权，而经审批机关审查批准的合作合同约定由擎天向合作企业提供软件产品。两份合同均约定：任何因本合同引起或与本合同有关的争议均应提交在北京的中国国际经济贸易仲裁委员会（以下简称贸仲）进行仲裁
2	2004.04	晋皓向贸仲申请仲裁
3	2004.10	擎天也向贸仲申请仲裁
4	2005.01.18	贸仲就晋皓案作出仲裁裁决（以下简称为第28号裁决），② 裁决擎天停止继续从事计算机软件及硬件和系统集成产品的开发，生产销售及售后服务
5	2005.04.29	贸仲就擎天案作出仲裁裁决，③ 裁决中止合作合同，解散合作公司
6	2006.04.06	晋皓以未经审批备案的合作合同向贸仲再次提起仲裁申请，请求确认擎天在第28号裁决生效后继续违约，应支付违约所得给合作公司
7	2006.07.06	晋皓提交变更仲裁请求申请书，申请之一是变更被申请人为四家BVI公司及其余四人
		擎天向贸仲提交了对变更仲裁请求申请书之评述，提出晋皓增加被申请人，增加仲裁请求的变更，均明显不属于贸仲受理范围
8	2006.08.01	贸仲制发了［2006］中国贸仲京字第07272号函，称合作合同仅拘束当事人，仲裁庭审范围限于合同双方
9	2006.08.07	晋皓提交变更仲裁请求申请书
10	2006.08.22	仲裁庭向双方当事人发出开庭通知

---

① 万鄂湘主编：《涉外商事海事审判指导》（总第22辑），人民法院出版社2012年版，第144—151页。

② 参见［2005］中国贸仲京裁字第0028号仲裁裁决书。

③ 参见［2005］中国贸仲京裁字第0171号仲裁裁决书。

续表

序号	时间	案件事实
11	2006. 12. 11	仲裁庭开庭审理
12	2007. 02. 02	晋皓向南京市中院提起以南京市鼓楼区对外贸易经济合作局为被告的行政诉讼，请求确认在南京市鼓楼区对外贸易经济合作局处的章程、合作合同文本的审批备案行为违法并予以撤销，重新作出行政行为，批准备案其持有的合作合同文本
13	2007. 02. 12	晋皓向贸仲申请中止仲裁程序
14	2007. 03. 14	贸仲同意晋皓申请，暂停仲裁程序
15	2007. 04. 29	南京市中院作出行政裁定书，驳回晋皓起诉①
16	2007. 06. 12	仲裁庭恢复仲裁程序
17	2007. 08. 09	仲裁庭第二次庭审
18	2007. 09. 10	晋皓向江苏省高院上诉后，江苏省高院作出裁定，驳回上诉②
19	2008. 01. 11	仲裁庭第三次庭审
20	2008. 08. 20	仲裁庭认为双方提交的合作合同文本除个别条款有不同约定外，合同当事人、合作项目、仲裁条款等内容均完全相同，双方当事人在两份合同项下的争议为同一合作项目项下的争议。因此，两份合同文本均属于仲裁庭审理范围。据此作出仲裁裁决③
21	2010. 02. 08	江苏省高院向最高人民法院请示
22	2010. 05. 27	最高人民法院作出复函

2. 双方诉答

仲裁裁决强制执行申请人晋皓公司称：晋皓公司与擎天公司之间因合作合同纠纷仲裁一案，业经贸仲于2008年8月20日作出［2008］中国贸仲京裁字第0379号仲裁裁决书。该裁决书已于2008年8月20日生效且现在早已超过裁决书指定的履行义务期限，但被执行人拒绝履行裁决书所确定的义务。根据《民事诉讼法》第229条规定，被执行人还应加倍支付至全部履行义务之日的迟延履行期间的债务利息。为维护申请人的合法权益，特申请强制执行。

被申请人擎天公司针对强制执行申请，共提出十点异议理由。其中与本书论述相关的理由有二：第一，仲裁庭错误地将无效合作合同作为有效

① 参见［2007］宁行初字第12号行政裁定书。

② 参见［2007］苏行终字第61号行政裁定书。

③ 参见［2008］中国贸仲京裁字第0379号仲裁裁决书。

合同纳入审理范围。一是晋皓提交的合同文本已经被生效判决确认无效，仲裁庭只能审理与合同无效相关的仲裁请求，但仲裁庭将该合同文本作为有效合同审理，无视生效判决，严重挑战人民法院的司法权，构成违背公共利益。二是虽然无效的合作合同文本的仲裁条款有其独立性，但仲裁庭在同一仲裁案件中只能审理一份附有仲裁条款的合同，否则构成审理范围的程序问题。三是贸仲在受理案件时是根据两份合同其中之一受理的，两份合同的内容存在很大的差异，如仲裁庭需要将两个合同同时纳入审理范围，则需要征求当事人双方同意，但仲裁庭显然未取得同意，违反了仲裁规则以及相关法律。

第二，仲裁庭错误地裁决擎天公司向仲裁协议以外的合作公司承担民事责任。合作公司并非合作合同一方当事人，因此不受合作合同中仲裁条款的约束。晋皓也无权代表合作公司提起仲裁。从程序上应由合作公司以自己的名义提起诉讼，或晋皓公司代表合作公司提起股东代表诉讼。现仲裁裁决要求擎天将违反合作合同约定所获利益返还合作公司，属于超出仲裁协议范围的超裁。

故，被申请人擎天公司请求人民法院不予执行案涉仲裁裁决。

3. 司法审查

南京中级人民法院受理案件后经审查请示认为：第一，仲裁庭裁决擎天公司将违反合作合同约定所获得利益返还合作公司，属于《民事诉讼法》第 258 条中第 1 款第 1 项“当事人在合同中没有订有仲裁条款或事后没有达成书面仲裁协议”以及第 4 项“裁决的事项不属于仲裁协议的范围”规定的情形。一般而言，晋皓公司依据合作合同主张擎天公司违反合作合同，其仲裁请求应是擎天公司因违约对其造成的损失，现晋皓公司请求将违反合作合同所得返还合作公司，权利主体是合作公司，在该仲裁活动中，晋皓公司仅是名义上的仲裁申请人，其行使的应是股东代表行为，实际的争议双方应该是合作公司与擎天公司。而合作公司与擎天公司之间并无仲裁约定，且合作合同仲裁条款并不约束合作公司，故本案讼争的贸仲裁决存有超裁的问题。

第二，仲裁庭将两份合作合同均作为仲裁审理范围亦属于超裁行为。晋皓公司向贸仲申请立案时依据的是其持有的未经备案的合作合同，后擎天公司抗辩称该合作合同系无效的合作合同，双方之间权利与义务应以登记备案的合作合同为准，仲裁庭以双方分别提交的合同文本中除个别条款有不同约定外，合同当事人、合作项目、仲裁条款等内容均完全相同，双方当事人在两份合同项下的争议为同一合作项目项下的争议为由，将两份合作合同均作为仲裁庭审理范围。虽然仲裁法规定了仲裁协议独立性，仲裁庭亦有权确认合同的效力，两份合作合同均指向同一合作项目，但毕竟两份合同内容上存有差异，且该差别恰恰是双方当事人的主要争议之一，仲裁庭应该依据晋皓公司提供的未经备案的合作合同，在确定其合同效力的基础上进行裁判，在晋皓公司立案时并未提供备案合作合同的情况下，仲裁庭将该份备案的合作合同作为仲裁审理的范围且作为裁决的依据，显然在程序上存有问题，属于超仲裁协议（未经备案的合作合同中的仲裁协议）范围审理。

江苏省高级人民法院审查后向最高人民法院请示认为：本案合作合同和仲裁协议的主体为晋皓公司与擎天公司，因此，本案仲裁协议仅能约束晋皓与擎天，仲裁事项的范围也仅限于晋皓与擎天之间因合作合同产生的纠纷。擎天是否从事了与合作公司相竞争的业务以及擎天是否应当将其从事与合作公司相竞争业务所获利益归还合作公司，属于合作公司与擎天之间的纠纷，不属于仲裁协议的范围，贸仲无权对该纠纷作出裁决。根据《民事诉讼法》第 258 条第 1 款第 4 项的规定，不予执行案涉仲裁裁决。

最高人民法院审查后复函认为：仲裁裁决第 1 项是擎天应将其违反合作合同约定所获利益偿付给合作公司。故合作公司是该利益的权利主体，应由合作公司向擎天公司进行主张，晋皓无权替代合作公司提起仲裁。仲裁机构根据晋皓的申请，就擎天应偿付给合作公司的收益进行仲裁并作出裁决，实质上是就合作公司与擎天之间的纠纷进行了仲裁。而本案合作合同系由晋皓和擎天签订，其仲裁条款的范围仅限于晋皓和擎天之间因合作合同引起或与合作合同有关的争议，故仲裁机构对合作公司与擎天公司之间的纠纷无权仲裁，该项仲裁裁决应不予执行。

4. 案例评析

本案案情涉及的法律关系、法律程序和法律主体较多，包括三个仲裁程序、一个行政诉讼程序，以及作为本案的仲裁裁决不予执行程序。直观揭示本案的法律关系结构，如图 5-4 所示。

从图 5-4 显示的法律关系看，核心的问题有三：第一，首签合同与备案合同之间、两份合同的仲裁条款之间是何种关系？查最高人民法院披露的案情，首签合同与备案合同之间有一处改变，即原约定由擎天公司向合

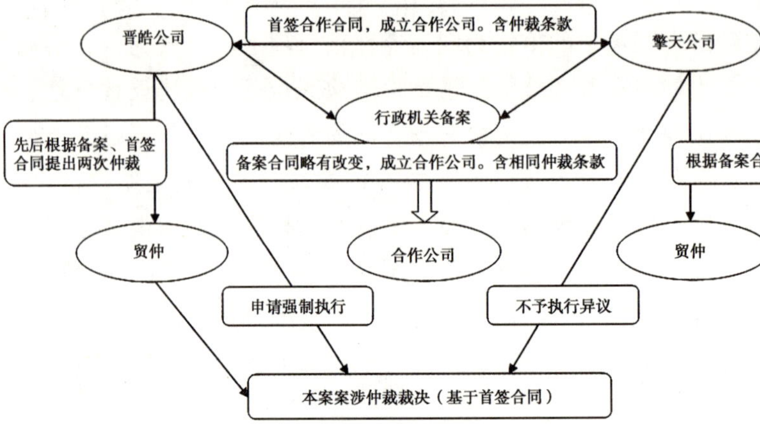

图 5-4 案件法律关系

作企业提供知识产权，后在备案时改为提供软件产品。其余合同条款，包括两份合同的仲裁条款均一致。两份合同及其中仲裁条款构成本案司法审查及其裁定依据。针对晋皓公司与擎天公司之间的三次不同仲裁请求，贸仲分别根据两份合同中的仲裁条款组织了三次仲裁庭，并作出了三份仲裁裁决。在最后一次仲裁程序中，虽然晋皓公司是根据首签合同的仲裁协议提出的，但仲裁庭认为首签合同和备案合同虽然存在个别条款不同之处，但当事人、合作项目和仲裁条款等内容完全相同，故认定双方当事人在两份合同项下的争议均为同一个合作项目下的争议，因此，两份合同文本均属于仲裁庭审理范围。据此，仲裁庭作出案涉仲裁裁决。

从形式上看，两份合同具有形式上的独立性，各仲裁条款即便相同，也仅针对所依存的合同而存在和发生法律约束力。不仅如此，即便是基于同一份合同的同一个仲裁协议，当事人之间因仲裁请求不同，例如本案中，晋皓公司和擎天公司就根据同一份仲裁协议提出了不同的仲裁请求，贸仲接受了两次申请并组织不同仲裁庭作出不同仲裁裁决：第一份仲裁裁决裁定擎天公司停止继续从事计算机软件及硬件和系统集成产品的开发、生产、销售和售后服务；第二份仲裁裁决则裁定终止合作合同，解散合作公司。但在第三个仲裁程序中，也就是作出本案案涉仲裁裁决的仲裁程序中，相关仲裁庭却以合并方式，将两份合同及其中的仲裁条款视为实质同一，从而再次作出仲裁裁决，裁定擎天公司向合作公司返回所得利益。这就从两份合同及其所含仲裁条款之间的形式独立性转向了实质同一性的立场。从提升仲裁效率、避免仲裁裁决矛盾的角度观之，实质同一的立场值得肯定，但在严格恪守仲裁条款独立性和相对性的立场与实践看，第三次仲裁程序中的仲裁庭所持立场可能过于激进了，直接以在先合同及其所含仲裁条款吸收在后合同及其所含仲裁条款，这无疑提高了仲裁裁决被撤销或不予执行的风险。

第二，在先仲裁裁决或者法院裁定对后续仲裁具有何种法律效力？值得关注的是，本案第三份仲裁裁决可能与第一份仲裁裁决，以及与人民法院的在先判决之间存在需要厘清的关系。

一方面，尽管贸仲作出的三份仲裁裁决之间针对不同的仲裁请求作出了不同的仲裁裁决，但在第一份和第三份仲裁裁决之间却因晋皓公司的仲裁请求而发生不可避免的关联：晋皓公司在启动第三次仲裁程序时提出的仲裁请求，是以第一次仲裁裁决作为根据的，即请求确认擎天公司在第一份仲裁裁决生效后继续违约，应支付违约所得给合作公司。事实上，不论第三份仲裁裁决是否正面澄清其与第一份仲裁裁决的关系，它都将陷入如下两难境地：或者以第一份仲裁裁决为根据，这是否就在仲裁领域产生了类似的“遵循先例”的做法？如果是，那么如何确保不同仲裁协议及其仲裁裁决之间的独立性？在先仲裁裁决是否构成对在后仲裁的限制，从而有违仲裁的自治性和独立性？或者未受第一份仲裁裁决的影响和局限，那么第三份仲裁裁决是否对已经被第一份生效的仲裁裁决所裁定事实和法律问题进行重裁，从而对第一份仲裁裁决所具有的“既判力”提出挑战，或违背仲裁领域中的“一裁终局”原则？

当然，第三次仲裁程序中的仲裁庭可能会主张各仲裁程序之间的独立性，不认可在先仲裁对在后仲裁的限制，以此回避二者之间的矛盾。但不可否认的是，第三次仲裁程序中的仲裁庭已经明确认定本案所涉两份合同及其所含仲裁条款实质同一。果如此，仲裁庭就不能否认其构成对在先的两份仲裁裁决所裁定的某些事实和法律问题的重新仲裁，从而有违仲裁中的一裁终局原则。

另一方面，必须指出的是，在先裁决，包括仲裁裁决和人民法院的判决，在仲裁程序中是不具有当然的既判力效应的。根据我国《民事诉讼法》的相关规定，经生效的人民法院判决和仲裁裁决认定的事实，对当事人而言具有免证效力，此种效力被混淆为既判力，它事实上并非既判力，而是一种法定证明效，或者说预决力。[①] 不仅如此，这种预决力的存在还是仅限于诉讼处境，即它仅约束人民法院的诉讼审判。鉴于诉讼与仲裁之间的不同关系，[②] 立法对法院的此种预决力约束并不能当然适用于仲裁程序中的仲裁庭。

可见，在先仲裁裁决或者法院判决对后续仲裁程序的影响仅仅是说服性的，并不具有当然或法定的强制力。但在后仲裁裁决对在先仲裁裁决所认定事实的重新审理和裁定，可能导致两份仲裁裁决之间的全部或部分冲突，这就可能引发对仲裁中一裁终局原则的侵犯，并构成社会公共利益的审查请求。本案被申请人就认为，案涉仲裁裁决对在先人民法院判决认定的合同有效之事实进行否定，既是超裁，也是挑战司法权威，构成对社会公共利益的违背。

第三，当事人、仲裁庭和进行司法审查的人民法院对于本案案涉仲裁裁决构成何种撤裁依据的立场差异何在？利益决定立场，立场限定视角。当事人、仲裁庭和司法审查机关具有不同的利益立场。就当事人而言，其追求的是自我经济利益的最大化，不论是止损，或是请求返回所得，又或者是请求终止或继续履行合同，当事人都是以自身利益最大出发设定仲裁请求和解纷思路。因此，当事人在仲裁中提出仲裁请求，在司法审查程序中提出撤裁或不予执行请求，都服从和服务于这个目标。本案中，擎天公司为实现不予执行仲裁裁决的目标，并用了多种可援引的不予执行依据，就本部分所关切的问题看，其主要援引了超裁和违背社会公共利益两条不予执行的依据。擎天公司推理认为，案涉合同已经人民法院确认为生效合同，但“仲裁庭错误地将无效的合作合同作为有效合同纳入审理范围”，挑战了人民法院的司法权从而构成违背社会公共利益。在这一推理中，擎天公司是将超裁定性为超出约定，介入法定——本案中是指司法判决或裁定——范围而进行裁决的行为。如此定义超裁，显非个案，在上文所引的一些案件中，人民法院也是将仲裁庭针对公司解散、清算等法律规定属于人民法院审理的事项所作出的仲裁裁决定性为超裁，其逻辑是一致的。不

① 段文波：《预决力批判与事实性证明效展开：已决事实效力论》，《法律科学》2015 年第 5 期。

② 宋连斌：《比照适用抑或特别规定：从国际商事仲裁的法律适用谈起——兼及中国国际私法立法及研究的“诉讼中心主义”》，《时代法学》2004 年第 5 期。

过，在前引案件中，人民法院更多是将此种超裁等同于仲裁机构无权仲裁。而在本案中，超裁是对人民法院司法判决范围的涉入，故本案当事人将其定性为违背社会公共利益的裁决。

仲裁机构和仲裁庭在本案中有扩大管辖的倾向，这是因为，一方面，如果其认定两份合同及其仲裁条款同一，那么针对部分仲裁请求已经进行过仲裁，其存在在先仲裁裁决的情况下，仲裁庭就不能审理并作出裁决；另一方面，本案的确存在仲裁主体资格不适格的问题，因为晋皓公司的仲裁请求不是针对其与擎天公司之间的利益纷争提出的，而是根据合作公司与擎天公司之间的利益纷争而提出的，但在后两者之间并无仲裁协议。本案仲裁机构和仲裁庭根据晋皓与擎天两公司之间的仲裁协议裁决合作公司与擎天公司之间的争议，处于“无（效）仲裁协议”“超裁”“仲裁机构无权仲裁”三种状态之间。

本案人民法院的立场在超裁与仲裁机构无权仲裁之间游移。南京中级人民法院将本案案涉仲裁裁决定性为“超裁”，基本理据有二：一是仲裁庭基于晋皓与擎天两公司之间的仲裁协议去审理并裁决合作公司与擎天公司之间的争议，此部分仲裁裁决被认定为超裁；二是本案仲裁庭基于晋皓公司与擎天公司之间的首签合同中的仲裁协议去审理和裁决首签合同和备案合同的争议，针对备案合同中不属于首签合同的部分作出的裁决被认定为超裁。江苏省高级人民法院和最高人民法院立足上述第一个理据作出了相同的裁决定性，即均属于仲裁机构无权仲裁的情形。

本书认为：本案所涉仲裁裁决应定性为“无（效）仲裁协议”的情形。首先，从超裁与仲裁机构无权仲裁的区分看，上文已经提及，如果从广义的角度看，超裁与仲裁机构无权仲裁之间具有重叠性，但在《民事诉讼法》第274条的立法结构看，超裁与仲裁机构无权仲裁作为相互并列的撤裁依据，不应存在意义上的交涉，否则不仅会构成撤裁依据的竞合适用，还会导致立法的浪费。如此，超裁与仲裁机构无权仲裁之间应存在明确界分的标准，这个标准就是裁决事项究竟是超越约定——包括当事人之间的约定，以及在该约定范围内由申请人提出的仲裁请求——边界还是超越法定边界。如果是前者，即为超裁；如果是后者，即为仲裁机构无权仲裁。当然，考虑到仲裁机构无权仲裁与不可仲裁性之间的差异，二者还应存在进一步的区分。因此，本案案涉仲裁裁决在超裁与仲裁机构无权仲裁之间，更应归属于超裁。

其次，在超裁与“无（效）仲裁协议”之间，本案案涉仲裁裁决更应定性为后者。事实上，本案所涉的两个事实构成了超裁与无（效）仲裁协议的两种情形：一方面，仲裁庭基于首签合同中的仲裁协议不仅对首签合同，而且进一步对备案合同作出裁决，该裁决中针对在备案合同范围内、非属于首签合同的争议的部分，即属于超裁。其本质上，当事人之间存在仲裁协议，但仲裁协议并不能完全涵摄裁决事项。另一方面，仲裁庭基于晋皓公司与擎天公司之间的仲裁协议去审理并裁决合作公司与擎天公司之间的争议，则既属于广义的仲裁机构无权仲裁，更应归属于“无（效）仲裁协议”的情形，因为在合作公司与擎天公司之间根本就缺乏仲裁协议，合作公司也非仲裁程序中的一方当事人。

总的来说，本案中当事人将超裁与违背社会公共利益之间的关系予以等同，其既可能是基于不择手段、只达目的之功利性，也是客观上二者之间存在模糊的语义关联。但在司法审查立场看，如果在超越法律规定边界的意义上理解超裁，超裁就不可避免地会与仲裁机构无权仲裁、不可仲裁性，以及与违背社会公共利益相混淆。但从法理看，超裁是当事人约定意义上的裁决现象，违背社会公共利益则是法定意义上的裁决现象。仲裁机构无权仲裁则既含有约定意义上的判断，例如仲裁机构非属当事人约定的机构而受理并组织仲裁庭进行仲裁；也含有法定意义上的判断，如对涉及不可仲裁性，但尚未涉及重大到社会根本利益程度的事项进行的仲裁情形。这是三者之间最明显和直接的区分。

第三节　案例类型化与评析

一　仲裁事项的范围厘定

（一）撤销［97］沪贸仲字第096号裁决案

1. 案情简介

表5-6　　**案情简介**

序号	时间	案件事实
1	1993.04.03	天河与远湖签订《中外合资浙江省天湖房地产发展公司合同》及章程，合同和章程未报上级主管部门审批

续表

序号	时间	案件事实
2	1993. 07. 22	双方又签订内容大体相同，但使用土地面积不同的《浙江天湖房地产开发有限公司合同》和章程。第一份合同投资地块占地 10 亩；后一份合同投资地块占地 68 亩
3	1993. 07. 26	第二份合同经浙江省政府批复同意，7 月 29 日领取法人营业执照
4	1996. 06. 28	双方发生纠纷，远湖向贸仲上海分会提出仲裁申请，要求确认天河未出资，无股份，承担违约责任及终止双方合资合同等
5	1997. 05. 23	仲裁庭作出仲裁裁决,① 认为第一份合同未经审批，合同无效；第二份合同有效，双方应按照第二份合同约定履行各项义务。根据双方履行情况，应终止第二份合同，对合资公司进行清算；天河应向远湖支付违约金，天河其他要求应驳回
6	1998. 04. 02	上海市一中院作出驳回撤裁申请的裁定②
7		天河公司不服，向最高人民法院提出申诉，最高人民法院将其申诉状转至上海市第一中级人民法院处理
8	1998. 08. 18	上海市一中院作出驳回再审申请通知书③
9	2002. 03. 15	天河公司仍不服，向上海市高院提出申诉。上海市高院作出民事裁定书,④ 指令上海市一中院重新审查天河公司撤裁申请
10		上海市第一中级人民法院经讨论本案并向本院请示，拟裁定撤销［97］沪贸仲字第 096 号裁决
11		上海市高院向最高人民法院请示
12	2003. 11. 10	最高人民法院作出复函

2. 双方诉答

天河公司原申请撤销仲裁裁决的理由有三点，与本书论述有关的理由主要是仲裁裁决违反国家和社会公共利益。

天河公司在本案复查程序中增加了三点主要理由，与本书论述有关的理由是认为仲裁裁决超裁，即裁决书对天河公司与合资公司关于土地使用面积是 80 亩还是 68 亩的争议、台湾宁诚公司的购房款应付给谁、远湖公司的出资是否到位的认定超出了仲裁协议的范围。

被申请人均答辩认为，仲裁裁决合法，应予维持。

---

① 参见贸仲［97］沪贸仲字第 096 号仲裁裁决书。

② 参见［1997］沪一中经仲撤字第 2 号裁定书。

③ 参见［1998］沪一中经监字第 106 号通知书。

④ 参见［2001］沪高经监字第 228 号裁定书。

3. 司法审查

上海市第一中级人民法院在第一次审查程序中经审查后，就仲裁裁决是否违背社会公共利益的问题请示认为：天河公司提出“仲裁裁决违反国家和社会公共利益”的问题，不属于我国《仲裁法》《民事诉讼法》规定的申请撤销涉外仲裁裁决的审查范围。

上海市第一中级人民法院在第二次复查程序中经复查后请示认为：复查的范围应以原申请撤裁的审查范围为限。仲裁程序实行一裁终局制，有别于民事诉讼程序。根据我国仲裁法规定，当事人申请撤销仲裁裁决的，应当自收到裁决书之日起6个月内提出。对于法院作出驳回申请的裁定之后，当事人如发现新的证据，新的理由，能否向法院申请重新审查，仲裁法对此未作规定。现天河在复查程序中增加的理由之一主要是仲裁裁决是否超出仲裁协议的范围问题。申请人在原法院审查程序期间对这些理由是可以知晓的，但其并未提出，并且当事人在仲裁程序中提供的证据是否系伪证，这不属于撤销涉外仲裁裁决的审查范围，故不宜将天河在复查程序中增加的理由列入重新审查的范围。对仲裁裁决认定内容是否超出的问题，即合资公司拥有的土地使用面积是68亩还是80亩，台湾宁诚公司的购房款应付给谁等问题，不属于双方当事人仲裁协议的范围，裁决书虽在主文中未直接对此作出裁决，但在仲裁庭意见中部分作出了认定，这确有不妥之处。由于天河在原审查撤裁案中，未将此作为申请撤裁的理由，故在复查程序中对此不作处理。

上海高级人民法院审查后请示认为：远湖公司在提供给仲裁庭的一览表及附件上注明“只提供仲裁庭，不送天河公司”，仲裁卷中虽有证据证明仲裁庭于收到一览表第二日将该补充材料即附件邮寄给天河公司，但在相关的函上并没有列明各份材料的名称及页数，故无法证明一览表及所附的材料已全部交给天河公司进行质证。仲裁庭的庭审记录上也只能反映曾出示过一览表，未能反映出该表所附的证据也经质证。仲裁庭该做法违反法定程序。故根据《仲裁法》第70条的规定，拟裁定撤销［97］沪贸仲字第096号仲裁裁决。①

最高人民法院审查后复函认为：第一，案涉仲裁裁决并不违反法定程序。第二，关于仲裁庭对有关出资问题的认定是否属实的问题，属实体问

① 参见［2003］沪高民三（商）他字第3号请示。

题。司法审查仅限于程序问题。第三，关于本案是否部分超裁的问题。本案所涉仲裁裁决对天河与合资公司关于土地使用面积是 80 亩还是 68 亩的争议，台湾宁诚公司的购房款应付给谁，远湖的出资是否到位等问题有所论及，但并没有对这些问题作出裁决，且裁决书中明确表示宁诚公司与天河之间的有关约定系另一法律关系，合资公司与远湖、天河之间的争议系另一法律关系，不属于本案仲裁的范围，因此，不能认为本案仲裁裁决超出了仲裁庭应当裁决的范围。[①] 故，应驳回撤裁申请。第四，关于执行该仲裁裁决是否会违反社会公共利益的问题。天河公司认为本案仲裁裁决的执行将会违反社会公共利益，没有事实和法律依据。

4. 案例评析

本案值得关注的焦点问题有四：一是人民法院在司法审查仲裁裁决过程中，作出撤裁等裁定的，是否允许当事人提起申诉？本案给出了一个较为特别的答案。本案是笔者迄今所检索的案件中唯一一例存在司法审查复查程序的案件。根据现行《民事诉讼法》第 154 条的规定，人民法院对于撤销或者不予执行仲裁裁决应采取裁定的方式，且不能提起上诉。[②] 本案中，上海市第一中级人民法院在经审查认为撤裁申请不能成立时，裁定驳回撤裁申请。但撤裁申请人先后向上海市高级人民法院和最高人民法院提出申诉后，上海市高级人民法院指定上海市第一中级人民法院再次审查该仲裁裁决。这在程序上有涉嫌违法之处。

进一步考察言之，本案人民法院也明确了一个立场，即便允许对人民法院的司法审查裁定启动复查程序，当事人也不能根据在法定撤裁期限内可以提出但未提出的撤裁依据，在复查程序中提出作为撤裁依据。本案中，复查申请人以超裁为由提出撤裁，但该依据事实上在法定的裁决作出后 6 个月内本可提出而未提出，在超过该期限后的复查程序中，申请人不得据之申请撤裁。这就意味着，必须存在新的证据或新的事实证明撤裁依据的存在，否则不能在复查程序中根据既有的撤裁依据提出撤裁申请。

二是人民法院明确了，涉外仲裁裁决的司法审查仅限于程序问题，实体问题不属于司法审查范围。根据《民事诉讼法》第 274 条的规定，涉

---

① 参见［2003］民四他字第 19 号复函。

② 根据该条规定，只有针对不予受理、驳回起诉，以及对管辖权有异议三类情形所作出的裁定才能提起上诉。

外仲裁裁决的司法审查并不涉及证据、案件实体事实等问题，从而在学理上被提炼为程序审查。人民法院在本案中明确认可了学理上的结论。但不得不指出的是，即便是司法审查仅限于程序问题，但针对违背社会公共利益的审查，以及针对某些程序问题的审查，例如仲裁裁决是否超裁、是否属于仲裁机构无权仲裁等事项的审查，却不得不让仲裁庭介入实体问题进行评估，以最终对程序性问题作出裁定。

三是本案值得关注的是，上海市第一中级人民法院将违背社会公共利益排除在撤裁的法定依据之外，值得反思。根据《民事诉讼法》第 274 条第 2 款的规定，人民法院在司法审查涉外仲裁裁决时，应依照职权主动审查该仲裁裁决是否违背社会公共利益。该款的立法设定明显不同于同条第 1 款的规定，后者明确要求当事人提出证据进行证明；而违背社会公共利益的审查，则是人民法院主动承担的职责。因此，本案上海市第一中级人民法院将其排除在撤裁的法定依据之外，是一个值得反思的错误。

四是仲裁裁决涉及对其他法律关系或法律问题的论述时，是否当然属于超裁，本案也给予了明确的否定。上已述及，在判断超裁或仲裁机构无权仲裁等撤裁依据的存在时，仲裁庭可能不得不突入案件的实体问题进行审视，本案就存在对其他法律关系的介入。但最高人民法院在复函中的立场值得肯定，即采取实体内容与实体界限之间的区分，人民法院在司法审查时不核查仲裁庭对实体内容的判断，但要核查仲裁庭对实体内容的界限的判断。简言之，本案中，人民法院需要审查“本案所涉仲裁裁决对天河与合资公司关于土地使用面积是 80 亩还是 68 亩的争议，台湾宁诚公司的购房款应付给谁，远湖的出资是否到位等问题有所论及”是否属于仲裁协议的范围，但并不审查仲裁庭对这些实体内容的定性和法律裁断。

（二）撤销［2005］中国贸仲深裁字第 37 号裁决案

1. 案情简介

辉恩公司与罗定市供电局就合作建立辉罗公司签订了《合作合同》，《合作合同》第 23.1 条约定了“凡因执行本合同所发生的或与本合同有关的一切争议，合作各方应通过友好协商解决；如果协商不能解决，应提交中国国际经济贸易促进委员会的仲裁委员会申请仲裁”的仲裁条款。

在辉罗公司运营过程中，辉恩公司与辉罗公司先后签署了《贷款合同》《再贷协议》《确认书》，其中《贷款合同》中约定了就贷款纠纷提交广州市仲裁委员会仲裁的仲裁条款。后两份合同没有仲裁条款。上述三份合同均是罗定市供电局作为担保人，辉恩公司作为出借人，辉罗公司作为借款人，由辉恩公司作为股东借款给已经成立的合作公司辉罗公司。

在这个过程中，合作双方修订了《合作合同》第5.2、5.4条，其规定合作公司的投资总额包括注册资本和借贷资本，借贷资本指本案所涉的外方借贷给合作公司的资金。《合作合同》补充条款中也约定，外方的债权和股权值大于设备值时，设备的处置权归外方所有。《合作合同》第19.2条约定，如提前终止合作期限和解除合同，应分清责任。

辉恩公司在根据《合作合同》向贸仲提出仲裁之前，已经根据《贷款合同》中的仲裁条款就贷款纠纷向广州市仲裁委员会提交仲裁，且后者就借贷担保合同纠纷作出了相关仲裁裁决。①

其后，基于合作公司需要进行清算，辉恩公司根据《合作合同》中的仲裁条款向贸仲提出仲裁申请，仲裁请求之一即是要求被申请人罗定市供电局支付赔偿金，赔偿金的计算依据是辉恩公司损失的注册资本金，以及股东借贷损失。贸仲作出案涉仲裁裁决，② 支持了辉恩公司的上述仲裁请求。

罗定市供电局遂向深圳市中级人民法院申请撤销该仲裁裁决，形成本案。

2. 双方诉答

撤裁申请人罗定市供电局提出三项撤裁依据，分别是裁决事项超出合作合同仲裁协议的范围，仲裁程序违反仲裁规则，执行裁决违反社会公共利益。

撤裁程序被申请人辉恩公司认为不存在上述情形，应维持案涉仲裁裁决。

3. 司法审查

针对仲裁裁决是否部分超裁的问题，深圳市中级人民法院审查后请示认为：涉案仲裁裁决支持辉恩公司要求罗定市供电局支付赔偿金的请求，该赔偿金包括辉恩公司损失注册资本金和股东借贷损失。股东借贷是指辉恩公司借给合作公司的款项，且双方签订了借贷协议，协议还约定了不同的仲裁机构解决争议。本案仲裁裁决将辉恩公司借给合作公司的款项也作为辉恩公司的损失，并裁决由罗定市供电局赔偿，超出了辉恩公司与罗定

---

① 参见［2004］穗仲案字第1692号仲裁裁决书。

② 参见［2005］中国贸仲深裁字第37号仲裁裁决书。

市供电局签订《合作合同》的仲裁条款的范围，不是双方合作合同项下的争议。因此，仲裁裁决事项超出了当事人仲裁条款约定的范围。根据《民事诉讼法》第260条第1款第4项的规定，应当撤销该部分仲裁裁决。

广东省高级人民法院审查后请示认为：首先，涉案仲裁裁决部分超裁。第一，辉恩公司与罗定市供电局就合作建立辉罗公司签订了《合作合同》，《合作合同》约定了贸仲仲裁条款，该仲裁条款明确了《合作合同》仲裁的双方当事人是辉恩公司和罗定市供电局。第二，仲裁裁决认定的股东借贷损失是基于《贷款合同》《再贷协议》《确认书》确定的，其中《贷款合同》约定了广州市仲裁委员会仲裁的条款，且后者也已经对此作出了裁决。股东借贷损失是基于三份股东借贷合同产生的，股东借贷纠纷的当事人是辉恩公司和辉罗公司，股东借贷纠纷这一法律关系主体有别于《合作合同》纠纷的法律关系主体。因此，股东借贷损失的争议不属于合作合同项下的争议，涉案仲裁裁决超出了仲裁条款约定的范围。中国国际经济贸易仲裁委员会华南分会对股东借贷纠纷没有管辖权，该仲裁裁决就借贷损失该部分的裁决属于部分超裁。

其次，根据《民事诉讼法》第260条第1款第4项的规定和钧院法释[1999]第16号的规定，[①] 本案股东借贷损失与注册资金损失是可分的不同事项，双方当事人就股东借贷损失的数额均表示认可，债权人辉恩公司对该损失提出请求，仲裁庭就此作出的裁决属于超裁，应当对该部分裁决予以撤销。

最高人民法院审查后复函认为：中国国际经济贸易仲裁委员会华南分会就罗定市供电局与辉恩中国投资有限公司之间的合作合同纠纷作出了裁决。……本案合作合同存在于罗定市供电局与辉恩公司之间，合作合同中的仲裁条款应仅约束该两个当事人之间的合作合同纠纷，仲裁庭无权就辉恩公司与合作公司辉罗有限公司之间的借贷合同纠纷以及与罗定市供电局之间的借贷担保合同纠纷进行仲裁。由于借贷合同及借贷担保合同约定的仲裁机构为广州仲裁委员会且该委已就借贷担保合同纠纷作出了仲裁裁决，因此，本案仲裁裁决第1项中有关股东借贷损失的内容，超出了合作

① 该解释规定："我国仲裁机构作出的仲裁裁决，如果裁决事项超出当事人仲裁协议约定的范围，或者不属当事人申请仲裁的事项，并且上述事项与仲裁机构作出裁决的其他事项是可分的，人民法院可以基于当事人的申请，在查清事实后裁定撤销该超裁部分。"

合同仲裁条款约定的范围，应认定属于超裁。本案应撤销仲裁裁决中的股东借贷损失部分。

4. 案例分析

为直观比对仲裁裁决是否超出仲裁协议约定的范围，可将本案案涉各法律关系、主体结构及基本案情图示如图 5-5：

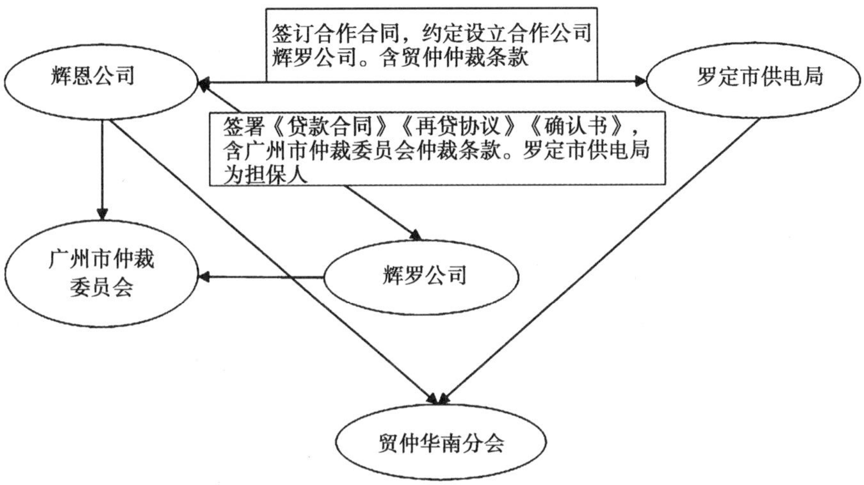

图 5-5　案件法律关系

从图 5-5 可以看出，贸仲华南分会根据辉恩公司与罗定市供电局签署的合作合同中的仲裁条款，对合作合同争议进行裁决，本无可厚非。但辉恩公司的部分仲裁请求及仲裁裁决事项部分地涉嫌进入了辉恩公司与合作公司即辉罗公司之间的争议范畴。因此，判断贸仲华南分会仲裁裁决是否超出辉恩公司与罗定市供电局签署的仲裁协议约定的“一切争议”的范畴，是人民法院决定仲裁裁决是否超裁的关键根据。

需要注意的是，广东省高级人民法院在向最高人民法院请示时明确指出，虽然其倾向于以“超裁”为由部分撤销案涉仲裁裁决，但也自认对仲裁协议约定的“一切争议”的范围把握不大，从而提示最高人民法院就此作出复函意见。这个情节就是，广东省高级人民法院注意到本案股东借贷纠纷的主体虽与《合作合同》纠纷的主体不同，但是修订的《合作合同》第 5.2、5.4 条规定，合作公司的投资总额包括注册资本和借贷资本，借贷资本指本案所涉的外方借贷给合作公司的资金。《合作合同》补充条款中也约定，外方的债权和股权值大于设备值时，设备的处置权归外方所有。《合作合同》第 19.2 条还约定，如提前终止合作期限和解除合同，应分清责任。可见，《合作合同》也涉及对股东借贷及处理的约定，《合作合同》的上述约定是否属于《合作合同》第 23.1 条约定的“……一切争议……”把握不大。

困扰广东省高级人民法院作出超裁认定的原因主要有二：一是合作合同与贷款合同之间存在关联，合作合同明确提及合作公司的投资总额包括注册资本和贷款合同所涉及的借贷资本。这一约定使合作合同的事项范围介入了贷款合同。二是合作合同中对仲裁事项的约定采取了最为宽泛的“一切争议”的表述，且不仅包括执行合作合同的一切争议，而且还包括与该合同有关的一切争议。因此，即便贷款合同中的借贷资本并不属于合作合同的事项范围，但至少是与合作合同“有关”的事项范围。从此两点事实根据看，本案案涉仲裁裁决不宜认定为超裁。然而，基于如下考虑，本案案涉仲裁裁决被三级法院认定为超裁也是应予肯定的：

第一，案涉仲裁裁决的确对两类法律关系作出了裁定，部分超出了单一法律关系的范畴。本案事实上包括三方主体、两类法律关系：一是辉恩公司与罗定市供电局之间的合作合同关系；二是辉恩公司与合作公司辉罗公司之间的贷款合同关系。由于两份合同约定了不同的仲裁条款，按照合同的相对性，以及仲裁条款的相对性，两案仲裁庭均不能越过所依据的仲裁条款对其他法律关系作出仲裁裁决。本案中，虽然罗定市供电局以担保人身份参与到了贷款合同关系中，但一方面此种担保人身份并不能将担保关系等同于贷款合同关系；另一方面更不能将贷款合同关系纳入或部分等同于合作合同关系。鉴于此，贷款合同关系中的仲裁条款只能约束贷款双方当事人，并不能当然拘束贷款担保人，更不能无当事人意思自治的情形下扩展至其他法律关系。

第二，即便贷款合同法律关系与合作合同法律关系存在相关性，但当事人在前者中另行约定了仲裁条款，并经其他仲裁机构组织仲裁庭作出了仲裁裁决。毋庸置疑，在经济交往中，当事人之间签署的合同并不会像法律人所期待的那样，彼此之间界限明确、泾渭分明，事实上往往正好相反，不同合同之间通常是彼此关联，甚至构成部分重叠。如此，当某一或某些合同或补充协议中存在仲裁条款时，就会导致复杂的仲裁条款适用范围的区分难题，并触发相关仲裁裁决是否超裁的问题。特别是，仲裁条款采用宽泛的关联性和抽象性界定时，问题就更加复杂了。本案的案情就是合同条款之间的相互交叉，导致合作合同与借贷合同之间部分重叠。客观而言，如果本案中借贷合同未另行约定仲裁条款，且未经其他仲裁机构组织仲裁庭仲裁，那么本案仲裁庭根据合作合同中仲裁条款对二者关联或重叠部分进行审理并裁决，应无可厚非。只是在借贷合同业经相关仲裁庭裁决，且相同当事人之间在该仲裁程序中并未对相关联部分的内容纳入仲裁提出任何异议，就此而言，在先仲裁裁决中业经处理的相关内容就可以被认定为被当事人在新的合意中排除出了合作合同的“一切争议”之外。如果在后仲裁程序中仲裁庭再次对该关联部分作出裁决的，一方面基于当事人在在先仲裁程序中未提异议、视为新的合意之情形，另一方面基于对在先仲裁裁决的尊重，将该部分裁决视为超裁，就具有合法和合理之基础。鉴于此，可认为本案三级法院的司法审查立场是稳健的。

（三）撤销［2015］中国贸仲京裁字第0377号裁决案

1. 案情简介

表5-7　案情简介

序号	时间	案件事实要点
1		中地海外与中铁建工签订《阿尔及利亚ALGER省384套房建项目合作协议》，约定有仲裁条款。仲裁条款约定：任何争议都应通过友好协商解决，如仍然不能达成一致意见，任何一方可将争议提交中国国际经济贸易仲裁委员会……
2	2013.02.08	中铁国际是中铁建工下设的国际工程公司，中地海外与中铁国际签订《资金拆借证明》，无仲裁条款。（1）中铁建工向中地海外拆借资金，用于支付涉案项目工人工资；（2）其中有部分款项与案涉项目无关
3	2013.02.21	签订《专题会议纪要》
4	2013.03.22	中地海外、中铁建工、江苏圣通三方签订《会议纪要》，明确江苏圣通是实际施工人。会议纪要载明：该纪要是合作协议的变更和补充，并未改变管辖约定，关于纪要的争议仍然是关于合同变更、履行、解释、解除等纠纷，仍然属于仲裁事项，仲裁庭有权管辖
5	2013.04.03	中地海外、中铁建工、江苏圣通三方签订《内地结算表》
6	2013.04.21	中地海外、中铁建工、江苏圣通三方签订《物资回购协议》
7	2014.04.01	中铁建工就其与中地海外之间的房建项目合作协议项下争议向贸仲提交仲裁申请
8	2014.05.06	丰台区法院受理中地海外诉中铁建工企业借贷纠纷案，诉讼请求针对的是资金拆借协议
9	2014.09.11	仲裁庭开庭

续表

序号	时间	案件事实要点
10	2014. 12. 11	丰台区法院就资金拆借协议作出民事判决①
11	2015. 04. 13	贸仲作出案涉仲裁裁决：（1）涉及资金拆借协议内容；（2）涉及双方自认与案涉项目无关的工资支付
12	2015. 06. 19	中铁建工对丰台区法院判决提起上诉后，北京二中院作出终审判决，② 维持原判
13		北京市第二中级人民法院作出请示
14	2015. 09. 07	北京市高级人民法院作出请示
15	2015. 10. 26	最高法作出复函

2. 双方诉答

针对仲裁裁决是否超裁，无权仲裁事项，撤裁申请人中地海外认为：第一，双方资金拆借是独立的争议事项，没有约定仲裁条款；该争议已经由丰台区法院受理，并作出有权管辖的裁定；仲裁庭和法院应分别在管辖的债权范围内进行审理和确认，待债权确定后，任何一方均可主张抵消，仲裁庭确认抵消，超越仲裁庭职权，也违背抵消权的权利性质。第二，仲裁裁决错误地将双方及实际施工人江苏圣通公司之间的三方关系简化为两方关系，对属于第三方的事项无权仲裁。

被申请人答辩认为：第一，根据双方签署的合作协议中含有仲裁条款，该仲裁条款已经概括约定仲裁事项的范围“任何争议”，《资金拆借证明》虽然没有约定仲裁条款，但该借款用于支付涉案项目的工人工资，属于履行合作协议过程中的具体财务安排事项。而支付涉案项目工人工资的问题属于本案仲裁管辖的范围，仲裁庭在审查该问题时，必然要对涉及合作协议履行事宜的《资金拆借证明》中该部分借款进行分析并作出判断，否则无法对仲裁请求进行裁决。根据此前最高人民法院复函③确立的原则，即裁决了无仲裁条款的合同项下的争议，但存在以下情况的不构成超裁：某合同与约定有仲裁条款的另一合同内容联系足够紧密的。根据此原则，案涉仲裁裁决不构成超裁。第二，仲裁裁决仅在论述案件事实时涉

① 参见［2014］丰民初字第08659号民事判决书。

② 参见［2015］二中民（商）终字第03515号民事判决书。

③ 参见最高人民法院［2010］民四他字第49号复函。

及作为项目实际施工方的江苏圣通公司，但并未就其实体性权益事项进行裁决，不构成超裁。

3. 司法审查

北京市二中院审查后请示认为：仲裁裁决予以债权抵扣的裁定与《资金拆借证明》中约定不得以任何方式抵扣的内容冲突，而且也与已经生效的［2014］丰民初字第08659号民事判决的处理结果相矛盾。双方均认定裁决涉及的及尔体育场项目费用与约定提交仲裁的事项无关。此外，贸仲同意重新仲裁。

北京市高级人民法院审查后请示认为：贸仲同意重新仲裁，可通知重裁。①

最高人民法院审查后复函认为：仲裁裁决对于与该争议无关的及尔体育场项目产生的费用，及正在法院审理的案涉当事人签订的《资金拆借证明》项下借款纠纷作出了认定和处理，构成了《民事诉讼法》第274条第1款第4项情形。经北京市二中院与贸仲沟通，贸仲同意重新仲裁，故，本院同意中止撤裁程序，通知重裁。②

4. 案例评析

本案也涉及多个法律主体和多重法律关系，为直观展示各法律主体间的法律关系性质，以及本案所涉及的诉讼和仲裁两类程序，以更好判断案涉仲裁裁决是否超裁，可将本案法律关系结构及基本案情图示如图5-6。

结合上述案情及图5-6显示，本案值得关注的司法审查要点可概括为如下三点：

第一，关于如何理解仲裁条款约定的“任何争议”的范围问题。上已述及，“任何争议”或“一切争议”是当事人之间约定提交仲裁事项的常见表述，甚至是某些示范仲裁条款的格式化表述。当某一合同与另一含有仲裁条款的合同之间具有一定关联时，或者重叠，或者彼此指引，或者前后相继，等等，仲裁庭在根据仲裁条款进行仲裁时，涉及对其他相关联合同的审理乃至裁决时，如何认定“任何争议”的范围边界，本案中当事人一方提及了“足够紧密联系”的先例标准。尽管这一答辩在本案中并未为人民法院所接受，但存在的可能是，人民法院并非不赞同该立场，

① 参见京高法［2015］309号请示。

② 参见最高人民法院［2015］民四他字第39号复函。

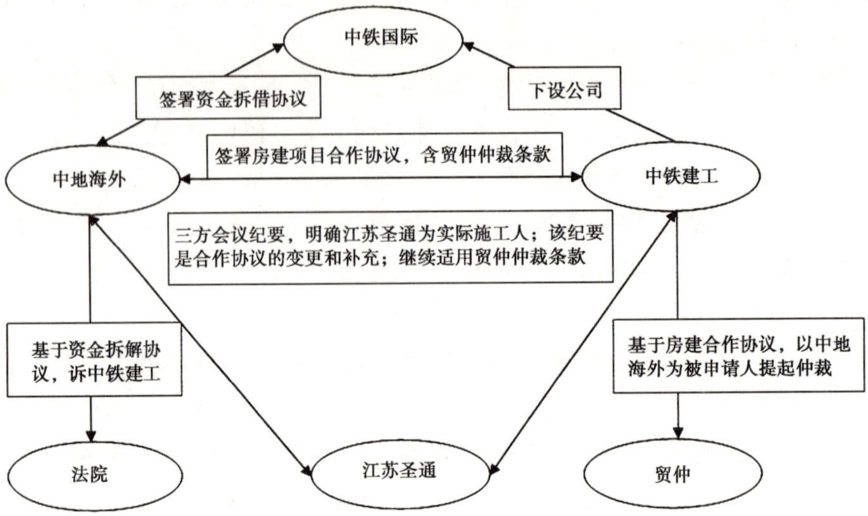

图 5-6 案件法律关系

而只是认为本案中资金拆解协议与房建项目合作协议之间并不存在足够紧密的联系，从而本案案涉仲裁裁决以后者含有的仲裁条款为基础，但却对前者事项作出了裁决，因此构成超裁。“足够紧密联系”的判断迄今既缺乏足够明确的内涵，也还没有发展到成为人民法院司法审查“任何争议”之范围的准则或惯例的程度。不过，值得关注的是，它毕竟在人民法院司法审查实践中得到适用，并呈现为一个相对可以观察的司法行为，为外界提供了一个具体化“任何争议”的理解维度。

第二，关于如何定性仲裁裁决与在先法院判决相冲突的问题。由于合同之间的关联，以及各合同对争议解决机制的选择不同，必然可能的程序后果即是两个程序——或者均为仲裁程序，或者均为诉讼程序，或者同时存在诉讼与仲裁程序——之间的冲突。在仲裁语境下，程序冲突成为触发当事人或司法审查机关以在后的仲裁裁决违背仲裁一裁终局原则、违背在先仲裁裁决或法院判决既判力、挑战司法权威，乃至违背社会公共利益等理由，挑战在后仲裁裁决的契机。在一些案件中，此种情形主要被定性为程序违反或仲裁机构无权仲裁。但在本案中，人民法院认为仲裁裁决与在先的法院判决存在部分冲突，据此倾向于将其定性为“超裁”。

第三，关于涉外仲裁裁决司法审查中通知仲裁的适用条件问题。根据我国仲裁法及司法解释的规定，通知重裁主要适用于国内仲裁裁决，且其适用情形限于与证据有关的两类实体问题。涉外仲裁裁决司法审查程序中是否适用及如何适用通知重裁，并无明确的立法或司法解释，只存在极少的司法政策的指示。在规则稀缺的情形下，要对司法审查结论作出预判，找寻其规律，人民法院适用通知重裁的司法实践就成为不可或缺、必须依赖的重要素材。提炼本案中通知重裁的适用条件，可明确的是，《民事诉讼法》第 274 条第 1 款第 4 项所规定情形，可适用通知重裁的补救措施。由此，似可扩展推论为，凡属于该条款所规定的司法审查依据之情形者，均可适用通知重裁的措施。通知重裁体现了司法对仲裁既监督又支持的双重功效，它辩证地展示了司法对有瑕疵、可能被撤销或不予执行的仲裁裁决既有原则性态度，也有支持性温度。此外，通知重裁并非必需的前置程序，如何更好发挥通知重裁的功能，缓和司法监督仲裁的严厉态度，促进仲裁自我补救，这是值得进一步思考的问题。

（四）撤销西仲裁字［2006］第 428 号裁决案

1. 案情简介

表 5-8　　案情简介

序号	时间	案件事实
1	1997. 12. 31	西安汽车公司与嘉桥公司先后签订《中港合作经营西安嘉元房地产开发有限公司合同》（合资合同）、《中港合作经营西安嘉元房地产开发公司章程》
2	1998. 01. 16	双方签订《协议书》（股权转让协议），以上协议均未约定仲裁条款
3	2006. 07. 05	嘉桥公司向汽车公司发函《就 1998 年股权转让协议的致函》中提议，“为尽快完成双方股权转让事宜，建议通过西安仲裁委员会来裁定双方 1998 年股权转让协议是否有效”
4	2006. 07. 13	汽车公司给嘉桥公司回函表示“1998 年双方签订的股权转让协议，因双方都未履行，并且该协议也没有报审批机关批准，应视为无效，同意贵公司提议，由西安仲裁委员会进行仲裁”
5	2006. 08. 11	西安仲裁委基于嘉桥公司申请立案
6	2006. 12. 01	嘉桥公司申请延期审理
7	2006. 12. 06	西安仲裁委同意延期审理
8	2009. 06. 18	嘉桥申请开庭，西安仲裁委恢复审理。其后作出案涉仲裁裁决①
9		西安汽车公司向西安市中级人民法院申请撤销上述仲裁裁决

① 参见西仲裁字［2006］第 428 号仲裁裁决书。

续表

序号	时间	案件事实
10	2010.07.23	陕西省高院向最高法请示
11	2010.10.12	最高法作出复函

2. 双方诉答

撤裁申请人汽车公司认为：第一，仲裁裁决超出双方约定的仲裁范围，并对未生效的协议履行问题予以裁决，属枉法裁决；第二，西安仲裁委员会因嘉侨公司申请而延期审理，属程序违法。

被申请人嘉侨公司辩称：第一，其公司与汽车公司通过来往函件约定了仲裁条款；第二，股权转让协议中有汽车公司出资和履行的内容，涉案土地使用权是汽车公司对嘉元公司提供的唯一合作条件、唯一价值体现，履行出资义务是股权转让的前提，故仲裁裁决并未超出仲裁条款的范围；第三，嘉侨公司延期申请，经过西安仲裁委员会同意，符合仲裁规则的规定。

3. 司法审查

西安市中级人民法院审查后认为：双方签订的出资合同、转让协议、嘉元公司章程均无仲裁约定。其后双方约定的仲裁事项仅为转让协议的有效性，西安仲裁委给西安市中院的书面说明中也认为，仲裁协议的内容是确认股权转让协议的效力，而仲裁庭裁决却是股权转让协议的履行，超出当事人双方约定的仲裁范围。故，根据《民事诉讼法》第258条第1款第4项，拟裁撤。

陕西省高级人民法院审查后请示认为：双方当事人签订的出资合同及股权转让书中并没有仲裁条款，后双方通过信函约定了仲裁事项，但其范围仅限于“1998年股权转让协议是否有效”的问题。但西安仲裁委作出的仲裁裁决并未对双方约定的仲裁事项进行仲裁，而仲裁了股权转让协议的履行问题。根据《仲裁法》第70条，《民事诉讼法》第258条第1款第4项的规定，拟裁撤。①

最高人民法院审查后复函认为：双方签订的合同、公司章程及股权转让协议均无仲裁条款。在后来的双方致函中，根据信函内容可将提交仲裁的事项确定为“1998年股权转让协议的效力”。案涉仲裁裁决对股权转让

① 参见［2010］陕民三他字第1号请示。

协议的履行，责任及合作事项等做出了裁决，超出了双方当事人提请仲裁的范围。本案存在《民事诉讼法》第 258 条第 1 款第 4 项的规定，应裁撤。①

4. 案例评析

本案案情较为简单，即双方当事人之间在所签署的合同和相关文件中均未约定仲裁条款，事后也未达成仲裁协议，但双方通过一种相对特殊的方式即往来信函的方式确立了有效的仲裁协议。本案并非是关于仲裁协议是否存在及其形式有效性的争论，而是仲裁裁决是否超裁的问题。司法审查中有两个要点值得被关注：第一，从双方当事人诉答，及三级人民法院的司法审查看，本案中超裁的判断即是以仲裁协议的约定范围为标准，而非争论裁决事项是否不仅在仲裁协议约定范围内，而且还在仲裁申请人的请求事项范围内。具体而言，本案当事人通过信函约定仲裁的事项范围为“1998 年股权转让协议的效力”，但案涉仲裁裁决却对股权转让协议的履行，责任及合作事项等做出了裁决，这就很明显地超出了双方当事人约定的，而非仅仅是提交仲裁的事项范围。

第二，本案也凸显了当事人在约定仲裁协议或条款的适用范围时，究竟采取具体的还是抽象的表述的重大法效差异。在本案中，当事人之间约定的仲裁事项仅仅是“1998 年股权转让协议的效力”，这就将仲裁事项的约定范围非常具体地特定化为转让协议的“效力”问题。需要关注的是，这里既没有关于约定事项的关联度扩展表述，例如“产生于”或“关联于”股权转让协议的效力的争议，也没有抽象、概括或开放地约定“与股权转让协议有关的一切争议或任何争议”。相反，本案中关于仲裁事项的约定范围过于具体和特定，当事人画地为牢，也束缚了仲裁庭的管辖和裁决范围。本案仲裁庭正是未充分顾及当事人的仲裁约定范围，不仅裁决了股权转让协议的效力问题，而且裁决了股权转让协议的履行、责任和合作事项。约定事项与裁决事项之间的明确差异，促成了仲裁方裁决失利以及三级人民认定裁决超裁的共识。

可见，本案提示了两个有意义的结论：一方面，超裁 = 超出约定范围；另一方面，越是具体特定的约定范围，越容易导致仲裁裁决的超裁现象。

---

① 参见［2010］民四他字第 55 号复函。

（五）撤销［2012］中国贸仲深裁字第3号裁决案

1. 案情简介

表5-9 **案情简介**

序号	时间	案件事实
1	2004.09.10	深圳沙井碧海五金商行成立，责任人为王国林
2	2006.05.24	王国林与吴硕琛、戴孟良三方签订合作协议
3	2009.08.25	王国林与吴硕琛签订《股权转让协议书》，含仲裁条款。仲裁条款约定：凡因本合同引起的或与本合同有关的任何争议，双方应友好协商解决，如协商不成，双方均同意提交贸仲华南分会调解中心进行调解，一方不愿调解或调解不成的，均应提交贸仲华南分会仲裁
4	2011.06.13	吴硕琛依据股权转让协议中的仲裁条款向贸仲华南分会提起仲裁。仲裁程序适用贸仲自2005年5月1日起施行的贸仲仲裁规则
5	2011.07.14	王国林提交管辖权异议书，主张《股权转让协议书》未生效，故仲裁条款亦未生效
6	2011.07.20	吴硕琛提交管辖权异议答辩意见
7	2011.09.27	仲裁机构作出管辖权裁定，认定其具有管辖权①
8	2011.11.08	仲裁庭开庭审理
9	2012.01.12	仲裁庭作出案涉仲裁裁决②
10	2012.11.28	广东省高院向最高法请示
11	2013.02.26	最高法作出复函

2. 双方诉答

就与超裁有关的问题而言，撤裁申请人王国林认为：第一，仲裁庭受理及审理本案违反法律规定。王国林与吴硕琛约定仲裁条款的协议书未发生法律效力，协议所约定的仲裁条款也自始不生效，即双方当事人之间不存在仲裁条款，而仲裁机构仍受理及审理本案违反了法律规定。

第二，案涉仲裁裁决超出了仲裁请求范围，仲裁了无权仲裁事项。仲裁申请人吴硕琛提交的书面仲裁申请中的仲裁请求为：判令王国林支付吴硕琛股权转让款及其利息。仲裁庭审理认定股权转让协议无效，该项请求不予支持。仲裁庭又审理了吴硕琛没有请求的事项，要求王国林按吴硕琛出资标的向吴硕琛还本付息。根据不告不理原则，该事项吴硕琛没有提

---

① 参见［2011］中国贸仲京裁字第017922号决定。

② 参见［2012］中国贸仲深裁字第3号裁决书。

出，仲裁庭无权仲裁。

撤裁被申请人吴硕琛口头答辩认为，仲裁裁决合法合理，请求法院驳回王国林的撤裁申请。

3. 司法审查

深圳市中院认为：第一，仲裁条款的效力问题。王国林主张《股权转让协议书》未生效，故《股权转让协议书》约定的仲裁条款亦未生效，因此，双方之间不存在仲裁协议。关于仲裁协议的效力审查，双方未约定适用的法律，仲裁地在我国，应适用我国法律。根据《仲裁法》第 19 条第 1 款规定，[①] 本案《股权转让协议书》中仲裁条款的效力独立于《股权转让协议书》的效力，《股权转让协议书》是否生效，不影响《股权转让协议书》中仲裁条款的效力。该仲裁条款具有请求仲裁的意思表示和仲裁事项，亦选定了仲裁委员会，仲裁条款有效。该撤裁理由不成立。

第二，仲裁裁决是否超出仲裁请求范围的问题。根据《仲裁法》第 19 条第 2 款规定，[②] 仲裁庭有权确认《股权转让协议书》的效力。仲裁庭经审理确认《股权转让协议书》无效，而吴硕琛仲裁的主张是《股权转让协议书》有效并据此请求王国林继续支付股权转让余款及利息，仲裁庭应当驳回吴硕琛的诉讼请求，或向当事人释明，由当事人自行处分自己的民事权利，仲裁庭径直裁决王国林酌情补偿吴硕琛的损失已超出吴硕琛的仲裁请求范围。根据《最高人民法院关于我国仲裁机构作出的仲裁裁决能否部分撤销问题的批复》（法释［1999］16 号）[③] 的精神和人民法院司法实践，仲裁裁决的事项不属当事人申请仲裁的事项，即超出当事人仲裁请求就构成超裁，应予撤销。因此，本案仲裁裁决超出吴硕琛申请仲裁的事项，构成超裁，该撤裁理由成立。

第三，关于仲裁协议的法律适用，双方未约定，根据仲裁地法即我国《仲裁法》第 19 条第 1 款，本案仲裁条款效力独立于《股权转让协议书》的效力。该仲裁条款具有请求仲裁的意思表示和仲裁事项，选定了仲裁委

---

① 该条规定：“仲裁协议独立存在，合同的变更、解除、终止或者无效，不影响仲裁协议的效力。”

② 该条规定：“仲裁庭有权确认合同的效力。”

③ 该解释规定：“我国仲裁机构作出的仲裁裁决，如果裁决事项超出当事人仲裁协议约定的范围，或者不属当事人申请仲裁的事项，并且上述事项与仲裁机构作出裁决的其他事项是可分的，人民法院可以基于当事人的申请，在查清事实后裁定撤销该超裁部分。”

员会，仲裁条款有效。

广东省高级人民法院审查后请示认为：第一，关于仲裁条款未发生法律效力，故仲裁机构受理及审理本案违反法律规定的问题。双方签订的《股权转让协议书》约定因合同或与合同有关的任何争议，双方应协商解决；如协商不成，双方均同意提交贸仲华南分会调解中心进行调解；一方不愿调解或调解不成的，应提交贸仲华南分会仲裁。双方请求仲裁裁决的意思表示明确，仲裁事项确定，所选定的仲裁委员会具体明确，故应认定双方对以仲裁方式解决纠纷已达成一致意见。根据《仲裁法》第 19 条的规定，仲裁条款的效力是独立于合同的其他内容而存在的，其效力不受合同的变更、解除、终止或者无效的影响。因此，王国林主张约定仲裁条款的《股权转让协议书》未发生法律效力，故双方当事人之间不存在仲裁条款，仲裁庭受理本案违反法律规定，缺乏法律依据，其申请撤裁理由不成立。

第二，关于案涉仲裁裁决是否超出仲裁请求范围，裁决了无权仲裁事项的问题。案涉仲裁裁决的事项为：一是王国林向吴硕琛支付股权转让款及其利息；二是由王国林承担本案仲裁费用和律师费用。仲裁庭依据法律规定在确认《股权转让协议书》无效、双方均有过错的情况下，酌情裁决由王国林补偿吴硕琛损失。该裁决内容与吴硕琛主张的合同有效、支付股权转让款事项完全相反，超出了吴硕琛仲裁请求的范围。根据法释［1999］16 号，我国仲裁机构作出的仲裁裁决，如果裁决事项不属当事人申请仲裁的事项，并且上述事项与仲裁机构作出裁决的其他事项是可分的，人民法院可以基于当事人的申请，在查清事实后裁定撤销该超裁部分。因此，本案仲裁裁决事项已超出吴硕琛申请仲裁请求的范围，构成超裁，应予撤销。王国林提出该撤裁理由成立。

最高人民法院审查后复函认为：第一，关于仲裁条款的效力问题。本案当事人在案涉合同中约定了明确的仲裁条款。根据仲裁条款独立性原则，案涉合同的无效并不影响合同中仲裁条款的效力。同意关于案涉仲裁条款有效的意见。

第二，关于仲裁裁决是否存在超裁问题。本案中，吴硕琛系以案涉合同有效并要求王国林支付股权转让余款为请求提起仲裁，仲裁庭有权主动对案涉合同的效力进行审查并作出认定。但是，仲裁庭在未向当事人释明合同无效的后果以及未给予当事人变更仲裁请求机会的情况下，直接对合同无效后的返还以及赔偿责任作出裁决，确实超出了当事人的请求，属于超裁。

人民法院可以参照《仲裁法》第 70 条和《民事诉讼法》第 274 条第 1 款第 4 项的规定对案涉仲裁裁决予以撤销。但是考虑到本案标的具体情况，仲裁庭有能力纠正上述错误，人民法院可给予仲裁庭重新仲裁的机会。因此，对于本案的具体处理，人民法院应当根据《仲裁法》第 61 条的规定通知仲裁庭重新仲裁，如果仲裁庭拒绝重新仲裁，人民法院可以对案涉仲裁裁决予以撤销。

4. 案例评析

本案虽然是从判断仲裁裁决是否超裁的角度进行审视的，但其蕴含的信息量很大，值得挖掘的法律要点很多，并不仅限于超裁与否的认定问题。概括而言，本案值得关注的法律要点包括但不限于如下方面：

第一，关于仲裁条款独立性及其法律适用的问题。本案展示了仲裁条款的独立性，不论仲裁条款所依存的基础合同是否生效或有效与否，不影响仲裁条款的效力。这决定于仲裁条款本身的法律适用。关于仲裁条款有效性的法律适用，本案值得肯定之处是，相关人民法院在司法审查过程中明确了仲裁条款的准据法选择依据，及其选定过程。在许多案件中，这一法律适用环节被忽略了。

第二，关于超裁与无权仲裁之间的关系。上文已经论述，超裁与无权仲裁之间属于何种关系存在多种观点，既有等同论，也有交叉论，还有区别论。本案中事实上也存在对二者关系的纠结。当事人王国林有将二者等同的倾向，他主张“仲裁裁决超出了仲裁请求范围，裁决了无权仲裁的事项”。但三级人民法院在本案中均明确将案涉仲裁裁决定性为超裁，从而将其与仲裁机构无权仲裁进行了区分。这与上文所提及的某些案件中，人民法院混淆或等同二者的司法立场有所不同。

第三，作为本案所涉及的两个实体法上的关键问题是：一是无论当事人是否请求确认案涉合同效力，仲裁庭均有权且有职责主动审查合同的效力；二是仲裁庭应当行使释明权，向当事人释明合同无效的法律后果，并给予当事人变更仲裁请求的机会。

第四，超裁=超出请求事项。本案最值得关注的是，人民法院是以当事人的仲裁请求事项作为判断仲裁裁决是否超裁的标准的，从而明确了“超裁=超出请求事项”的关系。本案中，双方当事人在仲裁条款中的约定事项是，凡因本合同引起的或与本合同有关的任何争议。仲裁申请人的请求事项是，案涉合同有效并要求王国林支付股权转让余款。仲裁庭的裁决事项是，合同无效后的价款返还及赔偿责任。三者之间的关系可概括为：约定事项>裁决事项>请求事项。不能否认的是，仲裁庭的裁决事项并未超出当事人约定的事项即“因本合同引起的或与本合同有关的任何争议”，就此而言，案涉仲裁裁决并未超出。但以当事人请求事项即请求王国林在合同有效基础之上支付股权转让余款为基准，案涉仲裁裁决对不同事项作出了裁定。因此，本案更为明确地提出了判断超裁最为严格的标准，即应以请求事项而非约定事项作为比较基础。就此而言，本案人民法院的司法审查支持了撤裁申请人所提出的“不告不理”原则：当事人没有提交仲裁庭仲裁的事项，即便其属于仲裁条款约定事项，仲裁庭也不应进行审理并裁决。

第五，本案中通知重裁的适用也是值得关注的程序要点。本案明确了通知重裁的如下意义：一是通知重裁是撤销程序中由人民法院依照职权自由裁量的一个选择性措施，并非必经程序；二是涉外与国内仲裁裁决司法审查中通知重裁的法律依据是合一的，即《仲裁法》第 61 条；三是与国内程序中通知重裁的条件主要限于两类证据不同，本案作为涉外程序中的通知重裁，其适用条件是仲裁庭有能力自我纠错；四是通知重裁是人民法院的可自由裁量的职权，是否接受通知重裁则是仲裁庭的自主自决事项，它不同于人民法院指令重审，仲裁庭有权拒绝；五是仲裁庭拒绝通知重裁的法律后果可能是，人民法院撤销该仲裁裁决，这也间接说明了，通知重裁的具体情形与撤销仲裁裁决的依据之间具有对应关系，因为如果二者之间没有对应，那么当通知重裁的情形不属于仲裁裁决应予撤销的依据之一时，人民法院是不能撤销该仲裁裁决的。

（六）部分撤销［2002］深仲裁字第 641 号裁决案

1. 案情简介

在人民法院披露的司法审查文书中，并未明确给出本案的案情说明。根据司法审查文书中所提示的信息，可将本案相关案情提炼如下：香港七好（集团）有限公司（以下简称为“七好公司”）与金乌公司之间签订有相关合同，合同中含有仲裁条款，约定深圳仲裁委员会作为仲裁机构。后因争议，七好公司向该仲裁机构提请仲裁；在仲裁过程中，金乌公司提出仲裁反请求，其提交的索赔清单中含“（7）办衣、面辅料采购、成衣加工的费用 4070854 元”请求及其证据。其后，仲裁反请求人金乌公司在仲裁庭开庭过程中撤回了其提交的“索赔清单”中的证据，但其并未表示变更其反请求事项以及具体的请求数额。仲裁庭最终作出裁决，[①] 裁定七好公司向金乌公司赔偿实际损失中包括“办衣、面辅料采购、成衣加工的费用 4070854 元”。

七好公司不服该仲裁裁决，向深圳市中级人民法院提出部分撤裁申请。2003 年 11 月 25 日，深圳市中院受理香港七好公司申请部分撤裁案；2004 年 6 月 6 日，广东省高级人民法院向最高人民法院请示；2004 年 9 月 14 日，最高人民法院作出复函。

2. 双方诉答

根据人民法院司法审查文书，可将本案双方当事人的诉答提炼如下：

撤裁申请人七好公司的部分撤裁理由有二：第一，本案撤裁依据应根据《深圳仲裁委员会仲裁规则》进行。该规则第七章关于涉外裁决第 86 条规定，一方或双方为外国当事人的纠纷的仲裁，适用本章的规定；本章没有规定的，适用本规则其他有关规定。该章对涉外裁决的撤销事由虽然没有特定规定，但该规则第五章第 76 条规定了撤销事由，包括伪造证据，隐瞒重要证据。根据该会仲裁规则，上述撤销事由适用于本涉外仲裁裁决。第二，本案仲裁裁决存在超裁问题。被申请人撤回了部分反请求所直接依据的证据，就视为撤回了部分反请求，仲裁庭无权再裁决支持该部分反请求。因此，仲裁裁决第 4 项裁决的损失应减去被申请人撤回的部分。

金乌公司认为，应维持案涉仲裁裁决，驳回部分撤裁申请。

3. 司法审查

深圳市中级人民法院审查后根据多数意见请示认为：第一，关于撤裁依据问题。对涉外仲裁裁决，在司法实践中，原则上只进行程序审查。但对深圳仲裁委作出的涉外仲裁裁决的审查则存在特殊性。该仲裁机构的仲裁规则约定了包括伪造证据、隐瞒重要证据等实体事项，因此这些问题也构成本案撤裁审查依据。而且，仲裁制度的本质和基础是当事人意思自治，双方选择了仲裁规则，就等于双方同意撤裁也应按规则进行，也就是说，是双方约定的撤裁标准，不违反法律的禁止性即可，《民事诉讼法》第 260 条第 1 款规定审查的一般标准（默认标准），并非强制性的规定，当事人可以放弃或变更。如果坚持只能按《民事诉讼法》第 260 条第 1 款

① 参见深圳仲裁委员会［2002］深仲裁字第 641 号裁决。

的规定进行审查则违背了当事人共同的意思表示，否定了当事人正当的程序选择权。因此，对深圳仲裁委作出的仲裁裁决应根据仲裁规则和当事人约定进行实体审查，即审查是否存在伪造证据，隐瞒重要证据的事实。

就此问题也有少数意见认为，仲裁裁决的司法审查标准只能是法定的，仲裁规则和当事人约定不能改变法定的审查标准。

第二，关于仲裁裁决超裁的问题。金乌公司撤回索赔清单中第（7）项请求所附的证据，即应视为撤回该部分仲裁请求，但案涉仲裁裁决第4项裁决的损失仍然包括该部分请求金额，存在超裁情形。

广东省高级人民法院审查后请示认为：第一，对案涉涉外仲裁裁决能否进行部分实体审查的问题，即能否对证据、事实进行审查的问题。根据民事诉讼法和仲裁法的相关规定，人民法院对申请撤销的涉外仲裁裁决案件只能进行程序审查，不能进行实体审查，包括部分实体审查。涉外仲裁裁决的司法审查标准只能是法定的，与仲裁规则及有关当事人约定无关。本案中不存在依深圳仲裁委仲裁规则就是否伪造证据及隐瞒重要证据实体审查的情由。另外，仲裁规则的规定应该符合民诉法和仲裁法的规定，综上，倾向于认为不应对该仲裁裁决作实体审查。

第二，关于裁决是否超裁的问题。被申请人金乌公司在仲裁过程中撤回了部分反请求所直接依据的证据，应当视为撤回了部分反请求，仲裁庭无权再裁决支持该部分反请求，故倾向性意见是，撤销该超裁部分。①

最高人民法院审查后复函认为：我国法律并没有赋予当事人约定撤销仲裁裁决审查标准的权利，因此，人民法院对是否应当撤销有关仲裁裁决进行审查应当严格依照法律规定进行，不能以当事人选择的仲裁规则中有关于撤销仲裁裁决范围的规定，进而认为当事人选择了撤销有关仲裁裁决的审查标准，并以该标准对仲裁裁决进行审查。本案反请求人金乌公司在仲裁庭开庭过程中虽然撤回了其提交的“索赔清单”中相关部分的证据，但其并未表示变更其反请求事项以及具体的请求数额，因此，仲裁庭最终裁定七好公司向金乌公司赔偿实际损失中包括上述部分费用，没有超出仲裁协议约定的仲裁事项的范围和金乌公司仲裁反请求的范围，不构成超裁。本案应当裁定驳回七好公司撤裁申请。②

---

① 参见［2003］粤高法民四他字第14号请示。

② 参见最高人民法院［2004］民四他字第26号复函。

4. 案例评析

本案值得关注的法律要点有三：第一，关于撤裁依据能否约定的问题。从功能上看，撤裁是司法监督仲裁、确保其裁决公正的公权力机制。同时，从法效上看，撤裁也是司法对仲裁裁决，从而也是对当事人程序选择上的意思自治的根本否定。因此，撤裁机制应当置于功能与法效两个角度进行衡量，以确定撤裁依据的界限与范围。从司法支持仲裁、支持当事人的程序选择权的角度看，应限制撤裁依据的设置，从而禁止当事人约定撤裁依据；从提升仲裁公正和公信力角度看，则应强化司法对仲裁裁决的监督。二者有相互冲突之处。从比较法及国际社会的发展主流角度观之，限制司法机关的撤裁，支持仲裁是其趋势。就此而言，撤裁依据的法定而非约定，有助于避免司法审查机关对仲裁的过度介入和干涉，即便是以当事人是意思自治之名。故，本案中广东省高级人民法院和最高人民法院的司法立场更为稳健，值得肯定。

不过，必须指出的是，从提升仲裁裁决公正与公信力的角度观之，如果仲裁市场出现某些乱象，深圳市中级人民法院肯认当事人对撤裁依据进行约定的立场也有“乱世用重典”的治标功效。不仅如此，如果考虑到当前背景下针对仲裁裁决一裁终局原则进行的某些反思、检讨和应对，例如赋予当事人对仲裁裁决的法律效力以自主与自决的权利，由他们自己决定是否可以选择仲裁内复裁，或仲裁外起诉或上诉，附条件地赋予当事人约定撤裁依据的做法，也有其合理之处。结论因此是二元的：从合法性的现实主义角度看，我国立法所设置的撤裁依据是法定的，不能约定；从合理性的理想主义角度看，赋予当事人撤裁依据以约定的权利，也无可厚非。

第二，仲裁规则中的涉外与国内仲裁之间的援引条款究竟适用哪些款项。本案值得发掘的另外一个关键问题是，深圳仲裁委员会仲裁规则中的援引条款，即“本章没有规定的，适用本规则其他有关规定”，究竟可以适用于其他哪些规定？本案深圳市中级人民法院的错误援引，却揭示了一个昧而不彰但意义重大的问题。这个问题不仅存在于深圳仲裁委员会的仲裁规则中，同时也存在《民事诉讼法》和《仲裁法》之中。[①] 不仅如此，

---

① 参见《民事诉讼法》第 259 条：“在中华人民共和国领域内进行涉外民事诉讼，适用本编规定。本编没有规定的，适用本法其他有关规定。”《仲裁法》第 65 条：“涉外经济贸易、运输和海事中发生的纠纷的仲裁，适用本章规定。本章没有规定的，适用本法其他有关规定。”

甚至可扩展推论认为，在涉及所有区分——涉外与国内之间的区分，只是其中的一种区分情形——规定的立法中，都存在此类援引条款适用范围的问题。显然，在仲裁领域中立法之所以进行国内和涉外两类情形的区分设置，其立意是在维持不同情形的特殊性，但如果不加区分地对国内仲裁中的规定，包括撤裁依据中对证据等实体问题进行审查的规定进行援引，就会彻底抵消立法区分的原旨。本案深圳市中级人民法院的司法审查立场就是对仲裁规则区分设置意旨的根本否定。不过，去伪存真，值得进一步思考的问题是，援引条款究竟适用于哪些条款？其标准何在？这就意味着需要提出一些标准，对国内仲裁的规定进行类型划分，以决定哪些条款不能适用于涉外仲裁——典型例子即是仲裁裁决的实体审查；哪些条款能够适用于涉外仲裁——典型例子即是通知重裁的某些规定。

第三，超裁=超出请求事项。回归本书此处所关切的主题，本案例中人民法院也再次明确了超裁的判断基准，这就是当事人的请求事项。本案案涉仲裁程序中，仲裁反申请人金乌公司提交仲裁的请求事项之一是“（7）办衣、面辅料采购、成衣加工的费用 4070854 元”，仲裁裁决也对此作出了裁定，但干扰深圳市中级人民法院进行司法审查判断的一个事实因素是，金乌公司单独撤回了该索赔细项下的证据，但并没有明确撤回该索赔细项。问题和分歧由此产生：针对该事实行为，应否认定当事人同步撤回该索赔细项的请求？深圳市中级人民法院认为是，从而仲裁裁决构成超裁，即超出当事人与此相关的部分请求事项；但其余两级法院对此持否定态度，撤回证据并不等于撤回请求事项，仲裁裁决因此并未超裁。

（七）不予执行［2004］中国贸仲京裁字第 0105 号裁决案

1. 案情简介

1999 年 3 月，宁夏民族化工集团有限责任公司（以下简称民族化工公司）与新加坡永航私人有限公司（以下简称永航公司）、新加坡新川利有限公司（以下简称新川利公司）、银川变压器有限公司（以下简称银变公司）共同签订了《宁夏永川食品有限责任公司转让合同书》（以下简称为《转让合同书》），由后三家公司将其所有的食品公司转让给民族化工公司。合同中含有仲裁条款，其约定：“因履行本合同及与本合同有关的事宜发生纠纷，甲乙各方应协商处理。若协商不成，则提请中国国际经济贸易仲裁委员会（北京）仲裁处理，依据该委员会的规则，且仲裁是终局的。”合同履行中，永航公司、新川利公司、银变公司以民族化工公司未履行付款义务、构成违约为由向中国国际经济贸易仲裁委员会申请仲裁。

仲裁请求包括：（1）解除《宁夏永川食品有限责任公司转让合同书》，由民族化工公司返还全部财产；（2）裁决申请人支付占用财产的使用费；（3）申请人承担全部违约责任，并支付违约金；（4）被申请人承担资产使用期间的全部债权债务；（5）被申请人承担本案的仲裁以及其他损失费。

被申请人在仲裁中答辩称：解除合同返还财产的理由不成立，因为合同中并没有对此作出约定，申请人也没有将永川食品公司产权证移交给被申请人，此项请求不属于仲裁协议的范围，应当驳回，申请人要求支付占用财产使用费没有法律依据。

仲裁庭作出案涉仲裁裁决。[①]

2. 双方诉答

强制执行申请人认为：案涉仲裁裁决已经生效，被申请人拒不执行裁决义务，故请求强制执行。

被执行人认为：裁决事项不属于仲裁协议的范围，仲裁机构无权仲裁。首先是合同中并没有约定解除合同的条款，只约定一方给对方造成损失应承担赔偿责任，同时约定应以转让值的违约部分，按银行同期贷款利率两倍执行。其次，裁决支付占用和使用财产费，在《转让合同书》中也没有明文规定，也不属于仲裁协议的范围。

3. 司法审查

石嘴山市中级人民法院审查后请示认为：案涉仲裁裁决属《民事诉讼法》第 260 条第 1 款第 4 项规定的情形，应裁定不予执行。

宁夏回族自治区高级人民法院审查后请示认为：案涉仲裁裁决应不予执行。理由包括：第一，申请执行人申请仲裁请求第 1 项是："解除《转让合同书》由被执行人返还全部财产"，与之对应的裁决是"本案申请人与被申请人签订的《转让合同书》予以解除，被申请人应向申请人支付人民币 1241.41 万元或交付与人民币 1241.41 万元等额的财产"。依据转让合同约定，民族化工公司"购买目标企业 375 万元"承担债务 180 万元，两项共计 555 万元。仲裁机构没有按当事人约定的价格和要求仲裁的事项进行仲裁，而以民族化工公司单方为注册新公司而做出的 1241.41 万元的评估结论为依据进行裁决，明显超出了仲裁协议的范围。

---

① 参见［2004］中国贸仲京裁字第 0105 号裁决书。

第二，申请仲裁第 2 项请求是："裁决被申请人支付占用四年的财产使用费 744.6 万元。"对应裁决是："向申请人支付占用和使用财产费 619.49 万元。"但根据合同约定："转让目标企业如有违约，应承担两倍银行同期贷款利率"，没有支付占用、使用财产费的约定，该裁决既不符合当事人的约定，又无可供裁决的依据，因此该项裁决不属仲裁的范围。

最高人民法院审查后复函认为：关于所涉仲裁裁决是否超裁的问题。根据仲裁条款的约定事项，"因履行本合同及与本合同有关的事宜发生纠纷"均属于可交付仲裁的事项。本案中，永航公司、新川利公司、银变公司以民族化工公司未履行合同、构成违约为由向中国国际经济贸易仲裁委员会申请仲裁，并提出了具体的请求，仲裁庭围绕《转让合同书》的履行情况认定民族化工公司构成违约，并根据仲裁申请人的具体请求作出了仲裁裁决。解除合同并给付相应的财产、支付占用和使用财产费等，均是仲裁庭针对仲裁被申请人民族化工的违约行为，并根据仲裁申请人的具体请求作出的实体处理结果，属于在当事人交付仲裁事项的范围内作出的裁决，不能以仲裁裁决对于违约行为的实际处理结果与合同中约定的违约责任不同而认为仲裁裁决超出了仲裁协议的范围。因此，民族化工公司关于本案所涉仲裁裁决事项不属于仲裁协议范围的观点不能成立。

综上，本案所涉仲裁裁决不存在我国法律规定可不予执行的情形，人民法院应予执行。

4. 案例评析

本案值得关注的法律要点有二：第一，本案的核心问题仍然是，如何判断仲裁裁决是否超裁。为此，人民法院在进行司法审查时，逐一比对了仲裁裁决的各裁项、合同条款及仲裁裁决的请求事项，最终作出案涉仲裁裁决未超裁的结论。为直观比对约定事项、请求事项、裁决事项之间的对应关系，可将其用表格列示如表 5-10：

表 5-10　　本案中相关事项的比对

约定事项	请求事项	裁决事项
因履行本合同及与本合同有关的事宜发生纠纷	解除《转让合同书》，由被执行人返还全部财产	本案申请人与被申请人签订的《转让合同书》予以解除，被申请人应向申请人支付人民币 1241.41 万元或交付与人民币 1241.41 万元等额的财产
	裁决被申请人支付占用四年的财产使用费 744.6 万元	向申请人支付占用和使用财产费 619.49 万元

通过比对裁决事项可以看出，裁决事项既没有超出约定事项，也严格符合当事人请求仲裁的事项。虽然当事人对于裁决数额可能存在一定的分歧或争议，但在请求事项的范围内，具体裁决的内容，包括金额大小，已经属于实体问题了，人民法院不能也无权进行司法审查。因此，从形式相符的角度看，最高人民法院的复函意见是稳健的。

第二，关于人民法院是否应当介入涉外仲裁裁决的实体内容进行司法审查的问题。从法律规则的设定看，答案是否定的，除非涉及社会公共利益的审查。当然，对于某些程序问题的审查，事实上也不可避免地会涉入实体内容，例如超裁的判断、可仲裁性的认定等。对此，在实践和理论上都有一些反思性的呼吁。无论如何，在现有规则限度内，仲裁裁决如涉及实体问题，及其可能存在的错误，正如最高人民法院所正确地指出的那样："本案仲裁裁决的实体处理结果是否得当，不属于人民法院对涉外仲裁裁决的司法审查范围，这是当事人选择仲裁解决纠纷所应承受的风险。"这一立场有些类似侵权法领域中的"自甘风险"之逻辑，换言之，当事人自愿选择以涉外仲裁的方式解决争议，仲裁裁决就应免于司法审查实体问题，当事人只能为自己的程序选择承担实体有错的风险。

二　多方多合同情形

（一）执行［2005］中国贸仲京裁字第 0233 号裁决案

1. 案情简介

表 5-11　案情简介

序号	时间	案件事实
1	1996. 11. 02	东迅与恒通签订合作合同，约定双方投资设立中外合作企业即广西路通公路开发有限公司。合作合同含仲裁条款和担保条款。担保条款约定，由玉柴集团出具承诺函，作为担保人
		恒通、原县级玉林市财政局和原县级玉林市政府共同向东迅公司出具《广西玉林市恒通公司对于合作公司的担保机制说明》，原县级玉林市政府作为保证人向东迅公司出具了承诺函，以市政府财政为恒通回报义务的履行提供担保。玉柴集团作为保证人也向东迅出具承诺函，对合作合同中的担保责任作了进一步的承诺和约定
2	1997. 04. 22	国务院国函［1997］26 号批准撤县立市，县级玉林市变更为地级玉林市
3	2003. 08. 27	后发生争议，贸仲根据 1996 年 11 月 2 日签订的合同中的仲裁条款及同日承诺函，受理了案件

续表

序号	时间	案件事实
4	2003. 10. 27	地级市玉林市政府提出管辖权异议
5	2004. 06. 01	玉柴集团提出管辖权异议
6	2003. 11. 25	贸仲驳回玉林市政府管辖权异议
7	2004. 07. 20	魔种驳回玉柴集团管辖权异议
8	2005. 06. 23	贸仲作出案涉仲裁裁决①
9	2005. 10. 13	东迅向玉林市中院提出强制执行申请
10	2005. 10. 25	玉林市中院立案执行
11	2005. 10. 30	玉林市政府、恒通对案涉仲裁裁决提出申辩和异议
12	2005. 12. 07	玉林市中院裁定中止执行案涉仲裁裁决②
		东迅公司不服裁定，向广西壮族自治区高院向提出复议申请
13	2006. 06. 15	广西壮族自治区高院向最高法请示
14	2006. 09. 13	最高法作出复函

2. 双方诉答

执行申请人东迅公司申请强制行案涉仲裁裁决。

被申请人恒通公司与玉林市政府答辩称：原县级玉林市政府为合作合同出具的承诺函，其性质与玉柴机器集团有限公司提供的担保一样，属于一般保证的担保，同样具有先诉抗辩权和保证责任期间已超过的问题，仲裁裁决仅对玉柴集团公司提供担保涉及的上述两个问题作出仲裁理由的说明，并裁决认定抗辩成立。但对玉林市政府提出的同样两个抗辩问题并未作出是否成立的仲裁理由说明，更没有作出相应的仲裁裁决。因此，仲裁裁决既存在程序不当，也存在实体处理不当。本案仲裁审理违反了《民事诉讼法》第 260 条第 1 款第 1、3 项的规定，应不予执行。

被申请人玉林市政府又单独提出答辩异议称：第一，现地级玉林市政府与东迅公司没有签订过任何合同，亦没有签订或达成仲裁条款、仲裁协议，仲裁审理把地级玉林市政府列为当事人，并且在仲裁开庭前异议人已书面提出管辖异议后仍不予纠正，本案仲裁程序违法。第二，本案仲裁裁决与适用的仲裁规则不符。在仲裁审理过程中，被申请人在仲裁开庭前的

① 参见［2005］中国贸仲京裁字第 0233 号仲裁裁决。

② 参见［2005］玉中执字第 209-1 号民事裁定书。

两次书面答辩及开庭时均反复阐述被申请人不是本仲裁案的当事人；东迅公司向保证人提出仲裁请求，超过了6个月的保证责任期间，保证人免除保证责任。但仲裁庭在判决书中对被申请人提出的问题，没有阐述任何裁决理由，就径行作出裁决。请求法院对本案仲裁裁决裁定不予执行。

3. 司法审查

玉林市中级人民法院审查后请示认为：第一，关于地级玉林市政府是否是适格仲裁主体的问题。首先当事人签订的《路通公司合同》其时间在地级玉林市政府设立之前，对此，应认定县级玉林市人民政府是签订本合同的当事人，县级玉林市人民政府所出具的承诺函应认定是本案合同的担保人，而地级玉林市政府既没有自愿承担担保，亦没有决定下级政府提供担保的意思表示，其并不是本案合同担保主体。第二，县级玉林市人民政府是具有法律意义的独立法人，依法独立承担民事责任。事实上，在县级玉林市被撤销后，已在原行政辖区相应分立一区一县，因此，合同上约定的仲裁条款仅对中外合作双方的争议解决选择仲裁委员会仲裁，法律约束力并不当然及于地级玉林市政府，并不能由地级玉林市人民政府承担县级玉林市人民政府应承担的民事责任，地级玉林市人民政府不是县级玉林市人民政府权利义务的承受人。尽管设立地级玉林市政府后，恒通公司移交地级玉林市管理，主管部门归为地级玉林市政府，但并不由此而改变其独立法人的法律地位，改变县级玉林市政府仍然是签订合同当事人的事实，显然现玉林市人民政府并未是仲裁案的被申请人，而本案仲裁裁决并未就本案的主体事实进行认定，直接将现玉林市政府作为仲裁案件的主体，显属不当。据此，仲裁机构作出的仲裁属违反法定程序，依照《民事诉讼法》第260条第1款第1项，应裁定对仲裁裁决不予执行。

广西壮族自治区高级人民法院审查后请示认为：第一，关于仲裁时效的问题，仲裁庭已经在裁决书中认定玉林市政府的担保承诺函依法无效，既然担保无效，那么也就不存在超过6个月保证责任期间的问题。对于被申请人阐述的被申请人不是本仲裁案件的当事人的问题，仲裁委员会已经做出管辖权决定书，认定玉林市政府系本案适格当事人。因此，本院认为，仲裁委员会和仲裁庭已分别在管辖权异议决定书及仲裁裁决书中对被申请人提出的问题阐述了裁决理由，并没有违反仲裁规则。

第二，关于争议各方是否订有仲裁条款问题。玉林市政府辩称，为恒通公司提供的担保引起的纠纷，不属于仲裁管辖范畴。本案的关键问题是：主合同约定有仲裁条款，而从合同即保证合同没有约定仲裁条款，主合同一方当事人提起仲裁时，担保人是否应受主合同约定的仲裁条款约束的问题。依《仲裁法》第4条规定，[①] 当事人双方是否达成仲裁协议是确定纠纷究竟是以诉讼方式还是仲裁方式解决的唯一依据。仲裁更多地体现当事人双方的意志，是由当事人双方的意思自治决定的，当事人采用仲裁方式解决纠纷，应当双方自愿，达成仲裁协议。没有达成仲裁协议，就不能通过仲裁方式解决。自愿原则是仲裁制度赖以存在与发展的基石，没有当事人意思自治的仲裁不是真正意义上的仲裁。当事人发生纠纷，是否选择仲裁的方式解决，由当事人双方自己决定，任何一方不能将自己的意志强加于另一方，必须通过双方当事人平等协商达成书面协议。

据此可认为，申请人东迅公司与保证人原县级玉林市政府在双方签订的承诺函中并未有仲裁条款，亦未单独签订仲裁协议，没有请求仲裁解决纠纷的意思表示。本案分为合作合同履约纠纷以及履约担保纠纷，基于东迅公司与县级玉林市政府之间的担保法律关系发生的纠纷，与东迅公司和恒通公司之间的合作合同纠纷是两个不同的法律关系，合作合同中的仲裁条款不能适用于担保法律关系发生的纠纷，即东迅公司与县级玉林市政府之间的履约担保法律关系不受恒通公司与东迅公司合作合同中的仲裁条款的约束。因此，原县级玉林市政府（包括现地级玉林市政府）不是本案适格被申请人，对仲裁裁决中涉及玉林市政府的部分应不予执行。综上，应对［2005］中国贸仲京裁字第0233号裁决中涉及恒通公司的部分应予执行；对涉及玉林市政府的部分不予执行。[②]

最高人民法院审查后复函认为：从本案有关事实看，合作合同中明确约定合作双方为恒通公司和东迅公司。广西玉林市政府作为恒通公司的主管部门，路劲公司作为东迅公司的主管部门，尽管亦在该合作合同上签署，但是合作合同第二章明确约定合作公司的合作双方为恒通公司和东迅公司。因此，玉林市政府和路劲公司均不是合作合同的当事人，合作合同中的仲裁条款不能约束玉林市政府。玉林市政府提供的担保函中没有约定仲裁条款，玉林市政府与东迅公司之间亦未就它们之间的担保纠纷的解决

---

① 该条规定："当事人采用仲裁方式解决纠纷，应当双方自愿，达成仲裁协议。没有仲裁协议，一方申请仲裁的，仲裁委员会不予受理。"

② 参见［2006］桂法执复字第2号，［2006］桂法执议字第4号复函。

达成仲裁协议。仲裁庭依据合作合同中的仲裁条款受理本案，就涉及玉林市政府的担保纠纷而言，仲裁裁决已经超出了仲裁协议的范围。综上，根据《民事诉讼法》第260条第1款第4项以及最高人民法院《关于适用〈民事诉讼法〉若干问题的意见》第277条的规定，人民法院应当裁定不予执行涉及玉林市政府部分的仲裁裁决，其余部分应予执行。[①]

4. 案例评析

本案中，有如下数点值得关注：第一，区分主从合同，严格按照合同及仲裁条款相对性限定仲裁条款的适用范围。尽管载有仲裁条款的合作合同由恒通公司及其主管部门玉林市人民政府，与东迅公司及其主管部门路劲公司签字，但正如广西壮族自治区高级人民法院所认为的那样，主从合同是不同的合同，主合同中的仲裁条款并不当然约束从合同当事人；仲裁事项是合作合同的履约纠纷，不是合作合同的担保纠纷。本案中一个容易产生干扰的因素是，作为主合同的合作合同同时含有仲裁条款和担保条款。这是否意味着该仲裁条款同时拘束担保条款？鉴于合作合同中的担保条款非常简约，只是明确了相关合同当事人应提供担保的义务，但具体的担保权利义务关系由合作合同当事人之外的人士与合同对方当事人另行通过承诺函等形式独立签署。因此，本案人民法院认定合作合同与担保合同区分，合作合同中的仲裁条款不能拘束担保合同。应该说，人民法院的这一司法审查立场是稳健的。

第二，在主从合同情形下，仲裁庭立足主合同仲裁条款审理并裁定从合同的相关内容，人民法院是以“超裁”而非“无（效）仲裁协议”的依据作为撤销或不予执行相关裁决的理由的。本案再次呈现了《民事诉讼法》第274条第1款中第1项“无（效）仲裁协议”与第4项“超裁”之间的适用冲突。玉林市中级人民法院就是拟以前者作为撤销依据的；广西壮族自治区高级人民法院在请示中并没有明确给出撤裁的依据，但从行文看，该法院倾向于认可玉林市中级人民法院的司法审查立场，即认为案涉仲裁裁决当事人之间没有仲裁协议；但最高人民法院在复函时则将此种情形直接定性为“超裁”，应按照该款第4项的规定予以撤裁。

本案究竟应以何种依据作为驳回执行申请的理由，如上文所述，在超裁与无（效）仲裁协议之间确乎存在容易混淆的情形：在超出仲裁协议

① 参见［2006］民四他字第24号复函。

或条款可以涵盖的范围内，针对该部分事项作出的裁决，既属超裁，也属无（效）仲裁协议。区分二者的关键在于，相对的主体结构，即相对于哪一法律关系的哪些主体而言：在申请人与被申请人之间是否绝对不存在仲裁协议，或者仲裁协议无效？从本案的主体情形看，申请执行人是东迅公司，被申请人包括但不限于恒通公司，在二者之间存在含有仲裁条款的合作合同。因此，本案当事人之间并不属于“无（效）仲裁协议”的情形。进一步审查之，可发现案涉仲裁裁决将担保关系的内容纳入其中，而担保关系所立足的担保合同并未含有仲裁条款。这就意味着案涉仲裁裁决已经超出了合作合同中仲裁条款约定适用的范围，最高人民法院认定其为“超裁”，当属合理合法之结论。

第三，本案不仅明确了涉外仲裁中司法审查的范围排除实体问题，而且也排除法律适用的问题；不仅如此，本案也明确了实体审查与程序审查之间的辩证性。从我国立法设置的涉外仲裁裁决司法审查的机制，以及诸多司法审查实践看，涉外仲裁裁决的司法审查范围严格限定在涉外仲裁裁决的程序上，但为确认某些程序问题需要介入实体问题和法律适用。本案中，玉林市中级人民法院已经意识到这一问题，并指出：“由于被申请人提出的其他异议涉及案件实体处理的法律关系及法律适用等问题应不属审查核实范围，在此并不需作出处理，但是就本案被执行主体的审查，是否必须就被申请人的申辩和查实的事实进行核查后方能执行，法律虽未有具体规定，我们是否应以具体的事实为依据来进一步确定。”这一立场很好地体现了程序与实体问题的辩证相关性。

第四，本案值得关切的另外一个法律问题是，仲裁时效的判断问题。作为先决问题，需要判断仲裁时效的法律性质。仲裁时效是否为实体问题？如果是，那么人民法院在司法审查中就不应介入，但广西壮族自治区高级人民法院却进行了审查；如果不是，则仲裁时效应如何判断？如果参照诉讼时效的规定看，我国立法是将诉讼时效定性为实体问题的，这体现在我国《涉外民事关系法律适用法》第 7 条的规定中。该条规定：诉讼时效，适用相关涉外民事关系应当适用的法律。实体问题由准据法决定，程序问题由法院地法决定，这是国际私法中的基本法理。诉讼时效由相关涉外民事关系的准据法判断，也就表明我国立法上是将诉讼时效识别为实体问题。仲裁时效究竟属于实体还是程序问题，我国立法也没有明确定性。从功能和性质角度出发，仲裁时效与诉讼时效属于同一范畴。如果此种解读中肯，那么本案中关于仲裁时效的问题，就属于法律适用和实体问题的范畴，广西壮族自治区高级人民法院就应直接回避该问题的审查。

（二）执行［2005］中国贸仲京裁字第 0246 号裁决案

1. 案情简介

表 5-12　案情简介

序号	时间	案件事实
1	1996. 11. 02	成伟与恒通、县级玉林市政府签订《广西恒劲公路开发有限公司合同》，约定设立中外合作企业——广西路劲公路开发有限公司。合同含有由玉柴集团担保的条款，并规定由玉柴集团出具的承诺函均为本合同的组成部分
2	1996. 11. 02	玉柴集团出具承诺函
3	1996. 11. 02	原县级玉林市政府向成伟出具承诺函
4	1997. 04. 22	国务院国函［1997］26 号批准撤县立市，县级玉林市变更为地级玉林市
5	2003. 08. 27	贸仲接受仲裁申请，受理案件
6	2005. 07. 10	在分别驳回玉林市政府和玉柴集团提出的管辖权异议后，贸仲作出案涉仲裁裁决①
7	2005. 10. 13	成伟向玉林市中院提出强制执行申请
8	2005. 10. 25	玉林市中院立案执行
9	2005. 10. 30	恒通公司与玉林市政府向玉林市中级人民法院提出《对［2005］中国贸仲京裁字第 0233 号、0246 号裁决实体处理和适用法律问题的异议》
		玉林市政府同日向玉林市中级人民法院单独提出《玉林市人民政府对成伟投资有限公司申请执行［2005］中国贸仲京裁字第 0246 号裁决书的申辩、异议书》
10	2005. 10. 31	玉柴集团向玉林市中级人民法院提出《对成伟投资有限公司申请执行［2005］中国贸仲京裁字第 0246 号裁决书的申辩、异议书》
11	2005. 12. 07	玉林市中院作出民事裁定，裁定本案中止执行
12	2005. 12. 20	成伟不服中止裁定，向高院提出复议申请
13	2006. 06. 15	广西壮族自治区高院向最高法请示
14	2006. 09. 13	最高法作出复函

2. 双方诉答

执行申请人成伟公司申请玉林市中级人民法院强制执行案涉仲裁裁决。

① 参见［2005］中国贸仲京裁字第 0246 号裁决。

执行被申请人恒通公司与玉林市政府答辩认为：原县级玉林市政府为合作合同出具的承诺函，其性质与玉柴机器集团有限公司提供的担保一样，属于一般保证的担保，同样具有先诉抗辩权和保证责任期间已超过的问题，仲裁裁决权仅对玉柴集团公司提供担保涉及的上述两个问题作出仲裁理由的说明，并裁决认定抗辩成立。但对玉林市政府提出的同样两个抗辩问题并未作出是否成立的仲裁理由说明，更没有作出相应的仲裁裁决。因此，仲裁裁决既存在程序不当，也存在实体处理不当。据此，本案仲裁审理违反了《民事诉讼法》第 260 条第 1 款第 1、3 项规定，请求法院对本案仲裁裁决裁定不予执行。

被申请人玉林市政府又单独提出答辩认为：第一，现地级玉林市政府与成伟公司没有签订过任何合同，亦没有签订或达成仲裁条款、仲裁协议，仲裁审理把地级玉林市政府列为当事人，并且在仲裁开庭前异议人已书面提出管辖异议后仍不予纠正，本案仲裁程序违法。第二，本案仲裁裁决与适用的仲裁规则不符。在仲裁审理过程中，被申请人在仲裁开庭前的两次书面答辩及开庭时均反复阐述被申请人不是本仲裁案的当事人；成伟公司向保证人提出仲裁请求，超过了 6 个月的保证责任期间，保证人免除保证责任。但仲裁庭在判决书中对被申请人提出的问题，没有阐述任何裁决理由，就径行作出裁决。因此，请求法院对本案仲裁裁决裁定不予执行。

被申请人玉柴集团答辩认为：第一，本案合作合同签订双方是广西玉林市恒通有限公司和成伟投资有限公司，玉柴集团在约定有仲裁条款的合作合同上没有任何签章。本仲裁案把玉柴集团列为当事人，仲裁委员会确认对玉柴集团与成伟公司之间因保证责任的争议具有管辖权，缺乏事实和法律依据。第二，最高人民法院审理的已生效的案例中，已明确在担保从合同中如没有仲裁条款或订有仲裁协议，则因担保关系发生争议的解决，不受主合同仲裁条款的约束。因此，请求法院裁定对本案仲裁裁决不予执行。

3. 司法审查

玉林市中级人民法院审查后请示认为：第一，关于地级玉林市政府是否是适格仲裁主体的问题。首先当事人签订的恒劲公司合同其时间在地级玉林市政府设立之前，对此，应认定县级玉林市人民政府是签订本合同的当事人，县级玉林市人民政府所出具的承诺函应认定是本案合同的担保人，而地级玉林市政府既没有自愿承担担保，亦没有决定下级政府提供担保的意思表示，其并不是本案合同担保主体。其次，县级玉林市人民政府是具有法律意义的独立法人，依法独立承担民事责任。事实上，在县级玉林市被撤销后，已在原行政辖区相应分立一区一县，因此，合同上约定的仲裁条款仅对中外合作双方的争议解决选择仲裁委员会仲裁，法律约束力并不当然及于地级玉林市政府，并不能由地级玉林市人民政府承担县级玉林市人民政府应承担的民事责任，地级玉林市人民政府不是县级玉林市人民政府权利义务的承受人。尽管设立地级玉林市政府后，恒通公司移交地级玉林市管理，主管部门归为地级玉林市政府，但并不由此而改变其独立法人的法律地位，改变县级玉林市政府仍然是签订合同当事人的事实，显然现玉林市人民政府并不是仲裁案的被申请人，而本案仲裁裁决并未就本案的主体事实进行认定，直接将现玉林市政府作为仲裁案件的主体，显属不当。

第二，关于玉柴集团是否与成伟公司签订仲裁协议，是否是适格仲裁主体的问题。从审查证据表明，玉柴集团出具的承诺函对合作合同的全部内容表示承诺，应认定承诺函系主合同的组成部分，认可了因合作合同发生的争议应受本案合同仲裁条款所约束。因此，异议人玉柴集团的异议理由不能成立。应认定玉柴集团与成伟公司约定有仲裁条款，是适格的仲裁主体。

第三，由于被申请人提出的其他异议涉及案件实体处理的法律关系及法律适用等问题应不属审查核实范围，在此并不需作出处理，但是就本案被执行主体的审查，是否必须就被申请人的申辩和查实的事实进行核查后方能执行，法律虽未有具体规定，我们是否应以具体的事实为依据来进一步确定。

据此，应认为仲裁机构作出的仲裁属违反法定程序，依照《民事诉讼法》第260条第1款第1项，应裁定对仲裁裁决不予执行。

广西壮族自治区高级人民法院审查后请示认为：第一，根据我国有关法律规定，人民法院对涉外仲裁裁决仅进行程序性审查，对认定事实和适用法律方面不作审查。经查，被申请人恒通公司和玉林市政府共同提出的第1、2、4点异议均系涉及案件实体处理的法律关系和法律适用等问题，不属于人民法院对涉外仲裁裁决的司法审查范围。

第二，恒通公司与玉林市政府共同提出的第3点异议与玉林市政府单独提出的第2点异议属同一问题。经查，对于申请人提出的仲裁时效已过的问题，仲裁庭已经在裁决书第93页第二自然段中认定玉林市政府的担保承诺函依法无效，既然担保无效，那么也就不存在超过6个月保证责任期间，申请人提出的仲裁时效已过的问题。对于被申请人阐述的被申请人不是本仲裁案件的当事人的问题，仲裁委员会已经做出管辖权决定书，认定玉林市政府系本案适格当事人。因此，本院认为，仲裁委员会和仲裁庭已分别在管辖权异议决定书及仲裁裁决书中对被申请人提出的问题阐述了裁决理由，并没有违反仲裁规则。

第三，对于玉林市政府单独提出的和玉柴集团提出的异议，即关于争议各方是否订有仲裁条款问题。玉柴集团及玉林市政府均辩称，为恒通公司提供的担保法律引起的纠纷，不属于仲裁管辖范畴。本案的关键问题是：主合同约定有仲裁条款，而从合同即保证合同没有约定仲裁条款，主合同一方当事人提起仲裁时，担保人是否应受主合同约定的仲裁条款约束的问题。根据《仲裁法》第4条规定，[①] 当事人双方是否达成仲裁协议是确定纠纷究竟是以诉讼方式还是仲裁方式解决的唯一依据。仲裁更多地体现当事人双方的意志，是由当事人双方的意思自治决定的，当事人采用仲裁方式解决纠纷，应当双方自愿，达成仲裁协议。没有仲裁协议，不能通过仲裁方式解决。自愿原则是仲裁制度赖以存在与发展的基石，没有当事人意思自治的仲裁不是真正意义上的仲裁。当事人发生纠纷，是否选择仲裁的方式解决，由当事人双方自己决定，任何一方不能将自己的意志强加于另一方，必须通过双方当事人平等协商达成书面协议。

据此应认为，申请人成伟公司与保证人原县级玉林市政府在双方签订的承诺函中并未有仲裁条款，亦未单独签订仲裁协议，没有请求仲裁解决纠纷的意思表示。本案分为合作合同履约纠纷以及履约担保纠纷，基于成伟公司与县级玉林市政府之间的担保法律关系发生的纠纷，与成伟公司和恒通公司之间的合作合同纠纷是两个不同的法律关系，合作合同中的仲裁条款不能适用于担保法律关系发生的纠纷，即成伟公司与县级玉林市政府之间的履约担保法律关系不受恒通公司与成伟公司合作合同中的仲裁条款的约束。因此，原县级玉林市政府（包括现地级玉林市政府）不是本案

---

① 该条规定："当事人采用仲裁方式解决纠纷，应当双方自愿，达成仲裁协议。没有仲裁协议，一方申请仲裁的，仲裁委员会不予受理。"

适格被申请人，对仲裁裁决中涉及玉林市政府的部分应不予执行。①

最高人民法院审查后复函认为：从本案有关事实看，合作合同中明确约定合作双方为恒通公司和成伟公司。玉林市政府作为恒通公司的主管部门、路劲公司作为成伟公司的主管部门，尽管亦在该合作合同上签署，但是合作合同第二章明确约定合作公司的合作双方为恒通公司和成伟公司。因此，玉林市政府和路劲公司均不是合作合同的当事人，合作合同中的仲裁条款不能约束玉林市政府。玉林市政府提供的担保函中没有约定仲裁条款，玉林市政府与成伟公司之间亦未就它们之间的担保纠纷的解决达成仲裁协议。仲裁庭依据合作合同中的仲裁条款受理本案，就涉及玉林市政府的担保纠纷而言，仲裁裁决已经超出了仲裁协议的范围。

尽管合作合同约定将玉柴集团出具的担保函作为合作合同的组成部分，但合作合同中的仲裁条款明确约定“合作双方”在解释或履行合同中发生的争议应交付仲裁，而玉柴集团并非合作合同的当事人，因此，其不应受合作合同中仲裁条款的约束。玉柴集团提供的担保函中没有约定仲裁条款，玉柴集团与成伟公司之间亦未就它们之间的担保纠纷的解决达成仲裁协议。在本案仲裁过程中，玉柴集团曾以其不是本案仲裁协议的当事人为由提出了管辖权异议。因此，仲裁庭亦无权对玉柴集团与成伟公司之间的担保纠纷作出仲裁裁决。

综上，根据《民事诉讼法》第 260 条第 1 款第 4 项以及最高人民法院《关于适用〈民事诉讼法〉若干问题的意见》第 277 条的规定，人民法院应当裁定不予执行涉及玉林市政府和玉柴集团部分的仲裁裁决，其余部分应予执行。②

4. 案例评析

本案件也涉及多方主体、多个合同：首先，核心合同是作为主合同的合作合同，合同签署主体包括路劲公司、成伟公司为一方，玉林市政府、恒通公司作为另一方；其次是玉林市政府与成伟公司之间的担保合同关系，由玉林市政府出具担保函；再次是玉柴集团与成伟公司之间的担保合同关系，由玉柴集团出具担保函；最后是由玉林市政府、玉林市财政局、恒通公司一起向成伟公司出具的具有担保合同关系性质的关于担保机制的

① 参见［2006］桂法执复字第 1 号请示，［2006］桂法执议字第 3 号请示。

② 参见［2006］民四他字第 25 号复函。

说明书。这些主体及其彼此间的法律关系如图 5-7 所示。

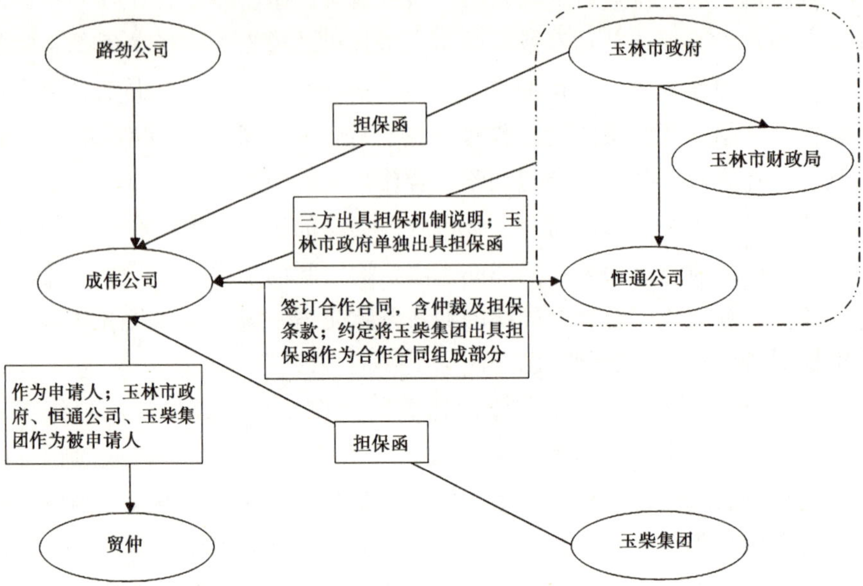

图 5-7 案件法律关系

根据案情，结合图 5-7 可以看出，值得关注的法律问题及司法立场有如下两方面：

第一，主从合同情形下，如何认定主合同中的仲裁条款的适用范围。一般而言，主从合同之间虽然具有相应的法律关联，但毕竟在法理和法律上被视为两个独立的合同，从而具有独立性。主从合同所含仲裁条款也只是在所依托的合同范围内适用。但鉴于自然人、法人和非法人组织之间的复杂交往，主从合同之间的区分也并非总是清晰，特别是在主从合同中相互指引时，更是如此。本案的一个特别之处就在于，在含有仲裁条款的合作合同中，不仅含有担保条款，而且明确将其中之一的担保函，即玉柴集团向成伟公司出具的担保函，约定为合作合同的组成部分。如果此约定有效，无疑该仲裁条款将同时适用于合作合同和担保合同。然而，本案中作为担保人的玉柴集团并未在该合作合同中签字。据此，相关人民法院将担保合同内容排除在案涉仲裁条款的适用范围之外，其立场是应予肯定的。因此，在主从合同情形下，主合同中的仲裁条款并不及于从合同，主合同当事人即便约定将从合同纳入主合同作为其组成部分，在担保人未签署的情形下，此种约定纳入并不成立和生效。

第二，主从合同情形下如何区分“超裁”与“无（效）仲裁协议”的适用。本案和上引案件一样，相关中级和高级人民法院均从“无（效）仲裁协议”的角度进行审查，但最高人民法院将其定性为“超裁”。就成伟公司与玉林市政府、玉柴集团之间的担保关系看，双方当事人之间确无仲裁条款的存在，就此而言，案涉仲裁裁决属于“无（效）仲裁协议”的情形。然而，立足成伟公司与恒通公司之间的合作合同关系观之，二者之间不仅有仲裁条款，而且仲裁裁决也的确包含了合作合同的内容。因此，就本案申请执行仲裁裁决的主体结构看，案涉仲裁裁决以相应的仲裁条款为基础，只不过仲裁裁决超出了仲裁条款的约定范围，故本案应属于“超裁”，超裁部分应予驳回执行申请。

（三）撤销［2004］中国贸仲沪裁字第177号裁决案

1. 案情简介

表5-13　案情简介

序号	时间	案件事实
1	1996.03.24	江阴庆玛曼汽车塑件有限公司（以下简称为江阴公司）与捷华实业有限公司（以下简称为捷华公司）签订购买“轿车保险杠自动涂装生产线及空气压缩机和空气净化设备合同”（以下简称为96合同），含仲裁条款。仲裁条款约定：凡有关本合同或执行本合同而发生的一切争执，应通过友好协商解决。如不能解决，则应提交中国贸仲上海分会按照仲裁规则和程序在上海进行仲裁
2	1999.10.09	江南模具塑化有限公司（以下简称为江南公司）与捷华公司、日本岩田株式会社（以下简称为日本公司）签订购买水洗和火焰处理设备合同（以下简称为99合同），无仲裁条款
3	2001.02.06	江阴模塑集团有限公司（以下简称为江阴集团）与捷华公司、日本公司签订购买底漆烘干炉合同（以下简称为01合同），没有仲裁条款
4	2003.10.28	江阴公司向仲裁委提起仲裁
5	2004.12.17	仲裁庭作出仲裁裁决①
6	2005.01.24	捷华公司向上海市二中院申请撤裁
7	2005.02.16	仲裁委复函上海市二中院，认为捷华公司撤裁理由缺乏事实和法律依据
8	2006.01.04	上海市高院向最高法请示
9	2006.03.16	最高法作出复函

① 参见［2004］中国贸仲沪裁字第177号裁决书。

2. 双方诉答

申请人捷华公司以仲裁裁决严重超裁为由，请求撤销案涉仲裁裁决：江阴公司与捷华公司签订的96合同中载有仲裁条款，江阴公司系据此提起仲裁。江南公司与捷华公司、日本公司签订的99合同，以及江阴集团与捷华公司、日本公司签订的01合同中没有仲裁条款，买方也分别是江南公司和江阴集团。但江阴公司把99合同和01合同的总货款50万元人民币和1.19亿日元作为自己的经济损失，仲裁庭对此却予支持，明显超出了96合同的仲裁范围，处分了案外人的权利义务。

被申请人江阴公司则答辩认为：仲裁裁决认定事实清楚，程序合法，请求驳回捷华公司的撤裁申请。

3. 司法审查

上海市二中院审查后多数意见请示认为：第一，江阴公司仲裁请求的事实和理由中包含了99合同和01合同。仲裁中，江阴公司主张自己分别委托江南公司和江阴集团签订99和01合同，江阴公司实际是两合同的买方，在其提交的损失明细表中，也将99和01合同中的货款作为其直接损失。第二，仲裁庭认定江阴公司发生的上述损失，缺乏事实依据。既然仲裁庭认定涉案三份合同主体等不同，构成相互独立的法律关系，99和01合同的货款是江南公司和江阴集团支付的，那么就否定了江阴公司委托购买的事实。第三，仲裁庭虽然在裁决中界定了仲裁范围仅限于96合同，但该界定和所认定的事实和引用的法律之间存在诸多矛盾。其裁决的损失金额与99和01两合同的总金额相同，在币种上也完全相同，该裁决内容应被理解为事实上处理了99和01合同的货款。由于后两份合同没有仲裁条款，所以裁决实质上构成超裁。依《民事诉讼法》第260条第1款第4项的规定，拟裁撤。

少数意见则认为，仲裁庭仅将99和01两合同的货款作为确定江阴公司的经济损失的考量，而非对两份合同的实体权利义务进行处理；99和01合同中的签约当事人可以按照合同的约定提起诉讼或仲裁等。故，不构成超裁。

上海市高院审查后多数意见请示认为：江阴公司仲裁请求的事实和理由中，包括99合同和01合同的内容，且在向仲裁庭明确经济损失的具体构成时，将这两个合同的货款总额作为其直接经济损失，江阴公司将三份合同一并仲裁解决的意图是明显的。仲裁庭既认定三份合同是相互独立的法律关系，又将 99 和 01 合同项下的货款作为确定 96 合同经济损失的依据，显然自相矛盾。反之，如果仲裁庭认为其将 99 和 01 合同的货款损失作为衡量江阴公司因 96 合同而遭受的经济损失的做法是正确的，那么只能理解为仲裁庭事实上审理了 99 和 01 合同，并处理了这两个合同所涉的货款，实现了江阴公司将三份合同一并仲裁解决的意图，构成了超裁。根据《民事诉讼法》第 260 条第 1 款第 4 项，拟裁撤。

少数意见认为，仲裁庭仅将 99 和 01 两合同的货款作为确定 96 合同的经济损失的考量，而非对两份合同权利义务的处理。客观上说，仲裁庭没有严格审查江阴公司是否遭受了经济损失，以及经济损失的实际数额，其裁决结果可能是不公平的，但这是仲裁中的实体问题，并非法院在审查申请撤裁案件时应该考虑的因素，即涉外仲裁实体错误不构成撤裁理由。故不应裁撤。①

最高法审查后复函认为：96 合同含有仲裁条款，99 和 01 合同没有仲裁条款，因此后两份合同争议不受 96 合同仲裁条款的约束。仲裁庭在审理 96 合同纠纷的过程中认为，不能因为三份合同之间的互相独立性而否认该三份合同之间存在关联性的事实，仍需将 99 和 01 合同的订立与履行过程作为系争合同当事人的权利义务有关的事实进行审理，并在仲裁裁决书主文第 1 项中作出相关裁决，实际上处理了江南公司和江阴集团及日本公司的合法权益，应认定超出了仲裁庭有权审理的范围。根据《民事诉讼法》第 260 条第 1 款第 4 项规定，撤销案涉仲裁裁决第 1 项中的超裁部分。②

4. 案例评析

本案涉及多个主体、多份合同，各合同之间基于仲裁申请人江阴公司所主张的隐名代理之立场而关联起来，继而发生以其中之一的合同所含仲裁条款能否涵盖其余合同争议，据此作出的仲裁裁决是否超裁的问题。为简化案件，可将本案各主体间的法律关系直观图示如图 5-8。

由图 5-8 可见，本案共涉及五个主体、三份合同：一是江阴公司与捷华公司之间的 96 合同；二是江南公司与捷华公司、日本公司之间的 99 合同；三是江阴集团与捷华公司、日本公司之间的 01 合同。五大主体皆是

① 参见［2005］沪高民四（商）他字第 3 号请示。

② 参见［2006］民四他字第 7 号仲裁裁决书。

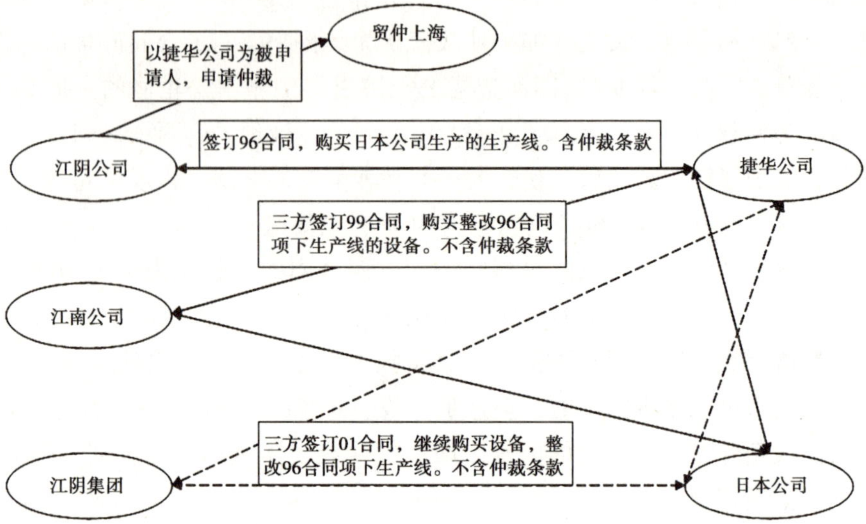

图 5-8 案件法律关系

独立的法律主体，三份合同中仅有 96 合同含有仲裁条款。从形式上看，五个主体分别形成的三份合同彼此之间是独立的关系，但基于两个因素，三份合同发生关联，并触发了第一份合同即 96 合同中仲裁条款能否适用于后两份合同的问题。关联三份合同的第一个因素是，三份合同的标的具有功能上的主从性，即 96 合同的标的是特定生产线，为补救该生产线的瑕疵，分别衍生出 99 合同和 01 合同。因此，三份合同具有标的上的继起性。

关联三份合同的第二个因素则是江阴公司所主张的隐名代理，即江南公司与江阴集团之所以介入本案错综复杂的关系结构之中，分别与捷华公司和日本公司签订用以补救 96 合同之目的的 99 合同和 01 合同，是该两公司接受江阴公司的隐名委托之后，各自以该两公司的本名单独与捷华公司和日本公司签署买卖合同。因此，三份合同具有实质意义上的法律主体的一致性。

立足上述案情和司法审查立场，可将本案法律要点概括如下：

第一，隐名代理情形下，仲裁条款的拘束力和适用范围仍需遵守相对性原则。应当说，本案客观显示了经济或商业意义上的整体性与法律意义上的整体性的不同立场。从商业意义上看，本案三份合同的最终目的都是旨在实现江阴公司所购生产线的正常生产功能，从而实现正常的商业生产。换言之，在商业意义上，此三笔交易的分离与独立是相对的，应视为商业上的一个整体交易。但在法律上，立法者或法律人则是将此商业上的整体交易解析为三个分离和独立的法律关系，按照合同相对性的观点进行处理和调整，得出法律上的结论。但不论持何种观点，本案中96合同所含仲裁条款均不能当然地涵摄99合同和01合同项下的争议。

唯一的争议焦点在于，基于96合同和99合同项下的款项损失是否能够通过解释的方式纳入96合同项下的争议？这正是案涉中院和高级人民法院多数意见与少数意见之分歧点。多数意见认为案涉仲裁裁决对96合同和99合同项下的损失进行裁定，构成超裁；但少数意见则认为案涉仲裁裁决对96合同和99合同项下的损失进行衡量只是手段，其目的仅在于确定96合同项下的损失。包括案涉仲裁庭也对其仲裁裁决作出了说明，认为仲裁庭在仲裁裁决中已经明确，审理范围仅限于有仲裁条款的96合同，鉴于99合同和01合同与96合同的关联性，仲裁庭将两份关联合同的订立和履行过程，作为与96合同当事人的权利义务相关的印证事实予以认定，但不涉及对两份合同当事人权利义务的审理和评判。尽管96合同和01合同的货款是江阴公司的关联公司支付的，但当这两项补充设备完全被用于96合同项下设备的改造以实现合同目的时，在仲裁申请人未提出其他计取损失赔偿的衡量标准或衡量依据时，仲裁庭参照两项补充设备的实际购买价进行衡量，并不构成超裁。即仲裁庭引用99和01两合同的货款金额，考虑的仅仅是确定96合同项下捷华公司违约赔偿责任基础的合理性，而非对两份合同的实体进行审理。这属于仲裁庭确定损失赔偿额的一种方法，是完全公平合理的。

此类争论不仅再次印证了涉外仲裁裁决的司法审查虽然仅限于程序，但可能通过程序突入实体问题的审查这一判断，而且也彰显了仲裁裁决事项本身的辩证属性。以本案仲裁裁决而言，其对99合同和01合同损失的衡量，究竟构成仲裁裁决的裁项本身，还是如仲裁庭所言，只是确定96合同损失的方法？特别是考虑到预期或者次生损失的衡量时，此种辩证性就更为炽烈了。尽管不无道理，但从化繁为简、坚持形式与程序审查的角度观之，本案案涉仲裁裁决如最高人民法院所复函认为的那般，确乎存在对96合同主体之外的日本公司、江阴集团和江南公司的权益之处理。即便认同江阴公司关于隐名代理的立场，作为合同相对方的日本公司和捷华公司也并未在99合同和01合同项下接受仲裁条款的约束。不仅如此，从总体功效上看，撤销仲裁庭裁决的相关超裁部分，江阴公司如认为其还存在其他损失，它也仍然可以单独或者通过江阴集团、江南公司向合同相对方进行法律索赔。

第二，本案程序上一个值得关注的动作是，在人民法院司法审查涉外仲裁裁决的过程中，仲裁裁决的“作者”即特定仲裁庭，包仲裁机构可以对仲裁裁决采取相应的措施。一般而言，仲裁裁决作出后，仲裁庭可以在特定期限内补正裁决；或者应人民法院的重裁通知，自行决定是否重裁。在本案中，相关仲裁机构采取了另外一种措施，这就是针对仲裁裁决的说明函件。可以说，此类程序举措构成了仲裁机构与法院之间的非正式沟通渠道，以此方式让人民法院的司法审查更为客观。

第三，本案引申出的另外一个尚未揭示的延伸问题是，在隐名代理情形下，仲裁条款拘束力的扩张与限缩的问题。本案明确了，在隐名代理情形下，隐名代理的本人与特定对方当事人之间签署的仲裁条款不能扩张适用于代理人与同一对方当事人之间的争议。反过来，如果是代理人与特定相对人之间签署有含仲裁条款的合同，在代理人披露隐名的本人的情形下，该仲裁条款能否拘束隐名的本人和合同相对人？虽然根据我国法律的规定，隐名代理中，代理人向相对人披露隐名的本人的，相对人可以选择向代理人或本人主张权利，但该仲裁条款并不当然拘束本人和相对人，理由在于：一方面，上述规定仅是我国立法，在涉外情形下，该合同条款是否拘束本人和相对人，需要进行法律选择和准据法的适用；另一方面，仲裁条款也不同于合同中的其他条款，在未经当事人明确接受的情形下，不宜适用一般合同条款推定或转让适用的情形。

（四）撤销［2000］贸仲裁字第0333号裁决案

1. 案情简介

表5-14 案情简介

序号	时间	案件事实
1	1993.02.01	山东省房地产开发集团青岛公司（以下简称为青岛公司）与跃龙实业有限公司（以下简称为跃龙公司）签订《中外合资青岛成大房地产开发有限公司合同》（以下简称为93合同），含仲裁条款。仲裁条款约定：凡因执行本合同所发生的或与本合同有关的一切争议，双方应友好协商解决。如果协商不能解决，应提交当地仲裁机构，根据该仲裁机构的仲裁程序进行仲裁，仲裁是终局的，对双方都有约束力
2	1993.06.30	成大公司登记注册

续表

序号	时间	案件事实
3	1994. 09. 08	成大公司与沈阳房天股份有限公司（以下简称为房天公司）签订股份转让与公司更名协议书。青岛公司、跃龙公司与房天公司均签字。据此，三方签订《中外合资青岛房天成大房地产开发有限公司合同》(以下简称为94合同)，含仲裁条款。 仲裁条款约定：凡因执行本合同所发生的或与本合同有关的一切争议，双方应友好协商解决。如果协商不能解决，应向沈阳市人民法院诉讼。根据法理程序进行仲裁，仲裁对双方都有约束力
4	1994. 12	青岛市政府和国家工商局分别向房天成大公司颁发批准证书和营业执照
5	1998. 04. 02	上海市第一中级人民法院作出民事裁定，① 以天河公司申请撤销仲裁裁决的理由不成立为由，驳回其撤销仲裁裁决的申请
6	1999. 05. 24	青岛公司与跃龙公司签订《关于联合解决青岛房天成大房地产开发有限公司股东投资争议的协议书》(以下简称为99协议书)，含仲裁条款。仲裁条款约定：双方同意此案及股东在合资过程中，能以友好协商方法解决，如确实无法解决，可提交贸仲仲裁裁决
7	1999. 07. 16	跃龙公司依据99协议书向贸仲申请仲裁
8	1999. 08. 27	青岛公司向贸仲提出仲裁条款无效的异议申请，理由是跃龙公司提起仲裁的事项与协议书约定的仲裁事项不符，其仲裁请求超出双方约定的仲裁范围
9	2000. 01. 05	贸仲认为，本仲裁案件是跃龙公司因其与青岛公司在合资经营青岛房天成大房地产开发有限公司的过程中发生的纠纷提起的。原合营合同中的仲裁条款的约定是不明确的。但是99协议书中的仲裁条款十分明确，不仅表明了发生争议通过仲裁解决的意思，还明确约定了仲裁机构，并且指明仲裁事项为“此案及股东在合资过程中的争议”。上述协议已经双方签字或盖章，协议书中的仲裁条款当然有效。跃龙公司的仲裁请求是否属于仲裁条款约定的仲裁事项及是否能够得到支持，应由仲裁庭审理案件后裁定。青岛公司否认协议书的效力，无法律依据。此外，合同中的仲裁条款是独立于合同的其他条款而存在的，即使合同无效，合同中的仲裁条款仍有效。贸仲遂决定，跃龙公司依据99协议书中的仲裁条款提起仲裁有效，仲裁程序继续进行
10	2000. 09. 15	贸仲作出案涉仲裁裁决②
11		跃龙公司向青岛中院申请执行裁决；房天公司提出其没有参与仲裁程序，无法行使相关权利，请求法院不予执行
12	2001. 03. 09	青岛公司提出撤裁申请
13		北京市高院向最高法请示
14	2003. 07. 08	最高法作出复函

① 参见［1997］沪一中经仲撤字第2号民事裁定书。

② 参见［2000］贸仲裁字第0333号裁决书。

2. 双方诉答

撤裁申请人青岛公司认为：仲裁条款不成立且无效。三方签订的《中外合资青岛房天成大房地产开发有限公司合同》中的仲裁条款为无效条款。而青岛公司与跃龙公司签订的《关于联合解决青岛房天成大房地产开发有限公司股东投资争议的协议书》内容是为解决三方在合资中的投资问题而设定的，它依附于三方合资合同，必须由三方共同签署方能成立，但房天公司未签署。在房天公司没有认可两方协议的情况下，仲裁委仅就青岛公司与跃龙公司两方协议解决三方的矛盾，遗漏了主体。该仲裁显然超出了仲裁协议约定的仲裁事项范围。

被申请人跃龙公司答辩认为：仲裁条款业经双方签署，是双方真实意思表示，该条款依法独立存在，不受两方协议是否有效的影响，且仲裁委已确定该仲裁条款有效；跃龙公司提出仲裁请求所要解决的是跃龙公司与青岛公司在原合营合同中双方合资所发生的争议，根本不涉及房天公司的任何利益，仲裁裁决未将房天公司作为当事人符合法律规定。

3. 司法审查

北京市第二中级人民法院审查后请示认为：案涉仲裁裁决应被撤销。

北京市高级人民法院审查后请示认为：本案涉及三个各自独立的合同，每个合同均有独立的解决争议的条款。93 合同中双方约定，双方合资建立成大公司，解决争议的条款为“提交当地仲裁机构，根据该仲裁机构的仲裁程序进行仲裁”。94 合同约定，解决争议“应向沈阳市人民法院诉讼。根据法律程序进行仲裁”；99 协议书约定，争议“提交贸仲仲裁解决”。贸仲依据 99 协议书中的仲裁条款，实际审理的是 93 合同执行中的争议。依据该合同中的仲裁条款的约定，贸仲对因该合同产生的纠纷无管辖权。根据《民事诉讼法》第 160 条第 1 款第 4 项的规定，拟裁撤。①

最高人民法院审查后复函认为：青岛公司与跃龙公司在 99 协议书中约定，双方同意股东在合资过程中发生的争议，可提交贸仲仲裁。该约定对青岛公司与跃龙公司具有约束力，仲裁庭依据此约定受理两公司之间的争议并据此作出裁决是有法律依据的。本案仲裁裁决不存在超裁或其他应

---

① 参见京高法［2002］20 号请示。

予撤销的情形。[①]

4. 案例评析

本案也存在多主体、多合同的情形，但它并非主从合同、合同转让，也不涉及隐名代理等法律关系，而是在多主体、多合同情形下，双方之间的争议及其仲裁裁决涉及相关联的第三方利益。具体而言，本案中各主体间的法律关系主要有三：一是青岛公司与跃龙公司之间签订的 93 合同，含仲裁条款；二是成大公司与房天公司签署的 94 合同，并由成大公司的两大股东即青岛公司和跃龙公司共同签名，该合同中含有诉讼与仲裁条款；三是青岛公司与跃龙公司签订的 99 协议书，该协议涉及房天公司利益，并含有仲裁条款。本案的背景则是，跃龙公司根据 99 协议书中的仲裁条款，以青岛公司为被申请人，向贸仲提出仲裁申请，并经后者裁决。此后，青岛公司申请撤销该案涉仲裁裁决，遂形成本案。

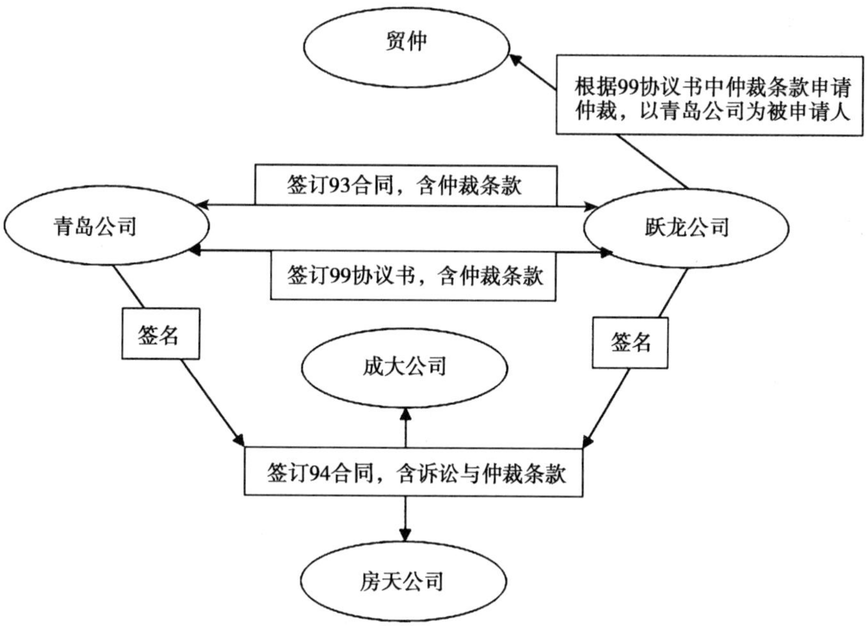

图 5-9　案件法律关系

结合本案案情及图 5-9，可将本案中值得关注的法律要点概括如下：

第一，在涉及案外第三人利益时，司法机关对仲裁裁决是否超裁之审

① 参见［2002］民四他字第 8 号复函。

查与认定，仍然恪守仲裁条款及其裁决事项相对性的原则，不去解释关联合同及其所含仲裁条款之关系。案涉仲裁当事人是青岛公司和跃龙公司，成大公司和房天公司均不属于本案仲裁当事人。但本案仲裁当事人之间的争议及其提请仲裁的事项，不可避免地涉及成大公司与房天公司的利益。毕竟 93 合同的约定内容是成立成大公司，而 99 协议书则是青岛公司与跃龙公司之间直接就房天公司的行为约定采取相关法律行为的合同。

本案本来存在着四方主体之间三份合同及其所含解纷条款的复杂关系：99 协议书中约定的事项，有很大部分内容是与 93 合同重合的，毕竟 99 协议书是对 93 合同相关事项的争议解决之约定。因此，从实体上看，99 协议书是对 93 合同的基本内容及其解决条款的重复和更新。此种情形决定了，99 协议书中的仲裁条款与 93 合同所含仲裁条款之间存在需要解释和澄清的关系：是补充，是替代，还是相互独立之关系？如果是补充关系，两份合同及所含仲裁条款均有效，但矛盾条款（包括所含仲裁条款）需要得到解释，并根据解释结论决定争议解决条款的效力及其有效适用范围；如果是替代关系，则因变更而使后合同（包括其中的仲裁条款）吸收前合同（包括其中的仲裁条款）；如果是相互独立关系，则两份合同及所含仲裁条款分别有效，所含仲裁条款在所涉及的事项范围内存在且有效。

但本案中人民法院在司法审查时采取了一个极为高明的做法，这就是坚持形式与独立审查的原则，仅根据双方之间的仲裁条款及其所涉事项进行审查，如此化繁为简地回避了四方主体、三份合同及三条争议解决条款之间的复杂关系。这样的方法既将复杂问题简单化，同时也坚守了司法审查涉外仲裁裁决不介入实体、仅限于程序的底线思维。

第二，本案中涉外仲裁与涉外仲裁裁决之判断，是以仲裁机构之属性而非法律关系之属性作为标准的，铭刻了独特的时代烙印。我国涉外仲裁规则和实践存在一个重大的历史转折，这就是涉外仲裁与国内仲裁之间的区分识别。如果考虑到仲裁法理的维度，这个重大的历史转折可概括为这样三个层次的非同步性转折：第一层次是仲裁法理维度，此维度应当说是从未转折，即在关于涉外与国内仲裁之区分的标准上，我国仲裁法理一直采取和呼吁的是法律关系标准，即以仲裁所审理的法律关系是否涉外作为判断仲裁及其裁决是否为涉外仲裁及涉外仲裁裁决的标准。当然，需要指出的是，国际上也存在某些示范法或规则，允许以仲裁协议本身的要素作为判断是否涉外的标准。[①]

第二层次是仲裁规则维度，次维度有二元格局的存在，具体而言就是立法与司法解释之间的二元分化。从立法角度看，不论是仲裁法还是民事诉讼法，迄今仍然保留的是仲裁机构标准，即涉外仲裁机构组织的仲裁及其作出的裁决为涉外仲裁和涉外仲裁裁决；国内仲裁机构组织的仲裁及其作出的裁决为国内仲裁和国内仲裁裁决。[②] 因此，立法层面与仲裁法理一样，迄今在该问题上也从未发生过变化或转折，不过与仲裁法理所坚持的法律关系要素标准不同，我国立法执着的是仲裁机构标准。与仲裁立法不同的是，我国仲裁相关司法解释在晚近发生了对立法的偏离，这就是从立法的仲裁机构标准转折为司法解释上的法律关系要素标准。我国最高人民法院《关于审理仲裁司法审查案件若干问题的规定》第12条明确规定了，涉外仲裁裁决就是最高人民法院《关于审理仲裁司法审查案件若干问题的规定》第1条所规定的法律关系要素标准下的仲裁裁决。[③] 这就导致了规则层面，关于涉外仲裁裁决的标准的分离与部分转折。

第三层次则是司法审查仲裁的实践，在诸多案例中，人民法院均通过

---

① 事实上，我国最高人民法院《关于审理仲裁司法审查案件若干问题的研究》第12条也规定了仲裁协议自身涉外的判断标准。在仲裁协议以仲裁条款方式存在于合同中的情况下，不会存在问题，此时属于“涉外合同+涉外仲裁条款”的同步情形；但其可能引发的问题是，在纯粹的国内合同中，当事人通过在域外签订单独的仲裁协议，从而赋予该仲裁协议以涉外因素，此时就属于“国内合同+涉外仲裁协议”的异步情形。此种二元格局的存在，会撕裂国内合同的同等待遇原则：在“国内合同+国内仲裁条款”情形下，争议只能通过机构仲裁等方式解决；但在“国内合同+涉外仲裁协议”情形下，争议则可能通过临时仲裁等方式解决，然而，其导致的另外一个矛盾就是，鉴于国内争议不能提交外国仲裁机构仲裁，只能在国内仲裁，但国内只允许机构仲裁，不承认临时仲裁。这样就会出现：一方面只能在国内仲裁，且只能采取机构仲裁的方式；另一方面本情形下可以约定临时仲裁，但国内否认临时仲裁。这就出现了立法与其所导致的结果之间的矛盾。

② 需要指出的是，仲裁在性质上可区分为当地仲裁（domestic arbitration）、涉外仲裁（foreign-related arbitration）和外国仲裁（foreign arbtiration）。前两者又可统称为国内仲裁，以与外国仲裁相对应；后两者也可统称为国际仲裁，以与前者相对应。此处所谓的“国内仲裁”“国内仲裁裁决”是从狭义上言的，属于当地仲裁的范畴，以与涉外仲裁与外国仲裁相区分。

③ 该条规定：“仲裁协议或者仲裁裁决具有《最高人民法院关于适用〈中华人民共和国涉外民事关系法律适用法〉若干问题的解释（一）》第1条规定情形的，为涉外仲裁协议或者涉外仲裁裁决。”

其司法审查的函件明确了涉外仲裁裁决，就是针对含有涉外因素的法律关系所作出的裁决。

综合而言，可将我国关于仲裁裁决是否涉外的认定标准概括为三层次、四维度，相关标准如表 5-15 所示。

表 5-15　　涉外仲裁裁决的认定标准

<table>
<tr><th>层次</th><th>维度</th><th>旧标准</th><th>新标准</th></tr>
<tr><td>第一</td><td>仲裁法理</td><td colspan="2">法律关系标准</td></tr>
<tr><td rowspan="2">第二</td><td>国家立法</td><td colspan="2">仲裁机构标准</td></tr>
<tr><td>司法解释</td><td>仲裁机构标准</td><td>法律关系标准</td></tr>
<tr><td>第三</td><td>司法实践</td><td>仲裁机构标准</td><td>法律关系标准</td></tr>
</table>

由表 5-15 可见，我国存在法理、立法、司法解释与司法实践之间的部分冲突，由此可能导致矛盾问题的出现。解决问题的根本途径是，根据仲裁法理，吸收仲裁实践之有益经验，将司法解释的变动上升立法的革新，统一法理、规则与实践的步调，将仲裁裁决是否涉外的认定标准统一调整为法律关系标准。

第三，作为程序法上的一个重要问题，案外第三人能否申请不予执行仲裁裁决。仲裁与诉讼尽管不同，但在许多基本原理及其所面对的问题上，具有同源性，案外第三人及其利益的保护就是二者需要共同面对的问题。尽管诉讼中早已确立了较为完善的案外第三人保护制度，但仲裁中基于仲裁的保密性与相对性原则，仲裁第三人的利益保护并未成为一个问题，或者说虽有问题但被遮蔽。问题如果只是被人为遮蔽而非从根本上解决，在本质上就属于掩耳盗铃，且问题始终在那里，终有一日会突破“爆点”而发生。仲裁第三人利益保护问题也逼迫我国人民法院通过司法解释的方式予以直面回应，这就是体现在《仲裁裁决执行司法解释》中案外第三人的相关保护规则。① 然而，在本案发生时，尽管房天公司作为案外人向人民法院提出了不予执行案涉仲裁裁决的申请，但在该案司法审查时并不存在案外人如此行动的规则依据，因此，本案人民法院在司法审查时并非因案外人房天公司的申请，而是以当事人的撤销申请为依据而启动

① 该司法解释开宗明义，即“为了规范人民法院办理仲裁裁决执行案件，依法保护当事人、案外人的合法权益”而制定的。

的。人民法院对房天公司的不予执行申请如何处理的，在依据缺席时代是一个值得关注的问题，但遗憾的是，就人民法院所披露的信息看，该问题并不清晰。

这样一个很早就存在的实践问题，我国只是在晚近作出了规则层面的回应。概括而言，这些案外第三人利益保护的制度设置具有如下特点：一是仅限于特定仲裁裁决，这就是由仲裁机构根据我国仲裁法作出的仲裁裁决或仲裁调解书。[①] 鉴于国内和涉外仲裁裁决均可能根据我国仲裁法作出，因此此类仲裁裁决的案外第三人均可根据该规则采取自我保护措施。但不足的是，鉴于仲裁法作为程序规则可以由当事人进行约定，如此，对于（我国）仲裁机构根据外国仲裁法作出的仲裁裁决，则此类涉外仲裁裁决案外第三人是否也可以适用这些规则进行自我保护，就存在规则上的缺失。二是所采取的路径有限，仅限于不予执行申请，不能直接提出撤销仲裁裁决申请。[②] 三是作为不予执行的法定依据，存在与当事人不予执行仲裁裁决的法定依据的情形。[③] 此种不同情形基于当事人与案外人身份的不同，具有合理性和正当性。然而，考虑到它们共同作为否定仲裁裁决的依据，而我国立法又采取严格的法定依据以控制司法审查过度的情形，这些规则所规定的案外人不予执行申请之依据宜通过正式立法而非司法解释的方式予以正式确立。

第四，作为一个附带的值得考察的问题是，本案中 94 合同所含争议解决条款，同时约定了诉讼与仲裁两种争议解决机制，其法律效力如何认定问题。不论是商业、仲裁还是司法审查实践，既约定仲裁又约定诉讼的条款，通常称作为或裁或审的条款，其法律效力在涉外情形下也仍然决定于法律适用，并根据法律适用判断其法律效力。在适用我国仲裁法及其司法解释的情况下，或裁或审条款首先应通过解释或其他补救的方式判断其效力，其次如果经过解释或者补救，仍然存在或裁或审情形的，应认定该条款无效。本案

① 参见《仲裁裁决执行司法解释》第 1 条："本规定所称的仲裁裁决执行案件，是指当事人申请人民法院执行仲裁机构依据仲裁法作出的仲裁裁决或者仲裁调解书的案件。"

② 参见《仲裁裁决执行司法解释》第 9 条第 1 款明确规定："案外人向人民法院申请不予执行仲裁裁决或者仲裁调解书的，应当提交申请书以及证明其请求成立的证据材料。"

③ 参见《仲裁裁决执行司法解释》第 9 条第 2 款明确规定：（一）有证据证明仲裁案件当事人恶意申请仲裁或者虚假仲裁，损害其合法权益；（二）案外人主张的合法权益所涉及的执行标的尚未执行终结；（三）自知道或者应当知道人民法院对该标的采取执行措施之日起三十日内提出。

中94合同约定的争议解决方式是："凡因执行本合同所发生的或与本合同有关的一切争议，双方应友好协商解决。如果协商不能解决，应向沈阳市人民法院诉讼。根据法理程序进行仲裁，仲裁对双方都有约束力。"依其约定，似乎既存在仲裁，又存在诉讼。然而究其本质看，当事人似只约定了一种程序，即诉讼程序，只是由于其商业人的身份对法律缺乏了解，才约定了按照仲裁程序进行的诉讼。因此，该争议解决条款并不能认定为无效，而应认定为约定仲裁无效。换言之，当事人协议选择法院诉讼是有效的，在不违背专属管辖和审级管辖的情形下，应认定为有效。

此外，本案中93合同所含仲裁条款也存在效力认定问题。根据该仲裁条款之约定："凡因执行本合同所发生的或与本合同有关的一切争议，双方应友好协商解决。如果协商不能解决，应提交当地仲裁机构，根据该仲裁机构的仲裁程序进行仲裁，仲裁是终局的，对双方都有约束力。"在适用我国法律的前提下，需要判定仲裁协议三要素即仲裁意思、仲裁事项、仲裁机构是否符合法律规定。本仲裁条款涉及的问题是，关于"当地仲裁机构"是否明确。结合案件具体情形，如可将该仲裁机构予以明确，则仲裁条款是有效的，否则应认定为无效。本书认为，鉴于双方明确约定在青岛高科技工业园区建立公司，这是仲裁条款约定的背景和针对的事项，因此，可认为双方约定的当地仲裁机构是明确指向青岛仲裁委员会的。从而，该仲裁条款应认定为有效。

三　仲裁事项的性质

（一）不予执行［2011］中国贸仲深裁字第36号裁决案

1. 案情简介

表5-16　　　　案情简介

序号	时间	案件事实
1	1993.08	城建公司与香港尔安实业公司（东主为许剑文）① 签订合资合同，共同出资成立宁夏天河房地产开发有限公司，含仲裁条款。仲裁条款约定：凡因执行本合同所发生的或与本合同有关的争议，双方尽量通过友好协商加以解决，通过协商不能解决时，应提交中国国际贸易（促进）会对外经济贸易仲裁委员会，根据该会的仲裁程序规则进行仲裁

① 原文表述即如此。参见万鄂湘主编《涉外商事海事审判指导》（总第24辑），人民法院出版社2013年版，第111页。

续表

序号	时间	案件事实
2	1993. 10. 08	宁夏回族自治区政府批准成立天河公司，并于2003年年底挂牌经营
3	2007. 07	许剑文就天河公司的资产处理及权益分配问题与城建公司发生纠纷，向仲裁委华南分会提出仲裁申请，请求裁决城建公司支付其应得的股权权益等
4	2008. 07. 30	仲裁委华南分会作出裁决（以下简称为73号仲裁裁决）①。裁决经银川市中院申请执行完毕
5	2010. 07. 22	许剑文以城建公司就中卫市人民政府收缴资产的权属及赔偿事宜发生争议为由，向贸仲华南分会提出仲裁申请，请求裁决城建公司赔偿其因股权分离的损失等
6	2010. 11. 15	仲裁庭在被执行人未到庭情况下于深圳开庭
7	2011. 02. 20	仲裁庭在被执行人未到庭情况下于深圳开庭
8	2011. 05. 11	仲裁庭作出仲裁裁决（以下简称为36号仲裁裁决，即本案案涉仲裁裁决），认定中卫市政府收缴造成的损失，应由过错方被申请人赔偿给申请人②
9	2011. 09. 30	许剑文向中卫市中院申请执行36号仲裁裁决
10	2011. 10. 25	城建公司向中卫市中院就36号仲裁裁决提出不予执行申请
11	2012. 01. 12	深圳中院作出民事裁定，驳回城建撤销仲裁裁决的申请③
12	2012. 04. 17	宁夏回族自治区高院向最高法请示
13	2012. 07. 30	最高法作出复函

2. 双方诉答

就此处相关的主题而言，被执行人中卫市城乡建设综合开发公司（以下简称城建公司）认为：[④] 第一，案涉裁决书裁决内容属于重复裁决，违反一事不再理的原则。仲裁申请人许剑文就该案已在2007年向仲裁委华南分会申请仲裁，该委也以73号裁决书进行了仲裁，该案已执行。现仲裁申请人许剑文以同一事由申请仲裁，应当依法不予仲裁。第二，仲裁裁决被执行人为责任人属主体错误。裁决书认定，被执行人的资产已被中卫市人民政府收缴了，申请人就不应向被执行人主张，应向中卫市人民政府

① 参见（2008）中国贸仲深裁字第73号裁决书。

② 参见［2011］中国贸仲深裁字第36号裁决书。

③ 参见［2011］深中法民四初字第253号民事裁定书。

④ 城建公司还针对36号裁决提出了程序违反、违背社会公共利益等方面的异议。此处仅从行政行为与仲裁机构无权仲裁的关系进行考察，不涉及其他方面的异议。

主张。综上所述，应依法裁定不予执行该裁决。

申请执行人许剑文答辩认为：36号裁决书裁决程序合法，实体裁决事实清楚，对被执行人的申请应依法裁定予以驳回。

3. 司法审查

中卫市中院审查后请示认为：仲裁裁决违反《民事诉讼法》第258条和贸仲仲裁规则关于仲裁庭仲裁范围和管辖权限的规定。首先，裁决事项超越仲裁范围。中卫市政府收缴流失国有资产的行为系政府依法行政行为，与双方履行合资合同及约定的仲裁事项无关，仲裁庭对被政府依法收缴的城建公司流失国有资产的权属及赔偿争议无权进行仲裁裁决，属超越仲裁范围，系无权仲裁。其次，裁决内容违反仲裁规则。根据贸仲仲裁规则第2条规定，贸仲解决的是契约性或非契约性的经济贸易等争议。对于涉及其他性质的纠纷无权进行仲裁。本案争议非属契约性或非契约性的经济贸易争议，不属于仲裁裁决的内容。

宁夏回族自治区高院审查后请示认为：案涉36号裁决书裁决的事项不属于仲裁协议的范围，仲裁机构无权仲裁。裁决书表述：中卫市政府从城建公司收缴了630.41万元，在该收缴的630.41万元中应有25%为申请人的权益，该25%的权益，即157.6025万元，应由过错方被申请人赔偿给申请人。本院认为，中卫市政府收缴城建公司流失国有资产630.41万元，该收缴行为系政府行政行为，与双方协议约定的仲裁事项无关，仲裁庭对被政府依法收缴的城建公司流失国有资产的权属及赔偿争议无权进行仲裁裁决，符合《民事诉讼法》第258条第1款第4项规定的的情形。被执行人请求不予执行的理由成立。

最高人民法院审查后复函认为：贸仲36号仲裁裁决，城建公司已经向广东省深圳市中院申请撤销该仲裁裁决。该院于2012年1月12日作出终审裁定，驳回城建公司撤裁申请。在执行仲裁裁决过程中，中卫城建再次以相同理由提出不予执行抗辩。根据《仲裁法司法解释》第26条的规定，人民法院不予支持。

4. 案例评析

第一，关于案涉仲裁裁决所裁决事项的性质认定问题。本案当事人所提异议，以及人民法院司法审查意见中，涉及对案涉仲裁裁决事项的四重定性：一是将其定性为行政行为，二是将其定性为既决事实，三是将其定性为约定之外事项，四是将其定性为非属于契约性或非契约性的经济贸易争议的事项。鉴于36号裁决与72号裁决针对不同的事项，因此将案涉仲裁裁决事项定性为既决事实不能成立；鉴于36号裁决的事项也属于因合资合同所产生的或与其有关的争议范畴，因此将案涉仲裁裁决事项定性为超裁不能成立；同时，鉴于基于合资合同所产生的或与其相关的争议具有明显的经济贸易属性，将案涉仲裁裁决事项定性为非经济贸易争议事项，也是不能立足的。因此，本案最根本的争点在于，案涉仲裁裁决事项是否属于行政机关的行政行为，从而属于仲裁机构无权仲裁的情形。

本案的特殊之处在于，中卫市人民政府作出行政命令，收缴城建公司流失国有资产630.41万元，该收缴行为系政府行政行为。鉴于该国有资产作为城建公司的股份投入本案当事人合资设立的公司。政府收缴行为必然导致作为股东的城建公司的股份撤出。从股权利益角度看，政府收缴行为的确导致了许剑文方股权利益的损失。但针对该行为的结果以城建公司为被申请人提出仲裁请求，并不等同于针对该行为及其后果以中卫市人民政府为被申请人提出仲裁请求。因此，如果仲裁事项是后者，且以人民政府为被申请人，则该仲裁及其裁决就属于针对公法行为提出的仲裁和裁决，因此当然属于仲裁机构无权仲裁；同时，鉴于人民政府和许剑文方并不存在仲裁协议，此种仲裁也属于“无（效）仲裁协议”的撤裁情形。事实是，本案当事人并非人民政府，而是作为股东的城建公司，且当事人之间存在仲裁条款。故，必须区分行政法律关系和合资合同法律关系，区分行政行为与行政行为的后果，据此判断案涉仲裁裁决的裁定事项，并审查其是否符合仲裁机构无权仲裁的情形。职是之故，本案相关中级和高级人民法院的司法审查立场值得推敲。最高人民法院的复函意见虽然并未对此进行实体性质的说明，而是从程序法的角度进行了驳回，但可以推知的是，在人民法院针对城建公司另案提起的撤裁程序作出的驳回裁定中，应采取了类似的立场。

第二，作为程序法上的一个问题，当事人在仲裁裁决司法审查过程中既可以通过不予执行程序，也可以通过撤销程序进行救济，两类程序之间具有关联性，但不得以相同理由重复提出异议。针对已经作出的生效的仲裁裁决，裁决失利方可以采取三种救济程序：一是向仲裁庭提起裁决补正，但必须在仲裁规则限定的时限内提出；二是向人民法院主动提起撤销程序；三是在拒不执行仲裁裁决的情形下，由对方当事人向人民法院提出强制执行申请，在执行程序中提出不予执行的申请。撤销程序和不予执行程序具有可转化性：当一方提出撤销程序，另一方提出强制执行时，人民法院应裁定中止强制执行程序；当一方提出强制执行程序，另一方既可以消极提出不予执行申请，也可以主动提起撤销程序，在后者情形下，人民法院应裁定中止强制执行程序。但在一方主动提出撤销程序被人民法院驳回后，则不得在随后的强制执行程序中以相同理由提出不予执行申请。本案就属于后一种情形，故最高人民法院以此为由，裁定驳回城建公司的不予执行申请。

（二）不予执行［2005］中国贸仲深裁字第18号裁决案①

1. 双方诉答

不予执行申请人润和公司认为：《股权转让协议书》第5条明确了双方解决发生争议的范围、程序和方式。即发生了的“争议”是经过了双方友好协商，且协商不成的“争议”；没有发生的，未经双方协商的“争议”不属约定的仲裁范围，应经协商和协商不成是提交仲裁所必需的前置条件。仲裁机构也无权对未经协商的争议进行受理和仲裁。在整个仲裁过程中，妈湾公司没有提供证据证实18号仲裁裁决的争议是曾经发生过，并经过了友好协商，而且是协商不成的争议。

18号仲裁裁决改变了行政部门依法作出的行政许可审批，其裁决是以否定行政部门依法作出的行政许可审批为前提和基础的，系超越了仲裁范围，是无权仲裁。2000年2月13日长沙市招商局作出了长招商管［2000］3号《关于“长沙帝都酒店有限公司”股权转让等事项的批复》，2000年2月17日湖南省政府作出了外经贸湘长审字［2000］00004号《台港澳侨投资企业批准书》，批准同意润和公司将55%的股权转让给妈湾公司，同意合资方重新签订的合同章程，同意有妈湾公司派出参加的董事会成员名单等。仲裁裁决实际上已经否定了行政机关依法作出的具体行政行为。

妈湾公司和华南分会的仲裁做法，还严重剥夺了润和公司可通过约定的解决争议方式来获取发生争议知情权、协商解决权。

综上，18号仲裁裁决严重违反《仲裁法》《仲裁规则》的规定，依法不应执行。

执行申请人妈湾公司认为，应予执行18号仲裁裁决。

---

① 本案同时涉及仲裁送达问题，案情简介参阅本书第三章第二节表3-6。此处从略。

2. 司法审查

长沙市中级人民法院审查后请示认为：由于当事人双方约定的仲裁条款规定提交仲裁的争议，应先友好协商，协商不成时再将争议提交仲裁。而受理妈湾公司仲裁申请时，妈湾公司并未提交曾与润和公司协商的证据，故华南分会受理的仲裁申请不属仲裁条款约定的范围。据此，应裁定不予执行案涉仲裁裁决。

湖南省高级人民法院审查后请示认为：第一，争议的处理还未到提起仲裁的时间。当事人的协议约定，发生争议时，应当协商解决，协商不成的可将争议提交仲裁。而本案申请人并未提交有关双方协商的依据，也未提供已经通知润和公司要求解除协议的依据，因此，本案仲裁机构不应受理。第二，仲裁裁决改变政府行政机关的审批违法。湖南省人民政府作出了外经贸湘长审字［2000］00004 号《台港澳侨投资企业批准书》、长沙市招商局作出了长招商官［2000］3 号《关于“长沙帝都酒店有限公司”股权转让等事项的批复》，这两份文件是政府对股权转让予以批准的具体行政行为，仲裁机构是无权改变的。而本案的裁决结果事实上是撤销了上述文件。据此，应依照《民事诉讼法》第 260 条第 1 款第 4 项之规定，裁定本案不予执行仲裁裁决。①

最高人民法院审查后复函认为：第一，当事人虽然在仲裁协议中约定发生纠纷应当协商解决，但其未明确约定协商的期限，约定的内容比较原则，对这一条款应当如何履行和界定在理解上会产生歧义，而结合当事人订立仲裁协议的目的来判断该协议的真实意思，当事人约定的“友好协商”和“协商不成”这两项条件，前项属于程序上要求一个协商的形式，后一项可理解为必须有协商不成的结果，妈湾公司申请仲裁的行为，应视为已经出现了协商不成的结果，因此，在前一项条件难以界定履行标准，而后一项条件已经成立的情况下，仲裁庭有权依据该仲裁协议受理案件。请示报告中“争议还未到提起仲裁的时间，仲裁机构不应受理”的不予执行理由不能成立。第二，仲裁庭依法有权对当事人之间争议合同的效力、是否解除等事项作出裁决，本案中仲裁庭经审理认为妈湾公司有权解除合同，最终裁决润和公司返还妈湾公司相关款项和利息。仲裁庭并未就湖南省人民政府的批准证书及长沙市招商局批复的效力和是否撤销等问题

---

① 参见［2005］湘高法执请字第 1 号请示。

作出裁决，因此，请示报告中“仲裁裁决改变政府行政机关的审批违法”的不予执行理由不能成立。[①]

3. 案例评析

本案是一个独特的从争议时态角度确定争议事项可仲裁性的案例。商业实践中当事人之间常见的争议解决条款的格式化表达，不论是最终约定诉讼还是仲裁，一般采取的是“协商+”的争议解决方式。这种混合式的争议解决机制体现了“和为贵”“无讼是求”的中式传统文化理念。在这种解纷“组合拳”中，协商被定性和定位为当事人通过其他方式解决争议前的前置必经程序，因此，作为程序衔接上的要求通常是先行、必经的协商，并以协商不成之状态作为进入后续诉讼和仲裁的前置条件，有些类似于“穷尽协商程序”原则，即它是当事人接近“诉讼”或接近“仲裁”的必需条件。如何认定当事人之间已经履行协商程序且协商不成，最高人民法院在本案中明确了这个软标准。概括而言，本案值得关注的法律要点主要涉及如下方面：

第一，争议时态未成就时，仲裁机构无权仲裁。如何判断争议时态未成就，最高人民法院的司法审查给出了较为明确的标准，这就是当事人提起仲裁的行为，应视为协商不成的标准。另外一个重要的法律考察点则是，在认定是否履行协商程序，从而判断案件争议是否在时态上具有可仲裁性的问题，人民法院究竟应依据何种撤裁依据进行审查？本案中，人民法院针对数种情形，概括地援引了程序违反、程序缺席和仲裁机构无权仲裁等依据进行审查，但并未非常明确地将未经协商的争议提交仲裁的情形定性为何种撤裁范畴。从司法审查的行文倾向看，似是将其认定为程序违反。但此类仲裁裁决究竟违反何种程序，或者说究竟违反仲裁规则的哪一些条款，客观上是很难确定的。如果说存在程序违反，那也只是违反了仲裁程序的启动条件即当事人之间约定的“穷尽协商程序”。此种违反不应视为是对仲裁规则的直接违反，而是对其接近条件的不具备。因此，本书认为案涉情形更合理的定性是，属于仲裁机构无权仲裁的情形，不过这里的可否仲裁之标准不再是裁决事项的性质或范围，而是裁决事项的“成熟度”，而这决定于争议事项的时态。

第二，本案也涉及与上文所提及的针对行政行为作出的仲裁裁决之审

---

① 参见［2008］民四他字第1号复函。

查问题。与上文相同，尽管本案中存在相关人民政府的行政行为，但裁决事项并非针对此类行政行为，恰如最高人民法院所正确区分和认定的那般，“仲裁庭并未就湖南省人民政府的批准证书及长沙市招商局批复的效力和是否撤销等问题作出裁决”。故，不能据此认为案涉仲裁裁决属于仲裁机构无权仲裁的情形。

第三，结合晚近在我国出现的“先予仲裁”乱象之司法审查，可看出我国人民法院针对因争议时态原因而提起的仲裁及其作出的裁决，是按照依据程序违反、程序缺席的规定进行审查并撤裁或不予执行。本案争议的问题即争议事项未经协商或尚未出现协商未果的状态，与先予仲裁所针对的争议状态类似，均属于时态上的不可仲裁范畴，在后者情形下，当事人甚至尚未发生争议，争议处于“将来时”或者“未成形”的状态。故，笔者认为，此种情形具有同质性，它们本身都没有违反特定的仲裁规则或仲裁程序，只是进入仲裁程序的先决条件不成立，如果强行以程序违反或程序缺席的依据进行审查和否定，有削足适履之嫌。相反，按照其时态性质进行统摄，并入仲裁机构无权仲裁的范畴更为合理，而且开辟了仲裁机构“无权仲裁”的另外一个独特的认识维度，这就是时态维度，即此类争议具有时态上的不可仲裁性，尚未进入仲裁机构有权仲裁的时效限度，从而构成仲裁机构无权仲裁的情形。

（三）不予执行［2012］中国贸仲京裁字第0502号裁决案①

1. 双方诉答

被执行人狮子城公司申请不予执行案涉仲裁裁决，与此处有关的理由是：案涉仲裁裁决的事项属中国贸仲无权仲裁的事项。按照《仲裁法》第2条第1项的规定，中国贸仲只能仲裁契约性或非契约性的经济贸易等争议，本案不属于经济贸易纠纷，因此本案不应由中国贸仲进行仲裁，故本案裁决应不予执行。申请执行人国浩所则认为，应驳回被执行人狮子城公司不予执行的申请。

2. 司法审查

海南省第一中级人民法院审查后请示认为：中国贸仲对本案无权仲裁，理由：《仲裁规则》第2条第1项中规定，中国贸仲以仲裁的方式，独立、公正地解决契约性或非契约性的经济贸易等争议。本案中的中国贸

① 本案同时涉及仲裁送达问题，案情简介可参阅本书第三章第二节表3-5。此处从略。

仲是以经济贸易类案件作为受案范围的，而本案系委托代理合同纠纷，不属于经济贸易类案件，故中国贸仲无权对本案进行仲裁。故，案涉仲裁裁决有《民事诉讼法》第274条第1款第4项中规定的不予执行的情形，应裁定不予执行。

海南省高级人民法院审查后同意一中院审查意见。[①] 但在案件报请最高人民法院批示时，后者复函仅从“程序参与”视角认为：海南狮子城旅业开发有限公司未能收到指定仲裁员、开庭通知等仲裁文件，从而未能参加仲裁程序并陈述意见，应不予执行案涉仲裁裁决。[②]

3. 案例评析

本案中，上下级法院之间的司法审查重点存在不一致之处。海南省第一中级人民法院的审查重点之一是，案涉裁决事项即委托代理协议是否为经贸争议，从而是否属于仲裁机构无权仲裁的事项范畴。但最高人民法院在本案中重点审查的却是当事人的程序参与是否得到保障的问题，对于委托代理协议是否属于经贸争议及其可仲裁性问题，只字不提。简言之，在下级人民法院看起来是一个核心争点的问题，在最高人民法院看来却不是问题。

需要指出的是，我国《仲裁法》允许平等当事人之间将其财产性争议提交仲裁，在加入《纽约公约》时也提出了所谓的“商事保留”，即我国仅承认和执行商事性质的外国仲裁裁决，不论其是契约性或是非契约性的。本案仲裁机构的仲裁规则对其受案事项的性质也进行了类似的明确，这一点正好构成相关中级人民法院和高级人民法院在司法审查时关注的焦点。委托代理协议作为狭义上的民事协议，被认为不具有经济贸易性质，从而该两级人民法院认定争议事项属于仲裁机构无权仲裁的情形。

从最高人民法院的态度看，应可推知，委托代理协议不应存在仲裁机构有权和无权仲裁的问题，只要满足《仲裁法》规定的可仲裁性的事项，不论其是否属于狭义商业范畴，不论其是否属于契约性争议，均属于仲裁机构有权仲裁的事项。

应当说，这一立场是稳健的。根据本案可以得出如下有意义的结论：《民事诉讼法》第274条第1款第4项中的“仲裁机构无权仲裁”，一方

① 参见琼高法专报［2014］4号请示。

② 参见［2014］民四他字第37号复函。

面不是以相关仲裁机构的仲裁规则所确定的，而是以《仲裁法》的规定为依据的；另一方面也不是以争议事项是否属于商业性质所决定的，而是以广义上的民商事性质为判断依据的。反过来，这也意味着，当事人如果只是在裁决事项的民事与商事性质上进行区分，并以此作为挑战仲裁裁决的理由，是不能为人民法院的司法审查所接受的。人民法院审查的核心乃是，争议事项是公法还是私法属性。

（四）撤销［2011］中国贸仲京裁字第0181号裁决案

1. 案情简介

表5-17　　案情简介

序号	时间	案件事实
1	1993.01	中国医疗卫生器材进出口公司与国际SOS援救公司签订合营合同，约定成立医疗中心，各持50%股权。同年成立，性质为中外合资经营企业
2	1999.06	双方将股权分别转让给本案当事人
3	1999.07	审批部门批准股权转让
4	1999.12.23	康卫医药公司与亚洲医药公司签订《补充协议》即承包合同，约定后者承包合资公司。补充协议未报批
5	2003.05	康卫医药提名田民为医疗中心董事长，亚洲医药回函接受提名，后康卫要求召开董事会，亚洲医药提议应先召开股东会协商承包合同事宜
6	2004.04	田民代表医疗中心授权其工作人员以法人变更为由，变更医疗中心在中国银行预留印鉴。董事长人选变更未进行工商登记变更
7	2004.09.08	亚洲医药向北京市一中院起诉索要证照印章
8	2004.12.20	北京市第一中级人民法院作出判决，① 认定补充协议合法有效。据此，判令康卫医药向亚洲医药返还医疗中心的证照印章
9	2005.03.18	康卫医药因亚洲医药未付承包利润，向贸仲申请仲裁，要求解除《补充协议》。亚洲医药强调法院生效判决已确认补充协议有效，康卫医药提起仲裁的目的系对抗生效判决，应予驳回
10	2005.07.22	康卫医药不服上诉，北京市高院作出判决，② 维持原判，认定补充协议有效
11	2006.09.07	仲裁庭作出［2006］中国贸仲京裁字第0268号裁决（以下简称为268号仲裁裁决）：补充协议有效；非典期间未支付承包费是客观原因，不构成解除条件；非典不属于不可抗力，亚洲医药继续支付承包费

① 参见［2004］一中民初字第9869号判决书。

② 参见［2005］高民终字第245号判决书。

续表

序号	时间	案件事实
12	2006. 12	康卫医药再次申请仲裁，认为通过268号仲裁裁决，2003年2—8月的承包利润执行完毕。但亚洲医药仍然拖欠后续承包利润，本次仲裁针对的是拖欠利润部分
13	2011. 04. 29	仲裁庭作出本案案涉仲裁裁决（以下简称181号裁决），① 认定：补充协议成立，鉴于其审批属行政许可，补充协议未经审批，属未生效合同，双方均有过错
14		康卫医药公司向北京市第一中级人民法院申请撤销贸仲181号仲裁裁决，该院拟裁撤
15	2012. 11. 16	北京市高级人民法院向最高人民法院请示，拟裁撤
16	2012. 12. 19	最高人民法院作出复函，驳回撤裁申请

2. 双方诉答

申请人康卫医药公司申请撤销贸仲181号裁决，理由是：康卫医药公司与亚洲医药公司因合作经营北京国际医疗中心有限公司（以下简称医疗中心）产生纠纷，先后两次在仲裁委员会申请仲裁。2006年9月，贸仲作出［2006］中国贸仲京裁字第0268号裁决（以下简称268号裁决），认定康卫医药公司与亚洲医药公司于1999年12月23日签订的《补充协议》有效，双方应依约履行。此后，由于亚洲医药公司拖欠其他承包费，基于268号裁决的内容，康卫医药公司再次申请仲裁，要求亚洲医药公司继续支付相关承包费。贸仲就此作出案涉181号裁决，但却在该裁决中认定《补充协议》为未生效合同，裁决不支持亚洲医药公司支付其他承包利润。

根据《仲裁法》第9条的规定，仲裁实行一裁终局制度。仲裁裁决作出后，当事人就同一纠纷再申请仲裁的，仲裁委员会不应受理。仲裁委员会在268号裁决中明确认定《补充协议》有效，该裁决已生效，具有既判力。因此，仲裁委员会在181号裁决中对于《补充协议》的效力问题根本就不应再次审理，也无权再次作出裁决。仲裁委员会针对同一份协议、同一个法律事实，得出完全矛盾的结论，给康卫医药公司造成了巨大的经济损失，故请求人民法院撤销181号裁决。

申请人在法院审理过程中，又补充如下撤销理由：第一，仲裁程序与

① 参见［2011］中国贸仲京裁字第0181号裁决书。

仲裁规则不符。仲裁委员会的仲裁规则第43条规定，裁决是终局的，对双方当事人均有约束力。在268号裁决中已认定《补充协议》为有效协议，该裁决已经发生法律效力。但在181号裁决中，却作出《补充协议》未生效的认定，对协议效力问题进行了重复审理，违反了仲裁规则的前述规定，符合我国《民事诉讼法》第258条中“仲裁的程序与仲裁规则不符”的法定撤裁条件。第二，181号仲裁裁决违背了社会公共利益。在181号裁决作出前，北京市高级人民法院在［2005］高民终字第245号民事判决中已经认定《补充协议》合法有效，该判决系生效判决。而181号裁决认定《补充协议》未生效，是在以仲裁裁决否定生效判决，有损人民法院的司法权威，构成对社会公共利益的违背。根据《民事诉讼法》第258条第2款的规定，也应当撤销181号裁决。

被申请人答辩认为：我国《仲裁法》第9条规定的一裁终局制度是指当事人就同一纠纷再次起诉的，人民法院或仲裁机构不予受理，相当于一事不再理，针对的是同一个案件，具有完全相同的事实、理由以及请求事项，本案不属于《仲裁法》第9条所规定的同一纠纷。任何一个案件都需要审查合同的效力，并不是说之前的案件认定合同有效，之后所有的案件都需要认定合同有效。仲裁裁决未违反公共利益，仲裁程序也未违反仲裁规则，康卫医药公司提交的两份法院判决书也不能推翻181号裁决的认定，判决书中对合同效力认定也是错误的。本案应当按照我国《民事诉讼法》第258条所规定的撤销理由进行审理。

3. 司法审查

北京市第一中级人民法院审查后请示认为：第一，关于康卫医药公司提出的仲裁程序违反仲裁规则的问题。我国《仲裁法》第9条规定：“仲裁实行一裁终局的制度”；仲裁规则第43条第8项规定：“裁决是终局的，对双方当事人均有约束力。”可见，一裁终局原则是我国仲裁制度的基本原则，不遵守一裁终局的原则属于对基本仲裁程序的严重违背。在本案中，针对《补充协议》的效力问题，仲裁委员会于在先的268号裁决中已经认定为有效，该裁决为已生效的仲裁裁决。但在本案所涉的181号裁决中却对此重新作出了不同的认定。仲裁规则中明确规定了一裁终局的原则，181号裁决针对《补充协议》的效力问题进行了重复审理，违反了上述原则，符合仲裁程序违反仲裁规则的撤销情形。此外，在最高人民法院作出的［2010］民四他字第32号《关于不予承认日本商事仲裁协议东京

07—11 号仲裁裁决一案的请示的复函》中，亦肯定了上述处理原则。因此，康卫医药公司的该项申请意见，具有事实及法律依据，应予支持。

第二，关于康卫医药公司提出的仲裁裁决违背社会公共利益的问题。社会公共利益主要是指以社会公众为利益主体的，涉及整个社会最根本的法律、道德的一般利益，违背社会公共利益的表现形式应当是违背我国法律的基本制度与准则、违背社会和经济生活的基本价值取向、违背中国的基本道德标准。认定是否违背社会公共利益需要针对仲裁裁决的实体进行审查，公共利益条款应当慎用，涉案仲裁裁决尚不构成对我国社会公共利益的违背，故康卫医药公司的该项申请意见依据不足，不应采信。

第三，关于康卫医药公司提出的无权仲裁的问题。《民事诉讼法》第258 条第 1 款第 4 项规定将“裁决的事项不属于仲裁协议的范围”和“无权仲裁”分别规定，可以看出《民事诉讼法》系从狭义的口径定义“无权仲裁”，即指仲裁事项不具有可仲裁性。根据我国《仲裁法》第 2 条和第 3 条的规定，平等主体的公民、法人和其他组织之间发生的合同纠纷和其他财产权益纠纷，可以仲裁。婚姻、收养、监护、扶养、继承纠纷以及依法应当由行政机关处理的行政争议，不能仲裁。本案中，康卫医药公司主张仲裁委员会在 181 号裁决中就《补充协议》的效力再次进行审理，构成无权仲裁。181 号裁决系针对双方《补充协议》的履行争议进行的裁决，仲裁事项具有可仲裁性，不属于无权仲裁的情形，故其该项申请意见亦不应采信。

综上，因 181 号裁决属仲裁程序违反仲裁规则的情形，北京市第一中级人民法院拟撤销仲裁裁决。

北京市高级人民法院审查后向最高人民法院请示认为：本案《补充协议》属未生效协议，但鉴于此前生效的法院判决和 268 号仲裁裁决均认定补充协议有效，根据《仲裁法》第 9 条一裁终局和贸仲《仲裁规则》第 43 条第 8 项关于裁决终局性和拘束力的规定，拟同意撤裁。①

最高人民法院审查后复函认为：康卫医药在 268 号裁决仲裁案件中的仲裁请求与本案仲裁案件中的仲裁请求不同，该两仲裁案件所涉纠纷并不是同一纠纷。根据《仲裁法》第 9 条第 1 款和贸仲《仲裁规则》第 43 条第 8 项，一裁终局原则应理解为仲裁裁决作出后，当事人就同一纠纷再申

---

① 参见京高法［2012］352 号请示。

请仲裁或者向人民法院起诉的，仲裁机构或者人民法院不予受理。然而，本案仲裁所涉纠纷与先前 268 号仲裁所涉纠纷不是同一纠纷，因此，仲裁机构受理本案仲裁纠纷并不违反一裁终局原则。关于本案仲裁裁决对相关合同效力的认定与先前生效的法院判决以及 268 号仲裁裁决的认定不同违反一裁终局原则而应予撤销的意见，实质上是对本案仲裁裁决的实体结果是否正确进行审查，违背程序性审查原则，缺乏法律依据。故，撤裁理由不成立，应驳回撤裁申请。①

4. 案例评析

本案涉及多个法律主体之间的多重法律关系，并包括两次仲裁和一次诉讼。直观揭示案件结构，如图 5-10 所示。

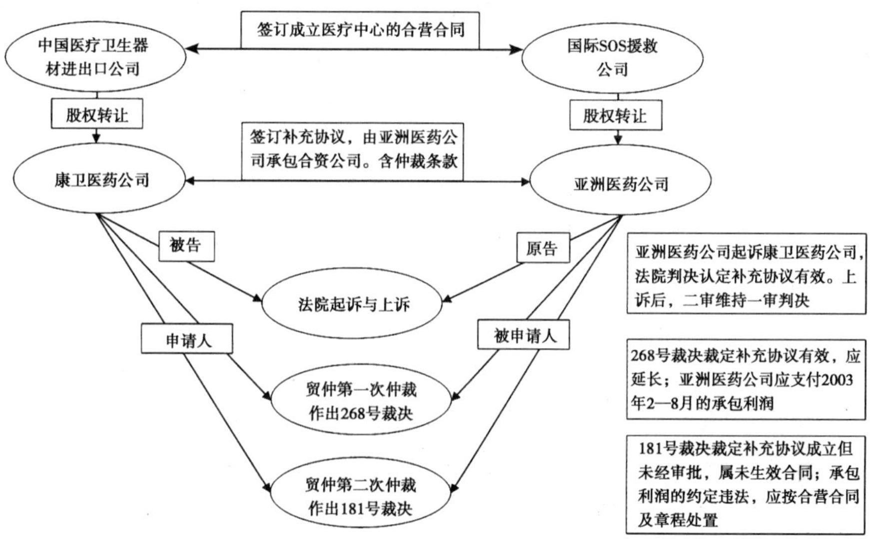

图 5-10　案件法律关系

从图 5-10 可以看出，本案涉及的贯穿始终的焦点问题在于《补充协议》是否有效的认定问题。尽管诉讼请求、两次仲裁请求有所不同，但作为法院判决和两次仲裁裁决所立足的基础事实，《补充协议》的法律效力始终是它们不可回避的先决问题。正是如此，法院在认定该补充协议有效的情形下作出判决；贸仲 268 号仲裁裁决在认定该补充协议有效且应自动延长的基础上作出裁断；贸仲 181 号仲裁裁决也在认定补充协议成立但未

① 参见［2012］民四他字第 57 号复函。

生效的基础上作出裁断。因此，这里的确涉及在后的仲裁裁决是否有权仲裁经法院判决或者在先仲裁裁决业已确认的法律事实？特别是，是否有权去裁定乃至否定在先判决或仲裁裁决针对补充协议业已作出的法律定性。司法审查期间就此问题贯穿着无权仲裁、违背一裁终局原则、违背社会公共利益的纠结。总之，本案值得关注的司法观点可归纳如下：

第一，人民法院将“仲裁机构无权仲裁”作了较为明确的定位，一方面它就是可仲裁性意义上的不可仲裁，另一方面它不同于同款项中的“超裁”。如此定性后，也可清晰地区分其与“无（效）仲裁协议”之间的关系。

第二，尽管本案申请人认为，181号仲裁裁决对在先的法院判决和268号仲裁裁决关于补充协议法律效力的认定存在重复审理，属于无权仲裁情形，且也构成对在先法院判决的司法权威的挑战，违背社会公共利益，但人民法院并不认同此观点，而是在本案中有将“仲裁机构无权仲裁”与“违背社会公共利益”相区分的倾向。具体而言，可仲裁性意义上的可否仲裁，是就《仲裁法》第2、3条规定的具体事项而言的；而违背社会公共利益则是指违背“涉及整个社会最根本的法律、道德的一般利益”。前者是具体的，后者是抽象的。

第三，仲裁裁决违背一裁终局原则究竟应否被识别为仲裁程序或仲裁规则的违反，最高人民法院在不同案件中表现出不同的立场，在本案中认为对仲裁裁决是否违背一裁终局原则的判断，涉及实体问题的审查，违背了人民法院审查涉外仲裁裁决仅限程序问题的规定。但在有的案件中，最高人民法院却认定其违背了仲裁程序或仲裁规则，应予撤销。[①]

第四，特别值得关注的一个问题是，仲裁领域是否存在先例，或者在先仲裁裁决是否存在既判力的问题。本案中，针对补充协议的有效与否，存在三种判断：认定其有效且在先的法院判决，认定其有效的、其后的268号仲裁裁决，以及认定其未生效的、最后的181号仲裁裁决。181号仲裁裁决应否受在先法院判决和268号仲裁裁决关于《补充协议》效力的认定的约束？根据我国《民事诉讼法》规定，已经生效的法院判决或仲裁裁决确认的事实具有法定的免证效力，除非提出足够的相反证据。该条适用的条件有二：一是针对在先判决或仲裁裁决确认的事实，而本案针

① 参见“江智锋申请撤销仲裁裁决”案，最高人民法院［2005］民四他字第23号复函。

对的却是特定事实的法律效力之认定；二是它仅约束人民法院，并非当然约束仲裁庭。鉴于此，268 号仲裁裁决和法院判决关于《补充协议》有效的认定，也就并不当然拘束 181 号仲裁裁决。因此，在我国现行法律框架下，既不存在仲裁领域的先例，也不存在仲裁领域中的法定免证效力的问题。

但与此相关的是，本案包括人民法院的司法审查程序在内，针对补充协议的法律效力共有四重裁判结构：除了上述法院判决、两次仲裁裁决之外，还包括人民法院在司法审查中的裁定。即便法院判决和第一次仲裁裁决对补充协议的效力认定不当然拘束第二次仲裁程序中的仲裁庭，但也应当对进行司法审查的人民法院具有相应的法律拘束力。然而本案中最高人民法院却以司法审查涉外仲裁裁决仅限于程序问题、对补充协议效力审查属于实体问题为据，回避了在先法院判决的既判力问题。可见，人民法院在司法审查仲裁裁决的程序中具有不同于诉讼程序中角色定位：后者限于程序问题的审查；前者包括实体和程序问题的审查。由于法院判决和仲裁裁决的法定免证效及既判力属于实体问题，故，人民法院在司法审查仲裁裁决的程序中不应涉及该问题，除非可以将其转化为程序问题，或者将其归入违背社会公共利益的范畴。

（五）不予执行［2014］深仲裁字第 1287 号裁决案

1. 案情简介

表 5-18　　案情简介

序号	时间	案件事实
1	2014. 07. 01	深圳仲裁委受理当事人的民间借贷纠纷
2	2014. 07. 02	深圳仲裁委作出调解书①
3	2014. 07. 04	陈耿森等向东莞市中院申请强制执行上述调解书
4	2014. 07. 09	浩庆公司等共同向陈耿森出具《还款承诺书》
5	2014. 07. 21	东莞市中院发出执行令
6	2014. 10. 22	陈耿森等将案涉债权转让给宏迅公司
7	2014. 10. 27	向东莞市中院申请变更执行人为宏迅公司
8	2014. 11. 08	东莞市中院裁定将申请执行人变更为宏迅公司

① 参见［2014］深仲调字第 27 号调解书。

续表

序号	时间	案件事实
9	2014. 11. 11	宏迅公司与浩庆公司等在深圳市民商事调解中心主持下再次达成调解协议，深圳市民商事调解中心出具调解书
10	2014. 12. 08	当事人之间再次达成的调解书的约定，即将调解书内容提交深圳仲裁委员会进行仲裁确认，出具仲裁裁决。深圳仲裁委据此作出案涉仲裁裁决①
11		鼎天公司向深圳市中院申请撤销仲裁调解书
12	2015. 01. 27	深圳市中院作出民事裁定书，驳回鼎天公司撤裁申请②
13		浩庆公司等针对深圳仲裁委案涉仲裁裁决提出不予执行申请
14		东莞市中院多数意见认为，应不予执行深圳仲裁委员会案涉裁决
15	2015. 07. 06	广东省高级人民法院认为，应不予执行案涉仲裁裁决
16	2015. 10. 09	最高人民法院认为，不予执行的理由不能成立

2. 双方诉答

浩庆公司等对深圳仲裁［2014］深仲裁字第1287号裁决提出不予执行申请称：第一，仲裁裁决所涉民间借贷纠纷已经深圳仲裁委员会［2014］深仲调字第27号调解书调解结案，案涉仲裁裁决的仲裁申请人就发生法律效力的调解书再次申请仲裁，要求给付违约金，深圳仲裁委员会重复受理本案并进行仲裁，有违“一事二审”的法理。第二，《还款承诺书》和调解协议均非其真实意愿，应认定为无效。故请求不予执行深圳仲裁委员会［2014］深仲裁字第1287号裁决。

宏迅公司答辩称：第一，深圳市民商事调解中心达成的调解协议属于当事人的意思自治。深圳仲裁委员会根据新发生的事实作出的裁决书，并不属于重复仲裁。第二，该裁决书系根据双方之间的调解协议作出，根据《仲裁法司法解释》第28条的规定，③ 应驳回其申请。

3. 司法审查

东莞市中级人民法院审查后请示认为：案涉第27号调解协议已经生效，且进入法院执行程序，深圳仲裁委再次受理并仲裁，属于对同一纠纷

① 参见［2014］深仲裁字第1287号裁决书。

② 参见［2015］深中法涉外仲字第6号民事裁定书。

③ 该条规定：“当事人请求不予执行仲裁调解书或者根据当事人之间的和解协议作出的仲裁裁决书的，人民法院不予支持。”

作出两次裁决，违反《仲裁法》第9条第1款一裁终局制度；当事人之间第二次达成的调解协议，是在执行程序中的调解协议，根据《民事诉讼法》第230条及最高人民法院《关于适用〈中华人民共和国民事诉讼法〉的解释》第467条，一方在另一方拒绝执行的情况下，应向法院提出恢复强制执行申请。深圳仲裁委对于处于法院执行程序中的当事人达成的和解协议作出裁决，无异于赋予执行和解协议以强制执行力。本案应参照《民事诉讼法》第274条第1款第4项，认定仲裁委无权对执行和解协议产生的纠纷作出裁决，并裁定不予执行案涉仲裁裁决。

广东省高级人民法院审查后请示认为：第一，根据《民事诉讼法》第230条第2款及最高人民法院《关于适用〈中华人民共和国民事诉讼法〉的解释》第467条，执行过程中当事人如不履行达成的和解协议，法院应恢复对原生效法律文书的执行，而非执行当事人达成的和解协议。也就是说，当事人在执行过程中达成的和解协议不具有强制执行力。双方在深圳市民商事调解中心主持下达成的调解协议，实际上属于执行过程中达成的和解协议，深圳仲裁委据此作出仲裁裁决，实际上赋予了该调解协议以强制执行力。第二，宏迅公司申请执行的是第1287号仲裁裁决，而非原生效文书即第27号调解书，故违背法律规定。且，上述两文书处理的是同一债权债务关系，违反《仲裁法》第9条第1款。据此，应根据《民事诉讼法》第274条第1款第4项，不予执行。①

最高人民法院审查后复函认为：深圳仲裁委根据不同当事人的申请，基于不同的仲裁协议，就不同的仲裁请求作出仲裁裁决，并不是《仲裁法》第9条1款规定的重复仲裁，不存在《民事诉讼法》第274条规定的不予执行情形。故，案涉仲裁裁决应予执行。②

4. 案例评析

结合最高人民法院审查的类似案例，可对本案中司法审查要点总结为二：第一，是否构成重复仲裁，或是否构成违背仲裁一裁终局原则，基本的判断是“三相同”标准。尽管本案相关案情披露得并不充分，但从当事人诉答，以及三级人民法院的司法审查看，案情的基本梗概是，在债权转让中基于该债权债务关系，深圳市民商事调解中心和深圳仲裁委员会先

① 参见［2015］粤高法仲复字第1号请示。

② 参见［2015］民四他字第35号复函。

后分别作出调解协议和仲裁裁决。东莞市中级人民法院和广东省高级人民法院均认定本案属于仲裁机构无权仲裁的情形，理由是仲裁裁决对调解协议已经处理过的债权债务关系进行了重复仲裁，违背了仲裁裁决一裁终局的原则。但最高人民法院对此持不同的立场，从其言简意赅的推理看，其判断仲裁裁决是否构成重复审理，或者构成对仲裁一裁终局原则的违背之标准，是以“三相同”为基础的，即必须是当事人相同、仲裁协议相同、仲裁请求相同。换言之，对于不满足“三相同”标准的仲裁裁决，不构成重复仲裁。这就对人民法院以仲裁裁决重复仲裁、违背一裁终局为实质根据撤销仲裁裁决的情形设置了非常严格的限制。相应地，这也以间接的方式表达了最高人民法院对仲裁的支持。

第二，在人民法院司法审查仲裁裁决时，应否判断、如何判断特定仲裁裁决是否违背一裁终局原则，存在着不同的司法立场，从时间上的先后看，人民法院似经历了从不应判断到应该判断、从实体问题定性到程序问题定性的转变。在笔者所检索的三个案件中，分别是上文论述的“江智锋申请撤销仲裁裁决”[①]案、“北京康卫医药咨询服务中心有限公司申请撤销贸仲仲裁裁决”[②]案，以及本案。最高人民法院在2005年针对“江智锋申请撤销仲裁裁决”案的复函中的核心要点有三：一是针对已经作出的调解书中的纠纷，仲裁庭在相同当事人之间就同一纠纷再次作出仲裁裁决的，违背仲裁的一裁终局原则；二是此类仲裁裁决属于人民法院司法审查仲裁裁决的范畴；三是此类仲裁裁决属于仲裁程序违反的情形。

其后，最高人民法院在2012年针对“北京康卫医药咨询服务中心有限公司申请撤销贸仲仲裁裁决”案的复函中的核心要点可概括为：一是首次明确了何谓“一裁终局”的含义，初步展示出“三相同”的判断标准；二是变更了人民法院对仲裁裁决是否违背一裁终局规则的审查立场，从肯定到否定，即将此类问题定性为实体问题，从而将其排除在人民法院司法审查仲裁裁决的范围之外；三是通过如此定性涉嫌违背一裁终局原则的仲裁裁决，严格限制人民法院司法审查的准入，由此构成最高人民法院对此类仲裁裁决的最大支持。

最后，即是在本案中，最高人民法院于2015年作出的复函显示：一

---

① 参见最高人民法院［2005］民四他字第23号复函。

② 参见最高人民法院［2012］民四他字第57号复函。

是明确了判断某一仲裁裁决是否构成违背一裁终局原则的“三相同”标准，即相同当事人、相同仲裁协议、相同仲裁请求；二是再次变更了人民法院能否审查此类仲裁裁决的立场，即从否定到肯定，不再将其作为实体问题；三是在纳入人民法院司法审查范围的前提下，倾向于从“仲裁机构无权仲裁”的角度（《民事诉讼法》第 274 条第 1 款第 4 项），而非仲裁程序违反的角度（《民事诉讼法》第 274 条第 1 款第 3 项）进行审查。

由此看来，最高人民法院针对仲裁裁决重复仲裁或可能违背一裁终局原则的情形，尽管有了一定的司法实践，并表现出一定的态度，但尚未形成稳定的司法立场。最高人民法院渐次形成的“三相同”标准能否在其后的案件中得到一贯的应用，值得关注。鉴于此类问题既涉及复杂的既判力问题，又涉及预决证明力的问题，且针对的是更不确定、更具自由裁量属性的仲裁语境，要达成并提炼司法审查共识还为时尚远。不过从现有有限的司法审查实例看，可以明确的是：第一，仲裁裁决与在先的法院判决、仲裁裁决或者调解书相冲突的，对仲裁裁决的撤销或不予执行而言具有较高的风险。第二，不论是否可能被撤销或不予执行，人民法院均是在《民事诉讼法》第 274 条第 1 款的范围内，或者是根据该条款第 3 项，或者是根据该条款第 4 项进行审查，均不涉及该条第 2 款即违背社会公共利益的审查问题。换言之，即便仲裁裁决违背一裁终局原则，也不产生违背社会公共利益的问题。

四　仲裁机构分立

（一）不予执行［2012］中国贸仲沪字第 439 号裁决案

1. 案情简介

表 5-19　　案情简介

序号	时间	案件事实
1	1989. 07. 25	《上海市编制委员会关于核定中国国际经济贸易仲裁委员会上海分会编制的通知》对贸仲上海分会的编制进行了核定①
2	1998. 03. 26	上海市技术监督局向贸仲上海分会颁发事业法人代码证书
3	2011. 12. 08	贸仲上海分会在上海市司法局办理登记手续，取得仲裁委登记证②

① 参见沪编［1989］148 号。

② 参见沪司仲登字第［2011］1 号。

续表

序号	时间	案件事实
4	2012. 03	上海市司法局向司法部提交《关于报送仲裁机构登记情况的函》① 载明：中国贸仲上海分会于1987年4月25日经上海市人民政府批准②，由中国贸易促进委员会上海分会于1988年12月27日组建③，2011年12月8日我局予以补办设立登记手续
5	2012. 05. 01	贸仲刊发声明：贸仲上海分会自称是独立仲裁委员会，并成立分会委员会的行为无效；自即日起，当事人依仲裁条款将争议提交贸仲分会仲裁的，贸仲分会必须适用2012年《贸仲仲裁规则》，统一适用贸仲制定并于2011年5月1日施行的《仲裁员名册》。
6	2012. 05. 02	申请执行人向贸仲上海分会申请仲裁，此前约定有仲裁条款。仲裁条款约定如下：Any dispute arising thereof shall be settled amicably through friendly negotiations. In case no settlement can be reached between the two parties，the case should be submitted to the China International Economic and Trade Arbitration Commission，Shanghai Commission（CIETAC-Shanghai）for arbitration④
7	2012. 05. 09	贸仲上海分会受理仲裁并适用自行制定的《贸仲上海分会仲裁规则》
8	2012. 05. 23	康发公司向贸仲上海分会出具指定仲裁员的书面函，指定了仲裁员
9	2012. 07. 16	仲裁庭开庭审理案件，案件庭审要点载明：我方当事人愿意接受中国贸仲上海分会的管辖，并同意本案仲裁程序适用自2012年5月1日起施行的《贸仲上海分会仲裁规则》，并对本案已经进行的仲裁程序无异议
10	2012. 10. 18	贸仲上海分会作出案涉仲裁裁决（以下简称为439号裁决）⑤
11	2012. 12. 31	贸仲再次刊发公告予以明确：贸仲上海分会在2012年8月1日之前接受的申请并管理的仲裁案件，可在适用《贸仲仲裁规则》以及根据该规则规定在中国国际经济贸易仲裁委员会的统一业务管理下审结
12	2013. 08. 29	康发公司对案涉仲裁裁决向临沂市中院提出不予执行申请。该中院作出执行裁定，裁定驳回不予执行申请⑥
13	2014. 04. 21	康发公司向山东省高院申请复议，后者审查后作出裁定⑦，撤销山东省临沂市中级人民法院上述驳回不予执行申请的裁定，并责令其重新审查
14	2015. 04. 22	临沂市中院向山东高院请示

① 参见沪司发法制［2012］7号。

② 参见沪府办［1987］67号。

③ 参见沪府办［1988］188号。

④ 该仲裁条款译文如下：因本合同引起的任何争议应当通过友好协商解决，如果双方无法协商解决的话，争议案件应当提交到中国国际经济贸易仲裁委员会上海分会仲裁解决。

⑤ 参见［2012］中国贸仲沪字第439号裁决书。

⑥ 参见［2013］临执异字第12号裁定书。

⑦ 参见［2014］鲁执复议字第31号裁定书。

续表

序号	时间	案件事实
15	2015. 06. 01	山东高院向最高法请示
16	2015. 08. 31	最高法复函

2. 双方诉答

不予执行申请人临沂市康发食品饮料有限公司（以下简称为康发公司）认为：第一，申请执行人于2012年5月2日申请仲裁，贸仲上海分会于2012年5月9日受理，审理过程中未适用《贸仲仲裁规则》，而适用其自行制定的《贸仲上海分会仲裁规则》，符合《民事诉讼法》第274条第1款第3项之情形，439号裁决程序违法。第二，贸仲上海分会对涉案纠纷无权仲裁，其不是双方当事人在合同签定时约定的仲裁机构。综上，应不予执行案涉仲裁裁决。

申请执行人 Wiinsche Handelsgesellschaft International mbH & Co. KG 答辩认为：第一，按照合同规定，合同约定的仲裁条款规定的仲裁机构是贸仲上海分会。第二，2012年5月1日，贸仲上海分会正式启用自行制定的仲裁规则。第三，该机构合法有效，上海中院的相关民事裁定亦裁定该机构有效。第四，如果康发公司对仲裁机构或者仲裁程序有异议，那么按照仲裁法和仲裁规则规定，应该在首次开庭之前提出。第五，本仲裁案件开庭过程中，仲裁庭就仲裁机构的管辖权问题征求过双方的意见，但是康发公司明确表示没有异议。第六，仲裁过程中就仲裁程序适用贸仲上海分会仲裁规则，即2012年5月1日实施的仲裁规则，也明确进行了说明。所以，康发公司在仲裁在过程中确认了仲裁机构的管辖以及仲裁规则的适用，故应驳回其不予执行申请。

3. 司法审查

临沂市中级人民法院审查后请示认为：本案中，根据《仲裁法》第10条第3款的规定①以及第75条的规定②，贸仲上海分会系依法设立的仲裁委员会，可以依法制定仲裁暂行规则。贸仲上海分会在仲裁过程中经过

① 该款规定："设立仲裁委员会，应当经省、自治区、直辖市的司法行政部门登记。"

② 该条规定："中国仲裁协会制定仲裁规则前，仲裁委员会依照本法和民事诉讼法的有关规定可以制定仲裁暂行规则。"

康发公司同意适用其自行制定的仲裁规则，并不违反法律规定。因此，康发公司以贸仲上海分会在仲裁中适用其自行制定的《贸仲上海分会仲裁规则》为由，认为裁决程序违法符合《民事诉讼法》第274条第1款第3项规定的情形，于法无据，不予支持。康发公司主张贸仲上海分会对涉案纠纷无权仲裁，其不是双方当事人在合同签定时约定的仲裁机构，合议庭认为，康发公司与申请执行人在《销售确认书》的争议解决条款中明确约定仲裁机构为贸仲上海分会，在仲裁过程中，康发公司亦同意接受贸仲上海分会的管辖，故康发公司上述主张与事实不符，不予采信。综上，依照《民事诉讼法》第274条的规定，拟裁定驳回康发公司对439号裁决提出的不予执行申请。

山东省高级人民法院审查后请示认为：根据《最高人民法院关于正确审理仲裁司法审查案件有关问题的通知》[①]（以下简称为《通知》）的规定，“当事人申请撤销或者不予执行中国贸仲或者上海贸仲、华南贸仲作出的仲裁裁决的案件，人民法院在作出裁定之前，须经审判委员会讨论提出意见后，逐级上报至最高人民法院，待最高人民法院答复后，方可作出裁定”。现山东省临沂市中级人民法院已就康发公司的不予执行申请另行组成合议庭进行了审查并经审判委员会讨论认为，康发公司不予执行仲裁裁决的理由均不能成立，应予驳回，并上报至我院。根据《通知》的规定，现将临沂市中级人民法院的请示报告转呈。[②]

最高人民法院审查后复函认为：本案系贸仲及其原分会因对仲裁规则的修改适用、仲裁案件的管辖等问题产生争议而引发的涉外仲裁司法审查案件。对案涉仲裁裁决是否应予执行的问题，应当根据《民事诉讼法》第274条及《最高人民法院关于对上海市高级人民法院等就涉及中国国际经济贸易仲裁委员会及其原分会等仲裁机构所作仲裁裁决司法审查案件请示问题的批复》[③]（以下简称15号《批复》）等相关规定进行审查。

根据你院转呈的临沂中院涉案请示报告所述事实，本案当事人签订仲裁协议约定将争议提交贸仲上海分会（现已更名为上海国际经济贸易仲裁委员会，以下简称上海贸仲）仲裁，当事人签订仲裁协议以及向上海贸仲

---

① 参见法〔2013〕194号。

② 参见〔2014〕鲁执复议字第31号请示。

③ 参见法释〔2015〕15号。

申请仲裁，均在上海贸仲更名之前。根据《批复》第1条第1款的规定，上海贸仲对仲裁案件享有管辖权。且康发公司在仲裁庭庭审时明确表示接受上海贸仲的管辖。因此，康发公司关于上海贸仲对案涉纠纷无权仲裁的主张不能成立，同意临沂市中级人民法院的请示意见。①

4. 案例评析

本案案情较为简单，问题较为集中，即当事人在贸仲上海分会独立成为上海贸仲之前签订相关合同，合同中约定由“贸仲上海分会”进行仲裁。在贸仲上海分会独立成为上海贸仲且在贸仲刊发声明否认贸仲上海分会的独立之后，本案执行申请人向上海贸仲提请仲裁，后者作出裁决后，裁决进入执行程序时，康发公司提出不予执行申请，遂成本案。本案值得关注的法律问题可概括如下：

第一，仲裁机构的非合意性裂变，将在管辖权与仲裁程序两方面对仲裁裁决造成潜在的威胁。当事人之间通过仲裁条款约定贸仲上海分会的真意，至少具有两种解释向度：一是当事人基于对贸仲的信任，而选择贸仲的分会；二是当事人基于对贸仲上海分会的特定化信任，而选择贸仲。不同的解释向度对于贸仲上海分会独立之后的管辖权归属具有决定性影响。如果是基于前者，那么贸仲应享有仲裁管辖权，特别是在上海贸仲成立之后、贸仲迅速在上海设立替代机构的情形下，更应如此。否则，反之。无论如何，在形式上形成了贸仲与上海贸仲之间的管辖权竞争关系。这种管辖权竞争促致了仲裁裁决的撤销或者不予执行的风险，构成《民事诉讼法》第274条第1款第4项的“仲裁机构无权仲裁”的情形。

不仅如此，由于上海贸仲自贸仲上海分会脱胎成立后，自行制定了该仲裁机构的仲裁规则，以区别于此前所适用的《贸仲上海分会仲裁规则》，这必然导致相关仲裁因仲裁规则适用的不同而出现程序不同的情形。此情形对仲裁裁决的消极影响即体现为可能的程序违反，构成《民事诉讼法》第274条第1款第3项情形。

第二，司法机关对于仲裁机构非合意裂变后受理案件并作出仲裁裁决的情形，是以“仲裁机构无权管辖”为依据进行审查的。最高人民法院15号《批复》对此种情形按照时间维度作了三段论式的定性：首先，在上海分会和华南分会更名前签订的仲裁条款，其明确约定由分会仲裁的，

① 参见［2015］民四他字第20号复函。

应由相关分会受理案件；其次，在两分会更名后至该批复颁发前签订的仲裁条款，其明确约定由分会仲裁的，应由贸仲受理案件，除非分会受理案件后，被申请人未提管辖异议；最后，在15号《批复》颁发施行后签订的仲裁条款，其明确约定分会仲裁的，应由贸仲受理案件。

从上述司法文件可以看出，司法机关的立场是以不破坏当事人对仲裁约定的预期而设定的。在独立之前，当事人对仲裁机构的预期是各分会，因此管辖机构确定为上海或华南贸仲；在独立之后，两分会脱离贸仲体制，而当事人仍然约定贸仲分会的，此时司法机关确认其意愿为贸仲，而非原贸仲分会。只是作为一种中和，在分会独立后至最高人民法院对此类案件正式定调之前的这段过渡时间内，引入了禁反言规则，即原则上以贸仲为管辖机构，但上海或华南贸仲受理相关案件而相关当事人并不提管辖异议的，则该管辖有效。

第三，禁反言原则在司法审查仲裁中成为重要的权衡规则。禁反言规则在当前已经进入许多仲裁机构的仲裁规则之中，只不过其表述通常为“不提异议，则视为放弃”，简称为“弃权”规则。本案也涉及这一问题，在上海贸仲提示管辖权和仲裁规则适用的情形下，康发公司对此予以明确接受。此接受行为将消除管辖上的不当性，不构成在后续司法审查中的撤销或者不予执行之根据。禁反言有力地遏制了利用仲裁程序恶意拖延，或者对仲裁结果持观望态度的结果主义者，提升了仲裁程序的效率和仲裁裁决的威严。

（二）撤销［2014］中国贸仲京（沪）裁字第067号裁决案

1. 案情简介

表5-20　案情简介

序号	时间	案件事实
1	2010.07.08	倪来宝、刘冬莲与SOUDAL公司签订《股权购买合同》。合同第11.2条约定仲裁条款：任何因本合同产生或者与本合同有关的争议、诉讼或者索赔，包括合同的效力、失效、违约或者终止，均应提交至中国国际经济贸易仲裁委员会上海分会依据申请时有效的仲裁规则进行裁决。裁决程序应由中、英文进行。仲裁裁决为终局裁决，对双方均具有约束力
2	2011.12.08	上海市司法局出具仲裁登记证，准予贸仲上海分会登记
3	2012.05.01	贸仲上海分会仲裁规则实施。仲裁规则规定：当事人在仲裁协议中约定由贸仲上海市分会/上海国际商会仲裁，或由贸促上海市分会/上海国际商会的仲裁委员会或仲裁院仲裁的，或由上海国际经济贸易仲裁委员会/上海涉外经济贸易仲裁委员会仲裁的，均应视为同意本会仲裁

续表

序号	时间	案件事实
4	2012. 08. 01	中国贸仲发布《管理公告》，宣布：自 2012 年 8 月 1 日起，中止对中国国际经济贸易仲裁委员会上海分会、中国国际经济贸易仲裁委员会华南分会接受仲裁申请并管理仲裁案件的授权；当事人约定将争议提交中国国际经济贸易仲裁委员会上海或华南分会仲裁的，自即日起，当事人应向中国贸仲身而起仲裁，由贸仲秘书局接受仲裁申请并管理案件。未经贸仲授权，其他任何机构无权接受上述仲裁申请并管理相关案件
5	2012. 11. 21	SOUDAL 公司就《股权购买合同》所涉争议向中国贸仲申请仲裁
6	2012. 11. 26	中国贸仲决定受理该案
7	2012. 11. 30	SOUDAL 公司向贸仲提交《受理仲裁申请书》，请求确认该案由贸仲受理。贸仲将相关材料转倪来宝等
8	2012. 12. 05	倪来宝、刘冬莲向上海市二中院提出申请，请求确认《股权购买合同》约定的仲裁条款有效
9	2012. 12. 06	倪来宝、刘冬莲向贸仲北京及上海办公室邮寄《受理案件通知书》及情况说明，告知贸仲其已就贸仲受理的案件所涉仲裁协议向上海市二中院起诉，请求贸仲依照规定处理
10	2012. 12. 07	倪来宝、刘冬莲就 SOUDAL 公司向贸仲提出的仲裁请求发表书面意见
		同日，贸仲收到倪来宝等提交的上海市二中院受案材料及说明，并于当日作出《管辖权及案件受理决定》
11	2012. 12. 08	贸仲发函告知上海市二中院，贸仲已经作出《管辖权及案件受理决定》，并送达当事人
12	2012. 12. 10	倪来宝、刘冬莲向贸仲发函，称其已于 12 月 5 日向上海市二中院起诉确认仲裁条款效力，并于 12 月 6 日告知贸仲，法院已经立案受理，贸仲管辖权问题及仲裁程序的进行应在上海市二中院裁判后方可进行
13	2012. 12. 31	贸仲发布《中国国际经济贸易仲裁委员会关于中国国际经济贸易仲裁委员会上海分会、中国国际经济贸易仲裁委员会华南分会有关事宜的公告》，终止对上海分会接受仲裁申请并管理仲裁案件的授权
14	2013. 01. 08	上海市二中院向贸仲邮寄公函，要求贸仲中止对案件的仲裁
15	2013. 01. 16	贸仲向上海市二中院回函，称贸仲先于法院管辖及受理当事人的请求，并先于法院作出《管辖权及案件受理决定》，请上海市二中院妥善处理，仲裁程序继续进行
16	2013. 03. 21	上海市机构编制委员会同意贸仲上海分会更名为“上海国际经济贸易仲裁委员会”，并增挂上海国际仲裁中心的牌子
17	2013. 04. 08	上海市司法局决定对上述事项准予更名登记及增挂牌子备案登记
18	2013. 07. 31	倪来宝向上海贸仲申请仲裁裁决
19	2013. 08. 08	上海贸仲作出受理通知
20	2013. 08. 27	SOUDAL 公司向上海贸仲提交管辖权异议申请书，请求上海贸仲不予受理倪来宝提起的仲裁案件；并请求上海贸仲在作出管辖权决定前允许 SOUDAL 公司暂缓指定仲裁员、进行答辩等程序
21	2013. 08. 22	贸仲在上海首次开庭审理，倪来宝、刘冬莲当庭声称不接受仲裁庭管辖，庭审无法进行

续表

序号	时间	案件事实
22	2013. 08. 30	上海市二中院再次向贸仲邮寄公函，要求贸仲中止一切仲裁程序，停止任何违法仲裁行为
23	2013. 09. 23	上海贸仲作出管辖权决定，认为本会是当事人约定争议的唯一具有管辖权的仲裁机构，驳回 SOUDAL 公司的管辖权异议
24	2013. 10. 11	上海贸仲出具仲裁庭组成通知
25	2013. 10. 31	倪来宝、刘冬莲向贸仲发函，确认收到第二次开庭通知，再次声明，上海市二中院已经出函要求贸仲中止仲裁，在法院未裁决前，贸仲无权开庭审理，贸仲第一次违法开庭涉嫌刑事犯罪，其保留追究法律责任的权利
26	2013. 11. 04	上海贸仲出具开庭通知
27	2013. 11. 06	贸仲第二次开庭，倪来宝及刘冬莲未到庭。贸仲缺席审理
28	2013. 11. 14	倪来宝及刘冬莲向贸仲发函，称其不认可贸仲的第二次开庭，并强调上海市二中院已受理，贸仲无权仲裁
29	2013. 11. 29	上海贸仲开庭
30	2014. 06. 09	贸仲作出案涉仲裁裁决，支持了 SOUDAL 公司的仲裁请求①
31	2014. 12. 31	上海市二中院作出民事裁决书，裁定涉案仲裁协议有效。裁定书中"本院认为"部分载明："本案仲裁协议约定的仲裁机构中国国际经济贸易仲裁委员会上海分会在本院辖区，本院对本案具有管辖权。该仲裁协议选定的仲裁委员会即中国国际经济贸易仲裁委员会上海分会（现已更名为上海国际经济贸易仲裁委员会），本案纠纷应由仲裁协议明确约定的上海国际经济贸易仲裁委员会受理"②
32	2015. 07. 06	北京市二中院拟撤裁；北京市高院作出请示，少数意见不同意撤裁
33	2015. 07. 10	上海贸仲向倪来宝与 SOUDAL 公司出具延长裁决期限的通知，延长至 2015 年 10 月 11 日
34	2015. 09. 29	最高法复函，要求查清关联案件后再审查
35	2015. 11. 20	北京市高院作出请示
36	2015. 12. 10	最高法复函拟撤裁

2. 双方诉答

撤裁申请人认为：贸仲无权仲裁本案。第一，贸仲上海分会是独立、合法的仲裁机构。按照《股权购买合同》的仲裁条款，双方当事人选定的仲裁机构是贸仲上海分会，并不是中国贸仲。贸仲上海分会是上海市政府与中国贸促会商定，报国务院同意后，经上海市人民政府批准设立的隶属于上海市贸促会管理的独立民间仲裁机构。2011 年 12 月 8 日，依据

① 参见［2014］中国贸仲京（沪）裁字第 067 号裁决书。

② 参见［2012］沪二中民认（仲协）字第 5 号民事裁决书。

《仲裁法》的规定，上海市司法局对贸仲上海分会进行了登记。2012 年 5 月，贸仲上海分会通过《仲裁规则》。2013 年 3 月经上海市机构编制委员会同意，2013 年 4 月上海市司法局批准，贸仲上海分会将名称变更为上海国际经济贸易仲裁委员会。贸仲上海分会自设立以来，没有任何文件可以证明该仲裁机构已经撤销或注销，根据《仲裁法司法解释》第 3 条的规定，贸仲上海分会是《股权购买合同》仲裁条款选定的唯一且合法的仲裁机构，对《股权购买合同》的争议享有仲裁权。

第二，贸仲无视和非法干涉当事人对仲裁机构的选择权，越权仲裁。贸仲的裁决书以《中国国际经济贸易仲裁委员会关于约定由中国国际经济贸易仲裁委员会上海分会、中国国际经济贸易仲裁委员会华南分会仲裁的案件的管理公告》（以下简称《管理公告》）作为受理本案的依据。依据《仲裁法》的规定，贸仲作为仲裁机构，无权撤销或限制其他合法登记的仲裁机构的仲裁权，更无权变更当事人仲裁条款选定的仲裁机构。在撤裁申请人不同意贸仲作为《股权购买合同》仲裁机构的情形之下，贸仲越权仲裁严重侵害了撤裁申请的合法权利，严重违反了《仲裁法》的规定。

综上，贸仲多次违反《仲裁法》的规定，违背撤裁申请人与 SOUDAL 公司仲裁协议的约定，坚持违法仲裁，置人民法院的决定于不顾，严重侵害了撤裁申请人的合法权益。根据《仲裁法》第 70 条及《仲裁法司法解释》第 27 条的规定，其行为已构成无权仲裁，并且严重违反法律规定，影响案件正确裁决。故请求法院撤销案涉仲裁裁决。

SOUDAL 公司答辩认为：不同意撤裁申请人的理由，请求法院依法驳回其撤销仲裁裁决的申请。理由如下：第一，贸仲上海分会不是独立的仲裁机构。一方面，从贸仲上海分会的设立历史来看，贸仲上海分会不是独立的仲裁机构。根据贸仲上海分会的设立历史，贸仲上海分会是根据中国贸促会的决定设立的。1988 年 12 月 27 日，上海市人民政府办公厅给上海市对外经贸委发文《上海市人民政府办公厅关于中国国际经济贸易仲裁委员会上海分会隶属关系的通知》，其中明确有“根据贸促总会的决定”的表述。贸仲于 1988 年修订其仲裁规则，首次增加了“仲裁委员会可以在中国境内其他地方设立仲裁委员会分会”的规定，就是为中国贸促会设立贸仲上海分会做铺垫。贸仲上海分会后于 1990 年正式成立。在贸仲上海分会的设立审批过程中，其名称也随着贸仲原来的中国对外经济贸易仲裁委员会改为“贸仲”而相应更改。无视以上设立的历史，而仅凭贸仲上海分会在上海相关行政部门进行了登记，从而主张其为独立的仲裁机构是没有根据的。贸仲上海分会设立于上海，受上海当地行政部门的管理，必然要办理相应的行政审批和登记手续，但这完全不等同于设立机关就是上海当地行政部门。同时，值得注意的是，中贸仲上海分会成立于 1990 年，但其在上海司法局进行登记的日期为 2011 年 12 月 8 日。因此不能根据行政审批和登记来确定贸仲上海分会的合法地位和隶属关系。

另一方面，从相关法律规定来看，贸仲上海分会不是独立的仲裁机构。《仲裁法》首次设立了一个完整的无冲突的仲裁机构架构，该架构如下：一是第 10 条规定，《仲裁法》实施后新设仲裁委员会，应由有权的市人民政府组织有关部门和商会统一组建。设立仲裁委员会，应当经司法行政部门登记。二是第 9 条规定，《仲裁法》实施前已经成立的仲裁委员会，根据《仲裁法》的规定进行重组并进行登记。未重组的，自《仲裁法》实施之日起届满 1 年时终止。三是第 66 条对涉外仲裁委员会进行了特别规定，规定涉外仲裁委员会可以由中国国际商会组织设立，没有规定必须进行登记。《仲裁法》设置上述架构是对当时仲裁机构的实际情况有充分考虑的。贸仲成立于 1954 年，当时还是中华人民共和国成立初期，立法力量和时机均不成熟，贸仲是通过国务院决定的形式，由中国贸促会设立的，没有进行行政登记。《仲裁法》考虑到贸仲作为国内唯一的涉外仲裁机构，对涉外仲裁机构作出了特别规定，其用意就是让已经存在的贸仲地位合法化。

为了配合《仲裁法》的规定，国务院于 1995 年发布并实施了《仲裁委员会登记暂行办法》和《重新组建仲裁机构方案》，对仲裁机构的登记和重组进行了具体规定。根据上述两部行政法规的规定，新设或重组的仲裁机构必须满足但不限于特定条件。① 然而，贸仲上海分会在《仲裁法》实施以后，并没有按《仲裁法》和两部行政法规的规定进行重组和登记。1995 年，上海市人民政府根据《仲裁法》的规定新设上海仲裁委员会，此后贸仲上海分会与上海市人民政府新设的上海仲裁委员会同时并存。由此可见，根据法律规定，贸仲上海分会根本不可能是由上海当地行政部门设立的“独立的仲裁机构”。同时，把贸仲上海分会解释为由上海贸促会

① 此类条件包括：①设立主体为设立仲裁机构所在市的政府；②应当依法进行行政登记；③设立仲裁机构的市，只允许组建一个仲裁机构；④仲裁机构的名称必须冠以所在市的地名。

组建的独立仲裁机构，也是没有依据的。上海贸促会作为地方的贸促机构，根本无权设立带有“国字头”的独立的涉外仲裁机构。而且从设立历史来看，上海贸促会是基于中国贸促会的决定才筹组贸仲上海分会的，实质的设立主体仍是中国贸促会。上海贸促会不会因为其在上海具体筹组贸仲上海分会的行为，而成为贸仲上海分会的设立主体。由此可见，贸仲上海分会在《仲裁法》和行政法规实施以后，不按法律规定进行重组和登记，唯一的解释就是贸仲上海分会是由中国贸促会设立的，是贸仲在上海的分支机构。贸仲上海分会与贸仲是同一个仲裁机构，而非两个独立的仲裁机构。

另外，从公示公信的角度来看，贸仲上海分会不是独立的仲裁机构。贸仲上海分会自 1990 年成立之后二十余年来，均作为贸仲的分支机构存在，从未表示过异议。贸仲上海分会对外也明确表述其是贸仲的组成部分，两者是同一个仲裁机构。在这二十余年时间，贸仲上海分会统一使用贸仲的仲裁规则和仲裁员名册。直至 2012 年，贸仲上海分会自行制定仲裁规则，并宣称其为独立于贸仲的仲裁机构。贸仲上海分会在二十余年的时间内均作为贸仲的上海分会运作，这已经形成了足够的公示公信力。而二十余年后，贸仲上海分会突然表示其为独立的仲裁机构，这与其二十余年以来的运作历史本身就是相违背的，是难以让人信服的。

综上所述，不论从设立历史角度、法律规定角度还是公示公信角度，得出的唯一结论就是贸仲上海分会并非独立的仲裁机构，而是贸仲的组成部分，与贸仲是同一个仲裁机构。

第二，上海市二中院［2012］沪二中民认（仲协）字第 5 号民事裁定书不应作为撤销仲裁裁决的依据。其一，上海市二中院确认仲裁效力案件中撤裁申请人自行放弃了要求确认仲裁机构的申请。撤裁申请人最初提了两点确认请求，一为确认仲裁协议有效，二为确认仲裁机构为贸仲上海分会。后由于第 2 项请求不属于司法审查的范围，申请人放弃了第 2 项确认请求。因此，申请人申请确认的事项仅为“仲裁协议有效”，而这也应当是上海市二中院应当审查的唯一请求。

其二，［2012］沪二中民认（仲协）字第 5 号民事裁定书裁定中具有法律约束力的内容为“《股权购买合同》中的仲裁协议有效”，即上海市二中院确认了仲裁协议的效力。而事实上，双方当事人对仲裁协议的效力是没有争议的，双方均认可仲裁协议有效。正是基于仲裁协议有效，

SOUDAL 公司才根据该仲裁协议以及贸仲已经发布的公告，向贸仲提请仲裁。因此，［2012］沪二中民认（仲协）字第 5 号民事裁定书的裁定主文，与 SOUDAL 公司提请仲裁而非向人民法院起诉，两者是统一的。

其三，关于上海市二中院在陈述观点时作出了“本案纠纷应由仲裁协议明确约定的上海国际经济贸易仲裁委员会受理”的表述问题，一是裁定书陈述观点的部分与裁定主文不一样，本身并非裁定书中具有约束力的部分。二是如上文所述，双方当事人对仲裁协议的有效性并无争议，关键问题在于贸仲和贸仲上海分会产生了分歧。而仲裁机构的管辖分歧，超出了《仲裁法》规定的审查仲裁协议效力的范围。在此情况下，上海市二中院在裁定书陈述观点时对仲裁机构问题表述观点，完全是越俎代庖，难以令人信服。三是上海市二中院作出的上述陈述本身也是完全错误的。SOUDAL 公司提请仲裁的日期为 2012 年 11 月 21 日，当时上海国际经济贸易仲裁委员会根本还没有成立，其成立日期为 2013 年 4 月 17 日。而贸仲和贸仲上海分会作为统一的仲裁机构，贸仲早在 2012 年 8 月 1 日就发布公告，中止了对贸仲上海分会的授权，并要求当事人自 2012 年 8 月 1 日起向贸仲提请仲裁。因此，在 SOUDAL 公司提请仲裁之日，贸仲是唯一有权管辖的仲裁机构。

其四，上海市二中院早在 2012 年 12 月就受理了上述案件，但直至 2014 年 12 月 31 日才作出裁定，用了整整两年时间。SOUDAL 公司向贸仲提请的仲裁案件，经贸仲依法审理，于 2014 年 6 月 9 日已经作出仲裁裁决并于当日生效。上海市二中院作出裁定的时间，比生效裁决还要晚半年多的时间。上海市二中院在畸长的时间内不作为，这本身就是对当事人合法权益的严重无视和侵害。

综上，［2012］沪二中民认（仲协）字第 5 号民事裁定书，撤裁申请人请求确认的唯一事项是“仲裁协议有效”，裁定主文确认协议有效、支持 SOUDAL 公司提起仲裁，裁定书中陈述的观点属于无权审查且存在错误，并且该裁定在作出时间方面严重不顾当事人的合法权益，因此撤裁申请人依据该裁定请求撤销贸仲依法作出的仲裁裁决不应获得支持。

第三，撤裁申请人正是利用贸仲和贸仲上海分会的分歧，来达到拖延仲裁程序、逃避违约责任的目的。撤裁申请人严重违反《股权购买合同》中约定的“非竞争义务”，给 SOUDAL 公司造成了严重的经济损失。SOUDAL 公司提请仲裁之时，贸仲和贸仲上海分会之间的争议已经爆发。如前所述，贸仲上海分会宣布其为独立的仲裁机构，其公信力是较弱的。因此，SOUDAL公司依据贸仲的公告，向贸仲提请仲裁。撤裁申请人接到仲裁通知后，未提交任何实体证据或进行任何实体参与，唯一的抗辩就是案件应由贸仲上海分会受理。事实上，撤裁申请人是利用贸仲和贸仲上海分会之间的争议，来达到拖延仲裁程序、逃避违约责任的目的。

第四，本案贸仲的仲裁裁决如被撤销，势必引发极大的司法混乱和灾难性的后果。贸仲和贸仲上海分会之间的争议爆发以来，双方各执一词，至今无主管部门给出定论，这让大量的当事人无所适从。基于贸仲的公信力，绝大部分当事人选择贸仲作为仲裁机构。在长达两余年的时间内，绝大部分案件也都已经作出了生效裁决。本案仲裁裁决一旦被撤销，意味着所有类似的案件全部面临被撤销的风险。当事人长达一两年的维权之路，因为迫不得已的仲裁机构选择而被打回原点，这对当事人是极不公平的。这还远远没有结束。2014年12月31日，贸仲正式宣布重组其上海分会。大量的仲裁裁决被撤销之后，仲裁机构的管辖冲突依旧存在，当事人将面临新一轮的选择。仅因贸仲和贸仲上海分会之间的分歧而撤销生效裁决，完全不利于保障当事人的合法权益，势必造成司法的极度混乱和灾难性后果。SOUDAL公司依法在中国寻求司法救济，走过了艰辛的两年时间。如果贸仲作出的仲裁裁决，仅因为贸仲与贸仲上海分会的争议而被撤销，SOUDAL公司将完全丧失对中国司法的信任和信心。SOUDAL公司在两年间的司法救济之路，因撤裁申请人恶意利用贸仲和贸仲上海分会的争议而备受其害，SOUDAL公司已将相关案件情况反映给比利时大使馆，希望通过外交途径保障在中国的合法权益。作为受害者，SOUDAL公司希望法院维持已经生效裁决的效力。

3. 司法审查

北京市第二中级人民法院审查后请示认为：双方当事人对仲裁协议中约定的仲裁机构的指向不一致，实质上是双方当事人对仲裁协议效力有异议的情形。《最高人民法院关于确认仲裁协议效力几个问题的批复》[①] 第3条规定：当事人对仲裁协议的效力有异议的，一方当事人申请仲裁机构确认仲裁协议效力，另一方当事人请求人民法院确认仲裁协议无效，如果仲裁机构先于人民法院接受申请并已作出决定，人民法院不予受理；如果仲

---

① 参加法释［1998］27号。

裁机构接受申请后尚未作出决定，人民法院应予受理，同时通知仲裁机构终止仲裁。《仲裁法》第 20 条规定，当事人对仲裁协议的效力有异议的，可以请求仲裁委员会作出决定或者请求人民法院作出裁定。一方请求仲裁委员会作出决定，另一方请求人民法院作出裁定的，由人民法院裁定。当事人对仲裁协议的效力有异议，应当在仲裁庭首次开庭前提出。因此，贸仲就仲裁协议效力作出决定前，上海市二中院已经受理了确认仲裁协议效力的案件，贸仲应当中止仲裁程序。而贸仲以其先于法院接受确认仲裁协议效力的申请，并先于法院作出《管辖权及案件受理决定》为由，在撤裁申请人和上海市二中院提出多次异议的情形下，仍继续仲裁的行为，违反了法定程序。故依据《民事诉讼法》第 274 条的规定，拟撤销案涉仲裁裁决。

但需请示的问题如下：第一，适用法条方面。本案撤销仲裁裁决适用《民事诉讼法》第 274 条第 3 项中仲裁的程序与仲裁规则不符，还是第 4 项仲裁机构无权仲裁？

第二，已生效的上海市二中院［2012］沪二中民认（仲协）字第 5 号民事裁决书，认定“合同各方当事人签订的仲裁协议有请求仲裁的意思表示，约定了仲裁事项和明确的仲裁机构，该仲裁协议选定的仲裁委员会即中国国际经济贸易仲裁委员会上海分会现已更名为上海国际经济贸易仲裁委员会系依法设立的仲裁机构，其有权根据当事人签订的仲裁协议受理仲裁案件并作出裁决。因此，涉案仲裁协议当属有效的仲裁协议。本案纠纷应由仲裁协议明确约定的上海国际经济贸易仲裁委员会受理”。上海市二中院认定贸仲上海分会现已更名为“上海国际经济贸易仲裁委员会”是否妥当？

第三，撤销仲裁裁决的国际影响问题。基于贸仲的公信力，绝大部分当事人选择贸仲作为仲裁机构。贸仲和贸仲上海分会之间的争议让大量的当事人无所适从。在此期间，绝大部分案件已经作出了仲裁裁决。本案仲裁裁决一旦被撤销，意味着所有类似的案件全部面临被撤销的风险。因贸仲和贸仲上海分会之间的分歧而撤销仲裁裁决，势必造成司法的混乱和不良后果，将会造成不良的国际影响。SOUDAL 公司表示如果本案仲裁裁决被撤销，其将完全丧失对中国司法的信任和信心。SOUDAL 公司表示其已将案件情况反映给比利时大使馆，希望通过外交途径保障在中国的合法权益。建议决定是否撤销仲裁裁决时予以考虑。

北京市高级人民法院审查后请示认为：不同意二中院关于确认涉案仲裁协议无效的意见。理由如下：第一，根据案涉仲裁裁决载明的时间，[①]本院认为，依据《最高人民法院关于确认仲裁协议效力几个问题的批复》第3条规定：当事人对仲裁协议的效力有异议，一方当事人申请仲裁机构确认仲裁协议效力，另一方当事人请求人民法院确认仲裁协议无效，如果仲裁机构先于人民法院接受申请并已作出决定，人民法院不予受理；如果仲裁机构接受申请后尚未作出决定，人民法院应予受理，同时通知仲裁机构终止仲裁。从时间上看，贸仲先于上海市二中院作出《管辖权及案件受理决定》，且依据上述批复及《仲裁法》的相关规定，亦无仲裁机构中止仲裁的相关规定。

第二，撤裁申请人与SOUDAL公司于2010年7月8日签订《股权购买合同》，约定相关争议均应提交至贸仲上海分会。而当时贸仲上海分会是由贸仲授权接受仲裁申请并管理仲裁案件的。签约时，签约者不可能预见到贸仲与上海国际经济贸易仲裁委员会间产生的纠纷。贸仲于2012年8月1日发布《管理公告》，该公告载明："自2012年8月1日起，中止对中国国际经济贸易仲裁委员会上海分会、中国国际经济贸易仲裁委员会华南分会接受仲裁申请并管理仲裁案件的授权；当事人约定将争议提交中国国际经济贸易仲裁委员会上海分会或中国国际经济贸易仲裁委员会华南分会（中国国际经济贸易仲裁委员会深圳分会）仲裁的，自2012年8月1日起，当事人应向中国国际经济贸易仲裁委员会申请仲裁，由中国国际经济贸易仲裁委员会秘书局接受仲裁申请并管理案件。未经中国国际经济贸易仲裁委员会授权，其他任何机构无权接受上述仲裁申请并管理相关案件。"SOUDAL公司于2012年11月30日向贸仲提交《受理仲裁申请书》并无不当。上海市二中院于2014年12月31日出具裁定书，裁定的主文亦为：撤裁申请人与SOUDAL公司于2010年7月8日签订的《股权购买合同》中的仲裁协议有效。故贸仲出具《管辖权及案件受理决定》后继续进行仲裁程序亦无不当。

---

① 案涉仲裁裁决载明：贸仲于2012年11月26日受理SOUDAL公司的申请后，SOUDAL公司于2012年11月30日向贸仲提交《受理仲裁申请书》，贸仲于2012年12月7日作出《管辖权及案件受理决定》并于次日向上海市二中院发函告知上述情况。上海市二中院于2013年1月8日向贸仲邮寄公函，通知贸仲中止涉案仲裁程序，于2013年8月30日再次以公函形式要求贸仲中止涉案仲裁程序，停止违法仲裁行为。

第三，根据《仲裁法司法解释》第20条的规定，违反法定程序并不必然导致撤销仲裁裁决。违反仲裁程序规定，只有在可能影响到仲裁裁决的正确，即仲裁公正将可能得不到满足时，才有撤销仲裁裁决的必要。本案撤裁申请人并未就本案仲裁庭的组成及仲裁裁决存在实体错误及仲裁是否公正等方面提出异议及相关证据。

综上，本案所涉仲裁裁决不符合撤销仲裁裁决的法定情形，不同意撤销涉案仲裁裁决。①

最高人民法院审查后复函认为：本案系贸仲及其原分会因对仲裁规则的修改适用、仲裁案件的管辖权等问题产生争议而引发的涉港仲裁司法审查案件。对裁决是否应予撤销的问题，应当根据《仲裁法》《民事诉讼法》及本院法释［2015］15号《最高人民法院关于对上海市高级人民法院等就涉及中国国际经济贸易仲裁委员会及其原分会等仲裁机构所作仲裁裁决司法审查案件请示问题的批复》（以下简称15号《批复》）等相关规定进行审查。

根据上海市高级人民法院就另案向本院请示所反映的事实，倪来宝似依据案涉同一合同中的仲裁条款，就同一合同履行中产生的争议向上海国际经济贸易仲裁委员会（原名贸仲上海分会）申请仲裁。你院及北京市第二中级人民法院应进一步补充查明上述事实，若存在当事人分别依据同一合同中的仲裁条款，就同一合同履行中产生的争议分别向不同仲裁机构申请仲裁的情形，则应根据本院15号《批复》第4条规定确定的原则，对贸仲对案涉争议是否具有管辖权、案涉仲裁裁决是否应予撤销进行审查并提出意见。②

补充查明事实后，北京市第二中级人民法院仍拟裁定撤销案涉仲裁裁决，向北京市高院提出请示。

北京市高级人民法院重新审查后多数意见请示认为：同意二中院上述仲裁裁决应予撤销的意见。但少数意见认为，不同意二中院撤销仲裁裁决的意见，理由如下：最高人民法院15号《批复》第3条规定："本批复施行之前，中国贸仲或者华南贸仲、上海贸仲已经受理的根据本批复第1条规定不应由其受理的案件，当事人在仲裁裁决作出后以仲裁机构无权仲

---

① 参见［2015］高民他字第3076号请示。

② 参见［2015］民四他字第24号复函。

裁为由申请撤销或者不予执行仲裁裁决的，人民法院不予支持。”2014年6月9日，贸仲已出具案涉仲裁裁决，符合上述规定的情形。①

最高人民法院审查后复函认为：本案系贸仲及其原分会因对仲裁规则的修改适用、仲裁案件的管辖权等问题产生争议而引发的涉港仲裁司法审查案件，对裁决是否应予撤销的问题，应当根据《仲裁法》《民事诉讼法》及本院15号《批复》等法律及司法解释进行审查。

SOUDAL公司及倪来宝依据案涉同一合同中的仲裁条款，就同一合同履行中产生的争议分别向贸仲和上海贸仲申请仲裁。该情形属于15号《批复》第4条规定的贸仲和上海贸仲均受理了同一仲裁案件的情形。由于倪来宝、刘冬莲在仲裁庭首次开庭前向上海市二中院申请确认仲裁协议效力，② 人民法院应当对案涉仲裁协议的效力及仲裁庭的管辖权问题作出认定。案涉当事人签订仲裁协议的时间为2010年7月8日，系在上海贸仲更名之前，根据15号《批复》第1条第1款的规定，上海贸仲对案涉争议享有管辖权。且上海市二中院已经明确作出了案涉争议应由仲裁协议约定的上海贸仲受理的认定。故对案涉争议贸仲不享有管辖权，无权仲裁。

15号《批复》第3条适用的前提是人民法院并未受理当事人申请确认仲裁协议效力之诉并作出相关裁定。如果人民法院已经受理当事人为明确仲裁机构的管辖权而提起的确认仲裁协议效力之诉，则最终案件的管辖权问题当然应以人民法院生效裁定的认定为准，并根据人民法院的生效裁定，确认仲裁机构对案涉争议是否有权仲裁、裁决是否应予撤销等事项，而不应适用15号《批复》第3条的规定仅以仲裁机构已经作出裁决为由对当事人申请撤销仲裁裁决的申请一律不予支持。

综上，贸仲对案涉争议不享有管辖权，无权仲裁，根据《仲裁法》第70条、《民事诉讼法》第274条第1款第4项、最高人民法院《关于适用〈中华人民共和国民事诉讼法〉的解释》第551条、15号《批复》第1条及第4条的规定，案涉仲裁裁决应予撤销。③

4. 案例评析

本案案情较为复杂，就同一份合同争议存在两次仲裁程序、一次诉讼

---

① 参见京高法［2015］386号请示。

② 参见［2014］民四他字第33号复函。

③ 参见［2015］民四他字第51号复函。

确认程序，以及当事人、贸仲、上海贸仲和上海市二中院之间的相互函告。在贸仲作出案涉067号仲裁裁决之后，倪来宝等人就该仲裁裁决向人民法院提起撤销申请，遂成本案。

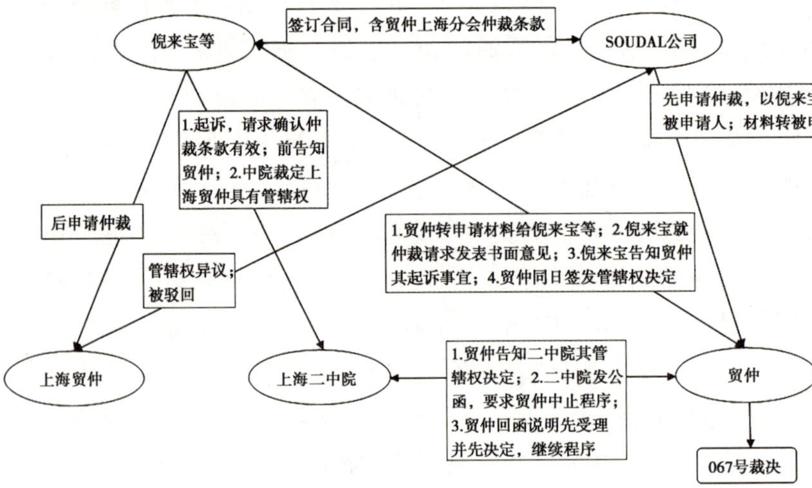

图 5-11　案件法律关系

本案值得关注的法律问题有二：第一，如何厘定最高人民法院15号《批复》第3条与第4条的适用关系。两条都指向批复颁发实施之前案件仲裁管辖权的归属问题。只不过二者针对不同的情形：第3条针对的是"间接管辖权"问题，① 即它是在仲裁裁决司法审查中对仲裁管辖权的归属进行认定。其采取的是"既往不咎"的规则，即便是所涉仲裁裁决的管辖权存在瑕疵，也不予据此撤销或否定相关仲裁裁决。第4条针对的则是"直接管辖权"问题，即它是在受理案件环节决定仲裁管辖权的归属问题。具体而言，第4条以区分当事人是否向人民法院提起仲裁协议效力确认之诉为条件，解决贸仲与其前分会之间的管辖权积极冲突的问题：当事人在首次开庭前向人民法院提起确认之诉的，由人民法院根据15号《批复》第1条的规定进行裁定；否则，按照"先受理"规则解决仲裁管辖权的积极冲突。

① 此处借用国际民事诉讼领域的概念。在承认和执行外国法院判决时，被请求国需要审查作出该判决的外国法院是否具有适当的管辖权。就被请求国而言，外国法院对被请求承认和执行的判决所裁决的案件具有的管辖权，就被称作为"间接管辖权"。

应当说，15 号《批复》第 3 条和第 4 条适用的情形具有明确的分界，在本案中应按下列顺序厘清二者的适用关系：首先，判断本案是否属于第 3、4 条适用的共同前提。经查，本案涉及的两个仲裁程序①与法院的确认之诉程序②均发生在 15 号《批复》③ 之前，故本案符合两条规则的适用前提。其次，判断本案是属于解决仲裁机构的“间接管辖权”还是“直接管辖权”的问题。本案是倪来宝等申请撤销贸仲 067 号仲裁裁决的司法审查程序，故其解决的是仲裁的“间接管辖权”问题。鉴于此，北京市高级人民法院少数意见主张适用《批复》第 3 条之规定是正确的。

然而，本案存在的一个特殊情形是，在贸仲受理案件后，倪来宝等人向上海市二中院提起仲裁条款效力确认之诉。正是根据这一诉讼领域的“插曲”，最高人民法院排除了 15 号《批复》第 3 条的适用，而主张应适用第 4 条之规定。最高人民法院的这一主张从两个方面实质更改了 15 号《批复》第 3、4 条的语义解释及其适用关系：一方面，第 4 条既适用于仲裁机构的“直接管辖权”问题，也适用于“间接管辖权”问题；另一方面，在解决仲裁机构“间接管辖权”的问题上，第 3 条与第 4 条的区分适用情形决定于是否存在法院在仲裁机构“直接管辖权”问题上的介入。如果存在法院对直接管辖权的介入，则适用第 4 条；否则，适用第 3 条。这正是最高人民法院的司法逻辑，后者指出：“《批复》第 3 条适用的前提是人民法院并未受理当事人申请确认仲裁协议效力之诉并作出相关裁定。”

第二，如何厘定 15 号《批复》第 2 条与《仲裁法司法解释》第 13 条第 2 款的适用关系。此问题针对的是在解决特定仲裁机构是否具有“直接管辖权”时，如果存在仲裁程序与诉讼确认程序，如何协调两种程序及其结果。解决这一问题的规则主要是《仲裁法》第 20 条第 1 款④和《仲

① SOUDAL 公司向贸仲申请仲裁的时间是 2012 年 11 月 21 日，贸仲受理案件的时间是同年同月的 26 日；倪来宝等向上海贸仲申请仲裁的时间是 2013 年 7 月 31 日，后者受理案件的时间是同年 8 月 8 日。

② 倪来宝等向上海市二中院提起确认之诉的时间是 2012 年 12 月 5 日。

③ 15 号《批复》施行之日为 2015 年 7 月 17 日。

④ 该条款规定：“当事人对仲裁协议的效力有异议的，可以请求仲裁委员会作出决定或者请求人民法院作出裁定。一方请求仲裁委员会作出决定，另一方请求人民法院作出裁定的，由人民法院裁定。”

裁法司法解释》第13条第2款[①]。前者规范的是并存性程序情形，即一方向仲裁机构，另一方向人民法院分别提起仲裁协议效力确认之诉，此时采取的是司法程序及裁定优先的规则。后者规范的是继起性程序情形，即一方向仲裁机构提起管辖权确认申请，仲裁机构作出决定之后，另一方再向人民法院申请确认仲裁协议效力，此时采取的是先决定优先的规则。15号《批复》第2条主要是改变了继起性程序情形下仲裁机构管辖权认定的规则，即在仲裁机构已经作出管辖权决定之后，人民法院仍然有权受理并作出最终的裁定。简言之，15号《批复》针对的仲裁机构管辖权确认问题，当存在仲裁程序和司法确认之诉时，无论如何，人民法院均有权裁定管辖权归属。

本案事实上并不涉及15号《批复》第2条的适用与审查问题，该条针对的是继起性程序情形，而本案则是并存性程序情形。经查，本案相关的几个关键时点分别是：贸仲受理案件是在2012年11月26日，倪来宝等人向上海市二中院起诉请求确认仲裁协议效力是在2012年12月5日，贸仲作出管辖权决定是在2012年12月7日。据此来看，本案并不属于继起性程序情形，而是属于并存性程序情形，因为上海市二中院受理案件时贸仲尚未作出管辖权决定。职是之故，贸仲不能自裁管辖权，而必须以并存的司法程序即二中院的确认之诉所得民事裁定为准，判断案涉合同争议的仲裁管辖权之归属。如此，本案仲裁管辖权应由上海市二中院的民事裁定所决定，上海贸仲具有仲裁管辖权，贸仲属于无权仲裁。

由此可见，如果既有规则即《仲裁法》第20条第1款同时用于解决仲裁机构的直接管辖权与间接管辖权的问题，那么本案援引既有规则即可解决，没有必要援引15号《批复》第4条的规定。

此外，还需要指出的是，本案中案涉仲裁条款事实上并不存在效力确认的问题，而只存在管辖机构的归属确认问题，因为案涉仲裁条款并不涉及效力之争，而是在仲裁协议有效情形下如何认定管辖权的归属。关于这个特殊的问题，由于并不存在单独的解决规则，因此本案中是将其归属于仲裁协议效力确认的问题，依据效力确认的规则进行处理的。这样的处理方式存在一个逻辑上的困境：如果属于仲裁协议效力确认的问题，那么仲

---

① 该条款规定："仲裁机构对仲裁协议的效力作出决定后，当事人向人民法院申请确认仲裁协议效力或者申请撤销仲裁机构的决定的，人民法院不予受理。"

裁协议无效情形下，贸仲才是没有管辖权的；然而，倘若仲裁协议无效，那么本案就应援引《民事诉讼法》第 274 条第 1 款第 1 项即“无（效）仲裁协议”的情形作为撤销依据，而非最高人民法院所援引的同条款第 4 项作为依据。因此，在法理和逻辑上，应将本案所涉的管辖权归属问题与仲裁协议效力确认问题区分开来。当然，如果将本案所涉的管辖权归属问题纳入仲裁机构无权仲裁的范畴，那么这无疑扩张了后者的内涵，它既非属于超裁的类型，也非属于可仲裁性意义上的无权仲裁类型，而是属于仲裁机构适格性问题，这正是最高人民法院《关于审理仲裁司法审查案件若干问题的规定》所补充规定的内容。

第六章

基于公共利益的司法审查：案例与评析

第一节　相关案例总览

根据本书所收集的样本案例，我国仲裁机构所作涉外商事仲裁裁决的撤销和不予执行司法审查实践案例统计，当事人申请事由和法院裁定事由中，涉及社会公共利益的案例共计 15 件（具体信息参见表 6-1），案例统计信息如图 6-1 所示。

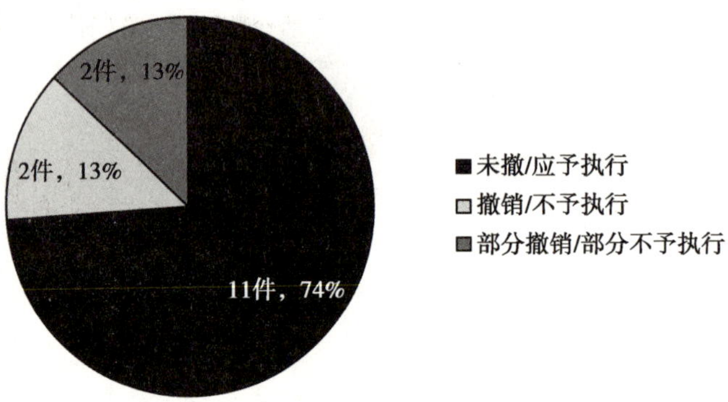

图 6-1　相关案件统计

从图 6-1 可以直观看出，涉及社会公共利益的案件处理结果如下：未撤或应予执行的案件数量为 11 件，撤销或不予执行的案件仅 2 件，部分撤销或部分执行的案件也为 2 件。但需要说明的是，在本书统计的样本案例中，没有最高人民法院适用社会公共利益条款作出裁定撤销和不予执行的案件。上述涉及社会公共利益审查的案件中，仅有的4例全部或部分撤销或不予执行的仲裁裁决，最高人民法院依据的是其他撤裁或不予执行的情形。在我国所有涉外仲裁司法审查案件中，最高人民法院仅在承认和执行外国仲裁裁决的1起案件中，认定该案存在违背我国社会公共利益情形而作出不予承认和执行的裁定意见。结合样本案例，我国社会公共利益条款的适用呈现如下特点。

一　司法适用的审慎化

第一，从案件统计的结果看，最高人民法院没有援引社会公共利益条款作为撤销、不予执行涉外仲裁裁决或通知重裁的理由。该现象反映了最高人民法院在适用社会公共利益上的谨慎性。

第二，从立法设置看，《民事诉讼法》第274条第1款规定了程序性撤销和不予执行事由，在司法审查中，程序性事由作为法律明确规定的撤销事由，在司法适用上具有优先顺位。同条第2款规定的社会公共利益事由，是法院依职权主动进行审查的依据，在司法适用上与第1款具有互补性。关于二者之间的分工，最高人民法院曾经在一则复函中予以明确：第1款规定的抗辩理由主要是为了维护仲裁程序上的公平和争议，赋予当事人以司法上的救济权利；第2款社会公共利益不仅是为了维护仲裁程序上的公平，而且还担负着维护国家根本法律秩序的功能。[①] 可见，二者的功效可概括为点与面的差别，且前者侧重程序保障，后者侧重底线保护。

第三，从具体案件看，人民法院在司法审查中常遭遇当事人将国家资产利益、国有企业利益，甚至私人利益与社会公共利益相混淆的情形。最高人民法院在复函意见中不仅要求明确区分此类利益，而且在总体上倾向于以“结果+效果”相结合的社会公共利益影响测试。换言之，要认定特定涉外仲裁裁决的执行违背社会公共利益，不仅要看该仲裁裁决是否在结果上针对社会公共利益，而且还要测试该裁决的具体执行客观上导致了社会公共利益的损害。否则，不能认定相关仲裁裁决的执行违背社会公共

① 参见“最高人民法院关于是否裁定不予执行中国国际经济贸易仲裁委员会仲裁裁决的复函”，[2005]民四他字第45号复函，载万鄂湘主编《涉外商事海事审判指导》（总第12辑），人民法院出版社2006年版，第47页。

利益。

第四，结合我国晚近司法解释即《仲裁司法审查案件报核规定》（法释［2017］21号）第3条第1款第2项的规定，最高人民法院将人民法院针对我国内地仲裁机构作出的纯国内仲裁裁决的否定性裁定纳入最高人民法院司法复核的范围，并明确“以违背社会公共利益由不予执行或者撤销仲裁裁决的情形的，则应报最高人民法院审核，以平等保护当事人、慎重适用公共利益原则”①。

二 司法适用的模糊化

根据案件统计的具体案情，最高人民法院并未对社会公共利益作出具体明确的认定，并且在具体案件的处理意见中，法院常采用搁置的做法，通过程序性的撤销或不予执行事由的适用，搁置社会公共利益条款的适用；又或者采用模糊的处理方法，直言案涉仲裁裁决不存在违背公共利益的情形，进而回避了社会公共利益条款的适用。此种法意上的不定性既造就接近社会公共利益的难度，同时也确保了该款项能从具体确定的定义中超越出来，成为涵摄万有的概念，以统一发挥底线救济的功能。

三 司法适用的主动性

仲裁裁决是否违背社会公共利益，这是由人民法院主动依职权实施的审查，无须当事人提出或主张。社会公共利益的概念虽然抽象，但它具有两个最核心的意义特质，这就是所指向的法益的公共性和重要性。人民法院在司法审查涉外仲裁裁决的实践中常常强调这两点。例如，“北京康卫医药咨询服务中心有限公司申请撤销中国国际经济贸易仲裁委员会（2011）中国贸仲京裁字第181号仲裁裁决”案中，北京市第一中级人民法院就强调：“社会公共利益主要是指以社会公众为利益主体的，涉及整个社会最根本的法律、道德的一般利益，违背社会公共利益的表现形式应当是违背我国法律的基本制度与准则、违背社会和经济生活的基本价值取

① 参见“正确审理仲裁司法审查案件，促进仲裁健康发展——最高人民法院民四庭负责人就《最高人民法院关于仲裁司法审查案件报核问题的有关规定》《最高人民法院关于审理仲裁司法审查案件若干问题的规定》答记者问”。

向、违背中国的基本道德标准。"[①] 北京市第一中级人民法院在该表述中相继使用了"最根本""一般""基本"等字眼，强调了社会公共利益的重要性和公共性。

也正是由于社会公共利益的这种特质，根据本书所关注的样本案例的统计结果显示，我国人民法院对内地仲裁机构所作涉外仲裁裁决案件尚未援引过社会公共利益条款作出撤销或不予执行的审查意见。即便是当涉外仲裁裁决逾越了可仲裁性的范畴，挑战了已经生效的在先的法院判决或仲裁裁决，均未被提升到违背社会公共利益的高度进行处理。因此，司法的谦抑性和慎用态度也反过来彰显了社会公共利益保护法益的公共性和重要性。

简言之，一种法益要成为社会公共利益，不仅首先要脱离私益的范畴，进入公益领域，表现出公共属性；而且此种公益属性还必须要有根本、基础和最一般的地位。实践中，常有将社会公共利益简单等同于公益的观点，但根据样本案例所反映的实务经验，社会公共利益必须要和国有企业企业、国家投资利益以及特定企业的职工安置利益等问题区别开来。显然，这些利益可以认定为公益的范畴，但尚未达到"最根本"的重要地位。

四　司法适用的差异化

社会公共利益条款的认定也在一定程度上体现了地方法院与最高人民法院理解格局的差异和站位的高低。根据样本案例的统计数据显示，尽管在某些案件中，地方中级人民法院和相关高级人民法院均认定违背社会公共利益而向最高人民法院请示撤裁或不予执行，但最高人民法院均未考虑适用该条款对仲裁裁决进行撤销或不予执行。不仅如此，为统一司法，避免地方法院滥用社会公共利益条款，《仲裁司法审查案件报核规定》还要求，地方各级法院在适用社会公共利益条款拟对仲裁裁决作出撤销或不予执行裁定时，均需要上报至最高人民法院审核。这体现了最高人民法院对社会公共利益条款适用的谨慎性，防止地方保护主义影响司法裁判标准的权威性和一致性。

---

① 万鄂湘主编：《涉外商事海事审判指导》（总第25辑），人民法院出版社2013年版，第156—163页。

表 6-1 相关案件统计及基本信息①

序号	案件名称	所涉案号	司法结论
1	天工国际贸易有限公司申请不予执行［2014］中国贸仲京裁字第 0468 号涉外仲裁裁决案	［2014］中国贸仲京裁字第 0468 号；［2015］津高民四他字第 3 号；［2015］民四他字第 53 号	应予执行
2	海南狮子城旅业开发有限公司申请不予执行仲裁裁决案	［2012］中国贸仲京裁字第 0502 号；琼高法专报［2014］4 号；［2014］民四他字第 37 号	不予执行
3	三角轮胎股份有限公司申请不予执行涉外仲裁裁决案	［2010］中国贸仲京裁字第 0281 号裁决；［2012］鲁执请字第 2 号；［2013］民四他字第 12 号	不予执行
4	北京康卫医药咨询服务中心有限公司申请撤销中国国际经济贸易仲裁委员会［2011］中国贸仲京裁字第 268 号仲裁裁决案	［2011］中国贸仲京裁字第 268 号；京高法［2012］352 号；［2012］民四他字第 57 号	未撤
5	新加坡中天投资（集团）有限公司申请撤销中国国际经济贸易仲裁委员会［2010］中国贸仲京裁字第 0564 号仲裁裁决案	［2010］中国贸仲京裁字第 0564 号；京高法［2012］251 号；［2012］民四他字第 47 号	未撤
6	许剑文与中卫市城乡建设综合开发公司合资经营纠纷涉外仲裁案	［2011］中国贸仲深裁字第 36 号；［2012］宁执字第 1 号；［2012］民四他字第 27 号	应予执行
7	德宝（远东）有限公司与湖北省鹰台经济发展公司不予执行涉外仲裁裁决案	［2001］贸仲裁第 0278 号；鄂外经贸审字［2001］第 88 号；［2003］鄂行终字第 12 号；北京二中院［2002］二中民特字第 0385 号；鄂高法［2011］275 号；［2011］民四他字第 62 号	未撤
8	不予执行中国国际经济贸易仲裁委员会［2008］中国贸仲京裁字第 0379 号	［2008］中国贸仲京裁字第 0379 号；［2010］苏知民仲审字第 0001 号；［2010］民四他字第 21 号	部分执行
9	宁波永信汽车部件制造有限公司申请撤销宁波仲裁委员会甬仲裁字第［2007］第 44 号仲裁裁决案	甬仲裁字第［2007］第 44 号；［2009］浙商外他字第 2 号；［2009］民四他字第 45 号	未撤
10	香港中华药业公司申请撤销中国国际经济贸易仲裁委员会［2008］中国贸仲京裁字第 0044 号仲裁裁决案	［2008］中国贸仲京裁字第 0044 号；京高法［2008］373 号；［2009］民四他字第 1 号	未撤
11	罗定市供电局申请撤销中国国际经济贸易仲裁委员会华南分会［2005］中国贸仲深裁字第 37 号仲裁裁决案	［2005］中国贸仲深裁字第 37 号；［2005］粤高法民四他字第 22 号；［2005］民四他字第 47 号	部分撤销

① 案件统计至《涉外商事海事审判指导》（总第 33 辑）（刘贵祥主编，人民法院出版社 2017 年版）。

续表

序号	案件名称	所涉案号	司法结论
12	合肥市市容环境卫生管理局与深圳宝升公司不予执行中国国际经济贸易仲裁委员会［2003］贸仲裁字第0138号仲裁裁决案	［2003］贸仲裁字第0138号；［2005］皖执字第11号；［2005］民四他字第45号	应予执行
13	天津先达大酒店申请撤销天津仲裁委员会［2003］津仲裁字第364号仲裁裁决案	［2003］津仲裁字第364号；津高法［2005］74号；［2005］民四他字第26号	未撤
14	浙江省天河房地产联合发展公司申请撤销中国国际经济贸易仲裁委员会上海分会（97）沪贸仲字第096号仲裁裁决案	［97］沪贸仲字第096号；［2003］沪高民三（商）他字第3号；［2003］民四他字第19号	未撤
15	东莞市浩庆纸业有限公司等申请不予执行仲裁裁决案	［2015］深中法涉外仲字第6号民事裁定书；［2015］粤高法仲复字第1号；［2015］民四他字第35号	应予执行

第二节　案例类型化与评析

一　与生效判决/裁决冲突

“撤销［2011］中国贸仲京裁字第268号裁决”案中，人民法院司法审查的焦点问题是，案涉仲裁裁决是否与已经生效的判决或仲裁裁决相冲突，从而是否构成违背社会公共利益。以下具述之：

1. 案情简介

鉴于该案在上文中已有评析，此处不再重述案情。① 为直观起见，可再次将该案的基本法律关系及结构图示如图6-2。

结合图6-2，本案的核心问题是康卫医药公司与亚洲医药公司之间签署的《补充协议》是否有效。由于不论是在仲裁程序还是诉讼程序中，仲裁庭或法庭对当事人的诉求均需审查作为诉求之基础的《补充协议》的效力，因此，当事人之间针对不同的诉求总共存在一起诉讼和两起仲裁。三起程序中法庭和仲裁庭均对《补充协议》的效力进行了审查，其中，法院判决和贸仲第268号仲裁裁决均认定《补充协议》有效，但案

---

① 参见“撤销（2011）中国贸仲京裁字第268号裁决”案，载万鄂湘主编《涉外商事海事审判指导》（总第25辑），人民法院出版社2013年版，第156—163页。

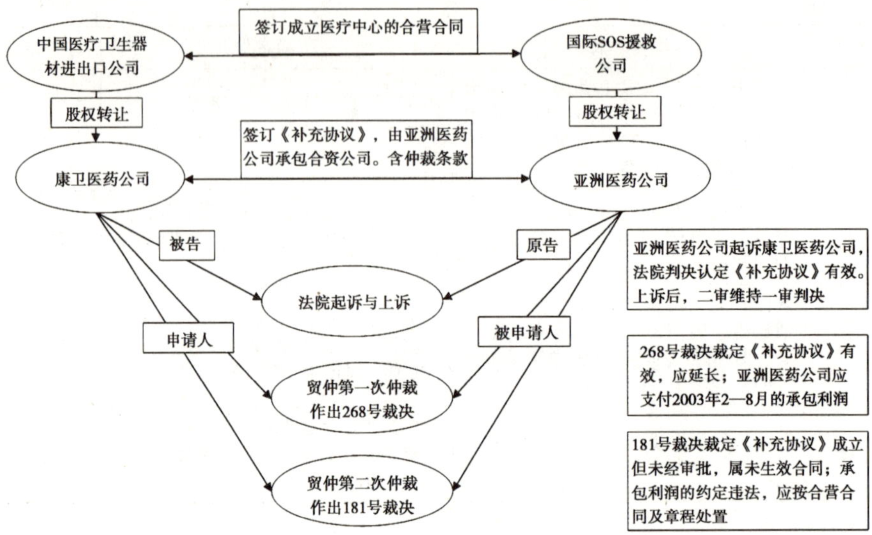

图 6-2 案件法律关系

涉仲裁裁决即贸仲 181 号仲裁裁决则认定《补充协议》未生效。职是之故，基于同一份《补充协议》，在不同诉求引起的不同程序中，法庭和仲裁庭的认定发生了分歧和冲突。本案当事人康卫医药公司遂以 181 号仲裁裁决与生效的在先的法院判决和仲裁裁决已经认定的事实相冲突为由，向相关法院提起撤销程序，主张其违背社会公共利益。遂成本案。

2. 双方诉答

撤销申请人康卫医药公司认为：在 181 号仲裁裁决作出前，北京市高级人民法院在［2005］高民终字第 245 号民事判决中已经认定《补充协议》合法有效，该判决系生效判决。而 181 号裁决认定《补充协议》未生效，是在以仲裁裁决否定生效判决，有损人民法院的司法权威，构成对社会公共利益的违背。根据《民事诉讼法》第 258 条（现第 274 条）第 2 款的规定，应当撤销 181 号裁决。

被申请人答辩认为：我国《仲裁法》第 9 条规定的一裁终局制度是指当事人就同一纠纷再次起诉的，人民法院或仲裁机构不予受理，相当于一事不再理，针对的是同一个案件，具有完全相同的事实、理由以及请求事项，本案不属于《仲裁法》第 9 条所规定的同一纠纷。任何一个案件都需要审查合同的效力，并不是说之前的案件认定合同有效，之后所有的案件都需要认定合同有效。仲裁裁决未违反社会公共利益，仲裁程序也未违反仲裁规则，康卫医药公司提交的两份法院判决书也不能推翻 181 号裁决的认定，判决书中对合同效力认定也是错误的。本案应当按照我国《民事诉讼法》第 258 条所规定的撤销理由进行审理。

3. 司法审查

北京市第一中级人民法院审查后请示认为：社会公共利益主要是指以社会公众为利益主体的，涉及整个社会最根本的法律、道德的一般利益，违背社会公共利益的表现形式应当是违背我国法律的基本制度与准则、违背社会和经济生活的基本价值取向、违背中国的基本道德标准。认定是否违背社会公共利益需要针对仲裁裁决的实体进行审查，社会公共利益条款应当慎用，涉案仲裁裁决尚不构成对我国社会公共利益的违背，故康卫医药公司的该项申请意见不足，不应采信。

北京市高级人民法院审查后同意北京市第一中级人民法院的意见，并作出请示。[①]

最高人民法院未对该撤销理由进行司法审查，但认为：康卫公司在先的 268 号仲裁案件中的仲裁请求与本案仲裁案件中的仲裁请求不同，该两仲裁案所涉纠纷并不是同一纠纷。根据《仲裁法》第 9 条第 1 款和案涉仲裁裁决作出时适用的贸仲《仲裁规则》第 43 条第 8 项的规定，一裁终局原则应理解为仲裁裁决作出后，当事人就同一纠纷再申请仲裁或向人民法院起诉的，仲裁机构或者人民法院不予受理。然而，本案仲裁所涉纠纷并不违反一裁终局原则。关于本案仲裁裁决对相关合同效力的认定不同违反了一裁终局原则而应予以撤销的意见，实质上是对本案仲裁裁决的实体结果是否正确进行审查，违背了程序性审查原则，缺乏法律依据。[②]

4. 案例评析

本案值得关注的法律问题有三：第一，关于相同纠纷的判断。本案中，最高人民法院根据仲裁请求不同，认定两个仲裁案件所涉纠纷不是同一纠纷，其主张属于诉讼标的旧实体法说，以诉讼请求作为判断案件是否同一标准。[③] 但本案中双方当事人基于同一原因事实所发生纠纷，只是关

---

① 参见京高法［2012］352 号请示。

② 参见［2012］民四他字第 57 号复函。

③ 高晓力：《EOS 工程公司不服原审法院不予受理裁定上诉案——“一事不再理”原则在司法实践中的具体运用》，载万鄂湘主编《中国涉外商事海事审判指导与研究》（总第 6 卷），人民法院出版社 2004 年版，第 128—138 页。

于合同的法律认定不同而导致的结果不同。运用旧实体法说并不能很好地解释该问题，难以掩盖仲裁庭在合同效力认定适用法律错误的问题。

第二，社会公共利益的司法审查是否涉及实体性事项。本案最高人民法院认为仲裁裁决的司法审查应当限于程序性事项，而不能对仲裁裁决的实体结果进行审查，但在“德宝（远东）有限公司与湖北省鹰台经济发展公司不予执行涉外仲裁裁决”案[①]中审查社会公共利益时，相关人民法院也涉及对实体问题作出答复，体现出司法标准的不一。事实上，如上文所提及，也如有关文献所指出那样，人民法院根据社会公共利益条款进行审查时，不可避免会对实体问题进行审查；甚至，关于社会公共利益的审查本身就是实体审查。在下文所提及的美国公司赴华演出案件中，最高人民法院就对案涉合同演出内容及其可能造成的社会影响作了实体性的审查和判断。职是之故，人民法院不能以司法审查仅限程序为由回避适用社会公共利益条款。相反，根据《民事诉讼法》第 274 条第 2 款的规定，人民法院还应主动依职权审查相关仲裁裁决是否违背社会公共利益。

第三，违反一裁终局原则是否属于违反社会公共利益？本案中，最高人民法院认定前后两案不属于同一纠纷，从而回避了违反一裁终局原则是否违背社会公共利益的问题。需要反思的是：一方面，一裁终局本身不能作为人民法院撤销或不予执行相关仲裁裁决的依据，但司法实务中却常有当事人，乃至相关人民法院援引《仲裁法》第 9 条第 1 款对仲裁裁决进行司法审查。[②] 这是应予明确纠正之处；另一方面，在针对一裁终局现象进行审查时，人民法院司法审查实务倾向于将其定性为程序违反，从而援引《民事诉讼法》第 274 条第 1 款第 3 项进行撤销。[③] 从一裁终局的性质看，鉴于该制度构成仲裁的基本原则，如果将违背该原则的仲裁裁决定性为违背社会公共利益，似并非毫无根据。但从人民法院控制社会公共利益条款的适用，避免滥用该款项的角度看，将其定性为程序违反也是值得肯定

① 万鄂湘主编：《涉外商事海事审判指导》（总第 23 辑），人民法院出版社 2012 年版，第 68—72 页。

② 《仲裁法》第 9 条第 1 款规定：“仲裁实行一裁终局的制度，裁决作出后，当事人就同一纠纷再申请仲裁或者向人民法院起诉的，仲裁委员会或者人民法院不予受理。”

③ 典型如“江智锋申请撤销仲裁裁决”案，参见最高人民法院［2005］民四他字第 23 号复函，载万鄂湘主编《涉外商事海事审判指导》（总第 11 辑），人民法院出版社 2006 年版，第 132—140 页。

的，毕竟一裁终局也可从程序角度进行定性。不过，鉴于审查仲裁裁决是否违背一裁终局，需要对案件实体问题进行审查，在这一点上可能会与“程序违反”的审查方式存在难以兼容的地方。

二　损害国家利益

（一）不予执行［2003］贸仲裁字第0138号裁决案

1. 案情简介

1998年11月22日，卖方宝升公司、合升国际有限公司（2002年11月26日经营期限届满，其权利义务由宝升公司承受）与卖方合肥市市容管理局（原合肥市市容管理委员会）、合肥市进出口有限公司（原合肥市进出口公司）签订了“引进美国野猫公司城市生活垃圾处理设备及技术合同”。后双方在履行合同过程中发生争议，宝升公司、合升国际有限公司遂依据合同中约定的仲裁条款向中国国际经济贸易仲裁委员会提起仲裁。仲裁庭依据市容管理局的申请聘请了有关专家就涉案设备进行了鉴定。专家出具的《咨询报告》结论是：尚未发现上述单一设备的技术性能问题，该处理工艺未能生产出合格的有机复合肥料，原因可能是多方面的，有处理工艺和技术的选择问题，同时也有待于组织管理协调和工程运行机制等方面的进一步加强和不断完善。《咨询报告》送达后，市容管理局提出意见，认为专家仅对设备作出鉴定，只完成了鉴定的一半，而对重要的技术问题没有鉴定。2003年6月2日，仲裁庭作出仲裁裁决，裁决合肥市市容环境卫生管理局偿付合同质量保证金等。2003年12月24日，宝升公司申请执行仲裁裁决，2004年3月25日，合肥市市容管理局申请不予执行仲裁裁决。2005年6月17日，被执行人的委托代理人递交了另案报告，即《深圳竞高公司申请执行仲裁裁决一案应属国内仲裁案件的报告》作为证据，强调本案的执行依据应属国内仲裁裁决。①

2. 双方诉答

不予执行申请人合肥市市容管理局认为：第一，仲裁裁决严重违反法定程序，即仲裁裁决的主要证据《咨询报告》未经当事人质证便作为证据使用，违反了我国《仲裁法》第44条、第45条以及《民事诉讼法》

---

① 万鄂湘主编：《涉外商事海事审判指导》（总第12辑），人民法院出版社2006年版，第46—50页。

第66条规定。第二，仲裁裁决认定事实的主要证据不足，即《咨询报告》未明确不能生产出合格复合肥的原因到底是机械设备原因还是技术原因。第三，适用法律错误。故请求合肥市中院依据我国《民事诉讼法》第217条第3、4项的规定，裁定不予执行。

申请执行人宝升公司答辩认为：第一，本案属于涉外仲裁案件，应当适用我国《民事诉讼法》第260条的规定。市容管理局提出不予执行的请求不符合《民事诉讼法》第260条所规定的情形。第二，仲裁裁决没有违反法定程序。“证据应当开庭时出示，当事人可以质证”是针对国内仲裁程序所作的规定，该规定不适用涉外仲裁案件。

3. 司法审查

合肥市中级人民法院审查后请示认为：应依照《民事诉讼法》第260条第2款的规定，裁定不予执行案涉仲裁裁决。

安徽省高级人民法院审查后形成两种意见。多数意见认为：执行该仲裁裁决是否违背社会公共利益属事实问题，应当由合肥市中级人民法院根据实际情况把握。少数意见认为：本案仲裁裁决属于涉外仲裁裁决，但是国家投资1.05亿元的垃圾处理场因设备和技术闲置至今，执行该仲裁裁决显然违背社会公共利益，因此，应当根据我国《民事诉讼法》第260条（现第274条）第2款的规定不予执行。[①]

最高人民法院审查后复函认为：关于是否可以根据《民事诉讼法》第260条（现第274条）第2款的规定以裁决违背社会公共利益为由不予执行的问题。《民事诉讼法》第260条（现第274条）第1款规定的抗辩理由主要是为了维护仲裁程序上的公平和正义，赋予当事人以司法上的救济权利，而第2款社会公共利益不仅为了维护仲裁程序上的公平，而且还担负着维护国家根本法律秩序的功能。从本案情况来看，有关合同的签订与执行并不存在违背社会公共利益以至无法为我国法律秩序所容忍的情节。同时，有关设备闲置并非执行相关仲裁裁决产生的结果，以违背社会公共利益为由不予执行仲裁裁决缺乏依据。[②]

4. 案例评析

本案值得关注的法律问题有：第一，关于涉外仲裁裁决认定的标准及

---

① 参见皖执他字［2005］第11号请示。

② 参见［2005］民四他字第45号复函。

其导致的法效差异。本案再次触及人民法院司法审查仲裁裁决过程中一个关键的核心问题，这就是如何认定仲裁裁决的涉外性。鉴于本案司法审查当时并无关于判断仲裁裁决涉外性的明确规则，立法倾向于以仲裁机构的标准认定仲裁裁决的涉外与否之属性，但本案人民法院根据法律关系主体的属性进行认定，突破了时代的局限，具有科学性和合理性。合肥市中级人民法院合议庭在审查后即指出本案应属于涉外仲裁裁决的司法审查："本案的执行依据属于涉外仲裁裁决。本案中，作为合同当事人之一的合升国际有限公司是在香港注册的法人，信用证的第一受益人也是合升国际有限公司，且涉案设备直接从国外进口，是典型的国际贸易法律关系。而且《最高人民法院关于涉外民商事案件诉讼管辖若干问题的规定》第5条规定：'涉及香港、澳门特别行政区和台湾地区当事人的民商事纠纷案件的管辖，参照本规定处理。'因此，本案属于涉外仲裁，人民法院在审查涉外仲裁裁决是否具有《民事诉讼法》第260条第1款所列情形时，只进行程序性审查，不对其认定事实和适用法律是否错误进行审查。被执行人以仲裁程序违法，仲裁裁决认定事实和适用法律错误为由申请裁定不予执行，不能成立。"

该意见不仅表明，合议庭采取的是法律关系的要素即主体、客体涉外的认定方法，而且还特别指出了区分仲裁裁决涉外与否的法效意义。这种法效意义就在于，对涉外仲裁裁决只能进行程序审查，不能进行实体审查。这一意见直接否定了天津先达大酒店提出的证据方面的理由，因为该理由属实体问题。

第二，本案中社会公共利益条款适用的评价。本案中社会公共利益的适用有两方面值得关切：一方面，司法审查社会公共利益的职权性和主动性。依照我国《民事诉讼法》第274条设置的两款所适用的方式看，第1款需要由当事人主动提出申请，并提供证据；而第2款则无须当事人申请，人民法院必须依职权主动审查。本案中，据人民法院披露的信息，当事人合肥市市容环境管理局申请不予执行该仲裁裁决时并未主张其违背社会公共利益，但合肥市中级人民法院、安徽省高级人民法院和最高人民法院均主动依职权对案涉仲裁裁决是否违背社会公共利益条款进行司法审查。毕竟，捍卫社会公共利益免受损害，是人民法院应当肩负的职责。

另一方面，司法审查社会公共利益应注意依据的差异性，这就涉及如何区分《民事诉讼法》第274条两款的立法功能。本案最高人民法院在复函意见中明确了立法设置两类撤销依据的不同功能，即《民事诉讼法》第 260 条（现第 274 条）“第 1 款规定的抗辩理由主要是为了维护仲裁程序上的公平和正义，赋予当事人以司法上的救济权利，而第 2 款社会公共利益不仅为了维护仲裁程序上的公平，而且还担负着维护国家根本法律秩序的功能”。据此可见，社会公共利益条款不仅适用于程序审查，也适用于实体审查，其判断标准是仲裁程序上的公平和国家根本法律秩序的维护。值得指出的是，最高人民法院的复函意见不仅指出了社会公共利益条款的立法定位，而且还提出了一种类似“反面测试”的标准，即执行特定仲裁裁决是否会对国家根本法律秩序造成“无法容忍”的影响。从这一测试标准可以看出，我国人民法院在司法审查仲裁裁决是否违背社会公共利益时，具有渐进的严苛标准：不仅要有规范上的违背，还要有实际上的影响，更要有实际上的无法容忍的影响。这是司法机关从严控制社会公共利益的否定功效，支持涉外仲裁裁决的实践智慧的结晶。据此观诸本案，尽管本案仲裁裁决的执行可能会导致国家巨额资产的设备闲置，但还不足以冲击我国根本法律秩序到无法容忍的程度。不仅如此，最高人民法院还切断了仲裁裁决执行与国家资产的闲置二者之间的因果关系。至此，可以说最高人民法院在本案中正确和合理地否定了社会公共利益条款的适用。

（二）不予执行［2002］深国仲结字第 92 号裁决案

1. 案情简介

表 6-2　　案情简介①

序号	时间	案件事实
1	1995. 07. 13	德宝（远东）有限公司（以下简称德宝公司）与湖北省鹰台经济发展公司（以下简称鹰台公司）签订了合作合同，约定共同设立湖北德宝实业有限公司（以下简称合作公司），开展酒店经营
2	2000. 07	因合同履行过程中发生纠纷，鹰台公司向贸仲申请仲裁
3	2001. 09. 17	仲裁庭作出第 0278 号仲裁裁决，认定德宝公司未按合同约定出资，并且出具虚假出资证明，已构成严重违约等
4	2001. 10. 26	湖北省经贸厅根据鹰台公司的申请，作出《关于湖北德宝实业有限公司实行特别清算的批复》，② 并成立清算委员会，对合作公司进行了清算

① 参见不予执行［2002］深国仲结字第 92 号裁决案，载万鄂湘主编《涉外商事海事审判指导》（总第 23 辑），人民法院出版社 2012 年版，第 68—72 页。

② 参见鄂外经贸审字［2001］第 88 号批复。

续表

序号	时间	案件事实
5	2001. 12. 20	德宝公司以湖北省经贸厅为被告，以其违法行政侵犯德宝公司合法权益为由向武汉市中级人民法院提起行政诉讼
6	2002. 01. 10	德宝公司向中国国际贸易仲裁委员会深圳分会申请仲裁
7	2002. 06	清算委员会向鹰台公司移交了合作公司的财产
8	2002. 07. 15	湖北省工商行政管理局发出“外商投资企业注销登记通知书”，注销了合作公司
9	2002. 11. 18	北京市第二中级人民法院针对德宝公司申请撤销仲裁裁决的申请，作出驳回撤销申请的裁定①
10	2002. 12. 26	深圳分会作出案涉仲裁裁决（以下简称为第 92 号仲裁裁决）②
11	2003. 06. 10	德宝公司向武汉市中级人民法院申请执行第 92 号仲裁裁决
12		武汉市中级人民法院审判委员会讨论决定，不予执行深圳分会第 92 号裁决书
13	2004. 03. 01	湖北省高级人民法院针对德宝公司提起的行政诉讼作出行政判决书，③ 认定湖北省商务厅违反了特定的程序，撤销了湖北省商务厅批准对德宝实业有限公司实行特别清算及成立清算委员会的行为
14	2004. 03. 11	湖北省工商局恢复了合作公司湖北德宝实业有限公司德宝大酒店的工商注册登记
15	2004. 04. 28	再经武汉市中级人民法院审判委员会讨论决定，中止执行深圳分会第 92 号裁决书
16	2010. 04. 06	德宝公司向武汉市中级人民法院申请恢复执行深圳分会第 92 号仲裁裁决
17	2010. 09. 07	武汉市中级人民法院正式恢复执行深圳分会第 92 号仲裁裁决
18	2011. 07. 26	湖北省高级人民法院作出请示
19	2011. 12. 14	最高人民法院作出复函

此外，经查明，涉案的“六层酒店”房产由省委机关行政事务管理局管理，由湖北省老干部活动中心使用，属省国资委管理的国有资产。鹰

① 参见北京市二中院［2002］二中民特字第 0385 号民事裁定书。

② 参见贸仲深圳分会［2002］深国仲结字第 92 号裁决书。

③ 参见湖北省高级人民法院［2003］鄂行终字第 12 号行政判决书。

台公司系隶属于湖北省老干部活动中心，注册资金300万元，系在湖北省工商行政管理局注册成立的具有独立法人资格的企业。经查，涉案房产并不在被执行人鹰台公司名下，且该“六层酒店”房产在房地产管理部门没有登记资料。因此，案涉仲裁裁决确认该房产是合作公司的资产并要求鹰台公司将该房产过户到合作公司名下的裁决事项，因产权不属于被执行人鹰台公司所有而造成执行不能。

2. 司法审查

武汉市中院审查后请示认为：涉案房产由湖北省委机关行政事务管理局管理，由湖北省老干部活动中心使用，属湖北省国资委管理的国有资产。若按深圳仲裁裁决执行，则侵害了案外人的合法权益，造成国有资产流失，违背了社会公共利益。

湖北省高院审查后请示认为：在本案中深圳仲裁裁决将被执行人不享有所有权的国有资产过户至申请执行人名下，必将损害国家利益。且涉案房产在房地产管理部门并无登记，房地产管理部门也无法协助变更所有权登记。因此，适用《民事诉讼法》第258条第2款的规定，对贸仲深圳分会作出的［2002］深国仲结字第92号裁决裁定不予执行。①

最高人民法院审查后复函认为：虽然涉案执行标的“六层酒店”房产属于国有资产，但是对该房产无法办理过户的执行不能问题并不构成《民事诉讼法》第258条第2款规定的情形，因此，涉案仲裁裁决不予执行的理由不能成立。②

3. 案例评析

本案值得关注的法律问题是，强制执行案涉仲裁裁决将导致国有资产从被执行人名下转移至执行申请人名下，这是否构成国有资产流失？以及进一步地，这种资产转移是否构成违背社会公共利益？

按照案涉仲裁裁决的内容，其裁项之一是：鹰台公司作为其出资的“六层酒店”房产是合作公司的资产，鹰台公司应当办理将该酒店房产过户到合作公司名下的手续。毫无疑问，该酒店属于国家资产，因此其所有权人为国家，鹰台公司只拥有使用权。但这并不足以认为，案涉仲裁裁决将导致国有资产的流失。比较而言，国有资产流失与正常的商业经营流转

---

① 参见鄂高法［2011］275号请示。

② 参见［2011］民四他字第62号复函。

之间至少存在如下两方面的差异：第一，是否存在适当的对价支付。本案中鹰台公司与德宝公司之间是按照正常商业合作的方式签署合作合同，设立合作公司。根据合同的约定，双方主体均提供相应资产和资金。因此，本案不存在德宝公司无对价地获得案涉酒店使用权的情形。第二，该国有资产作为出资，是否得到相关管理部门的批准。从本案来看，也并不涉及这一问题。据此可认为，本案双方当事人之间是正常的商业合作，国有资产虽然不允许流失，但在经过批准且按照商业模式合作情形下，也是可以将其使用权作为出资参与合作的。职是之故，本案在本质上仍然属于商业范畴，只是涉及的出资内容之一含有国家资产。但国家资产并非出资方免于合同义务或违约的正当理由。就此而言，最高人民法院的复函意见无疑传递了正面和积极的信息，这就是不能以国有资产流失之名免除合同一方当事人应尽的法定义务，否则，这将严重紊乱市场经济和商业秩序。相比而言，后者似更具社会公共利益的品质。

（三）不予执行美国制作公司等与中国妇女旅行社仲裁裁决案

本案是迄今在涉外仲裁裁决的司法审查中，人民法院依裁决违背社会公共利益的标准不予执行的唯一一例。这对于我们理解抽象的社会公共利益标准及其适用提供了难得的范例。以下具述之。

1. 案情简介

美国制作公司、汤姆·胡莱特公司（以下简称为美国两公司）与中国妇女旅行社（以下简称为旅行社）在1992年签订演出协议，约定美国两公司到中国数个城市演出20多场，由旅行社支付报酬，演出曲目为美国优秀的、中国观众喜闻乐见的乡村音乐等流行歌曲，并先行录制演出样带，报经中国文化部批准。但演出过程中，演出内容为“重金属歌曲”，与样带不符，演出非常疯狂激烈，演员在演出中抽烟、喝水、洒水、躺在地上唱、翻筋斗、跳下台、随意中断演出等。观众极为不满，纷纷中途退场，要求退票。后该演出被文化部决定停演。美国两公司以旅行社尚欠款项为由，根据合同中的仲裁条款向中国国际经济贸易仲裁委员会申请仲裁，要求旅行社支付拖欠款项并赔偿损失，旅行社提出反诉。仲裁庭最终裁决旅行社向美国两公司支付所欠款项的70%，驳回旅行社的反诉请求。

美国两公司向北京市第一中级人民法院申请强制执行该仲裁裁决。

旅行社不予执行申请，其理由是认为：美国公司在华的演出违反我国的社会公共利益，应不予执行该仲裁裁决。[①]

2. 司法审查

北京市第一中级人民法院审查后请示认为：执行案涉仲裁裁决将违反我国的公共政策，拟不予执行。

北京市高级人民法院审查后请示认为：拟同意北京市第一中级人民法院的审查意见。

最高人民法院审查后形成两种意见。第一种意见认为，人民法院对于涉外仲裁裁决的审查只能针对程序方面的问题，不能进行实体审查。本案中旅行社所提出的反诉理由属实体方面的问题，在执行程序中人民法院是无权审查的。如果执行该仲裁裁决的结果并不产生违背社会公共利益的后果，就不能以此为由不予执行。从本案看，即使演出违背社会公共利益，其与执行仲裁裁决违背社会公共利益也不同。本案仲裁裁决仅仅解决了合同双方当事人的民事责任问题，执行该裁决的结果也仅仅是合同一方当事人向另一方当事人支付欠款，并不涉及社会公共利益的问题。

另一种意见认为，本案当事人在合同中明确约定美方的“演员们应尽全力遵守中国的规章制度和政策，并圆满达到演出的娱乐效果”“中国有权审查和批准演出的各项细节”“演出曲目应为美国优秀的、中国观众喜闻乐见的美国乡村音乐等流行歌曲”，该乐队还根据双方的约定录制了演出样带，报经文化部批准。然而，实际演出被文化部认为是“与我国国情不符，违反了社会公共利益的‘重金属歌曲’”，仲裁庭却置这些重要事实于不顾，作出明显不公的裁决，实质是肯定了美国公司的演出内容，放纵其违反合同，无视我国政府主管部门对演出曲目的审批权。类似事件的滋生将对我国文化氛围和文化导向产生不良影响，势必损害我国的社会公共利益，人民法院对这样的仲裁裁决，应当裁定不予执行。

最高人民法院经审判委员会讨论后于 1997 年 12 月 26 日作出复函认为：人民法院如果执行该裁决，就会损害我国的社会公共利益，同意根据

---

① 需要说明的是，该案虽然是非常重要的典型案例，但最高人民法院并未将其收录入《涉外商事海事审判指导》之中，因此，该案也未被列入本书收集的样本案例的统计分析之中。鉴于该案的重要意义，本书在样本案例之外对其作具体分析。本案案情及司法审查意见参见自高晓力：《我国法院对国际商事仲裁裁决进行司法审查过程中运用公共政策分析》，载万鄂湘主编《涉外商事海事审判指导》（总第 18 辑），人民法院出版社 2009 年版，第 226—227 页。

我国《民事诉讼法》第260条第2款的规定不予执行该仲裁裁决的意见。[①]

3. 案件评析

本案值得关注的法律问题有二：第一，人民法院对涉外仲裁裁决进行司法审查，如何把握实体与程序的界限？上文已经多次提及，人民法院对涉外仲裁裁决的司法审查，原则上采取的是程序审查，不审法律适用与实体问题。但基于两个方面，人民法院仍然可能涉入实体问题进行判断，并根据所判断的结果进行审查。这两个方面就是：一方面，构成程序问题之基础的实体性事实的认定。例如当事人之间是否存在仲裁协议本属程序审查的内容，但为了进行审查，需要人民法院对当事人之间是否签署了含有仲裁条款的合同进行审查。当事人之间是否签署合同构成当事人之间是否签署仲裁条款的实体性事实基础。关于仲裁裁决是否超裁，以及是否属于仲裁机构无权仲裁的审查，也是如此。另一方面，对仲裁裁决是否违背社会公共利益的审查不可避免地会介入案件的实体内容。有观点就指出："在涉外商事海事审判中，到处可见公共利益的身影。如在涉外仲裁的承认与执行中，人民法院原则上仅得进行程序性审查，只有在判断其是否违反社会公共利益时，始得进行实体审查。"[②] 虽然承认和执行外国仲裁裁决与人民法院撤销或不予执行涉外仲裁裁决的处境不同，但人民法院适用相同审查依据的做法无疑具有参考乃至等同性。由此可见，人民法院根据社会公共利益条款进行审查本身就是一种实体审查。无论如何，对社会公共利益影响的判断，需要进行程度不同的实体审查。

第二，人民法院在判断仲裁裁决是否"违背社会公共利益"条款时，究竟应以仲裁裁决的内容为准，还是应以仲裁裁决的执行为准？这一问题正好是最高人民法院在审查中所形成的两类意见的立场分歧之处。第一种意见是以"执行为准"进行社会公共利益的影响判断；第二种意见是以"内容为准"进行的判断。显然，这是两种导致不同结论的判断标准。本案中不用质疑的是，案涉合同的履行将会违背社会公共利益，因为它导致了恶劣的文化导向和社会影响。但在仲裁裁决本身与仲裁裁决的执行之间

---

① 参见最高人民法院经他［1997］35号复函。

② 麻锦亮：《公共利益的规范分析——着眼于权利保护的视角》，载万鄂湘主编《涉外商事海事审判指导》（总第18辑），人民法院出版社2009年版，第229页。

还是存在实质性差异的：裁决的内容的确将助长违背社会公共利益的恶劣影响；但裁决的执行则转化为单纯的货币赔偿问题，显然货币赔偿过滤掉了包括社会公共利益在内的各种价值取舍与导向，无法单纯从裁决执行中看出是否违背社会公共利益的情形。两种立场之间如何抉择，这的确是一个问题。但如果采取逆推法则可能会减轻选择的难度：除了纯粹定性的仲裁裁决，涉及定量的金钱赔偿或补偿的案件最终都只体现在执行环节的金钱实现上，如果只是断章取义地仅以执行环节为准进行社会公共利益影响的判断，那么所有体现为金钱执行的仲裁裁决都将不会被认定为违背社会公共利益。显然，这样的推论过于绝对和武断。职是之故，在判断仲裁裁决的执行是否违背社会公共利益时，除了要看执行本身的影响，更要看所执行的仲裁裁决允许其实现所产生的影响。简言之，以本案为例，如果仅仅是看执行该仲裁裁决所产生的影响，将只涉及旅行社向美国两公司支付相关款项的问题，与社会公共利益并无关系；但如果进一步衡量该仲裁裁决的实现所产生的客观影响，则无疑会认可仲裁裁决如此判断的价值取向，即美国两公司违背社会公共利益的演出是为法律所允许的。这就导致了自相矛盾。

总之，涉外仲裁裁决的执行既有显性维度的金钱实现，并呈现为价值无涉的形式；也有引申维度的价值选择，并呈现为符合或违背社会公共利益的形态。在理解和执行《民事诉讼法》第 274 条第 2 款时，“规范法学派”的理解模式应当让位于“社会法学派”的理解方式，不能仅从规范语义角度理解社会公共利益，更要从客观的社会效果维度把握社会公共利益。

该案只是以“沧海一粟”的方式彰显了特定语境下违背社会公共利益的一种表现形式，在一般意义上的把握与判断的标准，则需要如最高人民法院相关法官所总结的那样，从如下数方面认定案涉仲裁裁决是否违背社会公共利益：[①]

第一，在利益性质上，社会公共利益是具有最高程度的公共利益。人民法院应当判断执行案涉仲裁裁决导致的后果是否能够上升到侵犯我国国

---

① 高晓力：《我国法院对国际商事仲裁裁决进行司法审查过程中运用公共政策分析》，载万鄂湘主编《涉外商事海事审判指导》（总第 18 辑），人民法院出版社 2009 年版，第 228 页。本部分总结主要源自该文，略作提炼和变造。特此说明。

家主权、危害我国国家和社会公众安全、违反我国法律的基本原则、违反我国的善良风俗的高度，来判断是否要拒绝（承认）和执行国际商事仲裁裁决。

第二，在效力刚度上，社会公共利益规范比大部分强制性规范更具强制性。对我国强制性法律规范的违反并不一定构成违反我国社会公共利益的情形，应当注意分析所违反的我国的强制性法律规范的效力层级。

第三，在适用方式上，要慎用而不能滥用社会公共利益规范。社会公共利益调控通常会与《纽约公约》第5条等拒绝（承认）和执行国际商事仲裁裁决法律依据中规定其他可以拒绝（承认）和执行国际商事仲裁裁决的理由共同使用，且由于社会公共利益这一概念较其他概念内容要广泛，实践中应当注意对不同的拒绝（承认）和执行仲裁裁决的理由予以区分，防止不必要地造成社会公共利益的滥用。既然相关法律在社会公共利益以外还规定了其他拒绝（承认）和执行仲裁裁决的理由，表明立法目的是要把这些理由从相当灵活的社会公共利益的概念中分离出来，创立为独立的标准，以减少滥用社会公共利益的可能性。如果能够通过其他程序性规范作出撤销或不予执行仲裁裁决案的，应考虑优先适用其他程序性规范。①

第四，在制度定位上，根据社会公共利益进行的司法控制只是一种例外，而非常态。必须充分认识到，以违反本国的社会公共利益为由拒绝（承认和）执行国际商事仲裁裁决应当是一种“例外”情形，滥用社会公共利益必然有损仲裁事业的发展。

此外，在适用标准上，还应注意国内与国际社会公共利益的平衡。要权衡把握涉外商事仲裁中，国内社会公共利益与国际社会公共利益的关系，在适用国内社会公共利益的同时，考虑国际社会公共利益的标准与范围，避免将国内社会公共利益条款适用范围泛化。

三 损害行业秩序

“撤销［2008］中国贸仲京裁字第0044号裁决”案涉及的是，案涉仲裁裁决是否损坏行业秩序，从而违背社会公共利益。以下具体论述之。

---

① 万鄂湘主编：《中华人民共和国涉外民事法律关系适用法：条文理解与适用》，中国法制出版社2011年版，第48—49页。

1. 案情简介

2002年8月24日，蜀乐公司与欣源公司签订《合作合同书》，约定双方共同将蜀乐公司内输液一车间改造为塑胶输液车间。2002年8月25日，蜀乐公司与欣源公司签订《塑胶输液生产车间经济责任承包书》，将塑胶输液车间交由蜀乐公司承包经营。2002年12月28日，香港中华药业公司（香港中华药业生物科学有限公司的原名称）为蜀乐公司提供担保，并向欣源公司出具《担保函》。由于蜀乐公司没有支付2005年度及2006年度上半年承包金405万元人民币及滞纳金，故欣源公司以蜀乐公司、香港中华药业生物公司为被申请人向中国国际经济贸易委员会提起仲裁，请求支付上述款项。仲裁庭作出仲裁裁决，支持蜀乐公司的诉讼请求，裁决香港中华药业公司对蜀乐公司的债务承担连带保证责任。[①]

2. 不予执行的理由与司法审查

香港中华药业公司认为：仲裁裁决严重违背社会公共利益。欣源公司与蜀乐公司共同改建的车间没有按照法律规定向四川省药品监督管理局办理立项批准，该生产线改造完成后，也未组织通过GMP验收。蜀乐公司原取得的药品GMP证书已于2005年8月17日期满，未再次申请注册及认证。该裁决直接损害了诸多合法医药生产企业的利益，也对我国正常的医药生产行业产生了不良影响，势必危害社会公共利益。

但北京市第二中级人民法院、北京市高级人民法院和最高人民法院均未对该理由进行司法审查。

3. 案例评析

本案在逻辑上涉及两个问题：一是仲裁裁决是否直接损害了诸多合法医药生产企业的利益，从而对我国正常医药生产行业产生不良影响？二是医药生产行业的行业秩序是否构成我国社会公共利益的范畴？第一个问题并不重要，重要的是第二个问题，它将对以后司法审查特定仲裁裁决是否违背社会公共利益树立一个具体的标准。按照社会公共利益或秩序的本质，它应当是针对一般的，而非特定领域或行业的利益或秩序，正如在下文即将分析的"新加坡中天投资（集团）有限公司申请撤销中国国际经济贸易仲裁委员会［2010］中国贸仲京裁字第0564号仲裁裁决"案中，

---

① 万鄂湘主编：《涉外商事海事审判指导》（总第18辑），人民法院出版社2009年版，第111—117页。

相关人民法院所指出的那样，社会公共利益是“以社会公众为利益主体的，涉及整个社会最根本的法律、道德的一般利益”①。就此而言，损害特定行业秩序很可能不能构成违背社会公共利益范畴的情形。况且，本案中仲裁裁决所涉及的只是一个合作合同的履行与赔偿的问题，将其效果与特定行业秩序的损害相关联，确属牵强。

四　违背强制性规范

（一）撤销［2010］中国贸仲京裁字第0564号裁决案

该案案情已在上文中有所介绍，此处从略，仅从案涉公共利益审查的角度进行评析。

1. 双方诉答

中天公司认为：仲裁裁决违背了社会公共利益，依法应予撤销。首先，新世纪公司是中外合资企业，股权转让需经审批机关批准，还应取得其他合法经营方的同意，否则股权变更无效。而中天公司与物流公司签订的《股权托管协议》就是变相的股权转让协议，系为规避法律对股权转让的强制性审批要求，损害了国家利益，故仲裁裁决违背了社会公共利益。其次，仲裁裁决无法履行。仲裁庭裁决中天公司与物流公司继续履行《股权托管协议》，而辽宁渤船公司要求撤销该协议，行使股东优先购买权，且中天公司已与辽宁渤船公司签订了《股权转让合同》，故仲裁裁决根本无法履行。

物流公司答辩称：关于公共利益问题，现行法律对何谓公共利益没有明确的界定。中天公司认为本案仲裁结果违反社会公共利益仅是一个推测，仲裁庭在法律框架范围内对双方当事人的行为作出法律上的界定，完全符合我国法律的规定。至于仲裁裁决的执行问题，不属于法院在撤销仲裁裁决程序中的审理范围。②

2. 司法审查

北京市第一中级人民法院审查后请示认为：一般而言，在对仲裁裁决的司法监督方面，违背社会公共利益是指以社会公众为利益主体的，涉及

① 参见北京市高级人民法院京高法［2012］251号请示。

② 万鄂湘主编：《涉外商事海事审判指导》（总第25辑），人民法院出版社2013年版，第148—155页。

整个社会最根本的法律、道德的一般利益，其表现形式应当是违背我国法律的基本制度与准则、违背社会和经济生活的基本价值取向、违背中国的基本道德标准。在本案中，中天公司与物流公司签订的《股权托管协议》并非股权转让合同，仲裁庭作出《股权托管协议》中除股权转让的内容外为有效合同的认定，并未违反我国法律法规的强制性规定。因此，对于中天公司的该项撤销理由不予采信。

北京市高级人民法院同意北京市第一中级人民法院的处理意见。[①] 最高人民法院未对该撤销理由进行司法审查。[②]

3. 案例评析

本案值得关注的法律问题有：第一，关于社会公共利益的内涵。社会公共利益弹性的内涵和模糊的意义边界，一直为学界和实务界所诟病，但也正是其凭借其弹性和模糊而“妙不可言”地发挥着其安全阀与底线保障的功能。但实务中为判断某一仲裁裁决是否违背社会公共利益，则必须要有对该概念的基本理解和领悟。实务中很少有人民法院对社会公共利益的概念给出明确的说明，本案北京市第一中级人民法院对其作出了一个简要的“体系性”的描述。这个描述可以概括为“立场+本质+类型”：所谓“立场”，即是指判断社会公共利益应以社会公众的利益为基准；所谓“本质”，是指社会公共利益涉及整个社会、最根本的法律和道德的一般利益；所谓“类型”，是指社会公共利益通常表现为法律、社会和经济生活、道德三个领域中的基本制度与准则、基本价值取向和基本标准。北京市第一中级人民法院对社会公共利益的描述可谓言简意赅，尽管仍然模糊，但毕竟对这一概念的打开迈出了重要一步。

第二，关于法律规避。本案中撤销申请人提出了两点关键的主张：一是对方当事人以股权托管之名，行股权转让之实，实为法律规避；二是所规避的法律规范即合资企业股权转让应经审批的规范属强制性规范。相应地，需要反思两个方面：一方面，在涉外背景下的法律规避如何构成及认定，其法效如何？根据我国最高人民法院《关于适用〈中华人民共和国涉外民事关系法律适用法〉若干问题的解释（一）》第 11 条的规定，法律规避是指当事人通过制造或改变连接点事实因素，使本应适用的内国的

① 参见京高法［2012］251 号请示。

② 参见最高人民法院［2012］民四他字第 47 号复函。

强制性规范未被适用的情形。据此来看，中天公司与物流公司之间签署的《股权托管协议》，作为主体涉外的涉外合同，涉及的冲突规范是“意思自治>特征履行方法限制下的最密切联系地法”。但本案中，当事人并未有制造或改变连接点事实因素的行为，也不具备冲突法上法律规避的其他构成条件。因此，中天公司所指的法律规避，应非属于冲突法上的法律规避，而是实体法上的法律规避。如果是实体法上的法律规避，除非构成社会公共利益违背，否则人民法院不能进行审查。事实上，根据实体合同法上的规定，双方即便存在恶意串通行为，也只是导致合同无效，但并未损及社会公共利益。

另一方面，中外合资企业股权转让应经审批的规范，是否属于强制性规范？属于何种强制性规范？以及至为关键的是，此种强制性规范是否构成社会公共利益规范？按照我国人民法院关于合同中强制性规范的认定及其分类，主要分为管理型和效力型强制性规范。且根据人民法院的相关司法解释，中外合资企业股权转让合同应经审批的规定，仅属于管理型强制性规范，因此，合同只是未生效，并非无效。可见，管理型强制性规范是强制性规范中效力刚度较低的一类规范，在某些效力型强制性规范也尚不构成社会公共利益规范的情形下，此类管理型强制性规范应更不会涉及社会公共利益的问题。

第三，作为一个延伸的问题，即关于《股权托管协议》的定性问题。股权托管协议究竟是否为股权转让协议，这是人民法院审查的重点。但人民法院在审查中应考虑此类协议的涉外因素，并根据准据法进行定性。换言之，人民法院首先应为该协议选择准据法，在确定其应适用我国法律的情形下，才能根据我国法律的规定对该协议进行定性。事实上，人民法院在本案的司法审查中并未考虑到这个问题，而是直接根据我国法律进行定性和处理的。

第四，关于本案人民法院适用社会公共利益条款的思考。本案人民法院在认定案涉仲裁裁决是否违背我国社会公共利益时，应考虑渐进的四个层面的问题：一是仲裁裁决对《股权托管协议》的效力的认定；二是对该认定是否违背行政审批作出判断；三是对该行政审批规范是否属于强制性规范作出定性；四是对该强制性规范是否属于社会公共利益规范作出判断。只有当四者都具备时，才能说案涉仲裁裁决违背了我国社会公共利益。在本案中，人民法院在第一个层面就作出了否定，即仲裁庭作出《股权托管协议》中除股权转让的内容外为有效合同的认定，并未违反我国法律法规的强制性规定。如此，则省略了后面三个层面的判断。

（二）不予执行［2014］深仲裁字第1287号裁决案

该案案情上文已述，不再重述。此处仅从公共利益审查的角度进行评析。

1. 司法审查

在浩庆公司、鼎天公司、张法明、曾南娇对深圳仲裁委［2014］深仲裁字第1287号裁决提出不予执行申请后，东莞市中院经审查形成两种意见。多数意见认为：第一，案涉民间借贷纠纷已经深圳仲裁委员会［2014］深仲调字第27号调解书作出处理，并已进入法院执行程序。现深圳仲裁委员会再次作出裁决书，属于对同一纠纷作出两次裁决，违反了《仲裁法》第9条第1款“仲裁实行一裁终局的制度。裁决作出后，当事人就同一纠纷再申请仲裁或者向人民法院起诉的，仲裁委员会或者人民法院不予受理”的规定。……第三，裁决书在调解书确定的按同期贷款利率四倍支付利息之外，另向浩庆公司追加了超过两倍以上的违约金，违反了我国法律关于民间借贷的禁止性规定，如法院予以强制执行，有违社会公共利益。故本案应当援引《民事诉讼法》第274条第1款第4项的规定，裁定驳回其申请。

少数意见认为：深圳仲裁委员会对违约金所作的仲裁，属于仲裁实体问题，不属于法院的审查范围，亦不涉及社会公共利益的问题。

但在随后的广东省高级人民法院和最高人民法院的司法审查意见中，话锋一转，根本未触及社会公共利益违背与否的问题，而是从仲裁裁决是否违背一裁终局制的角度进行发表审查意见。广东省高院审查后请示认为：［2014］深仲裁字第1287号裁决与［2014］深仲调字第27号调解书所处理的是同一债权债务关系，违反了《仲裁法》第9条第1款关于“仲裁实行一裁终局的制度。裁决作出后，当事人就同一纠纷再申请仲裁或者向人民法院起诉的，仲裁委员会或者人民法院不予受理”的规定。因此，深圳仲裁委员会对宏迅公司与浩庆公司、鼎天公司、张法明、曾南娇之间的调解协议作出裁决，明显违反上述法律规定。

最高人民法院复函认为：深圳仲裁委员会根据不同当事人的申请，基于不同的仲裁协议，就不同的仲裁请求做出的仲裁裁决，不属于《仲裁法》第 9 条规定的对同一纠纷做出的重复仲裁。深圳仲裁委员会所作［2014］深仲裁字第 1287 号裁决书不存在《民事诉讼法》第 274 条第 2 款第 4 项规定的情形。

2. 案例评析

本案值得关注的法律问题有二：第一，关于民间借贷利率的规定是否属于社会公共利益规范？东莞市中院形成的多数意见认为，仲裁裁决支持了超过同期贷款利率的四倍利息，属违背社会公共利益。按照我国人民法院的司法实务，超过规定限额的利率是无效的。由此可见，此种规范属于强制性规范。但此类规范是否就属于社会公共利益规范，一旦违背将会影响基本的经济秩序？显然，广东省高级人民法院和最高人民法院避而不答的态度似间接对此进行了否定。

结合与此相似但不同的另外一个案件即“伊藤忠石油（香港）有限公司申请承认英国仲裁裁决”案来看，人民法院的司法立场就不难明白了。该案中，被请求人深圳某公司就认为，案涉仲裁裁决按照复利计算利息将“违反我国的社会公共利益或社会公德”。但被请求人民法院即深圳市中级人民法院在司法审查中反驳了把这种复利计算当作为社会公共利益的观点：“所谓社会公共利益是全体社会成员的公共利益，而复利只是利息的一种计算方式，仅对债务人承担债务金额的多少有所影响，我国人民银行制定的《人民币利率管理规定》中就有对逾期贷款计算复利的规定，可见复利不会损害我国的社会公共利益”①。据此观之，社会公共利益的认定应以全体社会成员的利益为基准，无论是此案中复利的计算，还是本案中民间借贷利率的确定，都只属于融资过程中的规范，受影响的利益面也仅限于“债务人承担债务金额的多少”尚不至于伤及“全体社会成员”的公共利益。

第二，关于人民法院在社会公共利益审查时是否应当审查实体问题？东莞市中院形成的少数意见值得商榷，它认为仲裁裁决对违约金的认定属于实体问题，从而不应进行司法审查。事实上，不论是社会公共利益本身审查所需，还是我国司法审查仲裁裁决的实践，都不可避免地会涉及对实体问题的审查。甚至上文已经提及，某些观点还直接将社会公共利益问题

① 参见广东省深圳市中级人民法院［1999］深中法经二初字第 190 号民事裁定书。

视作为实体问题。[①] 因此，人民法院在根据社会公共利益对涉外仲裁裁决进行审查时，不能教条地恪守程序审查的限制，如此可能放任仲裁裁决违背我国的社会公共利益，对我国公序良俗带来不良影响。

第三，关于本案中一裁终局制适用的审查问题。本案中，广东省高级人民法院和最高人民法院变换了司法审查的角度，不是从民间借贷的利率是否被违背的角度，而是从仲裁的一裁终局原则是否得到遵守的角度进行审查。但此种角度变换后的审查并不属于社会公共利益审查。一方面，一裁终局制本身不在我国《民事诉讼法》第 274 条规定的审查依据范围之内，因此它不能单独地作为人民法院审查的依据，而必须转化为法定的审查依据；另一方面，本案中广东省高级人民法院和最高人民法院也在审查中援引《民事诉讼法》第 274 条第 1 款第 4 项的规定，这表明两法院是将其定性或归属为第 4 项中“仲裁机构无权仲裁”的范畴。这种做法与上文所提及的其他类似案件中的司法立场是一致的。

此外，值得关注的是，最高人民法院给出了关于重复仲裁的构成标准，这即是“三同一”标准，即当事人同一、仲裁协议同一、仲裁请求同一。该标准无疑对于后续司法审查实践，以及通过司法审查对仲裁实践和当事人的行为都将产生重要的指引作用。

---

① 麻锦亮：《公共利益的规范分析——着眼于权利保护的视角》，载万鄂湘主编《涉外商事海事审判指导》（总第 18 辑），人民法院出版社 2009 年版，第 229 页。

参考文献

一　专著类

刘想树：《中国涉外仲裁裁决制度与学理研究》，法律出版社 2001 年版。

黄晖、张春良：《国际体育仲裁专题研究》，中国社会科学出版社 2017 年版。

石现明：《国际商事仲裁当事人权利救济制度研究》，人民出版社 2011 年版。

王泽鉴：《债法原理》，中国政法大学出版社 2001 年版。

万鄂湘主编：《中华人民共和国涉外民事法律关系适用法：条文理解与适用》，中国法制出版社 2011 年版。

汪祖兴：《国际商会仲裁研究》，法律出版社 2005 年版。

Gary B. Born, *International Arbitration and Forum Selection Agreements: Drafting and Enforcing*, Kluwer Law International, 2016.

Niegel Blackaby, Constantine Partasides, Alan Redfern, et al., *Redfern and Hunter on International Arbitration*, Kluwer Law International, 2009.

二　论文类

陈安：《中国涉外仲裁监督机制评析》，《中国社会科学》1995 年第 4 期。

陈安：《中国涉外仲裁监督机制申论》，《中国社会科学》1998 年第 2 期。

陈磊：《论瑕疵仲裁裁决之救济——以撤销仲裁裁决之诉为中心》，

《甘肃政法学院学报》2016 年第 5 期。

高晓力：《我国法院对国际商事仲裁裁决进行司法审查过程中运用公共政策分析》，载万鄂湘主编《涉外商事海事审判指导》（第 18 辑），人民法院出版社 2009 年版。

高晓力：《EOS 工程公司不服原审法院不予受理裁定上诉案——“一事不再理”原则在司法实践中的具体运用》，载万鄂湘主编《中国涉外商事海事审判指导与研究》2003 年第 3 卷（总第 6 卷），人民法院出版社 2002 年版。

何其生：《国际商事仲裁司法审查中的公共政策》，《中国社会科学》2014 年第 7 期。

黄晖：《论枉法仲裁罪之“枉法”性》，《四川大学学报》（哲学社会科学版）2010 年第 4 期。

黄晖、周江：《论涉外仲裁协议的效力判定——评最高人民法院［2013］民四他字第 13 号复函案例》，《仲裁研究》2017 年第 1 期。

刘想树：《错误涉外仲裁裁决的识别与补救》，《西南民族学院学报》2002 年第 8 期。

刘凯湘：《论释明权在仲裁程序中的理解与运用》，《北京仲裁》2008 年第 4 期。

麻锦亮：《公共利益的规范分析——着眼于权利保护的视角》，载万鄂湘主编《涉外商事海事审判指导》（第 18 辑），人民法院出版社 2009 年版。

宁敏：《论裁决后对国际商事仲裁管辖权司法审查之后果》，《法商研究》2000 年第 2 期。

宋连斌：《比照适用抑或特别规定：从国际商事仲裁的法律适用谈起——兼及中国国际私法立法及研究的“诉讼中心主义”》，《时代法学》2004 年第 5 期。

宋连斌：《枉法仲裁罪批判》，《北京仲裁》2007 年第 2 期

石现明：《略论申请撤销国际体育仲裁院仲裁裁决的理由》，《天津体育学院学报》2011 年第 3 期。

汪祖兴：《论无权仲裁的司法救济》，《法学评论》2014 年第 4 期。

肖永平：《内国、涉外仲裁监督机制之我见——对〈中国涉外仲裁监督机制评析〉一文的商榷》，《中国社会科学》1998 年第 2 期。

徐前权:《枉法仲裁罪之批判》,《广西民族学院》(哲学社会科学版)2006 年第 3 期。

杨良宜:《国际商务仲裁》,中国政法大学出版社 1997 年版。

张勇健:《“一带一路”建设中司法支持仲裁的中国实践——在 2016 中国仲裁高峰论坛上的主题发言》,载贺荣主编《涉外商事海事审判指导》(总第 33 辑),人民法院出版社 2017 年版。

张春良、黄晖:《论生效体育仲裁裁决的瑕疵与补正》,《武汉体育学院学报》2017 年第 12 期。

张春良:《涉外民事关系判定准则之优化——要素分析的形式偏谬及其实质修正》,《法商研究》2011 年第 1 期。

张春良:《论竞技体育争议之可仲裁性》,《武汉体育学院学报》2011 年第 10 期。

Antono Rigozzi, “Challenging Awards of the Court of Arbitration for Sport”, *Journal of International Dispute Settlement*, 2010 (1).

三 其他类

万鄂湘主编:《中国涉外商事海事审判指导与研究》(总第 1 卷),人民法院出版社 2001 年版。

万鄂湘主编:《中国涉外商事海事审判指导与研究》(总第 2 卷),人民法院出版社 2002 年版。

万鄂湘主编:《中国涉外商事海事审判指导与研究》(总第 3 卷),人民法院出版社 2002 年版。

万鄂湘主编:《中国涉外商事海事审判指导与研究》(总第 4 卷),人民法院出版社 2003 年版。

万鄂湘主编:《中国涉外商事海事审判指导与研究》(总第 5 卷),人民法院出版社 2003 年版。

万鄂湘主编:《中国涉外商事海事审判指导与研究》(总第 6 卷),人民法院出版社 2004 年版。

万鄂湘主编:《涉外商事海事审判指导》(总第 7 辑),人民法院出版社 2004 年版。

万鄂湘主编:《涉外商事海事审判指导》(总第 8 辑),人民法院出版社 2004 年版。

万鄂湘主编：《涉外商事海事审判指导》（总第 9 辑），人民法院出版社 2005 年版。

万鄂湘主编：《涉外商事海事审判指导》（总第 10 辑），人民法院出版社 2005 年版。

万鄂湘主编：《涉外商事海事审判指导》（总第 11 辑），人民法院出版社 2006 年版。

万鄂湘主编：《涉外商事海事审判指导》（总第 12 辑），人民法院出版社 2006 年版。

万鄂湘主编：《涉外商事海事审判指导》（总第 13 辑），人民法院出版社 2007 年版。

万鄂湘主编：《涉外商事海事审判指导》（总第 14 辑），人民法院出版社 2007 年版。

万鄂湘主编：《涉外商事海事审判指导》（总第 15 辑），人民法院出版社 2008 年版。

万鄂湘主编：《涉外商事海事审判指导》（总第 16 辑），人民法院出版社 2008 年版。

万鄂湘主编：《涉外商事海事审判指导》（总第 17 辑），人民法院出版社 2009 年版。

万鄂湘主编：《涉外商事海事审判指导》（总第 18 辑），人民法院出版社 2009 年版。

万鄂湘主编：《涉外商事海事审判指导》（总第 19 辑），人民法院出版社 2010 年版。

万鄂湘主编：《涉外商事海事审判指导》（总第 20 辑），人民法院出版社 2010 年版。

万鄂湘主编：《涉外商事海事审判指导》（总第 21 辑），人民法院出版社 2011 年版。

万鄂湘主编：《涉外商事海事审判指导》（总第 22 辑），人民法院出版社 2012 年版。

万鄂湘主编：《涉外商事海事审判指导》（总第 23 辑），人民法院出版社 2013 年版。

万鄂湘主编：《涉外商事海事审判指导》（总第 24 辑），人民法院出版社 2013 年版。

万鄂湘主编：《涉外商事海事审判指导》（总第 25 辑），人民法院出版社 2013 年版。

江必新主编：《涉外商事海事审判指导》（总第 26 辑），人民法院出版社 2014 年版。

江必新、贺荣主编：《涉外商事海事审判指导》（总第 27 辑），人民法院出版社 2014 年版。

贺荣主编：《涉外商事海事审判指导》（总第 28 辑），人民法院出版社 2014 年版。

贺荣主编：《涉外商事海事审判指导》（总第 29 辑），人民法院出版社 2015 年版。

贺荣主编：《涉外商事海事审判指导》（总第 30 辑），人民法院出版社 2016 年版。

贺荣主编：《涉外商事海事审判指导》（总第 31 辑），人民法院出版社 2016 年版。

贺荣主编：《涉外商事海事审判指导》（总第 32 辑），人民法院出版社 2017 年版。

刘贵祥主编：《涉外商事海事审判指导》（总第 33 辑），人民法院出版社 2017 年版。